医事模拟审判案例教程

主　编　罗　刚　庞　琳

副主编　刘　霞　周　瑶　刘世彧

编　委　赵长新　宋　成　王毓倩　向　歆

樊　荣　方　强　梁轶琳

图书在版编目(CIP)数据

医事模拟审判案例教程／罗刚，庞琳主编．—杭州：浙江工商大学出版社，2016.10

（卫生法学系列丛书）

ISBN 978-7-5178-1810-6

Ⅰ．①医… Ⅱ．①罗… ②庞… Ⅲ．①医疗事故－民事纠纷－审判－案例－中国－教材 Ⅳ．①D922.165

中国版本图书馆 CIP 数据核字(2016)第 191808 号

医事模拟审判案例教程

罗　刚　庞　琳　主编

责任编辑　祝希茜
封面设计　林朦朦
责任印制　包建辉
出版发行　浙江工商大学出版社
（杭州市教工路 198 号　邮政编码 310012）
（E-mail:zjgsupress@163.com）
（网址:http://www.zjgsupress.com）
电话:0571－88904980,88831806(传真)
排　　版　杭州朝曦图文设计有限公司
印　　刷　浙江云广印业股份有限公司
开　　本　710mm×1000mm　1/16
印　　张　24
字　　数　444 千
版 印 次　2016 年 10 月第 1 版　2016 年 10 月第 1 次印刷
书　　号　ISBN 978-7-5178-1810-6
定　　价　59.80 元

浙江工商大学出版社营销部邮购电话　0571－88904970

“卫生法学系列丛书”总主编

吴崇其

“卫生法学系列丛书”副总主编

徐勤耕	张以善	刘　群	王　毅	蒲　川
张　静	张际文	田　侃	石俊华	罗　刚
王　萍	赵　敏	李冀宁	邓　虹	郑雪倩
陈志华	王梅红	仇永贵	石　悦	杨淑娟
丁朝刚	冯正骏	戴金增	解　放	胡晓翔
崔高明	古津贤	王国平		

“卫生法学系列丛书”工作指导委员会

“卫生法学系列丛书”编纂委员会

本书作者

主　编　罗　刚　庞　琳

副主编　刘　霞　周　瑶　刘世彧

编　委　（以姓氏笔画为序）

罗　刚（西南医科大学）　　庞　琳（西南医科大学）

刘　霞（西南医科大学）　　周　瑶（西南医科大学）

刘世彧（西南医科大学）　　赵长新（北京市西城区人民法院）

宋　成（北京市中伦文德（成都）律师事务所）

王毓倩（西南医科大学）　　向　歆（西南医科大学）

樊　荣（北京市第二人民医院）　方　强（泸州市江阳区人民法院）

梁轶琳（泸州市人民医院）

前　言

近年来，为了进一步推进国家医药卫生法治建设，更有效地预防和处置医药卫生争议，各相关高校加大了培养医学和法学双学科复合型专业人才的力度，部分高校还参与了“卓越医事法律人才培养计划”，这促进了医事法律人才的培养。而在人才培养过程中要注重提升学生的实践能力，其中，组织学生开展模拟审判是实现该目的的重要形式。为保证模拟审判教学的规范组织和模拟效果，结合医事法律领域的特殊要求，我们编写了《医事模拟审判案例教程》一书，拟通过模拟与医药卫生纠纷有关的案例，促进学生在实践操作中提高实践技能和综合能力，进一步凸显医事法学的教学特色。

本书紧紧围绕医事审判的要求，选取了全国各地医事审判的真实案例，并按民事、行政和刑事分类，以达到对医事民事审判、医事行政审判和医事刑事审判进行模拟演练的目的。本书将案例分为示范案例和实验案例两类：示范案例比较详细地介绍了争议焦点、审理过程和案件评析；实验案例简要说明案情和列出主要证据，目的是让学生在模拟时能有更多思考和自由发挥的空间。除此以外，本书从总体上对医事模拟审判的一些理论点进行了梳理介绍，并在附录中列举了医事民事、行政和刑事案件的庭审程序样本，为模拟审判提供参考。

在编写过程中，本书编写组通过各种渠道收集了大量的医事审判案例，其中包括了完整的审判案卷材料。出于尊重当事人和方便模拟等考虑，我们对案件材料进行了加工处理。

本书的编写除主要依靠西南医科大学法学院部分骨干教师之外，还得到了中国卫生法学会、北京市西城区人民法院、泸州市江阳区人民法院、北京市第二人民医院、泸州市人民医院以及北京中伦(成都)律师事务所等的领导、法官、医务工作者和律师的大力支持，在此一并致以诚挚的感谢！期待本书能为提高医事法学专业学生的实践能力和综合素养提供帮助！

本书编写组

2015 年 12 月

目　录

第一编　总　论

第二编　分　论

第一编

总　论

第一章　医事模拟审判概述

第一节　医事模拟审判的概念和特征

一、医事模拟审判的概念

医事模拟审判是指为了达到医事法学专业教学目的，在假设的法庭上，依据实体和程序法律规定，由不同的人扮演当事人、法官、检察官、律师、警察和其他诉讼参与人等角色，对假设或者现实的案件进行审理和判决的活动。本书使用"模拟审判"而未使用"模拟法庭"，主要是因为"法庭"是一个静态的外部场所指称，而"审判"则是一个动态的活动过程，是法庭上最为核心的活动内容之一，特别是"模拟审判"还包括了庭审外其他与审判有关的活动，比如庭审前的代理、辩护、公诉和做证准备等庭前活动和程序，这些都不是"法庭"两字所能涵盖的内容。因此，为了强调模拟审判的内在机理和功能，特使用"模拟审判"这一称谓。

除了人民法院内部司法改革和对外交流学习的模拟审判外，现实法律生活中最常见的模拟审判，还有高等学校法律院系内用于法律认知、行业训练和法律专业教学的模拟审判。模拟审判在法律教学中属于实践教学的必修环节，大致有两种典型的开展方式：一种是"活动表演式"，另一种是"教学习练式"。"活动表演式"的模拟审判，通常存在于早期的一些条件相对较差的法学院系。这种模拟审判往往没有固定的模拟法庭场所和设施，或者没有充足的师资和设备设施，也没有规范的模拟审判教学管理制度。一般是每年搞一次，动员全年级、全系，甚至全校师生进行这种大型的公开"表演活动"。"教学习练式"的模拟审判，主要存在于近期的一些设施条件较好、师资力量充足、教学管理规范的法学专业院系。这种模拟审判的目的，主要不在于表演或者汇报式的教学，而是通过仿真状态下的"控辩审"业务训练，使学生熟悉司法审判的实际过程，熟悉与案件相关的实体法和程序法，锻炼学生的分析解决法律问题的能力、创新能力、语言表达能力和相互协调配合的能力等等。

二、医事模拟审判的特征

本书设计的医事模拟审判具有以下特征：

第一，虚拟性。医事模拟审判的场所、情景和人员分工安排，都是仿照现实审判中法庭的基本架构进行设计和加工的，特别是“模拟法庭”场所的室内布置、设施与人民法院审判案件的法庭一致。这种场景的模拟，能最大程度地接近实际，并能体现出法律的庄严和神圣，让模拟的效果更好。同时，医事模拟审判并没有事实上的诉讼性，所有诉讼参加人都是由参与医事模拟审判的人员扮演的。但是扮演者需要在虚拟环境下找到自身角色的利益点，从而有效设定扮演的思路——这非常接近于实务中设计代理思路、公诉词和审判进程的过程和状态。因此，尽管没有客观存在的纠纷，但参与医事模拟审判的人员通过扮演角色也能获得解决纠纷的经验。

第二，实践性。学生熟练地运用医学和法学专业知识驾驭庭审进行的技能，必须通过长期的实践才能形成。因此，在医事模拟审判中，通过搜集、分析案例，撰写司法文书并且当庭操练，学生可以巩固所学的医学和法学知识，熟悉法律程序和医疗操作规范，培养独立思考和创造性地运用法律和医学知识的能力，进而发现并弥补学习中存在的不足。而且，通过指导教师对学生在医事模拟审判中暴露出来的问题进行有针对性的指导，能更有效地促进学生提高自身水平。

第三，创新性。医事模拟审判并不意味着照搬实践中的庭审模式，而是要通过模拟审判中的角色扮演，使学生能从不同的角度去感受诉讼参与人应如何设计思路以及审判程序应如何设计才能最大程度地保证司法公正，从而促进学生去思考现有审判程序的不足，最终实现对现有审判程序的改造和超越。对于现今医事审判中运用医学专业知识和证据规范性不够的现状，这种改造和超越显得尤为重要，也非常有利于锻炼学生的创新意识和创新能力。

第二节　医事模拟审判在医事法学教育中的作用

医事模拟审判在医事法学教育中发挥着相当大的作用，这些作用主要体现在以下四个方面：

一、示范：程序操作和实体法律知识的运用

医事法学是一门应用性非常强的社会科学，学生学习的最大目的之一就在于运用所学的实体和程序法律知识，处理医患纠纷案件。但法律知识的运用需要学练结合，诚如学者所言：“我们长见识，不是靠直接而简单的想象，也不是看一眼就行，而是要靠日积月累，靠一个心理过程，靠围绕一个目标孜孜以求，靠对许多不完整的意念的比较、综合、互相关联及不断调整，靠对大脑的许多机能及活动的运用、集中及共同作用。智力的这种联合与协作，这种扩增与发展，这种

综合性,势必是一个训练的问题。"模拟审判恰好就能提供这样一种训练过程:在老师的指导下,学习运用实体法律知识分析案情,学习运用程序法律知识操作审判程序,这些都能使学生了解并掌握程序操作和实体法律知识的运用。更重要的是,有些知识如个人经验等是无法用语言进行传授的,这时就需要借助一种师带徒式的传授方法。模拟审判就是这样一种学徒式方法:老师手把手地教,学生亲身体验,自然就能学到法律知识运用的那些难以言传的"奥妙"之处。正如学者所言:"就教学方法而言,学习比赛规则可以和比赛分开。选手可以通过阅读和讨论比赛规则很好地了解规则的基本含义和背景,但是要领会微妙之处,必须自己亲身体验。"亲身体验后才能将所学的知识内化为自己的知识,就像有学者深刻指出的那样:"才智扩展并不仅仅意味着被动地接受一堆原来不熟悉的观念,而是对这些奔涌而来的新观念进行积极、即时的处理。这是一种增进知识的活动,使我们获得的知识、素材变得有条理、有意义。这是使知识客体转变成我们自身的主体事物,或者通俗地说,这是对我们接受到的知识进行消化吸收,使之融入我们原先的思想内容。"

二、检验:对所学医学和法律知识进行检验

学生是否领会、掌握所学的医学和法律知识,当然要通过运用这些知识才能加以检验,而模拟审判就是一种最佳的检验方法。在模拟审判过程中,学生要运用所学的医学知识和实体法律知识分析案情,要运用证据法的知识调查证据,要按照程序法的要求开庭审理等,学生是否能熟练运用,学生的运用有无错误之处,教师能很清楚地看出来并加以指正。通过模拟审判,学生就能检验和知晓自己是否已领会和掌握所学的医学和法律知识,并对未领会和未掌握的知识点和技能进行进一步的学习。

三、实践:写作、语言、调查、阅卷等基本技能和技巧

美国律师协会(American Bar Association)法学教育与律师资格部的报告《缩短脱节》(《麦考利特报告》)概括归纳了法律职业的十种基本技能,即问题解决的技能、法律分析和推理的技能、法学研究的技能、事实调查的技能、交流的技能、咨询的技能、谈判的技能、运用起诉和其他纠纷解决程序的技能、法律事务组织与管理的技能、确认并解决道德困境的技能。这些技能无疑是非常重要的,需要认真培养并在实践中得到提高。而模拟审判显然是实践这其中的大部分技能,如写作、语言、调查、阅卷等,并使其提高的最合适的方式之一。

在医事模拟审判中,起诉状或起诉书、答辩状、代理词、判决书等诉讼文书的撰写是必不可少的,而撰写这些诉讼文书的过程就是实践并提高写作技能的过

程。开庭审理是最重要的一个环节，在这个环节中，法官整理争议焦点、律师陈述代理意见等，都涉及语言的运用，这个环节可以实践并提高语言技能。语言技能是模拟审判所展示的一种最直观的技能，是模拟审判能否成功的一个关键，也是旁听者最容易、最能直接感受到的技能，它直接影响对模拟审判的评价。诚如学者所言："要想在与法律有关的职业中取得成功，你必须尽力培养自己掌握语言的能力。语言是律师的职业工具，当人家求你给法官写信时，最要紧的就是你的语言。你希望使法官相信你的理由正确，所依靠的也是你的语言。当你必须解释制定法的某一款或规章的某一节时，你必须研究的还是语言。"模拟审判需要调查证据和事实，需要阅览案卷材料以了解相关观点，而这就能实践并提高调查和阅卷的技能。

四、培育：法律职业道德、合作精神和人文关怀

对一个法律人才来说，法律职业道德非常重要。"只有法律知识，断不能算作法律人才；一定要于法律学问之外，再备有高尚的法律道德。"法律人才"一定要有法律的道德，才有资格来执行法律"。"因为一个人的人格或道德若是不好，那么他的学问或技术愈高，愈会损害社会。学法律的人若是没有人格或道德，那么他的法学愈精，愈会玩弄法律，作奸犯科。"医事法律人才职业道德的培育，除了开设专门的有关法律职业道德的课程供学习外，从已有的经验来看，更重要的还是通过角色扮演的方式来养成。因为"法律职业道德教育的独特性决定了法学教育必须寻求一种以不同角色进行交往的教学方法，为学生提供情感体验的情感场景，才能使学生将道德认知内化为道德判断和推理能力，并最终促进学生道德和人格的养成"。"通过不同角色的扮演，使学生亲身体验到了法律职业中不同角色的道德要求，有利于其道德认知的内化即法律职业道德情感和态度的养成。"模拟审判就是一种角色扮演的方式，它让学生分别担任法官、检察官、律师等角色，站在法官或检察官或律师等的立场来跟其他人打交道，必须清楚哪些是能做的哪些是不能做的，确实就比较容易让学生体验、领悟和养成法律职业道德。

同时，医事模拟审判不是一个人的舞台，而是多人合作的平台。因此，一个人即使再出色，如果不能与其他人有效合作，模拟审判也不会成功。实际上，在模拟审判的准备过程中，考虑到班级人数较多而模拟审判的角色不可能过多，因而为尽量调动多数人的积极性，有必要将班级人员按模拟审判角色的需要分成审判组、原告及其代理律师组、被告及其代理律师组等。在每个小组内，如何整理争议焦点，或调查哪些证据，或提出何种代理意见等，都需要经过充分协商、辩驳才可能达成一致意见；在每个小组达成一致意见后，需要与其他小组协调进程和基本的准备情况等。这个过程就是一个不断协商、辩驳并最后在互谅互让中达成一致的过程。在这个过程中,“学生能习惯于用友好的眼光去看待哪怕是他们个人反对的观点,不久,他们就能获得区分任何一项摆在他们面前的主张的长处和弱点的某种技能,这些主张既有他们认可和赞同的,也有他们不熟悉或者道德上感到厌恶的”。而在这样的过程中,合作精神明显会得到培育。

此外,医事模拟审判选择的案件既涉及医学又涉及法学,而医学和法学均是与人打交道的学问,在处理这些案件时如何体现人文关怀相当重要,特别是在维护弱势群体合法权益的过程中,切身体验弱势群体的艰难与不易,学生就很容易受到感染,其人文关怀精神也就能在不知不觉中得到激发和培育。

第二章 医事模拟审判的主要角色和职责

第一节 审判机关

《中华人民共和国宪法》(以下简称《宪法》)规定:“中华人民共和国人民法院是国家的审判机关。”我国人民法院的组织体系,由最高人民法院、地方各级人民法院、军事法院等专门人民法院构成。最高人民法院是最高审判机关,地方各级人民法院分为基层人民法院、中级人民法院和高级人民法院,实行四级两审制,基层人民法院设立若干人民法庭,上级人民法院监督下级人民法院的审判工作。

具体到审判法庭,人民法院的参与者主要有法官、书记员和法警。

一、法官

法官参与案件的处理主要有合议制、独任制和审判委员会三种组织形式。鉴于本书所选的医事案例具有一定的复杂性,故所有医事模拟审判均采取普通程序审理,即必须组成合议庭审理。根据我国《中华人民共和国人民法院组织法》(以下简称《人民法院组织法》)、《中华人民共和国刑事诉讼法》(以下简称《刑事诉讼法》)、《中华人民共和国民事诉讼法》(以下简称《民事诉讼法》)、《中华人民共和国行政诉讼法》(以下简称《行政诉讼法》)等的规定,合议庭由院长或者庭长指定一名审判员担任审判长,院长或者庭长参加审判案件的时候,自己担任审判长。在模拟审判中,审判长是模拟审判的组织者。因此,模拟审判能否取得成功,很大程度上取决于审判长能否进行有效的组织和指挥。

根据最高人民法院《人民法院审判长选任办法(试行)》及《最高人民法院关于人民法院合议庭工作的若干规定》,结合模拟审判的实际情况,在模拟审判中担任审判长的学生的职责是:

1. 组织合议庭成员和有关人员做好庭审准备及相关工作,如确定案件审理方案、庭审提纲,协调合议庭成员的庭审分工以及做好其他必要的庭审准备工作。

2. 主持庭审活动。在此阶段,审判长要发挥以下四个作用:(1)指挥庭审的进行。审判长应在开庭审理中按照法律规定的程序引导和控制庭审程序的进行，充分保障各方当事人的诉讼权利。(2)控制庭审节奏，把握庭审进度，总结和归纳诉讼争点，引导诉讼双方围绕争点进行法庭调查和辩论。(3)处理法庭上可能出现的各类突发事件，如旁听人员违反法庭纪律等。(4)协调合议庭成员的配合。

3.主持合议庭对案件进行评议，做出裁判。

4.制作裁判文书，审核、签发诉讼文书。

5.依法完成其他审判工作。

合议庭其他成员除不享有庭审组织、指挥权外，有权而且应当与审判长一样平等地参与案件的审理、评议和裁判，共同对案件事实认定和法律适用负责。在合议庭评议案件时，合议庭所有成员均应充分发表自己的意见，不允许沉默或者弃权。

为了有效地履行上述职责，担任审判长、审判员的学生在开庭审理时，还应注意：

1.审判长、审判员应当根据《人民法院法官袍穿着规定》的要求，穿着法官袍。

2.审判长应当按照《人民法院法槌使用规定(试行)》的要求，正确使用法槌。审判长使用法槌的程序如下：(1)宣布开庭、继续开庭时，先敲击法槌，后宣布开庭、继续开庭。(2)宣布休庭、闭庭时，先宣布休庭、闭庭，后敲击法槌。(3)宣布判决、裁定时，先宣布判决、裁定，后敲击法槌。(4)其他情形使用法槌时，应当先敲击法槌，后对庭审进程做出指令。审判长在使用法槌时，一般敲击一次。

3.审判长、审判员应当严格按照最高人民法院《法官行为规范》的要求，注重自己的仪表和言行。

二、书记员

由中共中央组织部、人事部和最高人民法院联合颁布的《人民法院书记员管理办法(试行)》规定："书记员是审判工作的事务性辅助人员，在法官指导下工作。"据此规定，结合我国《人民法院组织法》《中华人民共和国法官法》(以下简称《法官法》)《刑事诉讼法》《民事诉讼法》《行政诉讼法》的规定，在模拟审判中担任书记员的学生需要履行以下职责：

1.办理庭前准备过程中的事务性工作，如送达起诉状、起诉书、答辩状等诉讼文书；接收当事人、律师庭前递交的相关证据材料和法律手续，并及时如数交给案件的承办法官；送达开庭通知；张贴开庭公告等。

2.做好庭审前准备工作，如布置法庭，开庭时向审判长报告应出席人员出庭情况，宣布法庭纪律，请公诉人、辩护人、代理人、当事人、鉴定人、翻译人员等入座，请审判长、审判员入庭就座。

3. 担任案件审理过程中的记录工作，包括庭审笔录、合议庭评议笔录和宣判笔录。其中庭审笔录应当记明：审判长、合议庭成员在庭审不同阶段先后向当事人宣布、告知、询问的内容以及当事人回答、陈述、质证、辩解、辩论的内容；法庭上出示的书证、物证和视听资料、鉴定意见、现场勘查笔录等证据以及当事人对各项证据质证的意见；当庭调解情况。庭审笔录应在审判长宣布休庭或闭庭后，立即或于庭后五日内将庭审笔录交由当事人阅读或向其宣读，当事人确认无误后应签名或盖章，最后由审判长和书记员签名。书记员在合议庭评议笔录中应记明：评议的时间、地点，合议庭成员；案由、当事人自然情况；合议庭成员对案件事实认定、证据采信和法律适用所发表的意见、理由和依据；合议庭评议结果；合议庭成员的意见或保留意见。此笔录由合议庭成员审阅后签名或盖章。书记员在宣判笔录中应记明：案由、宣判时间、地点和旁听人数；到庭当事人的姓名和身份；宣读的判决书、裁定书的编号；当事人的态度、意见和要求。宣判笔录应由当事人签名或盖章。

4. 做好结案后的具体工作。如核对、印刷、装订裁判文书；办理上诉、抗诉案件的移送工作；整理、装订、归档案卷材料。

5. 完成法官交办的其他事务性工作，如协助法官做好庭外调查取证工作等。

书记员应当认真、细心地履行上述职责，达到如下工作标准：(1)制作笔录应当完整、字迹清晰、文理通顺、段落分明、标点准确。(2)抄写、核对、印刷、发送有关法律文书应及时、合法、准确无误。(3)整理、装订案卷，材料齐全、顺序规范、装订牢固、卷面整洁、按时归档。(4)司法统计准确、及时。(5)收取、保管的诉讼费、赃款赃物、证据材料无差错。(6)办理的其他有关事项符合要求。

三、法警

1. 根据我国《刑事诉讼法》《民事诉讼法》《行政诉讼法》《中华人民共和国人民法院法庭规则》(以下简称《人民法院法庭规则》)和《人民法院司法警察暂行条例》的有关规定，在模拟审判中担任法警的学生根据审判长的指令，依法履行如下职责：(1)警卫法庭，维护法庭秩序。(2)保障参与审判活动人员的安全。(3)传唤证人、鉴定人。(4)传递、展示证据。(5)制止妨害审判活动的行为。

2. 司法警察值庭时，应当注意以下事项和要求：

(1)按照规定穿警服、佩戴警衔专用标志，警容严整；女司法警察不得化浓妆、披发、戴饰物。

(2)对旁听人员，值庭的司法警察应当进行安全检查。发现未成年人、精神病人、醉酒的人和其他不宜旁听的人员，应当阻止或者劝其退出审判法庭。

(3)司法警察值庭时,应当站立于审判台侧面,背向审判台,面向旁听席。根据需要采取立正、跨立姿势或坐姿。法庭宣判时采取立正姿势;法庭调查开始后采取坐姿。出入法庭时应以齐步动作行进。

(4)值庭的司法警察接取、传递、展示证据时,应注意安全。

(5)值庭的司法警察传唤证人时,应当打开通道门,引导证人到达指定位置。

(6)司法警察值庭时应提高警惕,防止当事人自伤、自杀、行凶、脱逃等行为的发生。遇有突发事件,应全力以赴,沉着应对,果断处置。

(7)司法警察值庭时,应当遵守法庭纪律,精神集中,举止端庄,行为文明,态度严肃。不得擅离岗位,不得让无关人员接触当事人,不得侮辱或变相体罚当事人以及实施其他妨害审判活动的行为。

(8)司法警察提押刑事被告人时,法警应当禁止被告人之间谈论案情、交换物品;提押女被告人时,应由女法警负责。

(9)司法警察在为刑事审判值庭时,负责看管被告人的司法警察,应面向审判席,站或坐在被告人后面的左右两侧。

3.对旁听人员违反下列法庭纪律的,值庭的司法警察应当予以劝阻、制止:(1)未经允许录音和录像。(2)随意走动或擅自进入审判区。(3)鼓掌、喧哗、哄闹。(4)擅自发言、提问。(5)吸烟或随地吐痰。(6)使用通讯工具。(7)其他违反法庭纪律的行为。

4.对下列行为,值庭的司法警察可以依法采取责令退出、强制带离、强行扣押、收缴、检查等强制措施:(1)未经许可进入审判区,经劝阻、制止无效或者有违法犯罪嫌疑的。(2)严重违反法庭纪律,经劝阻、制止无效的。(3)哄闹、冲击法庭,侮辱、威胁、殴打参与审判活动人员等严重扰乱法庭秩序的。

第二节　诉讼当事人

一、民事诉讼当事人

众所周知,原告、被告就是典型的民事诉讼当事人。没有原告的起诉,诉讼就不能开启。同样,没有被告的参与,也就不称其为诉讼。原告和被告的诉讼行为,直接影响或决定着诉讼的发生、发展和终结。整个民事诉讼过程,就是当事人的诉讼行为与法院的审理裁判行为相互影响和相互作用的过程。可见,当事人之于民事诉讼的重要意义——没有当事人,就没有民事诉讼。

(一)民事诉讼当事人的含义和特征

一般而言,可将民事诉讼的当事人定义为:民事诉讼当事人是指以自己的名义，就特定的民事争议要求法院行使民事裁判权的人及相对人。主动向法院提起诉讼，要求法院行使裁判权的人是原告，被起诉的相对人则是被告。按照上述定义，民事诉讼当事人具有以下三个方面的特征：

第一，以自己的名义起诉应诉，进行诉讼活动。诉讼代理人参加诉讼不是以自己的名义进行诉讼，所以不是当事人。

第二，要求法院就具体案件行使审判权，并就其诉讼请求做出裁判。证人、鉴定人、翻译人等诉讼参与人，虽然也参加诉讼，但他们并不要求法院就具体的案件行使审判权，并不具有诉讼上的利益主张，所以不是当事人。

第三，必须在诉状中有明确表示。不管是通过口头起诉的笔录，还是通过书面的民事诉状，其中明确表示为原告和被告的人，不论其是不是民事权利和法律关系的主体，也不论其对诉讼标的有无实体处分权，都是当事人。原告与被告，在具体诉讼中必须是明确具体的，否则就不能称其为诉讼。

在理解民事诉讼当事人的含义和特征的同时，还要注意以下两点：

首先，民事诉讼当事人并不必然要求与本案真正具有实体上的利害关系。确实，绝大多数民事诉讼当事人都会与本案真正具有实体上的利害关系。但在起诉之时、尚未审判之前，是很难从实质上准确审查和判断起诉者和被起诉者是否与本案真正具有实体上的利害关系的，只能从形式上大致加以审查和判断。当事人是否与本案真正具有实体上的利害关系，只有等审理到一定程度，或者等做出判决，才能得出准确的结论。如果从一开始就要求当事人必须与本案真正具有实体上的利害关系，不仅没有现实可能性，而且还会使一些表面看来没有实体利害关系，实质却与本案真正具有实体利害关系的当事人被拒之门外，不利于诉权的保护和实体权利的普遍性救济。

其次，民事诉讼当事人也并不必然要求为维护自己的权益进行诉讼。绝大多数民事诉讼当事人是为了维护自己的私人权益而进行诉讼的，但在涉及国家或者社会公共利益保护的民事诉讼中，就很难要求当事人一定要为维护自己的权益而进行诉讼，否则就不利于公共利益的诉讼救济。这样说，并不意味着当事人可以打着公益保护的旗号任意提起诉讼。法院在审查起诉时，不仅要对公共利益和私人利益做出判断，而且还要对案件是否具有诉的利益做出判断。一般而言，诉的成立必须要有诉的利益，没有利益的诉，只会导致司法资源的浪费和民事生活无端处于不确定的状态。诉的利益问题，是诉是否成立和诉权的问题。

（二）民事诉讼当事人的权利和义务

民事诉讼当事人的诉讼权利，是指法律赋予当事人在诉讼过程中可以为自己的合法权益而自行处分的自由。当事人在诉讼中的自由处分，无非围绕实体权益或者有关诉讼本身的权利进行。但不管是对实体权益的维护、处分和实现，还是对当事人进行诉讼本身的保障，都是通过当事人行使诉讼权利得以实现的。对当事人诉讼权利的保障，在另外一种意义上，就是对当事人实体权益的维护。当事人通过对诉讼权利的行使，一边处分着自己的民事实体权益，一边决定和推动着诉讼的发生、发展和终结。而其他诉讼参与人，除非诉讼代理人经过当事人的特别授权，否则是不能对案件的实体权益进行处分的，也不能对案件的诉讼进程起决定性作用。这是当事人的诉讼权利区别于诉讼代理人、鉴定人、翻译人、记录人、证人等其他诉讼参与人的诉讼权利的地方。当事人的诉讼权利概括起来主要有以下两类：

1. 用以处分和实现实体权利的诉讼权利。这类权利又分两种：第一种是用以处分实体权利的诉讼权利，主要包括承认、放弃、变更诉讼请求权，请求和接受调解权，和解权，等等。第二种是用以实现实体权利的诉讼权利，主要包括申请执行权、申请先予执行权等。

2. 用以保障当事人进行诉讼的诉讼权利。这类权利主要包括：(原告)起诉权，(被告)反诉权，上诉权，申请再审权，撤回起诉和撤回上诉权，使用本民族语言文字进行诉讼权，委托诉讼代理人权，申请回避权，收集提供证据权，质证权，辩论权，申请财产保全权，查阅和复制本案有关材料权，等等。

民事诉讼当事人的诉讼义务，是指法律对当事人在诉讼过程中应当为或者不为一定行为的要求。根据我国《民事诉讼法》及相关司法解释的规定，当事人在诉讼过程中应当履行以下主要的诉讼义务：(1)依法、正确行使诉讼权利。不得滥用诉讼权利而损害国家、集体或者他人的合法权益，不得侵害对方当事人和其他诉讼参与人的诉讼权利。(2)遵守诉讼秩序。如接受法院传唤、按时到庭、遵守法庭纪律、服从法庭指挥等。(3)履行发生法律效力的判决、裁定和调解书。(4)按照规定交纳一定的诉讼费。

有独立请求权的第三人相当于原告的地位，因此，其享受权利及承担义务与原告相同。无独立请求权的第三人一般不具有实体上的处分权，只有在人民法院判决承担民事责任时，才具有当事人的诉讼权利和义务，才是当事人。因此其在诉讼中诉讼权利相对于原告、被告而言是有限的。

二、行政诉讼当事人

(一)行政诉讼当事人的含义和特征

行政诉讼当事人是指因具体行政行为发生争议，以自己的名义到法院涉诉、应诉和参加诉讼，并受法院裁判约束的公民、法人、其他组织以及行政机关。行政诉讼的当事人有广义和狭义之分：广义的当事人包括原告、被告、共同诉讼人和诉讼中第三人；狭义的当事人，仅指原告和被告。行政诉讼当事人具有以下特征:(1)以自己的名义进行诉讼。(2)与行政案件有直接或间接的利害关系。(3)受人民法院裁判的约束。

(二)行政诉讼当事人的权利和义务

1.行政诉讼当事人在行政诉讼中享有广泛的权利,主要有:

(1)当事人有使用本民族语言文字进行诉讼的权利。

(2)当事人在诉讼中有进行辩论的权利。

(3)当事人有委托代理人进行诉讼的权利。

(4)经人民法院许可,当事人可以查阅本案的庭审材料,但涉及国家秘密和个人隐私的材料除外。

(5)当事人在证据可能灭失或以后难以取得的情况下,可以向人民法院申请证据保全。

(6)当事人有权申请财产保全。

(7)当事人有申请回避权,对人民法院做出的回避决定不服时,可以申请复议。

(8)经审判长许可,当事人有向证人、鉴定人和勘验人员发问的权利。

(9)当事人有查阅并申请补正庭审笔录的权利。

(10)当事人不服人民法院第一审裁判时,可以在法定期限内提起上诉。

(11)当事人对已生效的人民法院裁判,认为有错误的,有提出申诉的权利。

(12)对人民法院已生效的裁判,如果败诉的一方当事人在法定期限内拒绝履行义务的,胜诉的一方当事人可以申请法院强制执行。

(13)公民、法人或者其他组织有向人民法院提起行政诉讼的权利。

(14)原告有权申请人民法院裁定停止被诉具体行政行为的执行。

(15)原告有放弃、变更、增加诉讼请求的权利。

(16)原告有权申请先予给付。

(17)被告有应诉和答辩的权利。

(18)被告在第一审程序中有改变被诉具体行政行为的权利。

2.行政诉讼当事人在享受权利的同时,须履行下列义务:

(1)当事人必须依法正确行使权利,不得滥用诉讼权利。

(2)当事人必须遵守诉讼秩序,服从法庭指挥,不得实施妨害诉讼秩序的行为。

(3)当事人应当自觉履行人民法院已经生效的裁判。

(4)被告行政机关在行政诉讼中负有举证责任。

(5)被告行政机关在诉讼过程中,不得自行向原告和证人收集证据。

三、刑事诉讼当事人

我国刑事诉讼中的当事人,是指在诉讼中处于追诉(原告)或被追诉(被告)的地位,执行控诉(起诉)或辩护(答辩)职能,并同案件事实和案件处理结果具有切身利害关系的诉讼参与人。刑事诉讼当事人主要包括:被告人、被害人、自诉人、附带民事诉讼的原告人和被告人。严格地说,人民检察院不属于刑事诉讼当事人,为便于理解诉讼主体,本书将其作为公诉人、抗诉人放入此部分进行介绍。

(一)公诉人、抗诉人

根据《宪法》和《人民检察院组织法》,人民检察院是法律的专门监督机关,国家设立最高人民检察院、地方各级人民检察院和军事检察院等专门人民检察院。在具体诉讼中,人民检察院作为公诉人或抗诉人代表国家行使公诉或抗诉职能,追究相关人员的责任。

根据我国《刑事诉讼法》和《中华人民共和国检察官法》(以下简称《检察官法》)等规定,结合模拟审判的实际情况,担任公诉人、抗诉人的学生需履行如下职责:

1.提起公诉和抗诉。担任检察官的学生应当在认真审查案件材料和熟悉相关法律规定的基础上,制作刑事起诉书、抗诉书,并准确、合法、及时地提起公诉、抗诉。

2.制作庭审预案,即在模拟审判前完成庭审讯问被告人的提纲、举证和示证提纲、质证提纲、答辩提纲和公诉意见书等预案的准备与制作。

3.出席法庭支持公诉、抗诉,代表国家在法庭上指控犯罪、揭露犯罪和证实犯罪。主要工作包括:(1)宣读起诉书、抗诉书。(2)讯问被告人。(3)向法庭举证,参加质证。(4)发表公诉词,参加法庭辩论。

4.进行法律监督。出席法庭的公诉人对法庭审理案件违反法定诉讼程序的行为,应当记明,并在庭审后及时向检察长报告,以人民检察院的名义向人民法院提出纠正意见。必要时,检察院对审判活动中严重违反法定程序、影响司法公正的行为,可以提起抗诉。

5.维护诉讼参与人的合法权利。检察官是公共利益的代言人。公诉人出席法庭是站在维护国家法制的立场上,代表国家和人民利益的。因此,在追究犯罪的同时,负有依法维护诉讼参与人合法权利的职责。

6.结合案情和旁听情况进行法制宣传教育。公诉人还应当在法庭上义正词严地揭露和证实犯罪,分析犯罪发生的原因,促使犯罪分子改过自新,警示其他人引以为戒,自觉遵守国家法律,以达到减少和预防犯罪的目的。

公诉人在出庭履行上述职责时,其言行应当符合最高人民检察院公诉厅制定的《公诉人出庭行为规范》的要求。

（二）被告人

被告人是指因涉嫌犯罪而受到正式刑事控诉的人。控诉是指依法拥有起诉权的部门或个人向法院提出正式控告，要求追究某人刑事责任的法律行为。在正式控诉之前涉嫌犯罪之人称为犯罪嫌疑人。

在刑事诉讼中，被告人享有以下主要诉讼权利：(1)运用本民族的语言文字进行诉讼的权利。(2)有获得辩护的权利。(3)申请回避的权利。(4)对于司法工作人员侵犯其合法的诉讼权利和有人身侮辱的行为，有权提出控告。(5)未经法院依法判决，任何人不得被确定有罪，这就是无罪推定原则。也就是说，任何人未经人民法院判决，不能被确认为有罪和处以刑罚。公民无须证明自己的无罪和清白，指控方若不能提出有罪证据，被告人就是无罪的，举证责任应当由指控方承担。(6)有权参与法庭审理，有权了解被指控的犯罪事实和证据；有权辨认物证、书证，有权申请审判长对证人、鉴定人发问，或者经审判长许可直接发问；有权了解未到庭的证人证言、鉴定人鉴定意见、勘验笔录的内容，并提出意见；有权通知新的证人到庭，调取新的物证、书证，申请重新鉴定或者勘验；有权阅读法庭庭审笔录并请求补充和更正；有权拒绝回答与本案案情无关的问题等。(7)有进行最后陈述的权利。(8)有权参加法庭辩论，有权对一审判决、裁定提起上诉；对于已经发生法律效力的判决、裁定有权提出申诉。

在享有诉讼权利的同时，犯罪嫌疑人或被告人也负有相应的诉讼义务。如应当如实陈述案情，回答法庭的提问，不得伪造证据、隐匿证据，对司法工作人员依法进行的诉讼活动应当给予配合，遵守法庭规则，等等。

（三）被害人

被害人是指在刑事案件中其人身、财产及其他权益遭受犯罪行为侵害的人。广义上的被害人，既包括刑事自诉案件中的被害人，也包括刑事公诉案件中的被害人。狭义上的被害人，仅指公诉案件中的被害人。在刑事诉讼中，被害人属于当事人之一。

被害人的诉讼权利主要有：请求立案；申请回避；委托诉讼代理人；要求赔偿损失；对不立案和不起诉的决定向检察机关提出申诉或依法向法院提起自诉；出席法庭并陈述案情，发问被告人，参加证据调查与质证，申请通知新的证人到庭，调取新的物证，重新鉴定或勘验，参加法庭辩论；在法定期限内对一审判决请求抗诉；对生效判决或裁定提出申诉，要求重新审判；等等。

被害人承担的主要义务有：如实向公安司法机关陈述案件事实的义务；接受公安司法机关对其进行人身检查的义务；接受公安司法机关传唤的义务；在法庭上接受询问和回答问题的义务；遵守法庭秩序的义务；等等。

（四）自诉人

在刑事自诉案件中，以自己的名义直接向人民法院提起诉讼，要求追究某人刑事责任的当事人，称为自诉人。通常情况下，自诉人往往就是被害人。对于自诉案件，没有公诉机关的公诉活动，自诉人的告诉会直接引起刑事自诉程序的进行。从这个意义上说，自诉人的地位类似于民事诉讼中的原告，当然也就有原告的诉讼权利和义务。

自诉人的诉讼权利有：(1)直接向人民法院提起诉讼。(2)可以随时委托诉讼代理人。(3)在告诉才处理的案件和被害人有证据证明的轻微刑事案件中，在人民法院宣判前，自诉人有权同被告人自行和解或撤回自诉。(4)在上列轻微刑事案件中，自诉人有权在人民法院的主持下与被告人达成调解。(5)有参加法庭调查和法庭辩论权。(6)有权申请回避。(7)人民法院受理案件后，对于因为客观原因不能取得有关证据的，自诉人有权申请人民法院调查取证。(8)对第一审人民法院还没有发生法律效力的判决、裁定提出上诉。(9)对人民法院已经发生法律效力的判决、裁定提出申诉。

自诉人的诉讼义务有：(1)对自己的主张和请求提供证据证明。(2)不得捏造事实诬告、陷害他人或者伪造证据，否则将承担相应的法律责任。(3)按时出庭。(4)遵守法庭纪律，听从审判人员的指挥。

在模拟审判中，我们无法使担任当事人角色的学生与案件结局产生法律上的利害关系，因此，扮演当事人的学生在很大程度上具有表演性。基于此，结合上述司法实践中当事人的特点，在模拟审判中扮演当事人的学生要尽可能地从案件的局外人转变成“当事人”，从法律方面的专业人士转变为非法律专业人士。具体来讲，在模拟审判中，担任当事人角色的学生需要承担以下职责：(1)熟悉案件材料中当事人对案件事实的陈述和整个案件的基本情况。(2)仔细揣摩和体会当事人的心理，以当事人的身份出席模拟法庭，并行使相关诉讼权利。(3)与自己的律师商讨诉讼对策，在法庭上有效地配合律师的辩护或者代理。

第三节　其他诉讼参与人

一、律师

中国律师分为专职律师和兼职律师两种。专职律师是指取得律师执业证书，经批准在律师事务所专门从事律师工作的专业法律工作者；兼职律师是指取得律师资格和执业证书，在不脱离本职工作的同时兼做律师工作的专业法律工作者。

根据我国《民事诉讼法》《刑事诉讼法》《行政诉讼法》和《中华人民共和国律师法》(以下简称《律师法》)等的规定,律师在诉讼中拥有辩护人和代理人两种身份。作为专门的职业,律师在诉讼中的职业活动具有以下特点:

1.专业性。律师职业的专业性由专业知识和专业能力两个要素构成。律师是法律方面的专业人员,因此,律师理所当然地应当精通法律知识,熟悉法律规范。不仅如此,律师还应当具有良好的专业能力。律师的专业能力除了体现在其拥有专业知识外,还体现在其对法律尤其是对程序法的精通及熟练运用的能力、迅速把握关键问题的能力及敏锐的反应能力、出色的语言表达和组织才能等各方面的能力上。

2.独立性。律师职业的独立性主要体现在两个方面:一是律师独立于政府、法院和检察院等权力机关;二是律师独立于当事人。律师在执业活动中,只需遵守宪法和法律,恪守律师职业道德和执业纪律,以事实为依据,以法律为准绳,除此之外,律师执业不受任何人或机构的干涉与限制。

3.服务性。律师的法律服务是一种专业性服务,这种服务的对象是社会大众,即所有需要法律帮助的人。律师一旦成为当事人的辩护人或代理人,就应当在法律许可的范围内尽最大可能地维护当事人的合法利益。

基于上述特点,结合模拟审判的实际情况,在实验中担任律师的学生的根本任务就是:依据事实和法律,运用自己的专业知识,最大限度地维护自己当事人的合法利益。具体来讲,担任律师的学生应当履行如下职责:(1)通过阅卷、调查证据、会见当事人等方式,熟悉案件材料。(2)在了解案件事实的基础上,分析法律关系,制定相应的诉讼策略。(3)依法指导当事人行使诉讼权利。(4)撰写辩护词、代理词等相关诉讼文书。(5)出席法庭审理,参与法庭调查、辩论。律师在履行上述职责时,其言行及仪表要符合中华全国律师协会制定的《律师执业行为规范》和《律师出庭服装使用管理办法》的要求。

二、证人

证人是指通过其自身感觉器官直接了解案件情况并受法院传唤到庭做证的人。此处所称的证人是指狭义的证人,即通过其亲身感知而知悉案件事实的诉讼外第三人,不包括广义上的证人,如两大法系有关国家将鉴定人、专家证人、当事人视为广义上的证人。

证人做证应具有证人资格。证人资格是由以下特征决定的:其一,证人应当是了解案件事实的自然人,这是因为只有自然人才能凭借感官感知案件事实;其二,证人是就自己所了解的情况向法院进行相关陈述的人,这就要求证人须具备一定的语言表达能力,以便真实、清楚地表达自己所感知的案件事实;其三,证人在一般情况下应当是诉讼当事人以外的第三人。

证人在诉讼中享有一定的权利并承担相应的义务。证人的权利有:(1)用本民族语言文字提供证言、证词的权利。(2)刑事诉讼中的证人在侦查期间可以要求对其姓名保守秘密的权利。(3)客观充分地提供证据的权利。(4)对司法人员的侵权行为有提出控告的权利。(5)因做证而受到当事人等侮辱、诽谤、殴打或者打击报复,要求对行为人予以制裁的权利;要求经济补偿权;拒绝证言权;及时得到出庭做证通知权。

证人的义务有:及时出庭做证;如实做证;宣誓;接受法官、当事人等的询问;遵守法庭秩序;等等。

根据我国《民事诉讼法》《刑事诉讼法》和《行政诉讼法》的规定,证人的义务是如实地就自己所知道的案件事实向法庭提供证言,如果有意做伪证,则应承担相应的法律责任。因此,在司法实践中,证人的职责就是如实做证。在模拟审判中,担任证人角色的学生并没有亲历案件事实,其对案件事实的感知完全来源于本教材或指导教师提供的案件材料。因此,担任证人的学生首要的职责就是熟悉案件材料中有关证人陈述的内容。

此外,根据我国三大诉讼法的相关规定,证人有出庭做证的义务。因此,担任证人的学生还需承担的职责就是应法庭的传唤出席模拟法庭审判,在模拟法庭上接受诉讼双方以及法官的询问。至于担任证人角色的学生出席法庭后如何陈述,笔者认为,不能一概而论。在司法实践中,证人当庭翻证的现象时有发生。因此,一方面为了与司法实践保持一致,另一方面为了增强实验的趣味性和提高实验难度,担任证人角色的学生在法庭上提供的证言既可以与先前给定材料中的内容保持一致,也可以当庭推翻先前证言,给出与庭前陈述不一致的证言。当然,在当庭翻证的情况下,证人应当在法庭上做出合理的解释和说明。

三、鉴定人

根据司法部颁行的《司法鉴定人登记管理办法》规定,司法鉴定人享有下列主要权利:(1)了解、查阅与鉴定事项有关的情况,询问与鉴定事项有关的当事人、证人等。(2)要求鉴定委托人无偿提供鉴定所需的鉴材、样本。(3)进行鉴定所需的检验、检查和模拟实验。(4)拒绝解决、回答与鉴定无关的问题。(5)鉴定意见不一致时,保留不同意见。(6)获得合法报酬。(7)法律、法规规定的其他权利。

同时,鉴定人需承担以下主要义务:(1)按照规定时限独立完成鉴定工作,并出具鉴定意见。(2)对鉴定意见负责。(3)依法回避。(4)妥善保管送鉴的鉴材、样本和资料。(5)保守在执业活动中知悉的国家秘密、商业秘密和个人隐私。

(6)依法出庭做证,回答与鉴定有关的询问。(7)法律、法规规定的其他义务。

鉴定人与证人的主要区别在于:

其一,证人陈述的是自己耳闻目睹的具体事实,因此,向法庭提供的是一种感知证据;而鉴定人进行鉴定所提供的鉴定报告是利用其专业知识、学识、经验对案件事实所涉及的专门性问题进行判断与分析,以补充法官在相关专业、学识和经验上的不足,鉴定人向法庭提供的是一种意见证据。

其二,证人因亲身感知过案件事实而具有不可替代性,这种资格是由其亲身经历过有关案件事实所决定的,具有客观的不可选择性,因此不能任意在主观上决定某一个人具有这种特定资格;鉴定人向法庭所采用的做证方式与一般证人不同,这决定了鉴定人的资格具有任意性,即凡是具备某种特定专门知识、学识、经验的人都具备相应的鉴定资格,并且,具有某种特定鉴定资格的人在人数上也是不确定的,甚至是无法计算的。因此,鉴定人具有可替代性。

其三,凡了解案情的人,依法都有做证的义务,都可以充当证人,而不问其与本案件当事人有无利害关系,这便决定了证人不存在回避问题;而鉴定人只要与本案当事人有利害关系或其他法定情况,便应当回避,以保证鉴定的客观、公正性。

其四,传唤证人出庭做证只能由当事人向法院提出申请;而由鉴定人对审判上所遇到的专门性问题进行鉴定,除依法由当事人向法庭提出申请外,还可由法院行使职权委托鉴定人进行鉴定。

其五,如证人拒不到庭又无正当理由,必要时,对证人可采取拘传迫使其到庭;而鉴定人无正当理由拒不到庭的,对鉴定人则不适用拘传,只能更换。

结合模拟审判的实际情况,如果诉讼双方对鉴定意见没有异议,则不需要学生担任鉴定人角色,模拟法庭开庭审判时,只需当庭宣读鉴定意见即可。但是,如果当事人对鉴定意见提出异议,申请鉴定人出庭做证,则担任鉴定人的学生需要承担以下职责:(1)熟悉本教材或指导教师提供的鉴定意见内容。(2)尽可能地查找相关资料,熟悉相关鉴定意见的产生过程、基本原理等,使自己在法庭上的表现体现出一定的专业性。(3)出席法庭,当庭陈述鉴定意见,并接受诉讼双方及法官的询问。

第三章 医事模拟审判程序

第一节 医事民事案件审判程序

一、第一审普通程序

（一）起诉

起诉，是原告向法院提起诉讼的行为。根据法律规定，民事诉讼案件的起诉并不是诉讼程序的必然开始，仅有起诉却未被法院受理，诉讼案件尚不成立。只有起诉与受理相结合，案件才能成立，诉讼程序才能开始。

根据《中华人民共和国民事诉讼法》第一百一十九条之规定，起诉必须符合下列条件：

1.原告是与本案有直接利害关系的公民、法人和其他组织。所谓原告，即以自己名义请求人民法院保护其合法权益，并受受诉人民法院裁判约束的人。

2.有明确的被告。所谓被告，即与原告发生争议的对立一方。被告是任何一个民事案件不可缺少的诉讼当事人。被告不明确，就没有具体的对象，就不能形成诉讼中的对立面，人民法院也就无法进行审判活动。

3.有具体的诉讼请求和事实、理由。所谓诉讼请求，即原告通过法院对被告提出的实体权利要求，亦即原告请求法院通过审判程序予以确认或保护其合法权益的具体内容和范围。事实和理由是指原告向法院提出诉讼请求所根据的事实和理由。案件事实包括案情事实和证据事实：案情事实是指民事法律关系发生、变更、消灭的事实；证据事实是指证明这些案情事实存在的必要的根据。但原告起诉究竟有无事实、理由，尤其是证据事实是否确实、充分，只能在起诉以后进行审理的过程中才能查明。因此，这里的“事实、理由”，只能理解为原告在起诉时应当提出的事实和理由，不能在未经法院调查审理以前，就要求原告提供完整而确凿的证据。

4.属于人民法院受理民事诉讼的范围和受诉人民法院管辖。这一规定有两层含义：一是原告请求人民法院给予司法保护的事项，属于人民法院有权行使审判权的事项，即属于人民法院主管；二是受诉人民法院必须具有对该案件的具体管辖权。

(二)受理

受理,是指人民法院通过审查原告的起诉,认为符合起诉条件,而决定立案审理的行为。人民法院对符合条件的起诉必须受理,但在某些特别情况下,即使在形式上符合起诉条件,也不予受理,而是要根据不同情形予以不同的处理:(1)依照《行政诉讼法》的规定,属于行政诉讼受案范围的,告知原告提起行政诉讼。(2)依照法律规定,双方当事人对合同纠纷自愿达成书面仲裁协议向仲裁机构申请仲裁的,告知原告向仲裁机构申请仲裁。(3)依照法律规定,应当由其他机关处理的争议,告知原告向有关机关申请解决。(4)对不属于本院管辖的案件,告知原告向有管辖权的人民法院起诉。(5)对判决、裁定已经发生法律效力的案件,当事人又起诉的,告知原告按照申诉处理,但人民法院准许撤诉的裁定除外。(6)依照法律规定,在一定期限内不得起诉的案件,在不得起诉的期限内起诉的,不予受理。(7)判决不准离婚与调解和好的离婚案件,判决、调解维持收养关系的案件,没有新情况、新理由,原告在六个月内又起诉的,不予受理。

2015年4月1日,中央全面深化改革领导小组第十一次会议审议通过了《关于人民法院推行立案登记制改革的意见》,最高人民法院15日印发该意见,于5月1日起施行,变立案审查制为立案登记制。立案登记制要求法院在接到当事人提交的民事起诉状时,对符合法定条件的起诉,应当登记立案;对当场不能判定是否符合起诉条件的,应当接收起诉材料,并出具注明收到日期的书面凭证。需要补充必要相关材料的,人民法院应当及时告知当事人,在补齐相关材料后,应当在七日内决定是否立案。立案登记制改革了人民法院案件受理制度,对依法应该受理的案件,做到有案必立、有诉必理,保障了当事人诉权。

(三)审理前的准备

根据《民事诉讼法》和最高人民法院的相关司法解释,审理前的准备主要包括以下内容:

1.在法定期间内送达诉讼文书

人民法院受理案件后,应当分别向原、被告送达案件受理通知书和应诉通知书,并在立案之日起五日内将起诉状副本送达被告。原告口头起诉的,人民法院应将原告口述笔录内容告知被告。被告应在收到起诉状副本之日起十五日内提出书面答辩,阐明其对原告诉讼请求及所依据的事实和理由的意见。人民法院应当从收到答辩状之日起五日内将答辩状副本送达原告,告知当事人有关诉讼权利和义务以及合议庭的组成人员,以便当事人正确、充分地行使诉讼权利,履行诉讼义务。适用普通程序审理的案件,应当实行合议制。合议庭成员确定后,应当在三日内告知当事人,以便其在必要时依法行使申请回避的权利。

2.确定举证时限

举证时限是指当事人向法院提供证据的期限，当事人若无正当理由逾期举证，将产生证据失效的法律后果。我国《民事诉讼法》并未规定举证时限，对证据的提供实行的是“随时提出主义”，因此，当事人不仅在第一审中可以在法庭上随时提供新的证据，而且在二审和再审程序中，还可以随时提出新证据。这种做法产生了一系列难以克服的弊端：首先，这种做法影响了证明责任制度的落实。证明责任是指不尽举证责任应承担的败诉后果。由于实行证据“随时提出主义”，一方当事人尽管在一审时可能因不能提供证据而败诉，但在二审中提出有利于己的证据，二审法院可以根据新提交的证据推翻一审裁判，从而使当事人在一审中承担的证明责任失去意义。其次，这种做法使“证据突袭”现象在诉讼中常常发生。某些当事人为了给对方以意外攻击，故意将关键证据隐藏，待开庭审理时突然抛出，使对方措手不及，从而无法进行有效的质证，影响诉讼的公正性。再次，这种做法提高了诉讼成本，降低了诉讼效率。由于当事人有权随时提出证据，甚至进行“证据突袭”，这就使得新的证据一旦提出，质证、庭审又要被重新启动，甚至是多次被启动，这势必造成诉讼成本的增加、诉讼效率的降低。最后，这种做法损害了裁判的稳定性。由于证据可随时提出，审判程序就难免被反复启动，终局裁判也可能不断地被撤销，当事人之间争议的法律关系难以得到最终的确定，这对法院裁判的稳定性构成了极大的威胁。因此，最高人民法院在《最高人民法院关于民事诉讼证据的若干规定》（以下简称《民事证据规定》）中对举证时限制度及相关问题做出了规定。举证时限制度的确立，为克服证据“随时提出主义”的弊端提供了制度上的保障。同时，还有助于人民法院在庭前整理争点、固定证据，进一步提高庭审效率。

根据《民事证据规定》的相关规定，人民法院应当在送达案件受理通知书和应诉通知书的同时向当事人送达举证通知书。举证通知书应当载明举证责任的分配原则与要求、可以向人民法院申请调查取证的情形、人民法院根据案件情况指定的举证期限以及逾期提供证据的法律后果。举证期限可以由当事人协商一致，并经人民法院认可。由人民法院指定举证期限的，指定的期限不得少于三十日，自当事人收到案件受理通知书和应诉通知书之日起计算。当事人应当在举证期限内向人民法院提交证据材料，当事人在举证期限内不提交的，视为放弃举证权利。对于当事人逾期提交的证据材料，人民法院审理时不组织质证，但对方当事人同意质证的除外。当事人增加、变更诉讼请求或者提起反诉的，应当在举证期限届满前提出。当事人在举证期限内提交证据材料确有困难的，应当在举证期限内向人民法院申请延期举证，经人民法院准许，可以适当延长举证期限。当事人在延长的举证期限内提交证据材料仍有困难的，可以再次提出延期申请，是否准许由人民法院决定。

3.审查诉讼材料,组织当事人交换证据

合议庭组成后,审判人员应当认真审查案件的诉讼材料,包括原、被告向法院提交的起诉状、答辩状以及他们各自提交的证据材料。但审判人员对诉讼材料的审查只能是程序性审查而非实体性审查,即审判人员通过对诉讼材料的审查,是为了了解、整理双方当事人争议的焦点和需要庭审调查、辩论的主要问题,而不能直接对案件事实和证据材料的真伪及其证明力做出判断。否则,将会导致"先定后审",使庭审流于形式。对于证据较多或者复杂疑难的案件,仅通过人民法院单方面对诉讼材料的审查不易达到整理、固定争点的效果,人民法院有必要组织双方当事人及其诉讼代理人进行证据交换。

所谓证据交换,是指庭审前双方当事人在审判人员的主持下交流案件事实和证据方面的信息的一种诉讼制度。证据交换是庭审前准备程序的核心内容,可促进当事人相互了解对方的主张和证据,进一步整理和明确争点,从而保证庭审的顺利进行。同时,还可促进双方当事人达成和解。根据《民事证据规定》,经当事人申请,人民法院可以组织当事人在开庭审理前交换证据。对于证据较多或者复杂疑难的案件,人民法院应当组织当事人交换证据。交换证据的时间可以由当事人协商一致并经人民法院认可,也可以由人民法院指定,但应当在开庭审理前完成。人民法院组织当事人交换证据的,交换证据之日举证期限届满。当事人申请延期举证经人民法院准许的,证据交换日相应顺延。证据交换应当在审判人员的主持下进行。证据交换时,双方当事人无异议的事实、证据应当记录在卷,并由双方当事人签字确认。如果开庭审理时双方当事人均不再提出异议,便可以作为认定案件事实的依据。对有异议的证据,按照需要证明的事实分类记录在卷,并记载异议的理由。通过证据交换,确定双方当事人争议的主要问题。当事人收到对方交换的证据后提出反驳并提供新证据的,人民法院应当通知当事人在指定的时间进行交换。为防止诉讼拖延,证据交换一般不超过两次,但重大、疑难和案情特别复杂的案件,人民法院认为确有必要再次进行证据交换的除外。

4.调查收集应当由人民法院收集的证据

一般情况下,诉讼证据是由当事人向法院提供,但对当事人及其诉讼代理人因客观原因不能自行收集的证据或者人民法院认为审理案件需要的证据,法院也应当予以收集。根据《民事证据规定》的相关规定,人民法院认为审理案件需要的证据是指以下情形:(1)涉及可能有损国家利益、社会公共利益或者他人合法权益的事实。(2)涉及依职权追加当事人、中止诉讼、终结诉讼、回避等与实体争议无关的程序事项。除前述规定的情形外,人民法院如要调查收集证据,均应依当事人的申请进行。符合下列条件之一的,当事人及其诉讼代理人可以申请人民法院调查收集证据:(1)申请调查收集的证据属于国家有关部门保存并须人民法院依职权调取的档案材料。(2)涉及国家秘密、商业秘密、个人隐私的材料。(3)当事人及其诉讼代理人确因客观原因不能自行收集的其他材料。对专门性问题合议庭认为需要鉴定、审计的,人民法院应及时交由法定鉴定部门或者指定有关部门鉴定,并委托审计机关审计。

5.追加、更换当事人,通知第三人参加诉讼

开庭审理应当在当事人都参加的情况下进行,以利于人民法院全面、彻底地解决纠纷,正确处理案件。人民法院在审查诉讼材料时,发现必须到庭参加诉讼的当事人没有参加诉讼的,应当通知其参加诉讼,当事人也可以向人民法院申请追加。人民法院对当事人提出的申请,应当进行审查,申请无理的,裁定驳回;申请有理的,书面通知被追加的当事人参加诉讼。人民法院追加共同诉讼的当事人时,应通知其他当事人。如果案件涉及有独立请求权的第三人的合法权益,该第三人有权向人民法院提出诉讼请求,要求参加诉讼;人民法院也可通知其参加诉讼。对于无独立请求权的第三人,人民法院认为有必要追加或当事人提出申请时,也可以追加为当事人。

此外,人民法院在审查诉讼材料时,如发现当事人不适格,也应当对不适格的当事人进行更换,否则诉讼便不能在适格当事人之间进行,法院的审理也将失去意义。人民法院发现当事人不适格后,应告知原告更换当事人,原告拒不更换的,裁定驳回起诉。

6.实施调解,促成当事人和解

合议庭审查诉讼材料后,如果认为案件有可能调解解决,征得当事人同意,可以在开庭审理前进行调解。调解达成协议的,制作调解书送达双方当事人;不能达成协议的,合议庭应立即研究确定开庭审理的日期和庭审提纲,并应明确合议庭成员在庭审中的分工。同时,在双方当事人自愿的前提下,合议庭也可以在开庭审理前让双方当事人及其诉讼代理人自行协商解决争议。当事人和解后,如果原告申请撤诉,或者双方当事人要求发给调解书的,经审查认为不违反法律规定且不损害第三人利益的,可以裁定准予撤诉,或者按照双方当事人达成的和解协议制作调解书发给当事人。

综上所述,开庭前的准备是诉讼过程中一个内容非常繁杂的诉讼阶段。人民法院和当事人均应按照有关规定完成各自的准备活动,为开庭审理的顺利进行提供充分的保障。同时,人民法院和当事人还可以利用审理前的准备阶段所具有的特殊功能,为提前解决纠纷做出努力,以提高诉讼效率,减少诉讼成本。

(四)开庭审理

开庭审理,是指人民法院在当事人和所有诉讼参与人的参加下,全面审查认

定案件事实，并依法做出裁判或调解的活动。开庭审理由合议庭主持，故又称为法庭审理。开庭审理既是人民法院行使国家审判权的重要阶段，又是当事人行使诉权的重要阶段，也是诉讼参与人行使诉讼权利、履行诉讼义务最集中的阶段。

1. 开庭审理的程序

(1)庭审准备。在开庭三日前，人民法院应用通知书通知诉讼代理人、证人、鉴定人、翻译人员按时出庭，对当事人采用传票传唤。法律规定凡公开审理的案件都应发布公告。公告内容有案由、当事人姓名、开庭时间和地点，一般应在开庭审理三日前公告。

(2)宣布开庭。首先，由书记员查明原告、被告、第三人、诉讼代理人、证人、鉴定人、翻译人员等是否到庭并将结果报告合议庭，同时向全体诉讼参与人和旁听群众宣布法庭纪律。其次，由审判长宣布审判人员、书记员名单，宣布案由，核对当事人。核对完毕后告知当事人诉讼权利和义务，询问当事人是否申请回避。若有人申请回避即按法定程序办理。最后，审查诉讼代理人资格和代理权限。

(3)庭审调查。庭审调查的中心任务是听取当事人对案情的充分陈述和提供证据，听取证人证言，出示各种物证、书证和视听资料，宣读勘验笔录和鉴定意见，全面核实证据，揭示案件真相。根据《民事诉讼法》的规定，庭审调查的顺序是：当事人陈述—证人做证—出示书证、物证和视听资料—宣读鉴定意见—宣读勘验笔录。庭审调查阶段，当事人可以提出新的证据。原告有权增加诉讼请求，被告有权提出反诉，第三人可以提出与本案有关的诉讼请求，人民法院可以合并审理。

(4)法庭辩论。法庭辩论是当事人、第三人及其诉讼代理人就案件事实和法律适用，向法庭阐明观点、申明理由的活动。法庭辩论终结时，由审判长按原告、被告、第三人的顺序依次征询他们的最后意见。

(5)合议庭评议。法庭辩论终结，应当依法做出判决。判决前能够调解的，可以进行调解，调解不成的应当及时判决。调解并不是开庭审理的必经程序。法庭辩论终结，合议庭认为该案难以调解时，应及时评议。评议的内容是：案件事实是否清楚，证据是否充分，案件如何认定，责任如何划分，适用何种法律，诉讼费用如何负担，等等。评议由审判长主持，评议笔录须经合议庭全体成员签名后有效。

(6)宣告判决。凡开庭审理的案件，无论是依法公开审理还是不公开审理，都必须公开宣告判决。公开宣判分为两种形式：一是当庭，二是定期。前者应在十日内向有关人员发送判决书，后者应在宣判后立即发送判决书。

2.案件审结的期限

人民法院适用普通程序审理的案件，应当在立案之日起六个月内审结。有特殊情况需要延长的，由本院院长批准，可以延长六个月；还需延长的，报请上级人民法院批准。审理期限是从立案的次日起至裁判宣告、调解书送达之日止的期间，但公告期间、鉴定期间、审理当事人提出的管辖权异议以及处理人民法院之间的管辖争议期间不应计算在内。

3.对开庭审理特殊情况的处理

(1)撤诉。撤诉是指当事人将已经成立之诉撤销。从形式上分为当事人主动撤回起诉和法院视为撤诉。当事人主动撤回起诉是指原告在一审判决宣告前，将已经提出的诉讼撤销。首先应由原告向人民法院递交撤诉申请书，申请书中应详细列举撤诉理由，申请撤诉时间是起诉成立后法院裁决前。如果该申请未被法院批准，原告就应继续参加诉讼活动。法院视为撤诉是指当当事人虽不申请撤诉，但其行为可使法院推论其有撤诉的意思时，法院可按撤诉处理。如原告经传票传唤无正当理由拒不到庭，或者未经法庭许可中途退庭，或者应预交而未预交案件受理费的，均视为撤诉。

(2)延期审理。延期审理是指在特定情形下，人民法院把已经确定的审理日期或正在进行的审理顺延至另一日期进行审理的制度。法律规定的特殊情形有四种：第一，必须到庭的当事人或其他诉讼参与人有正当理由没有到庭的；第二，当事人临时提出回避申请的；第三，需要通知新的证人到庭，调取新的证据，重新鉴定、勘验，或者需要补充调查的；第四，其他应当延期的情形。

(3)诉讼中止。诉讼中止是民事诉讼程序的中途搁置，即在诉讼进行过程中，由于某些法定情形的出现而使案件诉讼活动难以继续进行，受诉法院据此裁定暂停本案诉讼程序的制度。诉讼中止的主要原因有：第一，一方当事人死亡，需要等待继承人参加诉讼；第二，一方当事人丧失诉讼行为能力，尚未确定法定代理人；第三，一方当事人因不可抗拒的事由，不能参加诉讼；第四，本案必须以另一案的审理结果为依据，而另一案尚未审结；第五，作为一方当事人的法人或其他组织终止，尚未确定权利义务承受人；第六，其他应当中止的情形。诉讼中止原因消除后，原诉讼程序继续进行。

(4)缺席判决。缺席判决是指人民法院在部分当事人无故不参加开庭审理或无故中途退庭的情况下依法做出的判决。

(5)诉讼终结。诉讼终结是指在诉讼程序进行中，因出现某种特殊情况不得已结束诉讼的制度。其情形有四：第一，原告死亡，没有继承人或者继承人放弃诉讼权利；第二，被告死亡，没有遗产也没有应当承担义务的人；第三，离婚案件中一方当事人死亡；第四，追索赡养费、抚养费、抚育费以及解除收养关系案件中的一方当事人死亡。

二、简易程序

(一)简易程序的适用范围

简易程序是指基层人民法院及其派出法庭审理简单民事案件所适用的一种简便易行的诉讼程序。适用简易程序的人民法院,仅限于基层人民法院及其派出法庭。中级以上人民法院审理第一审民事案件,都不得适用简易程序。适用简易程序的案件,仅限于事实清楚、权利义务关系明确、争议不大的简单民事案件。最高人民法院进一步明确不适用简易程序审理的情形有:第一,起诉时被告下落不明的案件,不得适用简易程序。第二,已经按照简易程序审理的案件,在审理过程中发现案情复杂,需要转为普通程序审理的,可以转为普通程序,由合议庭审理。但已经按照普通程序审理的案件,在审理过程中无论是否发生了情况变化,都不得改用简易程序审理。第三,发回重审和按照审判监督程序再审的案件,不得适用简易程序。

(二)简易程序的特点

1.方式简便。原告可以口头起诉,不附加任何条件和限制。

2.受理程序简便。审判人员经过审查,认为符合起诉条件的,可以当即立案审理,也可以另定日期审理,不受普通程序七日立案审查期的限制。

3.传唤当事人、证人的方式简便。人民法院可以用简便的方式随时传唤当事人、证人,不受开庭前三日通知当事人等有关规定的限制。

4.实行独任制。审理该类案件无须组成合议庭,而是由审判员一人独任审理,书记员担任记录。

5.审理程序简便。不受《民事诉讼法》普通程序相关规定的限制。

6.审结期限较短。依该程序审理的案件,应当在立案之日起三个月内审结。审限不能延长,如果在法定期限内不能审结,应转为普通程序,并立即通知双方当事人,审理期限从立案的次日起计算。

7.简易程序虽然简便,但仍要公开宣判,同时要求卷宗材料齐全。

三、第二审程序

第二审程序是指上一级人民法院根据当事人的上诉,就下级人民法院的一审判决和裁定,在其发生法律效力前,对案件进行重新审理的程序。该程序不是人民法院审理民事案件的必经程序:在第一审程序中,当事人对一审判决和裁定在上诉期内不上诉,或一审案件经调解达成协议,以及依照法律规定实行一审终审的案件,均不会发生第二审程序。

(一)上诉的提起和受理

上诉是指当事人不服第一审人民法院做出的未生效裁判,在法定期间内,要求上一级人民法院对上诉请求的有关事实和法律适用,再次进行审理的诉讼行为。根据《民事诉讼法》的规定,除了依特别程序、督促程序、公示催告程序和企业法人破产还债程序做出的裁判不准上诉外,凡地方各级人民法院以普通程序和简易程序做出的一审判决,以及法律规定可以上诉的裁定,包括不予受理、驳回起诉和对管辖权异议的裁定,在法定期间内,当事人均可提起上诉。同时,形式上必须符合下列三个要件:(1)合格的上诉人和被上诉人。(2)必须在法定期间内提起上诉。(3)应当提交上诉状。

(二)上诉案件的审理

上诉案件的审理首先须依照第二审程序的规定进行审理,第二审程序没有规定的,适用第一审普通程序。

审理前的准备工作包括:

(1)组成合议庭。第二审人民法院审理上诉案件,必须由审判员组成合议庭,这是由第二审人民法院的审判职能及上诉案件的特殊性决定的。当事人提起上诉的案件,既是上诉人与对方当事人之间的权利义务有争议,也是上诉人不服一审裁决,认为一审法院的裁判认定事实有错误或适用法律不当。因此,第二审人民法院审理上诉案件,不仅要对当事人之间的权利义务争议重新进行审理,还负有审查监督一审法院的审判工作是否合法的任务。所以,第二审人民法院审理上诉案件,必须由审判员组成合议庭进行审判,不能由审判员、陪审员组成合议庭,更不能由审判员一个人独任审判。

(2)审阅案卷、调查和询问当事人。第二审法院的合议庭成员在开庭审理前,要认真审阅案卷,目的是:第一,进一步审查上诉人与被上诉人的资格,以及上诉是否超过上诉期限,如果发现上诉主体不符合法定条件或超过上诉期的,裁定驳回其上诉。发现上诉状有欠缺的,通知其补正。第二,审查上诉请求、答辩主张以及案卷的其他材料。审查重点是与上诉请求有关的事实是否清楚,证据是否充分、确凿,适用法律是否正确。审查案卷,明确哪些案情是清楚的,哪些问题是需要调查和询问当事人后才能查清的。

(3)上诉案件的审理方式。开庭审理:第二审人民法院审理上诉案件,以开庭审理为原则,不开庭审理为例外。审理上诉案件,一般都应传唤双方当事人或其他诉讼参与人到庭,开庭调查、辩论、合议庭评议和判决。径行判决:第二审法院合议庭经过阅卷、调查和询问当事人后,认为案件事实清楚,不需要开庭审理的,可以径行判决。径行判决不同于书面审理,合议庭仍要询问当事人,听取当事人的陈述,在查清案件事实后,合议庭才能直接做出判决。

(4)上诉案件的调解。法院调解是《民事诉讼法》的一项基本原则,它贯穿民事审判程序的始终,所以第二审人民法院审理上诉案件,也可以进行调解。第二审人民法院在审理上诉案件的过程中,可以根据双方当事人的自愿原则进行调解。经调解达成协议后,第二审人民法院应当制作调解书。调解书由审判员、书记员署名,加盖人民法院印章。调解书送达当事人后即发生法律效力,原审人民法院的判决即视为撤销。在二审调解中,当事人可以就上诉请求范围内的实体问题进行调解,也可以对一审判决认定的而上诉人未提出异议的实体问题进行调解。因为一审裁判未生效,当事人有权对此进行处分。

(三)上诉案件的裁判

1.上诉案件裁判的种类

第二审人民法院对上诉案件经过审理后,根据不同情况,分别做出如下判决和裁定:(1)判决驳回上诉。第二审人民法院经过审理后,确认原审判决认定事实清楚,适用法律正确的,应判决驳回其上诉,维持原判决。(2)依法改判。第二审人民法院对原判决改判的情况有两种:一是原判决适用法律错误的,二审法院应做出变更原判决的判决;二是原判决认定事实有错误,或认定事实不清、证据不足的,二审法院可以在查清事实后,直接予以改判。(3)裁定发回重审。第二审人民法院对上诉案件审理后,做出发回重审的裁定有下述两种情况:一是二审法院认为原审判决认定事实错误,或认定事实不清、证据不足的,一般应裁定撤销原判决,发回原审法院重审。二是二审人民法院认为原审判决违反法定程序,可能影响案件正确判决的,裁定撤销原判决,发回原审人民法院重审。违反法定程序应当裁定撤销原判,发回原审人民法院重审的案件,有下列几种:第一,审理本案的审判人员、书记员应当回避而未回避的;第二,未经开庭审理而做出判决的;第三,适用普通程序审理的案件,对当事人未经传票传唤而缺席判决的;第四,其他严重违反法定程序的。(4)对一审裁定的处理。第二审人民法院对不服一审裁定的上诉案件的处理,一律使用裁定。处理结果有两种情况:一是原审裁定所依据的事实清楚,适用法律正确的,第二审人民法院裁定驳回上诉,维持原裁定;二是原审裁定所依据的事实不清或错误,适用法律不当的,第二审人民法院撤销原裁定,做出变更原裁定的裁定。第二审人民法院查明原审人民法院做出的不予受理的裁定有错误,应在撤销原裁定的同时,指令第一审人民法院立案受理。第二审人民法院查明第一审人民法院做出的驳回起诉的裁定有错误的,应在撤销原审裁定的同时,指令第一审人民法院进行审理。

2.上诉案件裁判的法律效力

第二审人民法院可以自行宣判,也可以委托原审人民法院或者当事人所在地人民法院代行宣判。第二审人民法院的裁判是终审裁判,具有如下法律效力:

二审法院的裁判送达当事人，立即发生法律效力，当事人不能再以上诉的方式申明不服。当事人如不服二审法院的裁判，也不得以同一事实和理由再行起诉，只能在法定期间内依审判监督程序的规定，向人民法院申请再审。

3.上诉案件的审结期限

第二审人民法院对不服判决的上诉案件，应在第二审人民法院立案之日起三个月内审结。同时规定，如果情况特殊，在三个月内不能结案，需要延长审结期限的，须经本院院长批准。对不服裁定上诉的案件，应当在第二审人民法院立案之日起三十日内做出终审裁定。对裁定的上诉案件的审结期限，不能延长。

第二节　医事行政案件审判程序

我国现行《行政诉讼法》没有规定简易程序，故这里只介绍行政诉讼的第一审和第二审程序。行政诉讼是否有必要设立简易程序以及如何设立行政诉讼的简易程序，值得理论研究和实践探索。

一、第一审程序

(一)审理前的准备

1.组成合议庭

与民事诉讼不同，合议庭是人民法院审理行政案件唯一的组织形式。人民法院审理第一审行政案件，由审判员或审判员、陪审员组成合议庭。合议庭成员应是三人以上的单数。

2.交换诉状

人民法院一方面应在立案之日起五日内，将行政起诉状副本和应诉通知书发送给作为被告的行政机关，通知其应诉。另一方面应在收到被告答辩状之日起五日内，将答辩状副本发送给原告。被告应当在收到起诉状副本之日起十日内提交答辩状，并提供做出具体行政行为的证据和依据。被告不提交答辩状不影响人民法院的审理。但被告在规定时间内，不提交或者没有正当理由逾期提供做出具体行政行为的证据和依据的，应当认定该具体行政行为没有证据和依据，判决被告败诉。

3.处理管辖异议

当事人对管辖权有异议的，应在收到人民法院应诉通知书之日起十日内以书面形式提出。对当事人提出的管辖异议，人民法院应当进行审查：异议成立的，受诉人民法院应裁定将案件移送有管辖权的人民法院；异议不成立的，则应裁定驳回。

4.审查诉讼文书和调查收集证据

通过对原、被告提供的起诉状、答辩状和各种证据的审查，人民法院可以全面了解案情，熟悉原告的诉讼请求和理由、被告的答辩理由及案件的争议点。人民法院如果发现当事人双方材料或证据不全，应当通知当事人补充；对当事人不能收集的材料和证据，人民法院可以根据需要主动调查收集证据。对于案情比较复杂或者证据数量较多的案件，人民法院可以组织当事人向对方出示或者交换证据，并将交换证据的情况记录在卷。

5.审查其他内容

在了解案情的基础上，人民法院还要根据具体情况审查和决定下列事项：更换和追加当事人；决定或通知第三人参加诉讼；决定诉的合并与分离；确定审理的形式；决定开庭审理的时间、地点等。

(二)开庭审理

1.庭审方式和原则

庭审是行政诉讼第一审程序中最基本、最重要的诉讼阶段，是保证人民法院完成审判任务的中心环节。根据我国《行政诉讼法》的规定，行政诉讼第一审程序必须进行开庭审理。法庭审理应遵循以下原则：第一，必须采取言辞审理的方式；第二，以公开审理为原则；第三，除行政赔偿事宜外，审理行政案件一般不适用调解。

2.庭审程序

行政诉讼案件的庭审程序，与民事诉讼案件审判基本相同，一般分为六个阶段：

(1)开庭准备。人民法院应在开庭前三日传唤、通知当事人、诉讼参与人按时出庭参加诉讼。对公开审理的案件，应当张贴公告，载明开庭时间、地点、案由等。

(2)开庭审理。开庭审理时，要核对当事人，诉讼代理人、第三人，宣布合议庭组成人员，告知当事人的诉讼权利和义务，询问当事人是否申请回避等。

(3)法庭调查。法庭调查是庭审的重要阶段，主要任务是通过当事人陈述和证人做证，出示书证、物证和视听资料，宣读现场笔录、鉴定意见和勘验笔录，来查明案件事实，审查核实证据，为法庭辩论奠定基础。法庭调查的基本顺序是：第一，听取当事人的陈述和询问当事人；第二，通知证人到庭做证，告知证人的权利义务，询问证人，宣读到庭证人的证人证言；第三，通知鉴定人到庭，告知其权利义务，询问鉴定人，宣读鉴定意见；第四，出示书证、物证和视听资料；第五，通知勘验人到庭，告知其权利义务，宣读勘验笔录。

(4)法庭辩论。行政案件法庭辩论的顺序是：原告及其诉讼代理人发言；被告及其诉讼代理人答辩;第三人及其诉讼代理人发言或答辩;互相辩论。在法庭辩论中,审判人员始终处于指挥者和组织者的地位,应引导当事人围绕争议焦点进行辩论,应为各方当事人及其诉讼代理人提供平等的辩论机会,保障并便利他们充分行使辩论权。

(5)合议庭评议。法庭辩论结束后,合议庭休庭,由全体成员对案件进行评议。评议不对外公开,采取少数服从多数的原则。评议应当制定笔录,对不同意见也必须如实记入笔录,评议笔录由合议庭全体成员及书记员签名。

(6)宣读判决。合议庭评议后,审判长应宣布继续开庭并宣读判决。如果不能当庭宣判,审判长应宣布另定日期宣判。

3. 审理期限

人民法院审理第一审行政案件,应当自立案之日起三个月内做出判决。不过,鉴定、处理管辖权异议和中止诉讼的期间不计算在内。有特殊情况需要延长的,由高级人民法院批准。高级人民法院审理第一审行政案件需要延长的,由最高人民法院批准。基层人民法院申请延长审理期限,应当直接报请高级人民法院批准,同时报中级人民法院备案。

(三)妨害行政诉讼行为的排除

根据《行政诉讼法》的规定,人民法院必须针对法定的妨害行政诉讼行为,依法采取强制措施。

1. 妨害行政诉讼的行为

根据《行政诉讼法》,妨害行政诉讼的行为包括:(1)有义务协助执行的人,对人民法院的协助执行通知书,无故推脱、拒绝或者妨碍执行的。(2)伪造、隐藏、毁灭证据的。(3)指使、贿买、胁迫他人做伪证或者威胁、阻止证人做证的。(4)隐藏、转移、变卖、毁损已被查封、扣押、冻结的财产的。(5)以暴力、威胁或者其他方法阻碍人民法院工作人员执行职务或者扰乱人民法院工作秩序的。(6)对人民法院工作人员、诉讼参与人、协助执行人侮辱、诽谤、诬陷、殴打或者打击报复的。

2. 排除妨害行政诉讼行为的强制措施

对上述妨害行政诉讼的行为,人民法院可以采取下列强制措施予以排除:训诫、责令具结悔过、罚款和拘留。罚款、拘留须经人民法院院长批准。当事人对决定不服的,可以申请复议。

(四)案件的移送和司法建议

1. 案件的移送

案件的移送,是指人民法院在审理行政案件时,发现行政机关工作人员有违纪或犯罪行为,或被处罚人的行为构成犯罪,应追究其刑事责任,将案件全部或部分移送有关部门处理的措施。接受移送的有关机关，应依法履行追查职责。如案件移送影响本案审理的，人民法院应裁定中止诉讼。

2.司法建议

根据《行政诉讼法》的规定，行政机关拒绝履行判决、裁定时，人民法院可以向该行政机关的上一级行政机关或者监察、人事机关提出司法建议。接受司法建议的机关，根据有关规定进行处理，并将处理情况告知人民法院。因此，在行政诉讼中，司法建议是保证行政裁判执行的手段之一。

二、第二审程序

(一)上诉和上诉的受理

1.上诉的提起

当事人上诉是行政诉讼引起第二审程序发生的唯一动因。当事人行使上诉权，提起上诉，必须符合以下条件：(1)上诉人必须适格。(2)必须是法律明文规定可以上诉的判决、裁定。具体包括地方各级人民法院第一审尚未发生法律效力的判决和对驳回起诉、不予受理、管辖权异议所做出的裁定。(3)必须在法定期限内提出。判决的上诉期限为送达之日起十五日内，裁定为十日内。(4)必须递交符合法律要求的上诉状。上诉既可以通过原审人民法院提出，也可以直接向第二审人民法院提出。当事人直接向第二审人民法院提起上诉的，第二审人民法院应当在五日内将上诉状移交原审人民法院。

2.上诉的受理

原审人民法院收到上诉状(包括当事人提交的和第二审人民法院移交的)，应当审查：有欠缺的上诉，应当限期让当事人补正。上诉状内容无欠缺的，原审人民法院应当在五日内将上诉状副本送达被上诉人，被上诉人在收到上诉状副本之日起十日内提出答辩状。被上诉人不提出答辩状的，不影响人民法院对案件的审理。原审人民法院收到上诉状、答辩状，应当在五日内连同全部案卷，报送第二审人民法院。第二审人民法院经过审查，如果认为上诉符合法定条件，应予受理；如果认为不符合法定条件，应当裁定不予受理。上诉一经受理，案件即进入第二审程序。在行政诉讼第二审程序中，被诉行政机关不得改变原具体行政行为。

(二)上诉案件的审理

就基本过程而言，上诉案件的审理，与第一审案件大体相同。为避免立法上的重复，我国《行政诉讼法》仅对行政诉讼第二审程序的特殊之处做了规定。这些特殊之处主要体现在：

1. 审理方式

人民法院审理行政上诉案件，认为事实清楚的，可以实行书面审理。所谓书面审理，是指人民法院不需要当事人和其他诉讼参与人到庭，不进行法庭调查和辩论，只根据上诉状、原审案卷材料和其他书面材料进行审理，就做出判决或裁定的审理方式。就法律规定而言，在行政诉讼第二审程序中，适用书面审理方式的前提，必须是案件事实清楚。如果案件事实不清楚或存有争议，人民法院应开庭审理。《关于适用〈中华人民共和国行政诉讼法〉若干问题的解释》(以下简称《行诉法解释》)也明确规定，当事人对原审人民法院认定的事实有争议的，或者第二审人民法院认为原审人民法院认定事实不清楚的，第二审人民法院应当开庭审理。

值得注意的是，人民法院实行书面审理，不允许独任审判，而必须由合议庭审理；同时，合议庭必须审阅全部案卷材料。

2. 审理对象

第二审人民法院审理行政上诉案件，应当对原审人民法院的裁判和被诉具体行政行为是否合法进行全面审查，不受上诉范围的限制。

3. 审理期限

人民法院第二审行政案件，应当自收到上诉状之日起两个月内做出终审判决，有特殊情况需要延长的，由高级人民法院批准。高级人民法院审理上诉案件需要延长的，由最高人民法院批准。

第三节 医事刑事案件审判程序

一、第一审程序

刑事案件的第一审程序是人民法院对人民检察院提起公诉或者自诉人提起自诉的刑事案件进行初次审判的程序。第一审程序主要内容包括对公诉或自诉案件的审查、开庭前的准备和法庭审判等。

(一)对公诉案件的审查

1. 审查的内容和方法

人民法院对提起公诉的案件进行审查后，对于起诉书中有明确的指控犯罪事实并且附有证据的，应当决定开庭审判。这表明，对公诉案件的审查主要围绕该案是否具备开庭条件进行。根据《最高人民法院关于适用〈中华人民共和国刑事诉讼法〉的解释》(以下简称《刑诉高法解释》)，对提起公诉的案件，人民法院应当在收到起诉书(一式八份，每增加一名被告人，增加起诉书五份)和案卷、证据后，指定审判人员审查以下内容：

(1)是否属于本院管辖。

(2)起诉书是否写明被告人的身份，是否受过或者正在接受刑事处罚，被采取强制措施的种类、羁押地点，犯罪的时间、地点、手段、后果以及其他可能影响定罪量刑的情节。

(3)是否移送证明指控犯罪事实的证据材料，包括采取技术侦查措施的批准决定和所收集的证据材料。

(4)是否查封、扣押、冻结被告人的违法所得或者其他涉案财物，并附证明相关财物依法应当追缴的证据材料。

(5)是否列明被害人的姓名、住址、联系方式；是否附有证人、鉴定人名单；是否申请法庭通知证人、鉴定人、有专门知识的人出庭，并列明有关人员的姓名、性别、年龄、职业、住址、联系方式；是否附有需要保护的证人、鉴定人、被害人名单。

(6)当事人已委托辩护人、诉讼代理人，或者已接受法律援助的，是否列明辩护人、诉讼代理人的姓名、住址、联系方式。

(7)是否提起附带民事诉讼；提起附带民事诉讼的，是否列明附带民事诉讼当事人的姓名、住址、联系方式，是否附有相关证据材料。

(8)侦查、审查起诉程序的各种法律手续和诉讼文书是否齐全。

(9)有无《刑事诉讼法》第十五条第二项至第六项规定的不追究刑事责任的情形。

为防止法官审判前就实质性接触案件事实，进而导致法官形成先入为主的印象而影响对案件的审理、对公诉案件的审查，以书面审查为主，不能提审被告人或询问证人、被害人和鉴定人，也不能通过勘验、检查等方式调查、核实证据。

2.审查后的处理

根据《刑诉高法解释》，人民法院对提起公诉的案件审查后，应当按照下列情形分别处理：

(1)属于告诉才处理的案件，应当退回人民检察院，并告知被害人有权提起自诉。

(2)不属于本院管辖或者被告人不在案的，应当退回人民检察院。

(3)不符合前条第二项至第八项规定之一，需要补充材料的，应当通知人民检察院在三日内补送。

(4)依照《刑事诉讼法》第一百九十五条第三项规定宣告被告人无罪后，人民检察院根据新的事实、证据重新起诉的，应当依法受理。

(5)依照本解释第二百四十二条规定裁定准许撤诉的案件，没有新的事实、证据，重新起诉的，应当退回人民检察院。

(6)符合《刑事诉讼法》第十五条第二项至第六项规定情形的,应当裁定终止审理或者退回人民检察院。

(7)被告人真实身份不明,但符合《刑事诉讼法》第一百五十八条第二款规定的,应当依法受理。

(二)开庭审判前的准备工作

1.一般程序性事项

根据《刑事诉讼法》以及《刑诉高法解释》,开庭审理前,人民法院应当进行下列工作:

(1)确定审判长及合议庭组成人员。

(2)开庭十日前将起诉书副本送达被告人、辩护人。

(3)通知当事人、法定代理人、辩护人、诉讼代理人在开庭五日前提供证人、鉴定人名单,以及拟当庭出示的证据;申请证人、鉴定人、有专门知识的人出庭的,应当列明有关人员的姓名、性别、年龄、职业、住址、联系方式。

(4)开庭三日前将开庭的时间、地点通知人民检察院。

(5)开庭三日前将传唤当事人的传票和通知辩护人、诉讼代理人、法定代理人、证人、鉴定人等出庭的通知书送达;通知有关人员出庭,也可以采取电话、短信、传真、电子邮件等能够确认对方收悉的方式。

(6)公开审理的案件,在开庭三日前公布案由、被告人姓名、开庭时间和地点。

2.庭前会议

2012年修改的《刑事诉讼法》新增加了庭前会议制度。该制度是合议庭和控辩双方交换信息、协商解决有关问题的程序设计,其有利于避免审理过程的拖沓和审理期限的延长。

根据《刑事诉讼法》以及《刑诉高法解释》,案件具有下列情形之一的,审判人员可以召开庭前会议:(1)当事人及其辩护人、诉讼代理人申请排除非法证据的。(2)证据材料较多、案情重大复杂的。(3)社会影响重大的。(4)需要召开庭前会议的其他情形。

召开庭前会议,根据案件情况,可以通知被告人参加。召开庭前会议,审判人员可以就下列问题向控辩双方了解情况,听取意见:(1)是否对案件管辖有异议。(2)是否申请有关人员回避。(3)是否申请调取在侦查、审查起诉期间公安机关、人民检察院收集但未随案移送的证明被告人无罪或者罪轻的证据材料。(4)是否提供新的证据。(5)是否对出庭证人、鉴定人、有专门知识的人的名单有异议。(6)是否申请排除非法证据。(7)是否申请不公开审理。(8)与审判相关的其他问题。审判人员可以询问控辩双方对证据材料有无异议,对有异议的证据，应当在庭审时重点调查；无异议的，庭审时举证、质证可以简化。被害人或者其法定代理人、近亲属提起附带民事诉讼的，可以调解。庭前会议情况应当制作笔录。

开庭审理前，合议庭可以拟出法庭审理提纲，提纲一般包括下列内容：(1)合议庭成员在庭审中的分工。(2)起诉书指控的犯罪事实的重点和认定案件性质的要点。(3)讯问被告人时需了解的案情要点。(4)出庭的证人、鉴定人、有专门知识的人、侦查人员的名单。(5)控辩双方申请当庭出示的证据的目录。(6)庭审中可能出现的问题及应对措施。

(三)开庭审理

根据《刑事诉讼法》《刑诉高法解释》和实务中的操作，整个刑事案件的开庭审理过程为：

1.宣布开庭

开庭审理前，书记员应查明公诉人、当事人、证人及其他诉讼参与人是否已经到庭；宣读法庭规则；请公诉人、辩护人入庭；请审判长、审判员入庭；审判人员、全体人员就座后，当庭向审判长报告开庭前的准备工作已经就绪。审判长宣布开庭，传被告人到庭后，查明被告人的情况：姓名、出生日期、民族、出生地、文化程度、职业、住址，或者被告的单位名称、住所地，诉讼代表人的姓名、职务；是否受过法律处分及处分的种类、时间；是否被采取强制措施及强制措施的种类、时间；收到起诉书副本的日期；有附带民事诉讼的，附带民事诉讼被告人收到附带民事起诉状的日期。被告人较多的，可以在开庭前查明上述情况，但开庭时审判长应当做出说明。审判长宣布案件的来源、起诉的理由、附带民事诉讼原告人和被告人的姓名(名称)，以及是否公开审理。对于不公开审理的案件，应说明理由。审判长宣布合议庭组成人员、书记员、公诉人、辩护人、鉴定人和翻译人员的名单。

审判长当庭告知当事人、法定代理人在法庭审理中依法享有下列诉讼权利：可以申请合议庭组成人员、书记员、公诉人、鉴定人和翻译人员回避；可以提出证据，申请通知新的证人到庭，调取新的证据，重新鉴定或者勘验、检查；被告人可以自行辩护；被告人可在法庭辩论终结后做最后陈述。

审判长分别询问当事人、法定代理人是否申请回避。如果申请回避，合议庭认为不符合回避的法定情形，应当庭驳回申请。如果申请人当庭申请复议，合议庭应当宣布休庭。待做出复议决定后，决定法庭是否继续审理。同意或者驳回回避申请的决定及复议决定，由审判长宣布，并说明理由。必要时，也可以由院长到庭宣布。如果当事人不申请回避，或决定、复议决定驳回回避申请，法庭审理继续进行。

2.法庭调查

审判长宣布法庭调查开始后，进入法庭调查阶段。首先由公诉人宣读起诉书；有附带民事诉讼的，再由附带民事诉讼的原告人或其诉讼代理人宣读附带民事诉状。起诉书指控的被告人的犯罪事实为两起以上的，法庭调查一般应当分别进行。讯问同案审理的被告人，应当分别进行。必要时，可以传唤同案被告人等到庭对质。

在审判长的主持下，被告人、被害人可以就起诉书指控的犯罪事实分别陈述。在审判长的主持下，公诉人可以就起诉书中所指控的犯罪事实讯问被告人。经审判长准许，被害人及其法定代理人、诉讼代理人可以就公诉人讯问的犯罪事实补充发问。附带民事诉讼的原告人及其法定代理人或诉讼代理人经审判长准许，可以就附带民事诉讼部分的事实向被告人发问。经审判长准许，被告人的辩护人及法定代理人可以在控诉一方就某一具体问题讯问完毕后向被告人发问。控辩双方经审判长准许，可以向被害人、附带民事诉讼原告人发问。审判人员认为有必要时，可以向被告人、被害人及附带民事诉讼原告人、被告人讯问或者发问。

公诉人可以提请审判员传唤证人、鉴定人和勘验、检查笔录制作人出庭做证，或者出示证据。被害人及其法定代理人、诉讼代理人，附带民事诉讼原告人及其诉讼代理人也可以提出申请。在控诉一方举证后，被告人及其法定代理人、辩护人可以提请审判长通知证人、鉴定人出庭做证，或者出示证据。控辩双方申请证人出庭做证，出示证据，应当说明证据的名称、来源和拟证明的事实。法庭认为有必要的，应当准许；对方提出异议，认为有关证据与案件无关或者明显重复、不必要，法庭经审查异议成立的，可以不予准许。已经移送人民法院的证据，控辩双方认为需要出示的，可以向法庭提出申请。法庭同意的，应当指令值庭法警出示、播放；需要宣读的，由值庭法警交由申请人宣读。

公诉人、当事人或者辩护人、诉讼代理人对证人证言有异议，且该证人证言对定罪量刑有重大影响，或者对鉴定意见有异议，申请法庭通知证人、鉴定人出庭做证，人民法院认为有必要的，应当通知证人、鉴定人出庭；无法通知或者证人、鉴定人拒绝出庭的，应当及时告知申请人。决定对出庭做证的证人、鉴定人、被害人采取不公开个人信息的保护措施的，审判人员应当在开庭前核实其身份，对证人、鉴定人如实做证的保证书不得公开，在判决书、裁定书等法律文书中可以使用化名等代替其个人信息。证人、鉴定人到庭后，审判人员应当核实其身份、与当事人以及本案的关系，并告知其有关做证的权利义务和法律责任。证人、鉴定人做证前，应当保证向法庭如实提供证言、说明鉴定意见，并在保证书上签名。

向证人、鉴定人发问,应当先由提请通知的一方进行。发问完毕后,经审判长准许,对方也可以发问。向证人发问应当遵循以下规则:(1)发问的内容应当与本案事实有关。(2)不得以诱导方式发问。(3)不得威胁证人。(4)不得损害证人的人格尊严。上述规定适用于对被告人、被害人、附带民事诉讼当事人、鉴定人、有专门知识的人的讯问、发问。控辩双方的讯问、发问方式不当或者内容与本案无关的,对方可以提出异议,申请审判长制止,审判长应当在判明情况后予以支持或者驳回;对方未提出异议的,审判长也可以根据情况予以制止。

审判人员认为必要时,可以询问证人、鉴定人、有专门知识的人。向证人、鉴定人、有专门知识的人发问应当分别进行。证人、鉴定人、有专门知识的人经控辩双方发问或者审判人员询问后,审判长应当告知其退庭。证人、鉴定人、有专门知识的人不得旁听对本案的审理。公诉人、当事人及其辩护人、诉讼代理人申请法庭通知有专门知识的人出庭,就鉴定意见提出意见的,应当说明理由。法庭认为有必要的,应当通知有专门知识的人出庭。

举证方当庭出示证据后,由对方进行辨认并发表意见。控辩双方可以互相质问、辩论。法庭对证据有疑问的,可以告知公诉人、当事人及其法定代理人、辩护人、诉讼代理人补充证据或者做出说明;必要时,可以宣布休庭,对证据进行调查核实。对公诉人、当事人及其法定代理人、辩护人、诉讼代理人补充的和法庭庭外调查核实取得的证据,应当经过当庭质证才能作为定案的根据。但是,经庭外征求意见,控辩双方没有异议的除外。

公诉人申请出示开庭前未移送人民法院的证据,辩护方提出异议的,审判长应当要求公诉人说明理由;理由成立并确有出示必要的,应当准许。辩护方提出需要对新的证据做辩护准备的,法庭可以宣布休庭,并确定准备辩护的时间。辩护方申请出示开庭前未提交的证据,参照适用上述规定。

法庭审理过程中,当事人及其辩护人、诉讼代理人申请通知新的证人到庭,调取新的证据,申请重新鉴定或者勘验的,应当提供证人的姓名、证据的存放地点,说明拟证明的案件事实,要求重新鉴定或者勘验的理由。法庭认为有必要的,应当同意,并宣布延期审理;不同意的,应当说明理由并继续审理。审判期间,公诉人发现案件需要补充侦查,建议延期审理的,合议庭应当同意,但建议延期审理不得超过两次。

法庭审理过程中,对与量刑有关的事实、证据,应当进行调查。人民法院除应当审查被告人是否具有法定量刑情节外,还应当根据案件情况审查以下影响量刑的情节:(1)案件起因。(2)被害人有无过错及过错程度,是否对矛盾激化负有责任及责任大小。(3)被告人的近亲属是否协助抓获被告人。(4)被告人平时表现,有无悔罪态度。(5)退赃、退赔及赔偿情况。(6)被告人是否取得被害人或者其近亲属谅解。(7)影响量刑的其他情节。

审判期间,合议庭发现被告人可能有自首、坦白、立功等法定量刑情节,而人民检察院移送的案卷中没有相关证据材料的,应当通知人民检察院移送。审判期间,被告人提出新的立功线索的,人民法院可以建议人民检察院补充侦查。

对被告人认罪的案件,在确认被告人了解起诉书指控的犯罪事实和罪名,自愿认罪且知悉认罪的法律后果后,法庭调查可以主要围绕量刑和其他有争议的问题进行。对被告人不认罪或者辩护人做无罪辩护的案件,法庭调查应当在查明定罪事实的基础上,查明有关量刑事实。

3.法庭辩论

合议庭认为案件事实已经调查清楚的,应当由审判长宣布法庭调查结束,开始就定罪、量刑的事实、证据和适用法律等问题进行法庭辩论。法庭辩论应当在审判长的主持下,按照下列顺序进行:公诉人发言;被害人及其诉讼代理人发言;被告人自行辩护;辩护人辩护;控辩双方进行辩论。

人民检察院可以提出量刑建议并说明理由,量刑建议一般应当具有一定的幅度。当事人及其辩护人、诉讼代理人可以对量刑提出意见并说明理由。

对被告人认罪的案件,法庭辩论时,可以引导控辩双方主要围绕量刑和其他有争议的问题进行。对被告人不认罪或者辩护人做无罪辩护的案件,法庭辩论时,可以引导控辩双方先辩论定罪问题,后辩论量刑问题。附带民事部分的辩论应当在刑事部分的辩论结束后进行,先由附带民事诉讼原告人及其诉讼代理人发言,后由附带民事诉讼被告人及其诉讼代理人答辩。

法庭辩论过程中,审判长应当充分听取控辩双方的意见,对控辩双方与案件无关、重复或者指责对方的发言应当提醒、制止。法庭辩论过程中,合议庭发现与定罪、量刑有关的新的事实,有必要调查的,审判长可以宣布暂停辩论,恢复法庭调查,在对新的事实调查后,继续法庭辩论。

4.被告人最后陈述

审判长宣布法庭辩论终结后,合议庭应当保证被告人充分行使最后陈述的权利。被告人在最后陈述中多次重复自己的意见的,审判长可以制止。陈述内容蔑视法庭、公诉人,损害他人及社会公共利益,或者与本案无关的,应当制止。

在公开审理的案件中,被告人最后陈述的内容涉及国家秘密、个人隐私或者商业秘密的,应当制止。

被告人在最后陈述中提出新的事实、证据,合议庭认为可能影响正确裁判的,应当恢复法庭调查;被告人提出新的辩解理由,合议庭认为可能影响正确裁判的,应当恢复法庭辩论。

开庭审理的全部活动,应当由书记员制作笔录。笔录经审判长审阅后,分别由审判长和书记员签名。法庭笔录应当在庭审后交由当事人、法定代理人、辩护人、诉讼代理人阅读或者向其宣读。法庭笔录中的出庭证人、鉴定人、有专门知识的人的证言、意见部分,应当在庭审后分别交由有关人员阅读或者向其宣读。

上述人员认为记录有遗漏或者差错的,可以请求补充或者改正;确认无误后,应当签名;拒绝签名的,应当记录在案;要求改变庭审中陈述的,不予准许。

(四)评议、裁判和宣判

1.评议

被告人最后陈述后,审判长应当宣布休庭,由合议庭进行评议。合议庭成员应当在评议笔录上签名,在判决书、裁定书等法律文书上署名。

合议庭评议案件,应当根据已经查明的事实、证据和有关法律规定,在充分考虑控辩双方意见的基础上,确定被告人是否有罪、构成何罪,有无从重、从轻、减轻或者免除处罚情节,应否处以刑罚、判处何种刑罚,附带民事诉讼如何解决,查封、扣押、冻结的财物及其孳息如何处理等,并依法做出判决、裁定。

2.裁判

对第一审公诉案件,人民法院审理后,应当按照下列情形分别做出判决、裁定:(1)起诉指控的事实清楚,证据确实、充分,依据法律认定指控被告人的罪名成立的,应当做出有罪判决。(2)起诉指控的事实清楚,证据确实、充分,指控的罪名与审理认定的罪名不一致的,应当按照审理认定的罪名做出有罪判决。(3)案件事实清楚,证据确实、充分,依据法律认定被告人无罪的,应当判决宣告被告人无罪。(4)证据不足,不能认定被告人有罪的,应当以证据不足、指控的犯罪不能成立,判决宣告被告人无罪。(5)案件部分事实清楚,证据确实、充分的,应当做出有罪或者无罪的判决;对事实不清、证据不足部分,不予认定。(6)被告人因不满十六周岁,不予刑事处罚的,应当判决宣告被告人不负刑事责任。(7)被告人是精神病人,在不能辨认或者不能控制自己行为时造成危害结果,不予刑事处罚的,应当判决宣告被告人不负刑事责任。(8)犯罪已过追诉时效期限且不是必须追诉,或者经特赦令免除刑罚的,应当裁定终止审理。(9)被告人死亡的,应当裁定终止审理;根据已查明的案件事实和认定的证据,能够确认被告人无罪的,应当判决宣告被告人无罪。

指控的罪名与审理认定的罪名不一致的,人民法院应当在判决前听取控辩双方的意见,保障被告人、辩护人充分行使辩护权。必要时,可以重新开庭,组织控辩双方围绕被告人的行为构成何罪进行辩论。对曾被人民检察院提起公诉,因证据不足,指控的犯罪不能成立,随后检察院根据新的事实、证据重新起诉,由人民法院受理的案件,人民法院应当在判决中写明被告人曾被人民检察院提起公诉,因证据不足,指控的犯罪不能成立,被人民法院依法判决宣告无罪的情况,但前案的判决不予撤销。

宣告判决前,人民检察院要求撤回起诉的,人民法院应当审查撤回起诉的理由,做出是否准许的裁定。审判期间,人民法院发现新的事实,可能影响定罪的,可以建议人民检察院补充或者变更起诉;人民检察院不同意或者在七日内未回复意见的,人民法院应当就起诉指控的犯罪事实做出判决、裁定。

裁判文书应当写明裁判依据,阐释裁判理由,反映控辩双方的意见并说明采纳或者不予采纳的理由。

3.宣判

当庭宣告判决的,应当在五日内送达判决书。定期宣告判决的,应当在宣判前,先期公告宣判的时间和地点,传唤当事人,并通知公诉人、法定代理人、辩护人和诉讼代理人。判决宣告后,应当立即送达判决书。

宣告判决,一律公开进行。公诉人、辩护人、诉讼代理人、被害人、自诉人或者附带民事诉讼原告人未到庭的,不影响宣判的进行。宣告判决结果时,法庭内全体人员应当起立。

二、简易程序

简易程序,是指基层人民法院审理某些事实清楚、犯罪轻微的刑事案件依法所适用的较普通审判程序更为简单化的一种刑事审判程序。它只限于基层人民法院适用,其他各级人民法院都不能适用简易程序。简易程序只适用于第一审程序,第二审程序、死刑复核程序和审判监督程序都不能适用简易程序。

(一)简易程序的适用范围

根据《刑事诉讼法》的规定,下列案件基层人民法院可以适用简易程序进行审理:(1)案件事实清楚、证据充分的。(2)被告人承认自己所犯罪行,对起诉书指控的犯罪事实没有异议的。(3)被告人对适用简易程序没有异议的。同时,下列案件不可以适用简易程序:(1)被告人是盲、聋、哑人的。(2)有重大社会影响的。(3)共同犯罪案件中部分被告人不认罪或者对适用简易程序有异议的。(4)其他不宜适用简易程序审理的。

(二)简易程序的特点

1.审判组织可以是合议庭也可以是审判员一人独任审判

根据《刑事诉讼法》的规定,适用简易程序审判的案件,对可能判处三年有期徒刑以下刑罚的,可以由审判员一人独任审判;对可能判处三年以上有期徒刑的,应当组成合议庭进行审判。

2.控辩审三方参与的审理模式不能简化

适用简易程序审理的公诉案件，人民检察院也应当派人员出席法庭支持公诉。

3.程序简化

适用简易程序审理的案件，不受送达期限、讯问被告人、询问证人、询问鉴定人、出示证据、法庭辩论程序规定的限制，简化了诉讼程序，有利于提高法庭的审判效率。但在判决宣告前，被告人做最后陈述这一程序则不能省略。

4.审理期限短

根据《刑事诉讼法》的规定，适用简易程序审理的案件，人民法院应当在受理后的二十日以内审结；对于可能判处三年以上有期徒刑的，可以延长至一个半月。这对及时惩治犯罪，化解公民之间矛盾，提高办案效率，具有重要的作用。

5.简易程序可以变更为普通程序

人民法院在适用简易程序审理案件的过程中，发现不宜适用简易程序的情形，应按照公诉案件的普通程序或自诉案件的审理程序重新审理。

三、第二审程序

我国的第二审程序也称上诉程序，是指上一级人民法院根据依法提出的上诉或者抗诉，对下级人民法院所做的第一审未生效判决、裁定进行审判的诉讼程序。进行第二审审判的法院称为第二审法院，第二审法院审判的案件称为第二审案件。

（一）第二审程序的提起

第二审程序是由于诉讼参与人对未生效的第一审判决和裁定的上诉和抗诉而引起的。没有上诉和抗诉，就不会有第二审程序。依法对第一审未生效判决、裁定的上诉和抗诉，其直接作用是防止该判决、裁定的生效，并移送第一审法院的上一级人民法院进行第二审审判。

1.上诉

上诉是法定的诉讼参与人不服地方各级人民法院尚未生效的第一审判决和裁定，依照法定的程序，要求上一级人民法院重新审判的诉讼行为。有权提出上诉的人员包括：(1)被告人、自诉人和他们的法定代理人。(2)被告人的辩护人和近亲属，经被告人同意可以提出上诉；被告人不同意上诉的，则不能提起上诉。(3)附带民事诉讼的当事人和他们的法定代理人。这些人员只能对一审判决、裁定中的附带民事部分提出上诉。

2.抗诉

抗诉是地方各级人民检察院认为本级人民法院尚未生效的第一审判决和裁

定确有错误，提请上一级人民法院重新审判并予以纠正的诉讼行为。有权提出抗诉的机关是我国各级人民检察院。最高人民法院的一审判决和裁定是终审的发生法律效力的判决和裁定，既不得上诉，也不得按上诉程序提出抗诉。

被害人及其法定代理人有请求抗诉权。被害人没有上诉权，但被害人及其法定代理人不服地方各级人民法院第一审判决的，自收到判决书后五日以内，有权请求人民检察院提出抗诉。人民检察院自收到这一请求后五日以内，应当做出是否抗诉的决定，并答复请求人。被害人及其法定代理人只能请求人民检察院对一审判决抗诉，而不能请求对一审裁定抗诉。

3.上诉、抗诉的期限

根据我国《刑事诉讼法》的规定，不服判决的上诉和抗诉的期限为十日，不服裁定的上诉和抗诉的期限为五日，从接到判决书或裁定书的第二日起计算。逾期不提出上诉、抗诉的，该第一审判决、裁定便发生法律效力。

（二）第二审案件的审查

1.对上诉、抗诉案件的审查

第二审人民法院应当就第一审人民法院判决认定的事实和适用法律进行全面审查，不受上诉或者抗诉范围的限制。主要审查以下内容：(1)第一审判决认定的事实是否清楚，证据是否确实、充分，证据之间有无矛盾。(2)第一审判决适用法律是否正确，量刑是否适当。(3)在侦查、起诉、第一审程序中，有无违反法律规定诉讼程序的问题。(4)上诉、抗诉是否提出了新的事实和证据。(5)被告人供述、辩解的情况。(6)辩护人的辩护意见以及采纳的情况。(7)附带民事判决、裁定是否适当。(8)第一审法院合议庭、审判委员会讨论的意见。

2.第二审案件的审判方式

(1)对上诉案件，应当组成合议庭开庭审理。但经过阅卷，讯问被告人，听取其他当事人、辩护人、诉讼代理人的意见后，合议庭认定的事实与第一审认定的事实没有变化，证据充分的，可以不开庭审理。

(2)对人民检察院抗诉的案件，第二审人民法院应当开庭审理。

(3)第二审人民法院开庭审理上诉、抗诉案件，可以到案件发生地或者原审人民法院所在地进行。

（三）第二审案件的审判程序

第二审人民法院开庭审理上诉或抗诉案件，除应参照第一审程序进行之外，还应依照下列程序进行：

在法庭调查阶段，审判长或审判员宣读第一审判决书、裁定书后，由上诉人陈述上诉理由或者由检察人员宣读抗诉书。如果是既有上诉又有抗诉的案件，先由检察人员宣读抗诉书，再由上诉人陈述上诉理由。法庭调查的重点是针对上诉或者抗诉的理由，全面查清事实，核实证据。

在法庭辩论阶段，对上诉案件，应先由上诉人、辩护人发言，再由检察人员及对方当事人发言。对抗诉案件，应先由检察人员发言，再由被告人、辩护人发言。既有上诉又有抗诉的案件，应先由检察人员发言，再由上诉人和他的辩护人发言，依次进行辩论。

在共同犯罪案件中，没有上诉和没有对他的判决抗诉的原审被告人，应当参加法庭调查，并可以参加法庭辩论。

（四）对第二审案件的处理

1.第二审人民法院对不服第一审人民法院判决的上诉、抗诉案件，经过审理后，应按照下列情形分别处理：（1）原判决认定事实和适用法律正确、量刑适当的，裁定驳回上诉或者抗诉，维持原判。（2）原判决认定事实没有错误，但适用法律有错误，或者量刑不当的，判决改判，不得发回重审，改判时应遵守上诉不加刑的原则。但人民检察院提出抗诉或自诉人提出上诉的，不受上诉不加刑原则的限制。（3）原判决事实不清楚或者证据不足的，可以在查清事实后直接判决改判；也可以裁定撤销原判，发回重审。如果原判决是“证据不足、指控的犯罪不能成立的无罪判决”，二审中没有发现新的证据，原审法院适用法律又正确的，应裁定维持原判，而不应发回重审。

2.第二审人民法院发现第一审人民法院的审理有下列违反法律规定诉讼程序的情形之一的，应当裁定撤销原判，发回原审人民法院重新审判：（1）违反《刑事诉讼法》有关公开审判规定的。（2）违反回避制度的。（3）剥夺或者限制了当事人的法定诉讼权利，可能影响公正审判的。（4）审判组织的组成不合法的。（5）其他违反法律规定的诉讼程序，可能影响公正审判的。

四、医事刑事附带民事案件审判程序

（一）刑事附带民事诉讼成立的条件

刑事附带民事诉讼是指司法机关在刑事诉讼中，在解决被告人刑事责任的同时，附带解决由遭受物质损失的被害人或者人民检察院所提起的、由于被告人的犯罪行为所引起的物质损失赔偿问题而进行的诉讼。

根据有关法律规定，刑事附带民事诉讼的起诉条件包括以下五个方面：（1）原告人必须是有权提起附带民事诉讼的人。（2）有明确的被告人。这里的“被告人”指附带民事诉讼中依法负有赔偿责任的人。包括：刑事被告人及其没有被追究刑事责任的共同致害人；未成年刑事被告人的监护人；已被执行死刑的罪犯的遗产继承人；审结前已死亡的被告人的遗产继承人；对刑事被告人的犯罪行为依法应当承担民事赔偿责任的单位和个人。（3）有请求赔偿的具体要求和事实根据。(4)被害人的损失是由被告人的犯罪行为所造成的,并仅限于犯罪行为造成的物质损失。(5)属于人民法院受理附带民事诉讼的范围和受诉人民法院管辖。

(二)刑事附带民事诉讼的程序

1.提起附带民事诉讼的期限和方式

附带民事诉讼应当在刑事立案以后第一审判决宣告之前提起。如果有权提起附带民事诉讼的人,在第一审判决宣告以前没有提起,不得再提起附带民事诉讼,只能依据《民法通则》和《民事诉讼法》提起独立的民事诉讼。

提起附带民事诉讼一般应当提交附带民事诉状,写清有关当事人的情况、案发详细经过及具体的诉讼请求,并提出相应的证据。书写诉状确有困难的,可以口头起诉。审判人员应当对原告人的口头诉讼请求详细询问,并制作笔录,然后向原告人宣读。原告人确认准确无误后,应当签名或者盖章。

2.刑事附带民事诉讼的审理程序

《刑事诉讼法》规定:附带民事诉讼应当同刑事案件一并审判,只有为了防止刑事案件审判的过分迟延,才可以在刑事案件审判后,由同一审判组织继续审理附带民事诉讼。这就从原则上规定了附带民事诉讼的审理程序。根据最高人民法院的有关司法解释,附带民事诉讼的具体程序和做法包括以下几个方面:

(1)人民法院审判附带民事诉讼案件,除适用《刑事诉讼法》外,还应当适用《民事诉讼法》的有关规定。

(2)人民法院受理刑事案件后,应当告知遭受物质损失的被害人(包括公民、法人和其他组织),或者其他依法有权提起附带民事诉讼的人有赔偿请求权。

(3)人民法院收到附带民事诉讼状后,应当进行审查,并在七日以内决定是否立案。符合《刑事诉讼法》关于附带民事诉讼起诉条件的,应当受理;不符合的,裁定不予受理。

(4)人民法院受理附带民事诉讼后,应当及时向附带民事诉讼的被告人送达附带民事诉讼起诉状副本,或者将口头起诉的内容及时通知附带民事诉讼的被告人,并制作笔录。被告人是未成年人的,应当将附带民事诉讼起诉状送达他的法定代理人,或者通知他口头起诉的内容。人民法院在送达附带民事诉讼起诉状副本时,根据刑事案件审理的期限,确定被告人或者其法定代理人提交民事答辩状的时间。

(5)附带民事诉讼案件的当事人对自己提出的主张,有责任提供证据。

(6)审理附带民事诉讼案件,可以进行调解,调解应当在自愿合法的基础上进行。经调解达成协议的,审判人员应当及时制作调解书。调解书经双方当事人签收后即发生法律效力。调解达成协议并当庭执行完毕的,可以不制作调解书。但应当记入笔录,经双方当事人、审判人员、书记员签名或者盖章即发生法律效力。

(7)经调解无法达成协议或者调解书签收前当事人一方反悔的,附带民事诉讼应当同刑事诉讼一并开庭审理。开庭审理时,一般应当分阶段进行,先审理刑事部分,然后审理附带民事部分。

(8)对于被害人遭受物质损失或者被告人的赔偿能力一时难以确定,以及附带民事诉讼当事人因故不能到庭等案件,为了防止刑事案件审判的过分延迟,附带民事诉讼可以在刑事案件审判后,由同一审判组织继续审理。如果同一审判组织的个别成员确实无法继续参加审判的,可以更换,但不应另组合议庭审理。

(9)人民法院经审理认定公诉案件被告人的行为不构成犯罪的,对已经提起的附带民事诉讼仍可以由同一审判组织做出刑事附带民事判决。

(10)成年附带民事诉讼被告人应当承担赔偿责任的,如果他的亲属自愿代为承担,应当许可。

(11)附带民事诉讼的原告人经人民法院传票传唤,无正当理由拒不到庭,或者未经法庭许可中途退庭的,应当按自行撤诉处理。

(12)人民法院审理公诉刑事附带民事诉讼案件,不收取诉讼费。

第四章　医事模拟审判的组织实施

第一节　医事模拟审判的操作流程

一、组织观摩真实审判

组织学生到真实的审判现场去旁听人民法院审理真实的医事案件，是医事模拟审判不可缺少的一个环节。但此环节却往往被忽视，被忽视的重要原因是对现场观摩在医事模拟审判中的作用认识不够。现场观摩具有以下重要作用：其一，有利于学生了解现实的审判活动，对审判工作形成感性认识。其二，有利于学生创新与思考。学生观摩了真实审判之后，会主动地把自己所学的知识与书本知识进行比较，会发现许多问题或疑惑，对这些问题或疑惑的思考，会促使学生发现司法实践的问题和深化自身从书本所学的知识，有利于知识的创新。其三，有利于学生对审判程序的准确理解和把握。

二、选取医事模拟审判的典型案例

选取案例应根据每次医事模拟审判的任务有针对性地进行，案件可以是国内外已经公布的成案，也可以是正在诉讼过程中的疑案和新案。每个审判小组要选取互不相同的案件，比如医事民事模拟审判，可以分别选取医疗合同纠纷、医疗人身侵权纠纷等不同案件，先由每个审判小组自行确定，然后报指导教师最后确定。这样，不仅可以调动学生的积极性，也可以避免重复，让学生们在同一次医事模拟审判中接触同类诉讼性质的不同案件，互相指正、互相学习，不仅做“当局者”，而且还可以做“旁观者”。在案例选取时，指导教师要给予必要的咨询和引导，对选定的案件可以进行适当的技术处理，如对真实案件的当事人和法院改用化名等。案件难易要适度，而且要注意典型性，尽量做到具有较强的可辩性。如果案件是指导教师亲自承办或者从附近法院查阅复印的案卷，切忌对审判结果先入为主，除了依照法定程序进行必要的庭前证据交换外，庭审前控辩双方的诉讼意见必须相互保密，千万不能“联合办案”或者“未审先定”，这样才能保证公正审判结果的“自然得出”。

三、确定医事模拟审判中的角色分配

每次医事模拟审判在分组后,各小组内部要进行角色分配。每个学生在明确了自己的角色分工后,要学习有关本角色的职业道德、行业规范,尽快地进入角色。具体而言,担任审判人员的学生,要明确合议庭中审判长的职责范围,根据情况决定是否确立主审法官,其他审判人员到底是审判员,还是人民陪审员。合议庭成员之间要对庭审的指挥过程有一个内部分工,要共同学习法官职业道德、法槌的使用规定和法官袍的穿着规定等。担任检察人员的学生,要明确案件审理中检察机关的公诉和法律监督双重任务,内部也要进行分工合作,要共同学习检察官的职业道德和检察官的着装规定等。担任辩护人或代理人的学生,要明确律师的权利义务和职业道德,如果是公民辩护或代理,要注意与律师辩护或代理的区别。担任当事人的学生,要使自己融入案件的利害关系中去,从当事人的角度来看待和处理问题。担任证人、鉴定人的学生,也要注意自身的诉讼权利和义务,诚实客观地做证或者鉴定。医事模拟审判的角色分工,要尽可能做到每个学生在各次医事模拟审判中担任不同的角色,这样才能保证每个学生得到全面的法律审判训练。

四、医事模拟审判的庭前准备

医事模拟审判庭审前准备是在短时间内将模拟庭审前的准备工作模仿一次。主要包括模拟法庭庭审材料的准备,送达起诉状副本和举证通知书,进行必要的庭前证据交换,公告开庭的时间、地点和案由等。

(一)庭审材料的准备

参加医事模拟审判的学生进行分组和诉讼角色分工后,就应当根据各自的角色准备相应的材料。例如,在刑事案件中,公诉人应当准备起诉书、公诉意见书;辩护人应当准备辩护词;被告人应当准备法庭上的发言;被害人应当准备法庭上的陈述内容;附带民事诉讼当事人应当准备起诉状和答辩词。在民事案件和行政案件中,原告应当准备起诉状;被告应当准备答辩状;双方代理人应当准备代理词。在各类案件中担任合议庭组成人员的学生应当准备庭审提纲;证人、鉴定人都应当准备好证人证言和鉴定意见等。

(二)送达起诉状副本和举证通知书

医事模拟审判选定的案例经过指导教师的审查同意后,控(原告)方按照法定程序提交起诉书(状)。担任合议庭成员和书记员的学生要将起诉书(状)副本和举证通知书送达对方当事人。举证通知书要载明举证责任的分担、举证的时限和逾期举证的法律后果等等。

(三)进行必要的庭前证据交换

为了使当事人能够彼此了解对方持有的证据,防止对方进行证据突袭,应尽快确定双方当事人的争议焦点,为开庭审理的顺利进行做准备。在民事、行政案件的开庭审理之前,可以由审判人员主持,诉讼双方当事人彼此交换己方持有的证据。庭前证据交换可以依当事人的申请进行。对于证据较多或者复杂疑难的案件,合议庭应当组织当事人在答辩期届满后、开庭审理前交换证据。证据交换的具体时间,可以由当事人协商一致并经合议庭认可,也可以由合议庭指定。合议庭组织当事人交换证据的,交换证据之日举证期限届满。当事人申请延期举证经合议庭准许的,证据交换日期相应顺延;当事人收到对方交换的证据后提出反驳并提出新证据的,合议庭应当通知当事人在指定时间进行交换。在证据交换的过程中,审判人员对当事人无异议的事实、证据,应当记录在卷;对有异议的证据,按照需要证明的事实分类记录在卷,并记载异议的理由。证据交换一般不超过两次。但重大、疑难和案情特别复杂的案件,合议庭认为确有必要再次进行证据交换的除外。

(四)公告开庭的时间、地点和案由

这种公告可以用海报形式在校园内张贴,欢迎其他院系的学生参加,尽量做到庭审气氛与真实审判一样。

此外,学生拿到案例之后,应当根据角色分工,积极进入角色,自行练习准备。练习的地点可以在模拟法庭,也可以在教室。但不管在何处练习,都应按正式场景进行,练习就是正式开庭的预演,以便发现问题,加深理解各种庭审程序和角色。在练习过程中,可主动邀请指导老师现场指导,以便及时发现问题予以纠正。练习可多次进行,直到满意为止。

五、医事模拟审判的开庭审理

按照医事模拟审判的程序要求,完成开庭前的准备—开庭—法庭调查—法庭辩论—法庭调解—休庭评议—宣判—签阅庭审笔录和闭庭等等一系列审理流程。此处再提示以下内容:

1. 关于法庭调解

对于民事诉讼和刑事附带民事诉讼的民事部分,或者告诉才处理和被害人有证据证明的轻微刑事自诉案件,人民法院可以进行调解。行政诉讼案件、刑事公诉案件以及被害人有证据证明对被告人侵犯自己人身、财产权利的行为应当依法追究刑事责任,而公安机关或者人民检察院不予追究被告人刑事责任的刑事自诉案件,不适用调解。法庭调解的具体程序和方法如下:

(1)调解所处的阶段和场合。法庭辩论终结至判决以前可以进行调解,既可以当庭调解,也可以休庭后进行调解。

(2)调解所需的前提保证。应当在自愿、合法,不损害国家、集体和其他公民利益的前提下进行。

(3)调解方案的提出。调解时,可以先由各方当事人提出调解方案。必要时,合议庭可以根据双方当事人的请求提出调解方案,仅供各方当事人参考;也可以先分别征询各方当事人意见,而后进行调解。

(4)调解结果的准许与生效。经过调解达成协议的,合议庭应当宣布调解结果。各方当事人应当在调解协议上签字盖章,人民法院据此制作调解书送达当事人,并经各方当事人签字后即发生法律效力。如果当即履行完毕的,可以记入笔录而不制作调解书,各方当事人、合议庭成员、书记员签名盖章后即发生法律效力。调解没有达成协议或者调解书签收前当事人反悔的,人民法院应当进行判决。刑事自诉案件中,人民法院裁定准许自诉人撤诉或者当事人自行和解的案件,被告人被采取强制措施的,应当立即予以解除。

2.关于休庭评议

民事案件或者刑事案件的附带民事诉讼部分,当事人不愿意调解或者调解不成的,合议庭应当休庭进行评议。刑事案件审理经过被告人最后陈述后,应当宣布休庭,合议庭进行评议。休庭评议主要围绕案件的性质、认定的事实、适用的法律、是非责任和处理结果等方面进行。具体到刑事案件的休庭评议,主要解决以下问题:被告人是否有罪,应否追究刑事责任;构成何罪,应否处以刑罚;判处何种刑罚;有无从重、从轻、减轻或者免除处罚的情节;附带民事诉讼如何解决;赃款、赃物如何处理;等等。合议庭评议案件应当秘密进行,并实行少数服从多数的原则。评议应当制作笔录,由合议庭成员在笔录上签名。评议中的不同意见,书记员也必须如实记入笔录。评议笔录不得对外公开。

评议中如果发现案件事实尚未查清,需要当事人补充证据或者由人民法院自行调查收集证据的,可以决定延期审理,由审判长在继续开庭时宣布延期审理的理由和时间,以及当事人提供补充证据的期限。

3.关于宣判

宣告判决,一律公开进行。宣告判决时,法庭内全体人员应当起立。公诉人、辩护人、被害人、自诉人或者附带民事诉讼的原告人未到庭的,不影响宣判的进行。

宣判的方式分为当庭宣判和定期宣判。当庭宣判是指在合议庭评议后,由审判长宣布继续开庭并宣读裁判结果。民事、行政案件当庭宣判的,应当在十日内发送判决书。刑事案件当庭宣判的,应当在五日以内将判决书送达当事人和提起公诉的人民检察院。定期宣判又称另定日期宣判,即在开庭审理之日以后的日期公开宣告判决。定期宣判的，宣判后立即发送判决书。

宣判的内容包括：认定的事实、适用的法律、判决的结果和理由、诉讼费用的负担、当事人的上诉权利、上诉期限和上诉的法院。宣告离婚判决，还必须告诉当事人在判决发生法律效力之前不得另行结婚。

4. 关于签阅庭审笔录

法庭审理的全部活动记入笔录后，由审判人员和书记员签名。法庭笔录可以当庭宣读，也可以告知当事人和其他诉讼参与人当庭或者在闭庭后五日内阅读。当事人和其他诉讼参与人认为自己的陈述记录有遗漏或者差错的，有权申请补正。如果不予补正，应当将申请记录在案。法庭笔录由当事人和其他诉讼参与人签名或者盖章。拒绝签名盖章的，记明情况附卷。

5. 关于闭庭

履行了庭审笔录的必要手续后，审判长宣布闭庭，书记员宣布全体起立，合议庭成员等退庭。然后，再由书记员宣布当事人和旁听人员退庭。在刑事公诉案件的审理中，要注意先将被告人押出法庭重新羁押，然后再宣布闭庭。

六、医事模拟审判的即兴问答

医事模拟审判闭庭后，整个审理活动已经告一段落。但作为一种法律教学形式，指导教师可以设计“即兴问答”环节。即由旁听学生或群众向参加模拟审理的审判人员、公诉人员、书记员、当事人等提出自己对本次医事模拟审判的观感和疑问，被问的相关人员应当做出回答和解释。提出的问题也不必局限于医事模拟审判中出现的情况，一些本案未曾涉及的问题也可以提问。如管辖、回避、延期审理、中止审理、撤诉、反诉、缺席判决等程序法问题以及相关的实体法问题，等等。这样既解开了问者的疑惑，也检验了被问者的法学功底和临场反应能力。对于其他旁听群众或学生来说，也开阔了法学知识的视野。指导教师也可以从中发现教学中存在的问题，甚至可以完善法律制度的研究课题和方向，引导和培育学生日后法律实务或研究的责任感和使命感。这样就将医事模拟审判与书本知识、司法实务有机地结合起来，避免了“只想不做”或者“只做不想”，或者以往只审理不总结、只一味模仿不反思创新的做法。

七、医事模拟审判的点评和总结

即兴问答后，可以由指导教师（含临时外聘的司法实务工作者）和事先指定的旁听学生组成评委，对本次医事模拟审判中担任角色的人员分别比照本角色的要求，从仪表、表达能力、法律运用技巧、回答问题情况、本医事模拟审判组的整体表现，以及本医事模拟审判组所选案件的典型性、难易度、新颖性、现实性等方面进行现场点评，指出不足和肯定优点，并对即兴问答中未能解决的问题给出明确的结论或观点。活动结束后，也可要求学生撰写模拟审判的总结。值得注意的是，对于法律并未明文规定或者尚未形成共识的问题，指导教师在阐明自己观点的基础上切忌武断定论，而应引导学生进行思考和研究，一味追求所谓“标准答案”的法律教学显然是不可取的。点评不仅可以加深学生对实体法和程序法知识的理解和把握，而且还可以使学生得到理论上的提升。根据有些案件的内容，还可以邀请相关的医学教师参与点评。

八、医事模拟审判教学文件的整理和归档

对每次医事模拟审判的案卷材料和学生总结，以及教师撰写的教学大纲、教学总结分析等材料进行整理、装订成册并且归档，不仅可以为以后的教学提供借鉴，而且可以提高学生的总结分析能力。这是模拟审判教学建设中最常规也是非常重要的一环。

第二节　医事模拟审判的语言规范和技巧

医事模拟审判中涉及的参与主体较多，此处仅重点介绍法官、检察官和律师的语言规范和技巧。

一、法官的语言规范和技巧

法官审理案件的过程，就是运用口头语言和书面语言准确表达自己意思的过程。法官的语言规范和技巧，取决于法官的角色。根据我国现行三大诉讼法的规定，法官是案件的裁判者。与此同时，尽管当前我国三大诉讼法规定的审判模式具有当事人主义的对抗性，但在很大程度上保留了职权主义的风格。这就决定了我国法官在法庭上不仅负有组织、指挥庭审顺利进行的职责，而且在一定程度上还负有查明案件事实真相的义务。法官的裁判角色和诉讼模式决定了我国法官在庭审时说话的方式和内容。具体而言，需要注意以下几点：

1.使用法言法语

法庭语言是一种非常正式的职业语言。作为职业法官，庭审语言应当严格规范，使用法言法语。

2.庭审语言庄重、准确、简洁

法官是国家工作人员，代表国家行使审判权，其庭审语言应当是庄重的，才能显示出审判的权威，任何轻浮、污秽的言辞都是审判口语必须摒弃的。准确是法律语言的生命，法官使用的言辞不准确，不仅有损人民法院的威信，而且会直

接影响人民法院审判案件的质量和效率。简洁则是法律语言的高级境界,用语简洁既容易使人明白,也能显示出法官干脆利落的作风,有利于提高审判工作的质量和效率。

3.庭审语言通俗易懂

法官的庭审语言应当规范,使用法言法语。但是,中国是一个人口众多的国家,而且经济发展水平很不平衡,其中有相当一部分当事人的文化水平较低,对一些“法言法语”难以理解。在此情况下,法官如果不耐心地用通俗易懂的语言进行解释,则有可能使得当事人的诉讼权利疏于行使,从而不利于保护当事人的权益,也容易为以后的上诉、申诉埋下隐患。

4.耐心倾听,坚持中立

兼听则明,偏信则暗。在审判中,也是如此。法官只有耐心地听取双方的意见,才有可能对案件事实有充分的了解。在英美法系国家曾流传着一个经典故事:做一个好法官的最佳方法就是开庭前在嘴里含一口水,直至开完庭后才能咽下去。任凭法庭上当事人吵得天翻地覆,任凭双方的律师舌灿莲花,法官永远是一个旁观者,坐在审判台上,与台下的喧闹无关。英国著名的大法官培根曾说:“耐心及慎重听讼是法官的基本功之一,而一名哓哓多言的法官则不是一件和谐的乐器。”第二次世界大战后英国著名的法官丹宁勋爵也曾说:“一位思维敏锐、学识渊博、动机良好的法官却由于介入案情辩论的次数太多,结果造成诉讼双方控告他不能公正审案。而本庭认为控告是有道理的。”“法官的事情就是听取证词。只有在需要澄清任何被忽略的或不清楚的问题时,在需要促使律师行为得体以符合法律规范时,在需要排除与案情无关的事情和制止重复时,在需要通过巧妙的插话以确保法官明白律师阐述的问题以便做出估价时以及最后在需要断定真情所在时,法官才能亲自询问证人。假如他超越此限,就等于是自卸法官责任,改演律师角色。但是这种改变对法官并没有好处。”

实践中,个别法官往往觉得自己已经了解了案情,因此,在开庭审理时常常随意地打断当事人、辩护人或者代理人的发言。例如,有个别法官常常会说:“这个问题已经清楚了,你不必说了。”“这个问题刚才你已经说了,不要再重复了。”“这个问题与案件无关。”我们认为,即便是当事人、辩护人、代理人的发言确实有重复之嫌,法官也应当尽量地予以克制,耐心地去倾听双方的意见。此外,在有些案件中,法官依然保留着浓厚的职权主义色彩,几乎包揽了对证人的全部询问,把诉讼双方当事人完全放在一边,法官这种越俎代庖的做法与我国现行的立法规定是相违背的。

法官中立是司法公正的前提。法官的庭审语言,不应带有任何的倾向性,否则只会让诉讼的另一方不满意,从而对判决的公正性产生怀疑。“无论提出问题还是引导法庭辩论，法官都要注意自己是主持庭审，必须公正地听取控辩双方的意见。因此不能厚此薄彼，喜欢听这一方的意见，压制另一方的发言。”“一个好法官无疑会是一个好听众，法官的职责就是主持正义，一个好法官绝不会预先存在偏见。”

在我国司法实践中，受历史传统、司法制度等原因的影响，开庭审理时，法官往往过于配合检察官，在法庭上有时甚至“一唱一和”，而对辩护方的发言却时常打断。开庭前或休庭后法官和检察官也显得过于亲热，有说有笑，而对辩护人则明显冷淡。我们认为，这些言语和举止与现代职业法官的中立要求是相违背的，应该引起注意。当然，在个别场合，也有法官的庭审询问明显地倾向被告人。

5.准确、到位地行使诉讼指挥权

“在程序法领域中，我们迎接时代挑战的最好方式，并非坚持古老的自由放任主义的方案模式，而是要力图平衡当事人个人主动性与法官适当程序控制之间的关系。”一场审判，能否顺利、高效地进行，在很大程度上取决于审判长能否准确、到位地行使诉讼指挥权。

二、检察官的语言规范和技巧

检察官的性质和职责决定其语言规范与技巧。在刑事诉讼中，一方面，公诉人同律师一样，履行一定的诉讼职能，因此在很大程度上需要遵守庭审的基本语言规范。但另一方面，公诉人与律师代表个人不一样，公诉人在法庭上代表的是国家，而且现代法治国家特别强调检察官的客观真实义务，因此作为起诉方的检察官“应当是象征正义的政府官员的化身……必须不徇私情地控告被告人，但是，这要做到绝对的公平”。

1.文明、客气，尊重犯罪嫌疑人

检察官代表国家履行公诉职能，有国家做后盾。因此，个别素质不高的公诉人有时会底气十足，以势压人。实践中，有的公诉人不仅威胁证人、被告人，个别公诉人甚至在法庭上对律师进行威胁，如有的公诉人在发表公诉词时说“公诉人正告杨某的辩护人要依法辩护”，言下之意很明显：辩护人的辩护有违法之处。在当前中国已有一些律师在被追究刑事责任的情况下，辩护人在法庭上听到公诉人的如此言论，可谓是胆战心惊。

2.直接讯问

在案件事实清楚，证据确实充分，被告人认罪伏法，且真诚悔改，不狡辩、不抵赖的情况下，公诉人可以采取直接讯问法，迅速地突破案件，以达到很好的法庭举证效果。在采用此法时，要善于抓住案件的关键，如对于盗窃案件，应抓住非法占有的犯罪意图、秘密窃取的犯罪手段展开讯问；对强奸案件应抓住是否违背妇女意志，采取暴力、胁迫或其他手段强行与妇女发生性关系进行讯问。在案件的关键问题讯问完毕后，还应当对案件的起因、预谋、准备过程、作案地点、时间、分工、具体实施的行为、犯罪对象的特点、后果、赃款赃物的去向等细节逐一问明。总之，对于与定罪量刑情节有密切关系的细节，或者可能成为控辩双方争辩焦点的细节，都要重点讯问。

3. 间接讯问

在一些疑难、复杂案件或共同犯罪案件中，部分被告人为推卸责任，在审查起诉以及法庭审判时可能会推翻侦查阶段的供述。对付这样的被告人，公诉人在法庭上直接讯问往往会吃闭门羹。因此，有经验的公诉人在庭审讯问时并不直接抛出需查证的材料，而是从侧面发问，先从外围和一些表面看上去并不重要的次要问题，甚至无关紧要的问题入手，以此消除被告人的对立情绪和戒备心理，然后步步推进，堵死被告人的退路，使其不能自圆其说，并适时向法庭出示有关证据，让被告人的虚假口供在法庭上暴露无遗，迫使其最终如实陈述。

4. 借言反证

所谓借言反证，是指借被告人自己的言辞来反对被告。此种方法一般在以下两种情况下使用，即在审查起诉时已发现被告人对同一问题的回答陷入了自相矛盾的情况，或者在庭审中被告人临时露出了破绽。

5. 对质讯问

在共同犯罪案件中，各被告人之间存在利害关系，尤其是在各自罪行轻重的问题上矛盾非常突出。公诉人要善于利用他们陈述中的矛盾，仔细分析各个被告人在案件中所处的地位和作用，分化瓦解，各个击破。在采用此法时，一般是先选择共同犯罪案件中认罪态度较好的被告人进行直接讯问，然后用其口供来佐证不愿供述的其他被告人，反驳其企图推卸责任的辩解。

三、律师的语言规范和技巧

律师出庭的目的是要在法律许可的范围内最大限度地维护当事人的利益，要达到此目标，律师必须尽可能地说服裁判者。因此，可以毫不夸张地说，律师出庭的目的就是说服裁判者，赢得诉讼。英美国家由于采取当事人主义的诉讼模式，并采用陪审团制度，因此诉讼双方的庭审语言技巧对最终的裁决至关重要。在我国法庭审判中，尽管有人民陪审员，但由于长期存在着重实体、轻程序的传统，诉讼技巧不可能完全决定诉讼的输赢。针对近些年司法实践中存在的过分依赖诉讼技巧、法官怠于查明事实真相的发展苗头，最高人民法院前院长肖扬于 2007 年 7 月 5 日在全国高级法院院长座谈会上郑重地告诫："法庭不能成为诉讼技巧的竞技场。"即便如此，我们认为，随着中国审判模式对对抗式精神的进一步吸收,随着程序正义观念的进一步普及,庭审语言规范与技巧对诉讼结果的影响会日益凸显。为此,本节拟从以下几个方面介绍律师的法庭语言规范与技巧。

1.以理服人

俗话说,有理庭上讲。在法庭上,诉讼双方的地位平等,试图通过气势压倒对手是不太现实的。要想说服法官、征服对手,唯有讲事实、摆道理,做到以理服人。除了事实本身以外,做到以理服人,还要特别注重逻辑思维。逻辑是一种力量,在强大的逻辑面前,再聪明的人也会哑口无言。

2.切勿诡辩

优秀的律师应是能言善辩之人,但绝非诡辩之人。在日常生活中,我们时常会发现,有的人非常能说,说起来滔滔不绝,然而听者却没有兴趣,甚至对此人避而远之。在法庭上,律师面对的是法官、检察官或者自己的同行律师,可以说都是"聪明人""专业人"。过多地采用诡辩的手段,只会让法官感到厌烦,甚至愤怒。在实践中,诡辩主要有以下类型:(1)偷换概念。偷换概念的表现形式有利用一语多义、扩大或缩小概念的内涵;将内涵与外延完全不同的概念生拉硬扯在一起并互相混淆等。偷换概念的特点在于"偷",有欺骗性和隐蔽性。(2)机械类比。机械类比是以对象间的偶然相同或相似作为论据,或将仅是表面上有些相似而实质上完全不同的两类对象进行类比,从而推出一个荒谬的结论。在法庭辩论中,合理类比是允许的,而且可以起到很好的效果。但为了掩盖其谬论,而采用生拉硬扯的机械类比手法,则属于诡辩的范畴。

3.以情感人

法庭辩论切忌以恶劣的语言伤人,反之,还应当学会以情感人。法庭辩论是一场正义与邪恶、真理与谬误、真善美与假恶丑的较量。任何错误、违法乃至犯罪行为,都必然事出有因,应当承担相应的法律后果,也会引起人们道德和情感上的评价。法官也是人,在审理过程中与诉讼双方当事人一样,伴随着复杂的心理和情感变化。因此,律师应当善于用语言去感动法官,从而使法官站在己方的立场上在最大限度内运用自由裁量权。我国首例"安乐死"案的辩护人张赞宁律师在法庭辩论的最后就进行了一段精彩而动人的发言:

"让我用恩格斯在马克思逝世后的第二天,致他的亲密战友弗·阿·左尔格的一段话,作为我的结束语吧:'医术或许还能保证他勉强活几年,无能为力地活着,不是很快地死去,而是慢慢地死去,以此来证明医术的胜利。但是,这是我们的马克思绝不能忍受的……受着唐达鲁士式的痛苦,这样活着对他来说,比安然死去还要痛苦一千倍……不能眼看着这个伟大的天才像废人一样勉强活着,去给医学增光……'"

在一些被害人死亡、心理或身体遭受严重伤害的案件中,被害人一方特别容易获得旁听群众和法官的同情。如果辩护律师不善于运用情感性的语言,则有可能激怒对方当事人、旁听群众乃至法官。当然,也有很多优秀的律师非常善于使用情感语言,从而取得了很好的法庭效果。

4.庭审询问技巧

按照我国诉讼法的规定,证人证言、被告人供述都是证据的来源。我国三大诉讼法都赋予了辩护人、代理人当庭询问证人、被告人之权利。随着直接言辞原则的进一步落实、对抗式审判方式的进一步加强,对证人和被告人的交叉询问将会变得更为重要。

(1)灵活运用开放式与封闭式问话。所谓开放式问话,是指问话给答话人提供了较大的选择余地,问题的答案从理论上是开放的,甚至是无限的。所谓封闭式问话,是指询问人的问题本身已经限制了答话的范围,答话选择不是无穷无尽的。一般来说,答话只能从"是"和"不是"、"同意"和"不同意"、"对"和"不对"等两个互相对立、互相排斥的答案中选择一个。

(2)善用诱导性询问。诱导性询问,是相对于非诱导性询问而言的。所谓诱导性询问,就是询问人的问话中暗示着答案。在英美证据法里,对己方证人原则上禁止诱导性询问,但在对对方证人质疑时允许采用诱导性询问。我国《民事诉讼法》《行政诉讼法》及相关司法解释对是否禁止诱导性询问没有规定,我国《刑事诉讼法》对此也没有规定。不过,最高人民法院于 1998 年颁布的《关于执行〈刑事诉讼法〉若干问题的解释》第一百四十六条规定,不得以诱导方式询问证人。实践中,公诉人、代理人、辩护人时常采用诱导方式询问证人,当然对方也时常为此向法庭提出异议。笔者认为,无论我国现行立法及司法解释对诱导性询问采取何种态度,作为职业律师都应当掌握诱导性询问的方法,并能迅速地识破对方的诱导性询问。

(3)由外及内、迂回询问。在反询问中,如果律师对不利于己方的证人单刀直入,直奔主题,则往往不可能得到理想的答案。反之,如果律师采取迂回的方法,一次问一点,积少成多,则可以为自己主张的结论积累许多论据。

(4)站在己方当事人的立场上发言。忠实于当事人,尽可能地维护当事人的合法权益是律师的天职。美国著名辩护律师艾伦·德肖微茨教授在其名著《最好的辩护》一书中说:"被告辩护律师,特别是在为确实有罪的被告辩护时,他的工作就是用一切合法的手段来隐瞒'全部事实'。"因此,律师在法庭上需要向当事人提问时,应当只问有利于被告人的问题,在法庭辩论时也只应说对当事人有利的语言。

(5)对不利证人证言的质疑。对不利于己方证人(广义的包含被害人的证人)的询问,其目的是要向法庭表明证人证言并不像他在直接询问结束时所显示的那么真实和可信。对不利证人的证言,可以通过以下方式进行质疑:其一,利用证人的感知能力质疑。证人以其感知的事实做证,因此证明证人证言不可信的一个最为有效的方法就是提出事实表明证人没有足够的能力和机会去感知他在直接询问中所证明的那些事情。其二,利用先前不一致的陈述质疑。当证人在法庭上的陈述与先前的陈述不一致时,律师就要善于以其矛攻其盾,当庭揭露证人就同一事件做过两种或两种以上的陈述,从而使其证言不被采用。这种利用与先前不一致的陈述对当庭证言进行质疑的方法一般分为三个步骤:第一步是让证人承认他在直接询问中做出过某项陈述;第二步是渲染证人在直接询问中做出的那项陈述,从而显示其重要性;第三步是证明证人先前做出过与当庭陈述不同的陈述,并以此指出证人先后做过两种不同的陈述。其三,利用证人的品德质疑。对于那些习惯说谎、平时就不够诚实的证人,可以通过当庭询问的方式揭露其说谎的品行,从而动摇此证人证言的真实可靠性。

第三节　医事模拟审判中的证据使用

一、医事模拟审判中的举证

在模拟审判中,所有的证据都必须当庭出示,负有举证责任的当事人如果不能提出证据证明自己的诉讼主张,就有可能承担败诉的风险。

医事民事诉讼证据收集提供的主体主要是当事人及其诉讼代理人,民事诉讼中的绝大多数证据都应当由当事人及其诉讼代理人负责收集和提供。根据现行《民事诉讼法》和有关的司法解释,人民法院只在特定情形依当事人的申请或者依职权调查收集证据。当事人向人民法院提供证据,应当提供原件或原物。如需自己保存证据原件、原物或者提供原件、原物确有困难的,可以提供经人民法院核对无异的复制件或者复制品。当事人向人民法院提供的证据系在中华人民共和国领域外形成的,该证据应当经所在国的公证机关予以证明,并经中华人民共和国驻该国使领馆予以认证,或者办理中华人民共和国与该国有关条约中规定的证明手续。当事人向人民法院提供的证据是在香港、澳门、台湾地区形成的,也应当办理相关的证明手续。特别需要注意的是,如果医事民事案件中涉及鉴定,根据(《中华人民共和国侵权责任法》(以下简称《侵权责任法》)的规定,应由患者提出鉴定的申请;而涉及鉴定的相关材料大都由医疗机构保管,医疗机构拒绝提供相关资料的,将被推定为有过错。

医事行政诉讼证据的收集提供,除了自身的特性外,其他原理与民事诉讼证据的收集提供基本相同。其中,作为被告的行政机关是主要的举证主体,应当向法院提供证据证明被诉具体行政行为的合法性。由于行政诉讼的原告不负举证责任,所以一般情况下原告是"可以"提供证据的。原告只在两种情形下"应当"提供证据:一是在起诉被告不作为的案件中,除非"被告应当依职权主动履行法定职责"或"原告因被告受理申请的登记制度不完善等正当事由不能提供相关证据材料并能够做出合理说明",原告应当提供其在行政程序中曾经提出申请的证据材料;二是在行政赔偿诉讼中,原告应当对被诉具体行政行为造成损害的事实提供证据。值得注意的是,根据行政诉讼的基本原理,一般情况下,法院只能根据原告或者第三人的申请调取证据,而不能根据被告的申请调取证据。被告申请法院调取的证据,应当仅限于行政机关在行政程序中已经取得复印件、复制件而无法收集证据原件或者原物等情形。即法院调取的证据,只限于印证行政机关原有证据的真实性。

医事刑事诉讼证据收集提供的主体,主要是公安机关、检察机关、人民法院和自诉案件中的自诉人。犯罪嫌疑人、被告人及其辩护人,不承担证明其无罪的责任,但有提供证据的权利。根据《刑事诉讼法》的规定,审判人员、检察人员、侦查人员必须依照法定程序,收集能够证实犯罪嫌疑人、被告人有罪、犯罪情节轻重的各种证据。事实上,刑事诉讼的绝大多数证据都是由公安机关和检察机关进行收集的,人民法院只有在被告人及其辩护人、自诉人或者受害人因客观原因不能自行收集提供证据等少数情形下,依申请而进行证据的调取和收集。从"控辩审"的刑事诉讼结构以及中立裁判的角度看,人民法院不宜过多地承担调查收集证据的职能。犯罪嫌疑人、被告人及其辩护人可以向公安司法机关提供证据证明其无罪、罪轻或者减轻、免除刑事处罚。辩护律师经证人或者其他有关单位和个人同意,可以向他们收集与本案有关的材料,也可以申请人民检察院、人民法院收集、调取证据,或者申请人民法院通知证人出庭做证。辩护律师经人民检察院或者人民法院许可,并且经被害人或者其近亲属、被害人提供的证人同意,可以向他们收集与本案有关的材料。

二、医事模拟审判中的质证

(一)质证的定义

医事模拟审判中的质证,是指在审判人员的主持下,当事人双方就法庭审理中提出的证据材料,围绕其真实性、关联性、合法性以及证明力等问题进行辨认和对质的诉讼活动。质证的程序主要涉及证据出示,发问或讯问的顺序、方式和内容等。质证的方法主要围绕证据的客观真实性、程序合法性、与案件的关联性以及与其他证据的关系等方面进行。

(二)质证的顺序

医事民事案件模拟审判中的质证按下列顺序进行:

(1)原告出示证据,被告、第三人与原告进行质证。

(2)被告出示证据,原告、第三人与被告进行质证。

(3)第三人出示证据,原告、被告与第三人进行质证。

行政案件模拟审判中的质证,可以参照前述民事诉讼的质证顺序进行。

在民事、行政诉讼的质证时应该注意:

(1)人民法院依照当事人申请调查收集的证据,作为提出申请的一方当事人提供的证据,由该方当事人在庭审中出示,并由对方当事人质证。

(2)人民法院依职权调查收集的证据应当在庭审时出示,听取当事人意见,并可就调查收集该证据的情况予以说明。

(3)案件有两个以上独立的诉讼请求的,当事人可以逐个出示证据进行质证。

刑事诉讼中的质证,根据现行《刑事诉讼法》和有关的司法解释规定,一般按以下顺序进行:控诉方出示证据—辩控双方质证—辩护方出示证据—控辩双方质证。

(三)质证的方法

1.对书证、物证、视听资料的质证

(1)质证的原物、原件优先规则。对物证、书证、视听资料进行质证时,当事人应当出示证据的原件或者原物,而且有权要求对方当事人出示原件或者原物。视听资料应当当庭播放或者显示,并由当事人进行质证。但在下列两种情况中,可以出示复制件或复制品:出示原件或者原物确有困难并经法庭准许的;原件或者原物已不存在,但可以出示其他证据证明复制件、复制品与原件或者原物一致的。

(2)质证的具体内容和范围。对书证、物证、视听资料的质证,当事人双方或控辩双方应当围绕下列问题进行:真伪、来源及是否为原件,视听资料的形成及时间、地点和周围的环境;与本案的联系及与其他证据的联系;物证的属性或书证、视听资料的内容以及所要证明的问题;取得证据的程序是否合法;播放视听资料的设备是否可靠,视听资料是否被伪造、变造;在民事、行政诉讼中出示的,是否在举证时限内提出,是否按照法律规定和法院的指定进行了证据交换。如果超过举证时限提出,就不能进行质证。如果在庭前的证据交换中,双方都没有争议的书证、物证、视听资料,经审判人员在庭审中说明后,就没有必要质证;在刑事诉讼中出示的,是否属于公诉方出示的证据目录范围,如果是证据目录以外的书证、物证、视听资料,辩护方有权建议法庭不予采信或者要求延期审理。

2.对证人和证人证言的质证

(1)证人的条件和范围。凡是知道案件情况的人,都可以作为证人。但不能正确表达意志的人,不能作为证人。待证事实与其年龄、智力状况或者精神健康状况相适应的无民事行为能力人和限制民事行为能力人,可以作为证人。

(2)证人出庭做证的义务和可以不出庭的情况。证人都有出庭做证的义务,只有在“不能出庭”或者“不必出庭”的例外情况下不出庭做证。民事、行政诉讼中的证人存在下列不能出庭的特殊情况,经人民法院许可,可以提交书面证言,而不出庭做证:年迈体弱或者行动不便无法出庭的;特殊岗位确实无法离开的;路途特别遥远,交通不便难以出庭的;因自然灾害等不可抗力或者其他意外事件无法出庭的;其他无法出庭的特殊情况。民事诉讼中的上述情形,除了可以提交书面证言外,证人还可以通过提交视听资料或者通过视听传输技术手段做证。下列两种例外情况,证人不必再出庭做证:民事诉讼中的证人在人民法院组织双方当事人交换证据时出席陈述证言的,可视为出庭做证,因而不必再出庭做证;行政诉讼中的当事人在行政程序或者庭前证据交换中,对证言无异议的,经法院许可,庭审时当事人也可以提交书面证言,因而也不必再出庭做证。刑事诉讼中,证人符合下列情形时,经法院许可,可以不出庭做证:未成年人;庭审期间身患严重疾病或者行动极为不便的;其证言对案件的审判不起直接决定作用的;有其他原因的。

(3)申请和通知证人出庭做证的程序和条件。民事诉讼中,当事人申请证人出庭做证的,应当在举证期限届满十日前提出,并经人民法院许可。人民法院对当事人的申请予以准许的,应当在开庭审理前通知证人出庭做证,并告知其应当如实做证及做伪证的法律后果。行政诉讼中,当事人申请证人出庭做证的,应当在举证期限届满前提出,并经人民法院许可。人民法院许可证人出庭做证的,应当在开庭审理前通知证人出庭做证。当事人在庭审中要求证人出庭做证的,法庭可以根据审理案件的具体情况,决定是否准许以及是否延期审理。有下列情形之一的,原告或者第三人可以要求相关行政执法人员作为证人出庭做证:对现场笔录的合法性或者真实性有异议的;对扣押财产的品种或者数量有异议的;对检验的物品取样或者保管有异议的;对行政执法人员身份的合法性有异议的;需要出庭做证的其他情形。刑事庭审过程中,控辩双方都可以提请审判长传唤证人出庭做证。

(4)证人出庭做证的要求。证人出庭做证,应当出示证明其身份的证件。出庭做证的证人不得旁听案件的审理。法庭询问证人时,其他证人不得在场,但组织证人对质的除外。证人出庭做证,应当客观陈述其亲身感知的事实,不得使用猜测、推断或者评论性的语言。证人为聋哑人的,可以用其他表达方式做证。

(5)对出庭证人以及不出庭证人的“书面证言”的质证方法和范围。审判人员以及经过人民法院许可的当事人,都可以对出庭的证人进行询问。询问证人时，不得使用威胁、侮辱及不适当引导证人的语言和方式，发问的内容应当与案件的事实有关。对出庭证人进行质证时，可以从以下几个方面进行：证人本身的健康状况、心智水平以及案发时的外界环境和条件，是否影响对案件的真实感知和陈述；证人是否与本案或者本案的当事人有利害关系；证人做证是否受到外界的干扰或影响；证人对案件的了解是否是原始和直接的；证人的证言是否前后矛盾；证人的证言能否被其他证据推翻。对于未出庭证人提供的书面证言，除了可以从上述几个方面进行质证外，还可以从以下方面进行质证：证人不能出庭做证的原因及对本案的影响；证人证言的形式和来源是否合法，内容是否完整、准确。

3. 对鉴定人和鉴定意见的质证

当事人要求鉴定人出庭接受询问的，鉴定人应当出庭。鉴定人因正当事由不能出庭的，经法庭准许，可以不出庭，由当事人对其书面鉴定意见进行质证。鉴定人不能出庭的正当事由与证人不出庭的情形相同。当事人对鉴定人的询问方式也与询问证人的相同。

对出庭的鉴定人和鉴定意见，可以从以下几个方面进行质证：(1)鉴定人是否具有鉴定资格。(2)鉴定人与案件本身或者案件的当事人是否具有利害关系。(3)鉴定的设备是否先进、方法是否科学以及得出结论的推理过程是否符合逻辑。(4)做出鉴定意见的依据和材料是否可靠。(5)鉴定意见能否被其他证据推翻。对于未出庭的鉴定人出具的鉴定意见，除了从上述方面进行质证外，还可以参照未出庭证人书面证言的质证方式进行质证。

4. 对被告人供述和辩解的质证

刑事诉讼中，对被告人供述和辩解的质证，先由控诉方对被告人进行讯问或者询问，再由辩护人对被告人进行发问。被害人及其诉讼代理人、附带民事诉讼的原告人和辩护人的发问，必须经审判长的同意。对于控辩双方认为对方讯问或者发问的方式不当或者内容与本案无关并提出异议的，审判长应当判明情况予以支持或者驳回。公诉人向被告人提出威逼性、诱导性或者与本案无关的问题的，辩护律师有权提出反对意见。审判长对使用不正当的方式或者内容与本案无关的讯问、发问，应当予以制止。审判人员认为有必要时，也可以对被告人进行讯问。对被告人的质证，可以从以下几个方面进行：(1)进行供述和辩解的心理动机，是否有避重就轻或者包庇、隐瞒等情况。(2)被告人供述和辩解的收集程序是否合法，是否有刑讯逼供或诱供、骗供等情况。(3)供述和辩解的内容本身是否有矛盾。(4)被告人的供述和辩解与其他证据的关系，是否有串供的可能。

三、医事模拟审判中的认证

医事模拟审判中的认证，是指审判人员对于当事人或者控辩双方经过举证和质证的证据材料进行分析、研究和鉴别，决定证据的取舍和判断证明力的大小，并对案件事实做出认定的诉讼活动。它既包括对单个证据材料的个别认证，也包括对全案证据的综合审查判断和对案件事实的认定。根据案件的性质不同，模拟审判中的具体认证规则各有不同，兹介绍如下：

（一）医事民事案件模拟审判认证的具体规则

根据《民事诉讼法》和有关的司法解释，尤其是《最高人民法院关于民事诉讼证据的若干规定》（以下简称《民事证据规定》）的内容和精神，民事案件审判认证的具体规则包括：

1. 证据排除规则

根据《民事证据规定》，以侵害他人合法权益或者违反法律禁止性规定的方法取得的证据，不能作为认定案件事实的依据。

2. 补强证据规则

根据《民事证据规定》，下列证据不能单独作为认定案件事实的依据：(1)未成年人所给出的与其年龄和智力状况不相当的证言。(2)与一方当事人或者其代理人有利害关系的证人出具的证言。(3)存有疑点的视听资料。(4)无法与原件、原物核对的复印件、复制品。(5)无正当理由未出庭做证的证人证言。根据《民事证据规定》第七十六条，当事人对于自己的主张，只有本人陈述而不能提出其他相关证据的，其主张不予支持，但对方当事人认可的除外。

3. 适格证据的确认规则

根据《民事证据规定》，一方当事人提出的下列证据，对方当事人提出异议但没有足以反驳的相反证据的，人民法院应当确认其证明力：(1)书证原件或者与书证原件核对无误的复印件、照片、副本、节录本。(2)物证原物或者与物证原物核对无误的复制件、照片、录像资料等。(3)有其他证据佐证并以合法手段取得的、无疑点的视听资料或者与视听资料核对无误的复制件。(4)一方当事人申请人民法院依照法定程序制作的对物证或者现场的勘验笔录。

关于鉴定意见：根据《民事证据规定》第七十一条，人民法院委托鉴定部门做出的鉴定意见，当事人没有足以反驳的相反证据和理由的，可以确认其证明力。关于证人证言：根据《民事证据规定》第七十八条，人民法院认定证人证言，可以通过对证人的智力状况、品德、知识、经验、法律意识和专业技能等的综合分析做出判断。关于公证法律行为、事实和文书：根据《民事诉讼法》第六十七条，经过法定程序公证证明的法律行为、法律事实和文书，人民法院应当作为认定事实的根据，但有相反证据足以推翻公证证明的除外。

4. 自认及排除自认的规则

根据《民事证据规定》，当事人认可的证据证明力的认定，按照下列方式进行:(1)一方当事人提出的证据,另一方当事人认可或者提出的相反证据不足以反驳的,人民法院可以确认其证明力。(2)一方当事人提出的证据,另一方当事人有异议并提出反驳证据,对方当事人对反驳证据认可的,可以确认反驳证据的证明力。(3)诉讼过程中,当事人在起诉状、答辩状、陈述及其委托代理人的代理词中承认的对己方不利的事实和认可的证据,人民法院应当予以确认,但当事人反悔并有相反证据足以推翻的除外。根据《民事证据规定》第六十七条,在诉讼中,当事人为达成调解协议或者和解目的做出妥协所涉及的对案件事实的认可,不得在其后的诉讼中作为对其不利的证据。

5.争议证据的认定规则

根据《民事证据规定》,双方当事人对同一事实分别举出相反的证据,但都没有足够的依据否定对方证据的,人民法院应当结合案件情况,判断一方提供证据的证明力是否明显大于另一方提供证据的证明力,并对证明力较大的证据予以确认。因证据的证明力无法判断而导致争议事实难以认定的,人民法院应当依据举证责任分配的规则做出裁判。

6.当事人拒不提供证据时的推定规则

根据《民事证据规定》,有证据证明一方当事人持有证据无正当理由拒不提供,如果对方当事人主张该证据的内容不利于证据持有人,可以推定该主张成立。

7.最佳证据规则

根据《民事证据规定》,人民法院就数个证据对同一事实的证明力,可以依照下列原则认定:(1)国家机关、社会团体依职权制作的公文书证的证明力一般大于其他书证。(2)物证、档案、鉴定意见、勘验笔录或者经过公证、登记的书证,其证明力一般大于其他书证、视听资料和证人证言。(3)原始证据的证明力一般大于传来证据。(4)直接证据的证明力一般大于间接证据。(5)证人提供的对与其有亲属或者其他密切关系的当事人有利的证言,其证明力一般小于其他证人证言。

8.证据采纳理由的说明规则

根据《民事证据规定》,人民法院应当在裁判文书中阐明证据是否采纳的理由。对当事人无争议的证据,是否采纳的理由可以不在裁判文书中表述。但适用简易程序审理的案件,不受此规定的限制。

(二)医事行政案件模拟审判认证的具体规则

根据《行政诉讼法》和有关的司法解释,尤其是《最高法院关于行政诉讼证据若干问题的规定》(以下简称《行政证据规定》)的内容和精神,行政案件审判认证的具体规则包括:

1.证据排除规则

根据《行政证据规定》,下列证据材料不能作为定案依据:(1)严重违反法定程序收集的证据材料。(2)以偷拍、偷录、窃听等手段获取侵害他人合法权益的证据材料。(3)以利诱、欺诈、胁迫、暴力等不正当手段获取的证据材料。(4)当事人无正当事由超出举证期限提供的证据材料。(5)在中华人民共和国领域外或者在中华人民共和国香港特别行政区、澳门特别行政区和台湾地区形成的未办理法定证明手续的证据材料。(6)当事人无正当理由拒不提供原件、原物,又无其他证据印证,且对方当事人不予认可的证据的复制件或者复制品。(7)被当事人或者他人进行技术处理而无法辨明真伪的证据材料。(8)不能正确表达意志的证人提供的证言。(9)以违反法律禁止性规定或者侵犯他人合法权益的方法取得的证据。(10)被告在行政程序中依照法定程序要求原告提供证据,原告依法应当提供而拒不提供,在诉讼程序中提供的证据。(11)不具备合法性和真实性的其他证据材料。

2.被诉具体行政行为合法性证据排除规则

根据《行政证据规定》,下列证据不能作为认定被诉具体行政行为合法的依据:(1)被告及其诉讼代理人在做出具体行政行为后或者在诉讼程序中自行收集的证据。(2)被告在行政程序中非法剥夺公民、法人或者其他组织依法享有的陈述、申辩或者听证权利所采用的证据。(3)原告或者第三人在诉讼程序中提供的、被告在行政程序中未作为具体行政行为依据的证据。(4)复议机关在复议程序中收集和补充的证据,或者做出原具体行政行为的行政机关在复议程序中未向复议机关提交的证据,不能作为人民法院认定原具体行政行为合法的依据。(5)对被告在行政程序中采纳的鉴定意见,原告或者第三人提出证据证明有下列情形之一的,人民法院不予采纳:其一,鉴定人不具备鉴定资格;其二,鉴定程序严重违法;其三,鉴定意见错误、不明确或者内容不完整。

3.补强证据规则

根据《行政证据规定》,下列证据不能单独作为定案依据:(1)未成年人所作的与其年龄和智力状况不相适应的证言。(2)与一方当事人有亲属关系或者其他密切关系的证人所作的对该当事人有利的证言,或者与一方当事人有不利关系的证人所作的对该当事人不利的证言。(3)应当出庭做证而无正当理由不出庭做证的证人证言。(4)难以识别是否经过修改的视听资料。(5)无法与原件、原物核对的复制件或者复制品。(6)经一方当事人或者他人改动,对方当事人不予认可的证据材料。(7)其他不能单独作为定案依据的证据材料。

4.最佳证据规则

根据《行政证据规定》,证明同一事实的数个证据,其证明效力一般可以按照下列情形分别认定:(1)国家机关以及其他职能部门依职权制作的公文文书优于其他书证。(2)鉴定意见、现场笔录、勘验笔录、档案材料以及经过公证或者登记的书证优于其他书证、视听资料和证人证言。(3)原件、原物优于复制件、复制品。(4)法定鉴定部门的鉴定意见优于其他鉴定部门的鉴定意见。(5)法庭主持勘验所制作的勘验笔录优于其他部门主持勘验所制作的勘验笔录。(6)原始证据优于传来证据。(7)其他证人证言优于当事人有亲属关系或者其他密切关系的证人提供的对该当事人有利的证言。(8)出庭做证的证人证言优于未出庭做证的证人证言。(9)数个种类不同、内容一致的证据优于一个孤立的证据。

5.自认及排除自认的规则

根据《行政证据规定》,庭审中一方当事人或者其代理人在代理权限范围内对另一方当事人陈述的案件事实明确表示认可的,人民法院可以对该事实予以认定,但有相反证据足以推翻的除外。根据《行政证据规定》第六十六条,在行政赔偿诉讼中,人民法院主持调解时当事人为达成调解协议而对案件事实的认可,不得在其后的诉讼中作为对其不利的证据。

6.电子证据规则

根据《行政证据规定》,以有形载体固定或者显示的电子数据交换、电子邮件以及其他数据资料,其制作情况和真实性经对方当事人确认,或者以公证等其他有效方式予以证明的,与原件具有同等的证明效力。

7.被告拒不提供证据时的推定规则

根据《行政证据规定》,原告确有证据证明被告持有的证据对原告有利,被告无正当事由拒不提供的,可以推定原告的主张成立。

(三)医事刑事案件模拟审判认证的具体规则

现行的《刑事诉讼法》和有关的司法解释,对刑事案件审判认证的具体规则所做的规定较少。目前主要有以下几项:

1.非法证据排除规则

根据《刑事诉讼法》和最高人民法院《关于执行〈中华人民共和国刑事诉讼法〉若干问题的解释》,严禁刑讯逼供和以威胁、引诱、欺骗以及其他非法的方法收集证据。凡经查证确属上述非法方法取得的证人证言、被害人陈述、被告人供述,不能作为定案的根据。

2.不轻信口供的规则

根据《刑事诉讼法》,对一切案件的判处都要重证据,重调查研究,不轻信口供。只有被告人供述,没有其他证据的,不能认定被告人有罪并处以刑罚。没有被告人供述,证据充分确实的,可以认定被告人有罪并处以刑罚。

3. 原始证据优先规则

根据最高人民法院《关于执行〈中华人民共和国刑事诉讼法〉若干问题的解释》，收集、调取的书证应当是原件。只有在取得原件确有困难时，才可以是副本或者复制件。收集、调取的物证应当是原物。只有在原物不便搬运、不易保存或者依法应当返还被害人时，才可以拍摄足以反映原物外形或者内容的照片、录像。

4. 定案证据必须当庭出示、辨认和质证的规则

根据《刑事诉讼法》和最高人民法院《关于执行〈中华人民共和国刑事诉讼法〉若干问题的解释》，证据必须经过当庭出示、辨认、质证等法庭调查程序查证属实，否则不能作为定案的根据；对于出庭做证的证人，必须在法庭上经过公诉人、被害人和被告人、辩护人等双方询问、质证，其证言经过审查属实的，才能作为定案的根据；未出庭证人的证言宣读后当庭查证属实的，可以作为定案的根据。

第二编

分　论

第五章　医事纠纷民事案件模拟演练

第一节　医疗纠纷人身损害

示范案例一

一、基本案情

2009年7月29日，患者甲至A医院就诊，以“肺部感染”为由入院进一步治疗。治疗期间病情突然恶化，经抢救无效后于7月31日死亡。

原告认为，患者的突然死亡是医生开出所谓的营养液过敏以及错误医疗和护理行为导致的，同时医生也从未向家属做过药物过敏的说明，事后抢救过程也存在过错，导致患者入院后30小时就离开人世，给原告整个家庭带来沉重的伤害。为此，A医院应该承担相应的民事侵权责任。

被告认为，医院的诊断明确，治疗及时得当。患者自身基础疾病多，死亡是自身疾病发展导致的，故不同意原告诉讼请求。现医院同意根据司法鉴定结论给出的过错比例，就原告合理的诉讼请求进行赔偿。

二、证　据

(一)原告方的证据清单

证据内容	证明目的
证据一：明正鉴定中心出具的《司法鉴定意见书》	用以证明被告存在医疗过错以及原告的伤残程度，证明原告需要后续治疗费
证据二：病假证明，护理人员误工证明，医疗费、交通费、鉴定费票据	用以证明原告的各项经济损失

（二）被告方的证据清单

证据内容	证明目的
药品生产许可证、药品GMP证书、药品注册证、药品质量证书、购药发票、出库药品明细表、药品说明书复印件	用以证明：(1)A医院为患者输注的药品名。(2)该药品有合法的生产、销售渠道，并经药品监管部门注册。(3)该药物引起过敏反应比较罕见

三、庭审操作示例

B市西城区人民法院
民事开庭笔录

案由：医疗损害责任纠纷

开庭时间：2012年1月12日上午9时至上午10时

开庭地点：本院第五十七法庭，第一次开庭

独任审判员：赵某

书记员：杨某

审判员：介绍基本情况。

原告：乙，男，1951年6月14日出生，汉族，B市设备安装工程公司退休工人，住B市西城区刘海胡同25号。

原告：丙，女，1954年2月19日出生，汉族，庭后核实工作单位，住B市丰台区嘉园一里10楼302室。

以上原告委托代理人：刘某，B市众贺律师事务所律师。

以上原告委托代理人：程某，男，B市众贺律师事务所律师助理，住B市东城区交道口北头条5号。

被告：A医院，住B市西城区棉花胡同83号。

法定代表人：白某，院长。

委托代理人：王某，B市言采律师事务所律师。

委托代理人：李某，女，A医院医务科科长，住B市西城区棉花胡同83号。

审：双方当事人对对方出庭人员有无异议？

原告：没有。

被告：没有。

审：双方出庭人员符合有关法律规定，可以参加本案诉讼。现在开庭。B市西城区人民法院今天依法公开审理原告乙、丙诉被告A医院医疗损害责任纠纷一案，本案依法适用简易程序审理，由本院民事审判庭代理审判员赵某独任审判，由书记员杨某担任法庭记录。下面告知当事人的诉讼权利和诉讼义务。

诉讼权利：

(1)申请回避的权利。

(2)提出新的证据的权利。

(3)进行辩论和请求法庭给予调解的权利。

(4)原告有放弃、变更、增加诉讼请求的权利,被告有对本诉进行反诉及反驳的权利。

(5)最后陈述的权利。

诉讼义务：

(1)依法行使诉讼权利的义务。

(2)听从法庭指挥,遵守法庭纪律的义务。

(3)如实陈述事实的义务。

审:上述诉讼权利及诉讼义务,双方当事人是否听清,是否申请承办人员回避?

原告:听清了,不申请。

被告:听清了,不申请。

审:双方当事人在开庭过程中,不得使用攻击性语言,不得随意走动,原告退出法庭按自动撤诉处理,被告退出法庭按缺席开庭处理。

原告:无异议,我们同意。

被告:无异议,我们同意。

审:现在进行法庭调查,法庭调查为双方所争议的事实,双方对自己的主张应提供相应的证据加以证明,反驳对方意见,应说明具体理由。下面先由原告陈述事实经过、诉讼请求及理由。

原告:诉讼请求：

请求判令被告赔偿死亡赔偿金 58146 元,按照 2010 年本市城镇居民人均可支配收入 29073 元计算 5 年,再计算 40％的过错比例。患者去世时 80 岁以上,故计算 5 年。

请求判令被告赔偿医疗费 1533 元,自费部分全部主张赔偿。

请求判令被告赔偿丧葬费 25207.5 元,按照 2010 年本市平均工资 50415 元计算半年。

请求判令被告赔偿精神损害抚慰金 3 万元,自行估算。

诉讼费及鉴定费由被告承担。

事实经过同起诉书,宣读起诉书(略)。原告曾就此医疗纠纷诉至西城法院,案号〔2010〕西民初字第 11313 号,该案审理期间进行了鉴定,后原告撤诉。

审:患者配偶甲父母是否在世?

原告:早已去世。

审:患者子女情况。

原告:本案原告乙、丙,无其他子女。

审:被告答辩。

被告:2009年7月29日患者因为肺部感染收入我院治疗,入院后医生向其交待病情、诊疗方案。2009年7月29日晚9:30输入脂肪乳过程中出现寒颤、发热,考虑为输液反应,拔出脂肪乳,给予相关诊疗。后该患者病情发展加重,于2009年7月31日上午9:47死亡。我方诊断明确,治疗及时得当。患者自身基础疾病多,死亡是自身疾病发展导致的,不同意原告诉讼请求。现根据司法鉴定意见,就原告合理的诉讼请求,同意按照该过错比例赔偿。

审:举证质证,原告举证。

原告:证据1.〔2010〕西民初字第11313号案件审理过程中我方提交的全部鉴定依据、身份证明相关材料以及该案笔录复印件。

被告:看清了,质证意见同该案笔录记载内容。

原告:证据2.甲之妻死亡证明复印件,证明其2011年8月10日去世。

被告:看清了,由法院核对原件。

原告:证据3.住院费用结算单,票据今日没带,记载个人应付款为1533元。

被告:真实性认可。

原告:证据4.司法鉴定意见。我方认可被告存在过错,但比例过低,应为40%过错比例。无其他证据提交。

被告:真实性认可,但对结论存有异议。该结论认定对方不能认定为过敏反应,我方处理措施不利,但根据病历记录,无论是输液反应还是过敏反应,诊疗均到位,且及时通知家属。认定因果关系过程中并未明确说明过错在何处,且未认定是否发生过敏反应,从而无法证明存有因果关系。综上,我方对鉴定意见提出异议,考虑本案各个因素,不申请重新鉴定。

原告:晚上9:30输液出现反应,但夜间2点才通知家属,根本不是及时通知家属。

审:继续举证。

被告:证据1.〔2010〕西民初字第11313号案件审理过程中我方提交的全部鉴定依据。无其他证据提交。

原告:看清,质证意见同该案笔录记载内容。

审:本庭询问几个问题。鉴定费如何支付?

原告:我方缴纳鉴定费4000元,双方各垫付了一半,今日没有带票据。我方认为被告存在过错,导致需要进行鉴定,故要求被告承担鉴定费。

被告:认可双方均垫付一半鉴定费,我方缴纳鉴定费4000元。鉴定费要求按照过错比例承担。

审:被告,脂肪乳药典或说明书中有无过敏反应的记载?

被告:脂肪乳过敏反应在此之前曾经有过报道,药典和说明书中无记载。本例患者之前签署了知情同意书,我方认为为输液反应。

原告:脂肪乳是很容易引起过敏的,一般来讲需要进行皮试。入院提示单属于事后补签,但我方不提出鉴定申请。被告病历中没有提示输液反应,故存在过错。

被告:7月29日第八条明确载明用药出现反应。

审:患者去世后,原告是否对医院提出死因异议,是否提及尸检?

原告:患者去世后,我们很生气地跟大夫说药物过敏导致患者死亡,甲年龄当时也很大了,家里人很着急,就草草了事了。被告没有提及尸检。

被告:原告当时没有对患者死亡原因提出异议,所以没有进行尸检。《侵权责任法》实施之后,就有书面签字确认尸检情况了。

原告:放弃抢救要求乙签名确认,说明当时已经对患者死因存在异议,但被告没有说尸检。

被告:放弃抢救和死因是完全不同的概念。

审:双方对事实有无补充?

原告:无。

被告:无。

审:双方是否需要举证期限?

原告:不需要。

被告:不需要。

审:法庭调查结束,下面进行法庭辩论,原告发表辩论意见。

原告:被告的过错导致患者损害发生,除了死亡赔偿金可以按照40%的比例承担,其他请求均是被告过错导致,要求全额赔偿。鉴定意见认定被告存在过错,故鉴定费应由被告全部承担。

被告:我方即便存在不足,也不应按照20%最高比例认定。本案所有诉讼请求,应当按照责任判决。请求法庭做出合法合理的判决。

审:最后陈述。

原告:坚持诉讼请求。

被告:坚持答辩意见。

审:双方是否同意调解?

原告:经过协商,现如果调解,要求一次性赔偿8万元。

被告:庭后请示。

原告:首次病程记载患者言语欠利,但入院记录记载言语流利。被告病历有矛盾。

被告:上述两个记录并非同一时间记录,不同时间病情会有变化。

原告:下午3点入院,但病历记载am,故时间也有矛盾。

被告:以病历记载为准。

审:双方如有调解意见,庭后十日内明确,逾期本院将依法判决。休庭,看笔录签字。

四、判决文书

B市西城区人民法院

民事判决书

〔2012〕西民初字第2966号

原告乙,男,1951年6月14日出生,汉族,B市设备安装工程公司退休工人,住B市西城区刘海胡同25号。

原告丙,女,1954年2月19日出生,汉族,B市绒鸟厂退休工人,住B市丰台区嘉园一里10楼302室。

以上二原告之委托代理人刘某,B市众贺律师事务所律师。

以上二原告之委托代理人程某,男,B市众贺律师事务所律师助理,住B市东城区交道口北头条5号。

被告A医院,住B市西城区棉花胡同83号。

法定代表人白某,院长。

委托代理人王某,B市言采律师事务所律师。

委托代理人李某,女,A医院医务科科长,住B市西城区棉花胡同83号。

原告乙、丙诉被告A医院医疗损害责任纠纷一案,本院受理后,依法由代理审判员赵某独任审判,公开开庭进行了审理。本案原告乙及乙、丙的委托代理人程某、刘某,A医院的委托代理人王某、李某到庭参加了诉讼。本案现已审理终结。

原告乙、丙诉称:甲系二原告之父。2009年7月29日14时,甲略感不适,原告乙将其送至A医院检查,门诊病历显示其主要症状为"咳嗽、痰多;无发热、恶心、呕吐等症状……",体温36.7℃,诊断疑似肺部感染,医生建议入院观察。入院后患者甲一直状态良好,饮食以及各项身体指标均正常,原告安排了护工照料。当时主治医生对原告乙说,老人年纪大,应适当补充营养,医院有一种营养液可用,大部分都由医保解决,个人承担10元就行。此后医生即安排用药。由于家中还有母亲需照料，原告乙当晚20时回家。次日2时，医院给原告乙打电话，称患者甲正在抢救，原告急忙赶往医院，此时患者甲已经昏迷，医院已经下发病危通知书。值班医生与原告乙说，患者甲病危系使用营养液过敏所致，已抢救2个多小时。7月31日9时许，患者甲经抢救无效死亡。

原告认为，患者甲的突然死亡是医生开出所谓的营养液过敏以及错误医疗和护理行为导致的，同时医生也从未向家属做过药物过敏的说明，事后抢救过程也存在过错，导致患者甲入院后30小时就离开人世，给原告整个家庭带来沉重的伤害。为此，A医院应该承担相应的民事侵权责任。故起诉要求A医院赔偿二原告以下损失：①死亡赔偿金58146元；②医疗费1533元；③丧葬费25207.50元；④精神损害抚慰金3万元。诉讼费及鉴定费由A医院承担。

A医院辩称，2009年7月29日，二原告之父甲因肺部感染收入该院治疗。入院后医生向其交待病情、诊疗方案。7月29日21时30分，在输入脂肪乳过程中甲出现寒战、发热症状，考虑为输液反应，停止继续输入，给予相关诊疗。后甲病情发展加重，于7月31日9时47分死亡。该院的诊断明确，治疗及时得当。甲自身基础疾病多，死亡是自身疾病发展导致的，故不同意原告诉讼请求。现该院同意根据司法鉴定意见给出的过错比例，就原告合理的诉讼请求进行赔偿。

经审理查明：患者甲（以下简称患者），1924年9月26日出生，2009年7月31日死亡。患者之妻于2011年8月10日死亡。患者与妻子共生育两名子女，即原告乙、丙。

根据患者在A医院的住院病历记载：主诉为咳嗽半月，现病史为半月前受凉后出现鼻塞流涕，发热，无恶寒，未测体温，无咳嗽、咳痰，未至医院就诊，家属予感冒清热冲剂服用后，上述症状见好，但随后出现咳嗽、咳痰，痰白质黏，家属未予处理。近日患者咳嗽加重，痰黏不易咳，色黄，纳差，无明显喘促，今至我院急诊治疗，考虑"肺部感染"，为求进一步治疗收入我病区。现症见：咳嗽、咳痰，痰多质黏色黄，无喉中痰鸣，可平卧，无发热及恶寒，无喘息气促，无鼻塞流涕，四肢力弱，言语欠利，饮水呛咳，纳差，今日未进食，大便干，小便黄，睡眠可。既往史：高血压病史30年，最高血压达180/100mmHg，现未服任何药物，血压控制在120/70mmHg。前列腺肥大6年，现服非那雄胺及特拉唑嗪，否认糖尿病、脑梗塞等慢性疾病史。……体格检查：T 36.3℃，P 88次/分，R 20次/分，BP 115/80mmHg。一般状况：神志清楚，意识正常，精神弱；面容痛苦，面色晦暗，发育正常，营养偏差，被动体位，查体欠合作，言语流利，可闻及咳喘，未闻及呻吟，未闻及异常的气味，舌暗红而苔薄黄少津，脉细滑。……神经系统：肌力：双上肢Ⅳ级，双下肢Ⅲ级。肌张力：正常。生理反射：存在。病理反射：双侧Babinski征阳性，右侧 Chaddock 征阳性，……。辅助检查：血常规：WBC 20.7×109/L，N 92.8%，L 3.7%，HGB 118g/L，PLT 250×109/L；BUN 59.9mmol/L，CREA 498umol/L，UA 840umol/L，CK 30U/L，CK-MB12U/L，K 4.4mmol/L，Na 155mmol/L，CL 123mmol/L，CO_2 19mmol/L，GLU 8.2 mmol/L。心电图：窦性心律，完全右束支传导阻滞，偶发室早。初步诊断：中医诊断：①咳嗽肺脾气虚、痰热内阻；②虚劳肺脾亏虚；③中风中经络痰瘀阻络。西医诊断：①肺部感染；②高血压病 3 级（很高危）；③脑梗死？④前列腺肥大；⑤肾功能不全尿毒症；⑥电解质紊乱高钠高氯血症；7.2 型糖尿病？2009 年 7 月 29 日 10 时 30 分首次病程记录：患者因“咳嗽半月”，因肺部感染，于 7 月 29 日经急诊收入院。……诊疗计划：拟查项目：生化全项，痰培养，超声心动，24 小时动态血压，胸片。治疗：①一级护理，吸氧，低盐优质低蛋白饮食；②抗感染：静点 0.9%氯化钠 100ml＋头孢美唑 2g 日两次；③补液营养支持予静点脂肪乳 250ml 日一次，5%葡萄糖 500ml＋维生素 C2g 日一次，5%葡萄糖 500ml 日一次；④活血化瘀静点 5%葡萄糖 250ml＋川青 120mg 日一次；⑤化痰：氨溴索 15mg 入壶日两次。……7 月 29 日病程记录：患者咳嗽咳痰，无发热恶寒，乏力气短，消瘦。心电监护示：窦性心律，心率 96—110 次/分，BP 115/76mmHg，SPO_2 90%。化验回报 BUN 59.9mmol/L；CREA 498umol/L；UA 840umol/L，考虑肾功能衰竭，不除外肾前性因素，已予补液治疗，向家属交待病情，家属表示理解。……7 月 29 日21 时 30 分患者输注脂肪乳时出现寒战、发热症状，体温 37.6℃，考虑为输液反应，立即拔除脂肪乳，并予 5% 500ml 静点。22 时 00 分患者上述症状好转，心电监护示：窦性心律，心率 90—116 次/分，R 36 次/分，BP 90/66mmHg，SPO_2 92%，继观。7 月 29 日患者嗜睡，呼之有反应，喘息气促，汗出，发热，无寒战，咳嗽，咳痰不出，22 时 00 分至 23 时 30 分 BP 记录 140-72/70-57mmHg，23 时 45 分心电监护示：BP 72/52mmHg，窦性心律，心率 110—120 次/分，T 38.5℃，R 40 次/分，SPO_2 76%。双肺可及痰鸣音，复测考虑使用脂肪乳后加重心脏负担，造成心力衰竭，加之入量不足，存在低血容量性休克，故先予静点 5%葡萄糖 250ml＋多巴胺 150mg，含 3ug/kg/min 升压，暂不予纠正心衰治疗继观。7 月 30 日抢救记录：00 时 10 分患者昏迷，呼之无反应，喘息气促，汗出，发热，无寒战，双瞳孔压眶及对光反射存在，心电监护示：窦性心律，心率 120—130 次/分，BP 52/36mmHg，R 45 次/分，SPO_2 80%。双肺可及痰鸣音，患者心衰明显，加之原有入量不足，血压偏低，副主任医师石某指示，将多巴胺上调至 6ug/kg/min 升压，考虑喘脱，阳气外越，予回阳救逆参附注射液 40ml 入大瓶，并静点扩容予低分子右旋糖苷 500ml，后患者血压维持在 45-78/27-54mmHg，病情危重，1 时 00 分下病危通知。以上抢救在副主任石某指示，主治医师张某、护士陈某某的参加下完成。……7 月 31 日抢救记录:8 时 30 分患者昏迷,呼之不应,呼吸急促,四肢冰冷,微汗出,心电监护示:窦性心律,心率 110—112 次/分,BP 69/47mmHg,R 42 次/分,$SPO_2$76%。主任医师吴某指示:考虑患者重度感染造成感染中毒性休克,加之入量不足,造成低血容量性休克,现血压低,继续使用多巴酚丁胺 2ug/分,多巴胺 10ug/kg/min 强心升压,考虑阳气外越,予回阳救逆 5%葡萄糖 100ml+参附注射液 30ml,8 时 45 分复查血压 71/45mmHg。以上抢救在主任吴某的指示,主治张某、护士扈某的参加下完成。……7 月 31 日死亡记录:死亡诊断:①感染中毒性休克;②低血容量性休克;③肺部感染;④泌尿系感染;⑤高血压病 3 级(很高危),⑥脑梗死? ⑦前列腺肥大;⑧肾功能不全、尿毒症期;⑨低蛋白血症;⑩电解质紊乱、高钠高氯血症。11.2 型糖尿病? 死亡病例讨论记录记载:主治医师窦某"……另外高龄患者应控制输液滴速";主任医师吴某"……患者严重入量不足又合并低血容量性休克,脂肪乳的输入又加重了心衰,多种疾病交杂,最终导致死亡";护士长马某某"……加强褥疮感染治疗,注意输液速度"。

患者入院当日,原告乙签署了由 A 医院提供的病情知情同意书。该文件中记载患者住院治疗期间可能出现的情况中包括"用药中出现输液反应……"。同时,该文件也提及"患者死亡,医患双方当事人不能确定死因或对死困(因)有异议的,应当在患者死亡后 48 小时内进行尸检。尸检应当经死者近亲属同意并签字"。

原告曾就本次医疗纠纷在本院向 A 医院提起诉讼,后撤诉。在该次诉讼中,经原告申请,本院委托中天司法鉴定中心进行鉴定。2011 年 12 月 13 日,中天司法鉴定中心出具《司法鉴定意见书》,分析意见为:根据现有鉴定材料、医患双方陈述及专家意见,经讨论认为:①患者为高龄老人,因"咳嗽半月"入 A 医院治疗。根据患者主诉、病史、体格检查及血常规检查情况,医方对其诊断肺部感染明确;②患者入院后,医方对其输注脂肪乳恰当:患者高龄、营养状况差,合并肺部感染,可应用脂肪乳营养支持治疗。医方在患者入院当天病情知情同意书中已明确告知患者家属可能出现的输液反应。输液过程中出现寒战、发热,考虑输液反应可能性大,但患者血压明显下降,故不能完全排除存在过敏反应的可能,医方处理措施略有不足。医方在患者出现输液反应后未能及时通知患者家属,亦存在一定的不足;③患者发生输液反应后病情持续恶化,血压降低、生命体征不平稳,患者最终死亡,与其自身基础疾病密切相关;④由于患者死亡后未进行尸体解剖,现有资料难以明确其输注脂肪乳后是否发生过敏反应。综上所述,A 医院对患者的诊疗过程中存在一定的不足,与患者死亡结果之间存在轻微的因果关系。建议过失参与度为 B 级(理论系数值 10%,责任程度轻微,参与度数值 1%—20%)。

A 医院在上一案件诉讼过程中提供了为患者输注的脂肪乳的药品生产许可

证、药品 GMP 证书、药品注册证、药品质量证书、购药发票、出库药品明细表、药品说明书复印件等证据，已证实该院为患者输注的脂肪乳来源合法、药品质量合格，并说明药品特性。原告对上述证据的真实性不持异议。根据上述证据可证实：①A 医院为患者输注的脂肪乳通用名称为脂肪乳注射液(C14-24)，商品名称为英脱利匹特。该药品有合法的生产、销售渠道，并经药品监管部门注册。②该药物引起过敏反应比较罕见。

原告就其诉讼请求提供的计算方法、相关证据以及本院查明的事实如下：

(1)死亡赔偿金。患者死亡时 84 周岁，按照 2010 年 B 市城镇居民人均可支配收入计算 5 年，再计算 40%的过错比例。

原告提供患者的户籍登记卡，记载其为城镇户籍。另查，2010 年 B 市城镇居民人均可支配收入为 29073 元。

(2)医疗费。按照患者在 A 医院治疗期间医疗费自费部分计算。

原告提供患者在 A 医院住院医疗费用结算单，记载住院医疗费中个人应负费用为 1533 元。

(3)丧葬费。按照 2010 年 B 市职工年平均工资计算半年。

2010 年 B 市全市职工年平均工资为 50415 元。

(4)精神损害抚慰金。按照医疗过错给原告造成的精神损害情况自行估算。

(5)鉴定费。原、被告垫付的司法鉴定费均应当由 A 医院负担。

本案司法鉴定费为 8000 元，原、被告提供各自向司法鉴定单位垫付 4000 元的票据。

上述事实，有原、被告当庭陈述，病历材料，户籍登记卡，死亡证明，司法鉴定意见，药品生产许可证，药品 GMP 证书，药品注册证，药品质量证书，购药发票，出库药品明细表，药品说明书复印件，住院医疗费用结算单，鉴定费票据复印件，亲属关系证明等证据材料在案佐证。

本院认为，医疗机构及其医务人员在医疗活动中，违反医疗卫生管理法律、行政法规、部门规章和诊疗护理规范、常规，过失造成患者人身损害的，应当承担民事责任。经当事人申请，本院委托进行了司法鉴定。该鉴定程序合法，鉴定意见明确，原、被告均未提供足以推翻鉴定意见的相反证据，故本案中本院将该鉴定意见作为重要依据，以认定 A 医院是否存在医疗过错、过错与患者死亡的因果关系以及过错程度。

根据司法鉴定意见，A 医院根据患者体征，诊断其患肺部感染是明确的。患者高龄、营养状况差，合并肺部感染，可应用脂肪乳营养支持治疗。根据 A 医院提供的证据可证实，其为患者输注的脂肪乳有合法的生产、销售渠道，并经药品监管部门注册，可作为合格药品为患者所使用。患者在输液后出现寒战、发热等不良反应，继而在短时间内死亡，虽然未进行尸检，但可以合理考虑为输液反应引起死亡的可能性大。患者血压明显下降，亦不能完全排除存在过敏反应的可能。A 医院在患者入院当天病情知情同意书中已明确告知患者家属可能出现的输液反应，且根据脂肪乳的说明书，该药物引发过敏为罕见情况，使用该药物亦非特殊治疗手段，因此对于输液不良反应、药物过敏问题不存在告知缺陷。由于脂肪乳引起过敏属罕见情况，因此即便患者发生脂肪乳过敏，亦应当属于医疗意外，A 医院不应当就此承担责任。但根据住院病历，A 医院对于输注脂肪乳的起止时间及输注速度并未见明确记载，且该院对患者的死亡讨论中也记载了输液速度应当引起注意等意见，因此不能排除 A 医院在输液过程中存在注意义务的缺失，与患者出现不良反应存在一定的关系。A 医院在患者出现输液反应后未能及时通知患者家属，亦存在一定的不足。由于患者年迈，自身基础疾病较多且严重，因此其最终死亡与自身因素密切相关，A 医院的上述过失与患者死亡之间应当仅存在轻微的因果关系。本院根据上述分析，参考鉴定单位的意见，认定 A 医院应当对患者死亡承担轻微责任，责任比例为 20%。A 医院应当根据该比例赔偿原告因患者死亡造成的各项合理损失。

患者因在 A 医院就医造成的医疗费，A 医院应当按照责任比例赔偿。原告提供的证据，可证实上述医疗费的支出，本院予以确认。丧葬费、死亡赔偿金均系法定赔偿项目，因此 A 医院应当根据有关司法解释的规定，按照责任比例，赔偿原告丧葬费、死亡赔偿金。作为患者的近亲属，患者的死亡无疑给原告造成了严重的精神痛苦。特别是 A 医院的过错导致原告对患者的死因产生异议，因此对患者的死亡无法接受。为此，A 医院应当赔偿原告一定的精神损害抚慰金，具体数额由本院酌定。

由于司法鉴定认定 A 医院存在一定的医疗过错，故本案的司法鉴定费应当由 A 医院负担。

综上所述，依据《中华人民共和国民法通则》第一百零六条，《最高人民法院关于审理人身损害赔偿案件适用法律若干问题的解释》第十七条、第十八条、第十九条、第二十七条、第二十九条，《最高人民法院关于确定民事侵权精神损害赔偿责任若干问题的解释》第八条之规定，本院判决如下：

一、本判决生效之日起七日内，被告 A 医院赔偿原告乙、丙医疗费三百零六元六角、死亡赔偿金二万九千零七十三元、丧葬费五千零四十一元五角、精神损害抚慰金二万元。

二、驳回原告乙、丙其他的诉讼请求。

如果被告 A 医院未在本判决指定的期间内履行给付金钱义务，应当依照《中华人民共和国民事诉讼法》第二百二十九条之规定，加倍支付延迟履行期间的债务利息。

案件受理费一千二百九十九元,由原告乙、丙负担六百八十四元(于本判决生效之日起七日内交纳),由被告A医院负担六百一十五元(于本判决生效之日起七日内交纳)。鉴定费八千元,由被告A医院负担(其中四千元已交纳,余款于本判决生效之日起七日内交纳)。

如不服本判决,可在判决书送达之日起十五日内,向本院递交上诉状,并按对方当事人的人数提交副本,交纳上诉案件受理费,上诉于B市第一中级人民法院。如在上诉期满后七日内未交纳上诉案件受理费的,视为放弃上诉权利。

代理审判员　赵　某

二〇一二年二月二十二日

书　记　员　杨　某

五、相关法律规定

《中华人民共和国民法通则》

第一百零六条　公民、法人违反合同或者不履行其他义务的,应当承担民事责任。

公民、法人由于过错侵害国家的、集体的财产,侵害他人财产、人身的,应当承担民事责任。

没有过错,但法律规定应当承担民事责任的,应当承担民事责任。

《最高人民法院关于审理人身损害赔偿案件适用法律若干问题的解释》

第十七条　受害人遭受人身损害,因就医治疗支出的各项费用以及因误工减少的收入,包括医疗费、误工费、护理费、交通费、住宿费、住院伙食补助费、必要的营养费,赔偿义务人应当予以赔偿。

受害人因伤致残的,其因增加生活上需要所支出的必要费用以及因丧失劳动能力导致的收入损失,包括残疾赔偿金、残疾辅助器具费、被扶养人生活费,以及因康复护理、继续治疗实际发生的必要的康复费、护理费、后续治疗费,赔偿义务人也应当予以赔偿。

受害人死亡的,赔偿义务人除应当根据抢救治疗情况赔偿本条第一款规定的相关费用外,还应当赔偿丧葬费、被扶养人生活费、死亡补偿费以及受害人亲属办理丧葬事宜支出的交通费、住宿费和误工损失等其他合理费用。

第十八条　受害人或者死者近亲属遭受精神损害,赔偿权利人向人民法院请求赔偿精神损害抚慰金的,适用《最高人民法院关于确定民事侵权精神损害赔偿责任若干问题的解释》予以确定。

精神损害抚慰金的请求权，不得让与或者继承。但赔偿义务人已经以书面方式承诺给予金钱赔偿，或者赔偿权利人已经向人民法院起诉的除外。

第十九条　医疗费根据医疗机构出具的医药费、住院费等收款凭证，结合病历和诊断证明等相关证据确定。赔偿义务人对治疗的必要性和合理性有异议的，应当承担相应的举证责任。

医疗费的赔偿数额，按照一审法庭辩论终结前实际发生的数额确定。器官功能恢复训练所必要的康复费、适当的整容费以及其他后续治疗费，赔偿权利人可以待实际发生后另行起诉。但根据医疗证明或者鉴定结论确定必然发生的费用，可以与已经发生的医疗费一并予以赔偿。

第二十七条　丧葬费按照受诉法院所在地上一年度职工月平均工资标准，以六个月总额计算。

第二十九条　死亡赔偿金按照受诉法院所在地上一年度城镇居民人均可支配收入或者农村居民人均纯收入标准，按二十年计算。但六十周岁以上的，年龄每增加一岁减少一年；七十五周岁以上的，按五年计算。

《最高人民法院关于确定民事侵权精神损害赔偿责任若干问题的解释》

第八条　因侵权致人精神损害，但未造成严重后果，受害人请求赔偿精神损害的，一般不予支持，人民法院可以根据情形判令侵权人停止侵害、恢复名誉、消除影响、赔礼道歉。

因侵权致人精神损害，造成严重后果的，人民法院除判令侵权人承担停止侵害、恢复名誉、消除影响、赔礼道歉等民事责任外，可以根据受害人一方的请求判令其赔偿相应的精神损害抚慰金。

六、案例评析和模拟重点

（一）案例评析

本案涉及护士工作范围的认定问题。关于护士的工作，《护士条例》规定的较为宽泛。本案中的患者在入院时病情危重，被告医院对其护理级别评估为一级。针对不同的护理级别应进行的护理工作，原卫生部在2009年7月实施的《综合医院分级护理指导原则（试行）》中做出了相应规定。其中一级护理的工作范围为：（1）每小时巡视患者，观察患者病情变化。（2）根据患者病情，测量生命体征。（3）根据医嘱，正确实施治疗、给药措施。（4）根据患者病情，正确实施基础护理和专科护理措施，如口腔护理、压疮护理、气道护理及管路护理等，实施安全措施。（5）提供护理相关的健康指导。

同时涉及护理记录缺失应承担的民事责任承担问题。护理记录缺失，在许多情况下会被法院认定为病情观察不到位，或者医嘱执行不当。本案中，根据药品说明书以及鉴定意见可以证实:被告医院为患者静脉输入脂肪乳具备适应征,不存在医疗过错。由于患者年迈,且病情危重,因此在输液治疗环节,应当格外引起医务人员的注意。被告医院的护士对于患者输注脂肪乳的起止时间及速度没有记录。因此,对于是否按照医疗规范以及药品说明书,为患者进行了正确的输注,被告医院无法举证证实。特别是死亡讨论记录中,被告医院的当事医生亦提及"注意输液速度",更使得法官对输注过程是否严格按照规范进行产生合理怀疑。因此,应当由被告医院对此承担不利后果。由于患者死亡后未进行尸体解剖,现有资料难以明确其输注脂肪乳后产生不良反应的原因,以及与其死亡的关系。而被告医院已尽到提示尸检的告知义务,对此患方应承担不利后果。再考虑到患者原发疾病的严重性,法院对民事责任程度的认定,并据此做出相应的判决是适当的。

(二)模拟重点

1.通过病历如何认定案件事实。

2.对司法鉴定报告的采信。

3.人身损害赔偿的计算方法。

示范案例二

一、基本案情

2013年4月19日晚,甲自感身体不适,服用备用感冒药。次日,甲到被告N区医院就诊,并以"药物中毒"住院治疗。甲入院后,被告住院医生初步诊断其为"上呼吸道感染",在征得家属乙同意后对甲进行皮试并输液。中午1时液体输完后,甲自行离开医院回家吃稀饭并在家休息到下午3时。后甲病情加重,在亲友的护送下于下午3时56分被背进医生办公室。医生了解病情后采取输氧、输液等手段。随后又将甲向B医院转送,下午6时32分甲因抢救无效死亡。

为查明甲的死亡原因,S省L市N区卫生局在征得死者家属同意后,委托B医院病理学教研室对甲尸体进行剖验,鉴定意见为:甲因胸腺淋巴体质导致猝死。四原告对此不服,向法院申请重新鉴定,C市法医学会司法鉴定所出具鉴定意见:根据现有材料无法确定甲死亡原因。

后四原告申请医疗过错鉴定,法院委托S求实司法鉴定所进行鉴定,该所以"根据现有病历资料及相关材料,不能进行医疗过错鉴定"为由将该案退回。在征得双方当事人同意后,法院又委托S菲斯特司法鉴定所进行鉴定,该所以"医患双方对医疗过程陈述不一"为由决定不予受理,将鉴定材料退回。

在审理过程中,双方对C市法医学会司法鉴定所鉴定意见书的鉴定意见有异议，要求补充鉴定。补充鉴定维持“无法查明死亡原因”的结论。

随后，原告再次申请医疗过错鉴定，双方当事人共同委托西南政法大学司法鉴定中心进行鉴定，该鉴定中心以“本案死亡原因不明确或存在争议”为由不予受理。

原告认为，被告医院具有三个过错：一是误诊；二是违规操作，甲病情加重后未采取抢救措施；三是延误治疗。所以被告应对甲的死亡承担责任，遂诉要求被告赔偿四原告各项损失共计 760606.18 元。

院方认为，原告所述的治疗过程不是事实，应以双方共同查封的病历资料载明的治疗过程为准。甲入院后，被告对其采取了及时的医疗和救治措施，被告不存在原告所诉的医疗过错。本案中，甲因胸腺淋巴体质猝死，其死亡与被告的诊疗行为无法律上的因果关系，被告不应承担赔偿责任。原告的医疗费应以实际票据为准，其他费用以法院审查为准，被告在之前已经垫付 60000 元，如果本案判决被告承担责任，该笔垫付款应预先在赔偿款中予以扣除。

二、证　据

(一)原告方的证据清单

证据内容	证明目的
证据一：原、被告的身份信息	用以证明本案原告与患者的亲属关系
证据二：住院病历	用以证明患者与 A 医院存在医患关系
证据三：费用清单、医学院急诊科病历、病员家属通知书	用以证明医疗费支出以及存在医疗关系
证据四：死亡证明	用以证明患者在 A 医院死亡
证据五：被告出具的证明和情况说明、B 医院病理学教研室出具的情况说明	用以证明患者在 A 医院死亡
证据六：预收款收据和票据	用以证明医疗费支出
证据七：调解协议	用以证明患者在 A 医院死亡，并且医院存在过错
证据八：甲房产证、土地证、雏鹰幼儿园证明、村委会证明	用以证明死者属于城镇居民
证据九：视频监控录像光盘	用以证明患者到 A 医院就诊的事实
证据十：领款收据、收条	用以证明患者到 A 医院就诊的事实
证据十一：封存的病历及鉴定意见	用以证明 A 医院存在过错

(二)被告方的证据清单

证据内容	证明目的
住院病历	用以证明A医院在诊疗过程中不存在过错

B医院病理学教研室病理尸体剖验报告

委托单位:S省L市N区卫生局

委托日期:2013年4月21日

委托目的:查明甲死亡原因

死者姓名:甲,男,31岁,L市人,家住L市N区新乐镇石银村八社

死亡时间:2013年4月20日18时00分

解剖时间:2013年4月21日9时55分

送检材料:1.甲尸体一具

2.S省L市N区卫生局委托书1页

3.关于甲死亡要求病理尸解申请书复印件1页

4.S省L市N区人民医院住院病历复印件20页

尸解地点:S省L市N区殡仪馆

尸解在场人:尸解人员、死者家属及L市N区卫生局相关人员等

病史摘要

据S省L市N区人民医院住院病历(住院号40626)及关于甲死亡要求病理尸解申请书记载:甲,男,31岁,因感冒后服药时,将“沙干醇6粒”当作感冒药服用,出现头晕、乏力、腹痛伴心悸症状,门诊以“药物中毒”入院。入院检查:T 3℃,P 84次/分,R 21次/分,BP 138/80mmHg。专科检查:发育正常,营养中等,急性面容,全身皮肤黏膜及巩膜无黄染,无瘀点、瘀斑等;口唇无发绀,颈软,对称,颈静脉无怒张,胸廓对称,呼吸音粗,双肺未闻及干湿啰音,心脏各瓣膜区未闻及明显杂音。入院诊断:上呼吸道感染。经治疗后于2013年4月20日下午1时许回家,饭后觉气紧送医院,病情加重,家属要求转上级医院治疗,于下午4点50分转入B医院,在B医院急诊科病情恶化,经抢救无效死亡。为查明死亡原因,委托B医院病理学教研室进行尸体解剖。

尸体解剖肉眼观察

死者甲于死亡后16小时左右进行系统尸体解剖。

(一)尸体检验

成年男尸,尸长173cm,发育正常,肥胖体型,尸僵存在于肘、膝等大关节处;尸斑位于肩、背、臀部、股后侧未受压部位,暗紫红色,压之不褪色。双眼角膜轻度混浊。双侧瞳孔等大等圆直径0.5cm。面部及耳郭发绀。口腔有少量血性液体流出,外耳道及鼻腔无分泌物。指(趾)端苍白。全身浅表淋巴结不肿大。

(二)尸体解剖

胸腹联合“|”型切口。

腹腔:腹壁皮下脂肪厚5cm。右侧腹腔积血约90ml,左侧腹腔内无积液,各脏器位置正常,大网膜位置正常,食管下段黏膜正常,附有多量食物残渣。阑尾后位,表面无充血及脓苔,胃肠明显充气,胃内有糊状内容物约200ml,其中小肠约20cm一段呈暗红色,似湿性坏疽。肝脏位置:肝缘于剑突上4cm,锁骨中线肋缘上6cm。膈肌高度:左侧第4肋间,右侧第4肋间。肝:重1600g,表面见“S”型线性裂口,长约12cm,深约0.1cm,周围无血凝块,切面暗红色,未见出血及占位性病变。胆囊充盈,胆道通畅。胰腺:重180g,头、体、尾部表面灰白色,切面分叶状,未见出血。脾:重350g,包膜光滑、完整,表面及切面呈暗红色,脾髓不易上腺表面及切面未见明显异常,但体积缩小。

胸腔:双侧胸腔无积液;喉头不水肿;纵隔位置正常,胸腺大小约7×6×5cm,重约55g,切面灰红色,分叶状;气管、支气管黏膜充血,管腔内可见多量泡沫状血性液体;左肺重800g,右肺重1100g,双肺表面光滑,与胸壁无粘连,颜色灰黑、暗红,切面有多量泡沫状液体流出,未见占位性病变及实变。肺门淋巴结肿大,心包腔无积液。心脏:重400g,心外膜光滑,心肌呈暗红色、质较软,左室壁厚1.2cm,右室壁厚0.4cm,卵圆孔及室间隔无缺损。各瓣膜周径:二尖瓣10cm,三尖瓣10cm,主动脉瓣6.5cm,肺动脉瓣7cm;主动脉开口处散在分布脂纹,冠状动脉开口及位置正常,各段无狭窄。

盆腔:膀胱充盈。

颅脑:头皮无损伤,头皮下无血肿及出血,颅骨无骨折,硬脑膜完整,硬膜外无出血。脑:脑重1550g,表面淤血,脑实质未见出血及占位性病变。脑底动脉环结构完整,未见异常。小脑扁桃体压迹明显。

尸血不凝,呈暗红色。

病理组织学检查

胸腺:胸腺组织被覆薄层纤维结蹄组织被膜,皮质内淋巴组织增生,髓质内见胸腺小体,部分胸腺小体钙化,胸腺小叶间见脂肪组织。

淋巴结:淋巴细胞增生,生发中心大小不等,间质血管增生,扩张充血,并见小灶性出血。

肾上腺:皮质变薄,球状带、束状带及网状带细胞层次不甚清楚,其中束状带萎缩明显,间质血管和血窦扩张、淤血,未见出血、坏死改变。

喉:喉黏膜上皮少部分脱落,黏膜下血管扩张、充血、水肿,伴淋巴细胞浸润。

甲状腺:甲状腺结构清楚,间质血管扩张充血,多灶性淋巴细胞浸润。

气管:黏膜下层小血管扩张充血,少量淋巴细胞浸润。

心脏：心外膜及心肌间质疏松水肿，小血管扩张充血，心肌纤维呈波浪状排列，部分肌纤维呈锯齿状断裂。冠状动脉壁未见异常。

双肺：肺泡壁毛细血管明显扩张、充血，大部分肺泡腔内充满淡红色水肿液及红细胞；少部分肺泡腔含气量增加，肺泡间隔断裂融合，肺气肿形成；间质血管明显扩张、充血。

肝脏：肝小叶结构正常，肝血窦扩张充血，汇管区有少量淋巴、单核类炎细胞浸润。破口周围肝细胞变性、坏死，见出血及少量炎细胞浸润。

胰腺：组织自溶明显，间质血管扩张、充血。

脾脏：白髓、红髓皮髓质分界清楚，红髓增宽，脾窦扩张淤血。白髓变窄，中央动脉管壁增厚。

肾脏：皮髓质分界清楚，肾小球毛细血管明显扩张淤血，肾小管上皮细胞水肿，间质血管扩张、充血。

脑：软脑膜血管扩张充血，脑实质疏松水肿，神经细胞肿胀，尼氏小体减少；神经细胞、小血管周围间隙明显增宽。

肠：肠壁变薄，充血、水肿、出血、坏死伴炎细胞浸润。

病理学诊断

一、胸腺淋巴体质。

二、急性肺淤血、肺水肿。

三、肝浅层破裂。

四、肠湿性坏疽。

五、全身多器官(心、肾、脑、脾、胰、肝、肺等)实质细胞不同程度水肿、变性。

分析说明

经对甲尸体进行尸体解剖及病理组织学检查，综合分析如下：

1.未发现死者有机械性损伤等他杀致死的证据。

2.尸检主要发现死者胸腺淋巴体质，是本例猝死的原因。

胸腺淋巴体质是一种特异体质，临床表现无特异性，生前不易诊断，一般为死后尸检确诊。其特征为胸腺肥大，全身淋巴组织(淋巴结、呼吸道和消化道的淋巴组织以及脾脏淋巴滤泡)增生，而肾上腺萎缩，以肾上腺皮质萎缩为著。并可伴有心脏小，主动脉起始部周径狭小，皮肤苍白，皮下脂肪丰富，性腺发育不全，第二性征发育较迟等。具有该种体质者受到轻微刺激或感染即可引起猝死。本例尸体解剖肉眼发现：胸腺大小约7cm×6cm×5cm，重约55g，切面灰红色，分叶状。肺门淋巴结肿大。镜下：胸腺组织被覆薄层纤维结蹄组织被膜，皮质内淋巴组织增生，髓质内见胸腺小体，部分胸腺小体钙化，胸腺小叶间见脂肪组织。淋巴结淋巴细胞增生，生发中心大小不等，间质血管增生，扩张充血，并见小灶性出血。肾上腺皮质变薄，球状带、束状带及网状带细胞层次不甚清楚。符合胸腺淋巴体质所描述的病理改变特征。

3.本例死者肝浅层破裂（深约0.1cm，左侧腹腔积血约90ml）、肠湿性坏疽等病变，均不足以引起猝死。

综合以上分析，甲因胸腺淋巴体质导致猝死，感染等可能为诱因。

鉴定意见

甲，男，31岁，因胸腺淋巴体质导致猝死。

尸体解剖报告人：李　某

龚　某

报告日期：2013年05月04日

C市法医学会司法鉴定所

司法鉴定意见书

司法鉴定许可证号：500005004

渝法医所〔2013〕病理L鉴字第39号

一、基本情况

委托方：L市N区人民法院

委托鉴定事项：死亡原因鉴定（文证审查）

受理日期：2013年8月7日

鉴定材料：委托书一份，甲病历资料一份，甲醛固定检材［全脑、心脏、喉、气管、食管（部分）、双肺、肝脏（部分）、双肾、脾脏、胰腺、双侧甲状腺、双侧肾上腺（部分）］，病理常规染色切片32张（B医院病理教研室）

鉴定日期：2013年8月19日

鉴定地点：C市法医学会司法鉴定所实验室

被鉴定人：【姓名】甲，【性别】男，【年龄】31

二、检案摘要

甲，男，31岁，退伍军人，L市N区人，据介绍平时身体健康。2013年4月19日约21时许，甲自觉感冒，服用"感冒药""硫酸沙丁胺醇片6粒、氢溴酸右美沙芬胶囊2粒、复方罗汉果清肺颗粒一包"，感头昏、下肢无力伴呕吐。2013年4月20日10时许到L市N区人民医院就诊，以"药物中毒"收入住院，经检查后，入院初步诊断"上呼吸道感染"，进行"抗炎，对症，支持治疗"。11时许，甲被输液治疗，期间甲诉"出不了气，干呕，四肢无力"，16时许，经家属与医生交涉，决定转院治疗。17时30分许，甲被医院120急救车送至B医院，以"误服沙丁胺醇20小时，呼吸困难，心悸、不能平卧2＋小时，输液后无好转，呼吸困难加重"

进入急诊室抢救。甲进入急诊室后，意识清醒，仍诉呼吸困难，进行心电图检查时患者突然出现呼之不应情况，经一系列抢救无效，于 2013 年 4 月 20 日 18 时 02 分死亡。

经 L 市 N 区卫生局委托 B 医院病理教研室于 2013 年 4 月 21 日对甲进行尸体解剖及病理组织学检查，2013 年 5 月 4 日 B 医院出具"甲因胸腺淋巴体质猝死"的鉴定报告。因死者家属对死亡原因有异议，申请对甲提取的器官组织和病理切片重新分析死亡原因，现我所受 L 市 N 区人民法院委托，对提取的甲脏器组织进行病理检验。

三、病理检验

1. 巨体检材检查

送检检材一套，含全脑、心脏、喉、气管、双肺、肝脏(部分)、双肾、脾脏、胰腺、双侧甲状腺、双侧肾上腺(部分)和食管(部分)。

胸腺、脑垂体、胃、小肠和结肠等脏器缺失，委托方未提供。所有送检组织均为甲醛固定，已被解剖、取材，经第一次法医病理学鉴定取材、脏器完整性较差。经大体检查后，按常规和案例特点切取多部位组织制片。

大脑重 1238.5g，大小 16cm×14cm×11cm，大脑沟浅、回宽而扁、表面呈灰白色，血管充盈、淤血。网膜下腔未见明显异常，软脑膜未见明显异常。

大脑和脑底肉眼可辨血管形态未见异常，管壁质地柔韧，内膜光滑，管腔未见异常。切开大脑和间脑，各切面呈灰白色，双侧大脑和间脑灰质、白质略肿胀。脊髓近段、延脑、脑桥和中脑各切面未见明显异常。

小脑重 161g，大小 11cm×6.5cm×6cm，表面灰白色，切面实性、灰白，小脑双侧扁桃体较突出，压迹明显。

硬脑膜组织 1 块，大小 14cm×7cm×0.1cm，未见明显异常。

心脏剪开，重 331g，大小 13cm×10cm×6cm，表面光滑，散在少量出血点。外膜下见脂肪组织积聚，以房室交界部较为丰富。冠状动脉开口位置正常。左心室轻度肥厚，壁厚 1.4cm，右室壁厚 0.5cm，室间隔厚 1.4cm。各瓣膜因多次取材，未测量，各瓣膜未见异常。

双肺淤血、饱满，肺表面光滑，散在灰黑色斑点。双肺叶间隙未见明显出血点斑。左肺重 663g，大小 17cm×13cm×8cm，右肺重 817g，大小 20cm×13cm×8cm。各级支气管腔中见少量黏液，黏膜光滑，双肺切面实性，呈淡褐色。

肝脏(部分)重 499g，大小 14cm×9cm×5cm，肝表面光滑，边缘略钝，切面呈土黄色，质中软。

双侧肾脏纤维膜易剥离。肾脏淤血、饱满，表面光滑，肾门处脂肪组织略丰富。左肾重 153.5g，大小 11cm×7cm×4.5cm，右肾重 121g，大小 10cm×

6.5cm×4cm。双肾切面呈浅灰白色，肾皮质厚0.5cm，髓放线可见，肾盂及大、小盏未见异常，黏膜光滑。

脾脏淤血、肿大，表面光滑，呈褐色，皱褶少、浅。重281.5g，大小14cm×10cm×4cm，切面实性，质中软，脾包膜未见外翻。

胰腺饱满，表面附有少量脂肪组织，重136.5g，大小17cm×2.5cm—3.5cm×2cm，切面实性，质中软，分叶结构可见。

双侧甲状腺肿大，左侧重25.5g，大小6.5cm×4cm×2.5cm，右侧重26g，大小6cm×4cm×3cm，双侧甲状腺切面实性、质中硬。

肾上腺(部分)：双侧部分肾上腺组织各1块，共重11g，大小分别为4cm×3cm×1cm，5.5cm×2.5cm×1.4cm，双侧肾上腺表面附有较多脂肪组织。

喉和气管：黏膜较光滑，气管壁和管腔未见明显异常。

食管(部分)：黏膜较光滑，食管壁和管腔未见明显异常。

2.组织病理学检验

(1)中枢神经系统：大脑和小脑表面血管广泛扩张、淤血，管壁结构略疏松。软脑膜组织结构疏松。大脑皮层水平细胞和大脑实质组织结构广泛疏松。脑组织各部胶质细胞和神经细胞周围空晕明显，少量神经细胞散在性退变。脑神经纤维骨折。脑实质血管广泛扩张、充血，管壁结构略疏松，血管周围腔隙宽大。

脑底部血管组织未见明显病变。

(2)心脏：左、右心室及心房、心室间隔：外膜结构疏松，心肌结构广泛疏松；心肌细胞大小不一，横纹消失，广泛肿胀，细胞质中见细小空泡形成；少量心肌细胞嗜碱性明显增强。少量心肌细胞扭曲成波纹状排列，部分断裂。心内膜组织结构疏松。

心瓣膜：二尖瓣、主动脉瓣、三尖瓣和肺动脉瓣组织结构疏松。

主动脉：主动脉各部位组织结构略疏松。内膜小灶区域少量纤维组织增牛伴泡沫细胞形成。外膜局灶出血。中膜组织未见异常。

肺动脉：肺动脉管壁组织结构略显疏松。外膜、中膜和内膜组织未见明显病理变化。

冠状动脉：各级冠状动脉管壁外膜组织结构略疏松。冠状动脉内膜纤维组织轻度增生；中膜和外膜组织未见明显异常。

(3)肺脏：双肺细小血管扩张、淤血。肺胸膜组织结构略显疏松。肺组织含气肺泡较少，部分肺泡和肺泡导管中充满淡红色液体，散在分布组织细胞和脱落的肺泡上皮细胞。肺泡壁毛细血管广泛高度扩张、淤血。细小支气管被覆上皮松解，管腔内见黏液。

(4)肝脏(部分)：肝纤维膜组织结构轻度疏松。肝血窦广泛扩张、淤血。肝实质细胞肿胀、变性,结构疏松。门管区组织结构轻度疏松,少量纤维组织增生伴淋巴、单核细胞浸润;血管轻度扩张、淤血,胆管组织未见明显病变。

(5)肾脏:肾纤维膜组织结构疏松,肾小球毛细血管广泛扩张、淤血。肾小管上皮细胞广泛肿胀、变性。肾间质结构疏松,细小血管广泛扩张、淤血。肾乳头、肾小盏、肾大盏和肾盂黏膜组织未见异常。

(6)脾脏:脾包膜结构略显疏松。脾血窦广泛扩张、淤血。脾脏淋巴组织较丰富,脾小结未见异常,脾小梁组织结构略疏松。

(7)胰腺:胰腺组织广泛自溶,胰腺胰泡组织、各级导管、小叶间及胰腺周围脂肪组织未见明显异常。

(8)甲状腺:腺泡组织未见明显异常,甲状腺间质局部淋巴组织增生,呈多灶性分布;间质血管广泛扩张、淤血。

(9)肾上腺(部分):肾上腺细小血管及血窦扩张、淤血。肾上腺皮质较薄,球状带部分呈管状。束状带细胞较小,呈脱脂质状。肾上腺髓质未见明显异常。

(10)喉和气管:喉和气管细小血管扩张、淤血。黏膜被覆上皮组织部分脱落,上皮组织结构轻度疏松,散在少量淋巴、单核细胞浸润。

(11)食管:食管细小血管扩张、淤血。黏膜组织结构轻度疏松,散在少量淋巴、单核细胞浸润。

四、病理诊断

1.心肌细胞广泛肿胀、变性,少量扭曲、断裂;主动脉升部脂斑形成。

2.肺淤血、肺水肿。

3.脑水肿(中度)伴散在性神经细胞退变。

4.双侧肾脏淤血,肾小管肿胀、变性。

5.肝淤血,肝细胞肿胀、变性。

6.脾脏淤血、肿大。

7.双侧慢性甲状腺炎。

8.双侧肾上腺皮质轻度萎缩。

9.胰腺广泛自溶。

五、分析说明

1.根据委托方提供的资料显示:死者甲生前曾误服硫酸沙丁胺醇片 6 粒、氢溴酸右美沙芬胶囊 2 粒、复方罗汉果清肺颗粒 1 包等药物,但死者入院后及尸检报告中均未见有血中检出上述药物的报告单及血中药物浓度的检验报告,故根据现有资料无法确认死者甲是否因服用上述药物导致中毒死亡。

2.尸检原始记录及尸检报告中均有肝脏破裂及肠坏疽的记录,但尸检报告中未对上述损伤的形成及在死亡过程中的作用加以说明。

3. 委托方提供的检材中缺少胸腺、坏死肠管等关键检材，无法确认原尸检报告结论正确与否。

4. 综上所述：根据现有资料，我所无法对甲的死因做出判断。

六、鉴定意见

根据现有材料无法确定甲的死亡原因。

鉴定人：甘　某

鉴定人：柏　某

授权签字人：吴　某

C 市法医学会司法鉴定所

二〇一三年十一月四日

C 市法医学会司法鉴定所

关于甲死亡案的情况说明

渝法医司鉴文〔2015〕1 号

L 市 N 区人民法院：

我所于 2014 年 11 月 6 日到你院提取 B 医院病理切片（编号 L10—13）共计 28 张，经我所对该套病理切片阅片，并请华中科技大学同济医学院病理专家、重庆医科大学病理专家、重庆医科大学儿童医院病理专家会诊，结合专家意见，现对甲死亡案做如下说明：

一、甲死亡案资料不完整：1. 不能提供尸检当时照片。2. 尸检描述不全面，对阳性发现未做详细描述。3. 现提供的切片不能满足死因诊断（未按尸体解剖操作规范取材）。

二、甲胸腺淋巴体质死因诊断依据不足：1. 据提供的剖验报告记录，甲除胸腺增大外，未见全身淋巴组织的描述，也未见睾丸、心脏的周径描述。2. 所提供的肾上腺病理切片，显微镜下见皮质无明显萎缩，故诊断胸腺淋巴体质依据不足。

三、根据经验提供剖验的原始记录和编号为 L10—13 共计 28 张病理切片的检验，现检验意见为：

（一）急性小肠节段性坏死、出血。

（二）急性肺水肿、淤血、出血。

（三）急性脑水肿。

（四）心脏增大、增重。

（五）脾淤血性肿大。

（六）急性扁桃体炎。

（七）慢性淋巴细胞性甲状腺炎。

（八）肝浅表裂伤。

综上，我所（渝法医所〔2013〕病理L鉴字第39号）鉴定意见维持不变。

特此说明。

C市法医学会司法鉴定所
二〇一五年一月五日

三、庭审操作示例

S省L市N区人民法院
庭审笔录

时间：2014年7月31日9时

地点：第四审判庭

审判长：周某

合议庭人员：代理审判员刘某　人民陪审员缪某

书记员：周小某

案号：〔2013〕N民初字第1019号

案由：医疗损害责任纠纷

书：宣布法庭纪律。为了保障诉讼参与人的合法权益和审判活动的顺利进行，现在宣布法庭纪律：1.今天审理的案件允许公民旁听，但是，精神病人、醉酒的人或者未成年人不能旁听。2.未经法庭准许，不得录音、录像和摄影。3.未经准许，不得进入审判区。4.不得鼓掌、喧哗、哄闹和实施其他妨碍审判活动的行为。5.未经审判人员许可，不得发言、提问。6.请将通讯工具关闭或者调为振动。7.违反上述规定，法庭将视情节分别给予警告、训诫，没收录音录像和摄影、通讯器材或者责令退出法庭的处罚；情节严重的，经院长批准予以罚款、拘留，直至依法追究刑事责任。

审：现在开庭。根据《民事诉讼法》第二百六十三条、《最高人民法院关于适用〈中华人民共和国民事诉讼法〉若干问题的意见》（以下简称《民诉意见》）第一百七十条的法律规定，L市N区人民法院民一庭适用普通程序公开开庭审理原告宋某、唐某、乙、丙诉被告L市N区人民医院医疗损害责任纠纷一案，现在开庭，本庭由审判员周某担任审判长，与代理审判员刘某、人民陪审员缪某组成合议庭，书记员周小某担任法庭记录。现核对双方当事人及诉讼代理人的身份：

原告1宋某，男，生于1953年3月27日，汉族，住S省L市N区新乐镇石龙村八社3号，公民身份号码510523195303270839。

原告2唐某,女,生于1956年8月6日,汉族,住S省L市N区先新乐镇石龙村八社3号,公民身份号码510523195608060824。(未到庭)

原告3乙,女,生于1982年4月4日,汉族,住S省L市N区新乐镇中心校2号,公民身份号码510502198204040423。

原告4丙,女,生于2010年4月19日,汉族,住S省L市N区新乐镇中心校2号,公民身份号码510503201004190102。(未到庭)

法定代表人乙,女,生于1982年4月4日,汉族,住S省L市N区新乐镇中心校2号,公民身份号码510502198204040423。

委托代理人韩云某,L市江阳区茜草法律服务所法律工作者,特别授权。

被告L市N区人民医院,住所地:L市N区人民东路173号。

法定代表人丁某,该院院长。

委托代理人杨某某,S酒城律师事务所律师,特别授权。

审:宣读授权委托书。

审:经本院审查,当事人及诉讼代理人身份明确,代理关系合法有效,准予参与诉讼。

审:根据《民事诉讼法》第四十四条、第四十五条、第四十九条等法律规定,当事人在法庭上有回避权、辩论权、举证等权利。证据应当庭出示,互相质证,当事人双方听清楚否,是否申请回避?

原1—3:听清楚了,不申请回避。

原代:听清楚了,不申请回避。

被代:听清楚了,不申请回避。

审:双方有无证人出庭做证?

原代:没有证人出庭作证。

被代:没有证人出庭作证。

审:请原告方出示证据。

原代:原告出具以下证据:原告与死者的亲属关系证明,区人医的病历、医疗费用清单、急诊科病历、病员家属通知书、死亡证明等。

审:被告质证。

被代:对区人医的病历的三性无异议,对原告的证明目的有异议。护士写的执行时间与实际查的时间是不一致的,不能证明原告作假,对患者进行吸氧并无不当,并不需要切开气管;皮试时间是真实的。综合意见,被告的诊疗行为无过错。对于费用清单的三性无异议,对原告的证明目的有异议,费用清单与诊疗行为无关。

对B医院急诊科病历、病员家属通知书、死亡证明的三性无异议,对原告的证明目的有异议。从病历显示,患者到L医并未死亡,患者的死亡时间应以18时10分为准。

审:原告有无补充?

原3:病危通知书的时间是下午5点30分,5点35就已经心脏骤停,是我苦苦哀求医院抢救,医生才帮我抢救了1个多小时。当时L医的医生就说我们来迟了,L医的医生正在做心电图的时候,患者就心脏骤停了。

原代:出示3.B医院教研室病理尸体解剖记录表(复印件)以及尸体剖检报告〔2013〕L医尸检第10号、C市法医学会司法鉴定所司法鉴定意见书。证明目的:不认可L医的解剖结果,第二份鉴定意见推翻了第一份意见,我们认可重庆的鉴定意见,我们认为死者是窒息死亡。

对B医院教研室病理尸体剖检报告〔2013〕L医尸检第10号无异议。对C市法医学会司法鉴定所司法鉴定意见书的合法性无异议。到重庆尸检时患者已经死亡了4个多月,无法提取胸腺。但B医院保存了死者胸腺的切片和蜡片,具备鉴定条件,故对重庆的鉴定意见书的真实性有异议,不能达到原告的证明目的。尸体解剖记录表是复印件,对其真实性有异议。

审:原告继续举证。

原代:出示4.被告出具的证明、B医院教研室出具的情况说明;重庆鉴定所补充鉴定材料的函、S求实鉴定所函。证明原告申请鉴定的过程。

审:被告质证。

被代:对被告出具的证明的三性无异议。但不能达到原告的证明目的。B医院教研室出具的情况只能说明照片未保存,但并未说明切片和蜡片未保存。对重庆鉴定所补充鉴定材料的函、S求实鉴定所函的真实性无异议,但对其关联性有异议。

原代:出示5.被告医院的预交款收据,L医医疗票据5张共1536.18元;L医收取的尸检切片收据一张,重庆鉴定所收取的鉴定费票据两张共11000元。当时L医说所有的组织和切片都是齐全的。

审:被告质证。

被代:对第5组的三性都无异议,但不应由被告承担。

原代:出示6.N人医的调解协议。证明:被告垫支6万元;被告方有死者的治疗过程和抢救过程的证据,应由其提供证据;死者是在被告处抢救后死亡的。

被代:对N人医的调解协议三性无异议。入院时间、回家时间、返院时间和转院时间是客观的。若法院认为监控有必要,代理人可以向被告联系看监控是否存在。

原代:申请法院调取死者诊疗过程的监控录像。

审:被告对此有何意见?

被代:我们认为查清死者的死因最重要,若法院认为有必要,代理人可以向被告联系看监控是否存在。

审:关于调取监控的问题,本庭根据本案的审理情况再做决定。原告继续举证。

原代:出示7.原告乙和死者甲的房产证和国有土地使用权、雏鹰幼儿园出具的证明一份、新乐镇石龙村村委会出具的证明一份。证明死者甲应按城镇人口计算赔偿金,其女儿应按城镇人口计算被扶养人生活费。举证完毕。

审:被告举证。

原代:对新乐镇石龙村村委会出具的证明有异议,应由公安机关出具的证明确认亲属关系。对房产证和国有土地使用权的真实性无异议,但对证明目的有异议,死者不在城镇居住和务工。对雏鹰幼儿园出具的证明有异议,该证明上并未载明身份证号码。

审:房产证和土地证原件当庭退还原告。

审:原告出示的七组证据综合全案再予认定。

审:由被告举证。

被代:出示1.被告的医疗机构执业许可证、组织机构代码证、法定代表人身份证明。

2.B医院教研室病理尸体剖验报告复印件。

3.调解协议复印件、领款收据复印件一张、领条复印件一张。

审:原告质证。

原代:对第一组证据无异议。死者在L医死亡,B医院教研室病历尸体剖验报告不客观。原告不认可该报告。对第三组证据无异议。

审:双方对封存于2013年4月21日的病历发表意见。

原3:该病历封存完好,签字是我弟弟唐济某作为死者家属签的字。该封存病历无拆毁、改装的痕迹。

被代:无异议。

审:现由本庭当庭开封有被告举证的封存的病历资料共19页。由原告方发表意见。

原代:与我方举证的病历复印件一致。血常规和生物化检查单还在病历中,还未实际进行检查。可以看出被告没有按照相应诊疗、护理的规定进行检查、诊疗,有误诊情况。不能达到被告的证明目的。

被告医院对死者初步诊断是上呼吸道感染,但在执行过程中又以药物中毒进行治疗,相互矛盾。

被代:被告医生在死者甲入院后50分钟初步诊断结果并无不当,检查单开出来没有与客观事实一致。血常规的检查不违反医疗规范。被告举证完毕。门诊医生和住院医生不一致,不同医生的诊断结果不一致很正常,与患者的死亡结果无关。

审:对被告出具的证据综合全案再予认定。

审:本庭向你方声明,你方对你的主张应承担举证责任,举证不能将承担不利的后果。你方对L医的剖检结果不服,后你方申请重新鉴定,因缺乏检材而不能鉴定,胸腺在哪里?

原3:本来应在L医保管,后来鉴定机构要提取时又说没有。当时鉴定机构已经提取了所有的切片,后鉴定机构检查出来切片中没有胸腺。

被代:照片不在了,但切片还在L医。

审:在哪里进行尸检的?

原3:是在N殡仪馆进行尸检的,当时切片是由L医的尸检人员提取和保存的。当时还封存了被告治疗过程中的输液瓶等,说要进行检验,结果在尸检报告中只字未提。

被代:切片的提取和保存是L医的两个尸检员在N殡仪馆进行的,无异议。若已明确了死因,就没有必要进行其他的检查了。

审:现宣布休庭,下次开庭时间另行通知。双方核对笔录,若无误签字捺印。

告知笔录

时间:2014年9月2日

地点:法院接待室

告知人:周某　刘某(记录)

当事人:乙(死者甲之妻)

代理人:韩某

周:今天通知你到法院,是关于你起诉L市N区人民医院一案中,你们委托重庆法医学会做的鉴定报告中载明,以现在的材料无法确定甲的死亡原因。主要缺胸腺、肠子等关键检材,后经本院与泸州医学院联系,B医院保存有甲的组织蜡片,仍可以根据现场读取蜡片,对甲的死因进行鉴定。根据法律规定,你作为原告方有举证的责任,故现告知你应重新申请鉴定,你的意见是怎样?

乙:我们不同意重新鉴定。理由是:1.我们只认重庆法医学会的鉴定报告,该报告是我申请鉴定后,经法院同意,由医患双方共同委托的机构做出的,而且,该机构接受委托后,在医患双方、重庆法医学会、B医院均在场的情况下,移交了组织,且该报告已推翻了原B医院做的报告。我当时还交了400元的费用,由B医院在甲的所有组织中重新切了一套切片交给重庆法医学会。所有的组织重庆法医学会已全部提走。这两套组织切片是一样的,所以没有重新鉴定的必要。2.B医院病理室没有保存尸检照片和改刀照片,所以我认为死者甲没有胸腺,仅靠现有的切片无法鉴定出准确的死亡原因。3.抢救记录中载明,疑似甲状腺病。最后尸检却不是甲状腺,我认为是窒息死亡。4.从甲的病历看出医院没有按诊疗常规进行治疗。且在甲病危时,未采取急救措施。病历前后矛盾。

周:请核对笔录无误后签字。

乙 2014-09-02

韩某 2014-09-02

提取笔录

时间:2014年11月6日

地点:B医院病理学教研室

提取内容:(2015)L医尸检第10号L10—13第①—㉘号切片。

提取人:牟某、刘某

交接人:B医院病理学教研室陈某

在场人:原告乙

被告代:杨某某

经双方提取人、交接人、在场人确认,当场对切片予以封存。

双方核对后签字确认:

陈某 2014-11-06

刘某 2014-11-06

牟某 2014-11-06

杨某某 2014-11-06

乙到场但拒绝签字。 2014.11.6

L市N区人民法院

移交笔录

时间:2014.11.06

地点:本院接待室

移交人:牟某(记录)、刘某

接交人:董某、陈某、丁某

在场人:原告:乙

移交内容:L10—13第①—㉘号切片,以上切片由本院封存,在上述人员共同参与下拆封并当面清点移交,切片一头标有"B医院"字样,共28张。以上内容由参与人核对后署名。

陈　某
董　某
丁　某
牟　某
2014-11-06

乙拒绝署名。

刘某 2014-11-6

告知笔录

时间:2015 年 1 月 14 日

地点:法院接待室

接待法官:周某　刘某(记录)

被接待人:1.〔2013〕N 民初字第 1019 号原告唐某　系死者甲母亲。

2.〔2013〕N 民初字第 1019 号原告乙　系死者甲妻子及原告丙的法定代理人。

周:今天通知你们到法院,是关于乙等诉 L 市 N 区人民医院医疗损害责任纠纷一案,本院告知你本案的相关情况,你听清楚了否?

唐某:听清楚了。

乙:听清楚了。

周:原告宋某为何未到?

唐某:打工去了。

乙:是的。

周:根据《侵权责任法》和证据规则的规定,医疗损害责任纠纷的举证责任分配,应当由原告对被告是否有过错承担举证责任,本案在审理过程中,你方原来申请的过错鉴定,其中 S 求实司法鉴定所以不能进行过错鉴定为由退回,S 菲斯特司法鉴定所也退回。根据举证规则,作为原告应及时申请进行医疗过错鉴定,如果你方不申请,你方将可能承担举证不能的法律后果,你们听清楚否?是否申请医疗过错鉴定?

唐某:听清楚了,同意申请医疗过错鉴定。

乙:听清楚了,同意申请医疗过错鉴定。

周:那你们尽快向本院提交书面申请,我们及时移送教研室。

唐某:要得。

乙:要得。

周:请核对笔录无误后签字或捺印。

唐某　乙
2015-1-14

告知笔录

时间:2015 年 1 月 21 日

地点:法院接待室

告知人:牟某　刘某(记录)

被告知人:乙　杨某某(N 区人民医院特别授权代理人)

牟:今天通知你们来法院,是为了〔2013〕N 民初字第 1019 号案件原告乙等再次申请过错鉴定的问题,告知你们相关情况,听清否?

乙:听清了。

杨:听清了。

牟:该案原来已进行过错鉴定,分别是 S 求实、S 蒲斯特司法鉴定所,这两家鉴定所我建议不再委托,由你们双方另行委托其他鉴定机构。

乙:我只选重庆法医学会司法鉴定所,其余的鉴定机构一概不选。

杨:我不同意委托给重庆法医学会司法鉴定所,该鉴定所原来就曾被通报过。

牟:委托鉴定评估按省合院的规定,如双方能协商一致,则以双方协商的机构为准,如协商不一致,则双方各自确定一家鉴定机构,现场抽签来决定。

乙:我选 C 市法医学会司法鉴定所。

杨:我选西南政法大学司法鉴定中心。

牟:那我组织双方现场抽签决定上述两家中的一家。

乙:可以。

杨:可以。

牟:双方现场抽签确定为西南政法大学司法鉴定中心,双方核对笔录后签字。

牟某 2015-01-21

韩某 2015-01-21

乙 2015-01-21

质证笔录

时间:2015 年 1 月 21 日

地点:法院接待室

法官:牟某　刘某(记录)

质证人:乙

委托代理人:韩某

杨某某(N 区人民医院特别授权代理人)

质证资料:一、N 区人民医院病历 22 张。

乙:无异议,以原件为准。

杨:无异议,以原件为准。

二、B 医院急救中心急救病历 2 页。

乙:无异议。

杨:无异议,以原件为准。

三、B 医院病理学教研室病理本剖验报告 4 页。

乙:真实情况无异议。

杨:无异议。

四、重庆法医学会鉴定所司法鉴定意见书及渝法医司鉴文〔2015〕1 号情况说明共 10 页。

乙:无异议。

杨:真实情况无异议,结论不客观真实。

五、N 区人民医院证明及医学院病理学教研室情况说明各 1 份。

乙:真实情况无异议。

杨:真实情况无异议。

六、关于总结甲医疗死亡的情况说明。

乙:无异议。

杨:患者单方陈述。

牟:双方核对笔录无误后签字。

韩某 2015-01-21

乙 2015-01-21

杨某某 2015-01-21

告知笔录

时间:2015 年 2 月 2 日

地点:法院大厅

告知人:牟某　刘某(记录)

被告知人:乙

牟:关于你与宋某等诉 N 区人民医院医疗损害责任纠纷一案,现告知你相关问题:现根据区人医的申请,B 医院病理学教研室、C 市法医学会司法鉴定中心将出庭接受质询,按两家鉴定机构的要求,开庭前,原、被告双方应提交询问提纲,以节省庭审时间,现告知,限你两天之内向本院提交询问提纲,我们及时告知两家鉴定机构相关情况。逾期未提交,则视为无异议,你听清楚否?

乙:听清楚了。

牟:请核对笔录后,签字。

乙拒绝在告知笔录上签字。

牟某、刘某

2015-02-02

S省L市N区人民法院

庭审笔录

时间:2015年2月11日下午3时

地点:第四审判庭

审判长:周某

合议庭成员:代理审判员刘某　人民陪审员缪某

书记员:周小某

案号:〔2013〕N民初字第1019号

案由:医疗损害责任纠纷

审:现在继续开庭。现核对当事人及诉讼代理人的身份:

原告1宋某,男,生于1953年3月27日,汉族,住S省L市N区新乐镇石龙村八社3号,公民身份号码510523195303270839。

原告2唐某,女,生于1956年8月6日,汉族,住S省L市N区新乐镇石龙村八社3号,公民身份号码510523195608060824。(未到庭)

原告3乙,女,生于1982年4月4日,汉族,住S省L市N区新乐镇中心校2号,公民身份号码510502198204040423。

原告4丙,女,生于2010年4月19日,汉族,住S省L市N区新乐镇中心校2号,公民身份号码510503201004190102。(未到庭)

法定代表人乙,女,生于1982年4月4日,汉族,住S省L市N区新乐镇中心校2号,公民身份号码510502198204040423。

委托代理人韩某,L市江阳区茜草法律服务所法律工作者,特别授权。

被告L市N区人民医院,住所地:L市N区人民东路173号。

法定代表人丁某,该院院长。

委托代理人杨某某,S酒城律师事务所律师,特别授权。

审:现在继续开庭。原告还有无证据出示?

原代:有,出示光盘一张,是医院的监控视频。是2013年5月份死者的朋友胡某从被告一楼监控室拷贝的,是经过医院的负责人允许拷贝的。能证明死者在下午3点56分被背进医生办公室,4点22才开始输氧,4点35分输液,4点37分抬上担架,4点51离开病床。

审:被告质证。

被代:光盘来源有瑕疵,不能确定其真实性。若原告能提供被告允许其拷贝的人到庭做证，被告可以核实其真实性。从5个时间点可以看出被告对死者进行了正确、及时的抢救，并及时安排了转院。

审：法庭释明，原告应该对该证据来源的合法性进行举证。否则，将承担举证不能的法律后果。

审：对于原告上次庭审时向法庭申请本庭调取的监控录像，被告已书面告知本庭，该监控录像已经找不到了，现通知原告方。

审：被告有无证据出示？

被代：无。补充说明，当天的视频已经被后面的覆盖，客观上无法提供。

原告：我们之前要求被告保存，但被告没有保存。被告有义务提供该证据。

审：为了查明案件事实，本庭出示菲斯特的退案说明。双方发表意见。

原代：真实性无意见。

被代：真实性无意见。

审：出示重庆法医学会司法鉴定所的情况说明。双方发表意见。

原代：该说明客观真实。

被代：该说明的内容不客观真实，互相矛盾。应该采信B医院的尸检报告。

审：西南政大学司法鉴定中心不予受理的说明。

原代：无异议。

被代：报告认为死亡原因是明确的，可以进行鉴定。

审：经被告申请，宣重庆法医学会的鉴定人员吴某、甘某出庭做证。

证人甘某，男，汉族，生于1945年1月3日，住重庆南岸区烟雨堡46号6幢1单元2—5，身份证号：510223194501038175。

吴某，男，汉族，生于1947年8月2日，住重庆九龙坡区文化七村50号2幢3单元3—1，身份证号：51022319470802001X。

审：告知鉴定人出庭做证的权利义务，听清楚没有？

证人甘：听清楚了。

证人吴：听清楚了。

审：由申请人提问。

被代：1. 胸腺淋巴特异体质诊断成立说明诊断依据有哪些？

证人吴：提供尸表检验、解剖检验和病理检验综合判断死因。

被代：仅仅从组织病理检验可否得出某人患有胸腺淋巴体质？

证人甘：胸腺淋巴是一种特殊的病理表现。要得出该结论，需符合两点：一是必须排除所有的疾病和损伤，二是要符合胸腺的相关特征。

被代：胸腺淋巴特异体质的特征有哪些？

证人甘：除了胸腺增大，还有全身淋巴组织的增生、循环系统异常，包括心脏较正常偏小，主动脉偏狭小，左心室增厚、内分泌及生殖系统发育不良。肾上腺和生殖器发育不良，如睾丸较小等。仅凭胸腺增大不能确定死者是因胸腺淋巴特异体质死亡的。

被代：经贵所鉴定，死者有无以上的一项或几项的改变？

证人吴：提供的鉴定资料中无充分的依据。

被代：诊断胸腺淋巴体质是否一定要胸腺和肠管？

证人甘：本案中必须要胸腺和肠管。因为记录上有小肠坏死，但提供的检材没有胸腺和肠管。

被代：如无尸检时的照片是否能重新鉴定是否系胸腺淋巴体质？

证人吴：虽然可以鉴定，但没有可信度。

证人甘：照片是很重要的证据。

被代：未按操作规范取材是指什么？

证人吴：不方便评论。

审：怎样做才是按规范取材？

证人吴：没有提供完整的资料。描述了肝脏有破口，腹腔有血，小肠有坏死，但未提供相关材料。

被代：28 张切片中有无胸腺？

证人吴：有，我们请了 3 个专家共同会诊，认为胸腺不像是成人的。

证人吴：第一次鉴定是根据原片进行的鉴定。

审：原告方有无问题提问？

原代：为什么要找儿童医学专家进行鉴定？

证人吴：拿到切片后疑似儿童的腺体。当时该专家的意见是从组织形态学上看，该胸腺是学龄前儿童多见，青少年少见，30 岁成年人罕见的。

审：2014 年 11 月 6 日，你所在我院提取的 B 医院病理学教研室提供的 L10—13 共 28 张切片有无胸腺、脑垂体、胃、小肠、结肠组织的切片？

证人吴：有。

审：既然有，你所出具的第一份鉴定意见中说检材未提供。现在有了，你所出具的情况中鉴定意见为何依然是无法确定死亡原因？

证人吴：因为切片和我们提取的检材不一致。即使是一致的，单纯是胸腺淋巴肿大我们也不能得出胸腺淋巴特异体质的结论。

审：鉴定人核对笔录，若无误，签字捺印。

审：宣 B 医院鉴定人员龚某出庭做证。

证人龚某，生于 1965 年 6 月 27 日，汉族，住 L 市江阳区忠山路三段 319 号 22 号楼 8 号，身份证号：510502196506270727。

审:交代鉴定人出庭做证的权利义务,听清楚没有?

证人龚某:听清楚了。

审:由申请人提问。

被代:胸腺淋巴特异体质的特征和表现是什么?

证人龚某:生前不容易诊断,临床没有特异性。一般死后通过尸检进行确诊,特征主要是:胸腺肿大,全身淋巴组织增生,肾上腺萎缩。具有该体质者,受到轻微的感染或刺激,可引起猝死。

被代:除了以上特征,其他如心脏和内分泌系统等的异常是不是必然的表现?

证人龚某:不是,其他症状可伴有也可不伴有,主要的是胸腺肿大,全身淋巴组织增生,肾上腺萎缩。

被代:经过你们尸检,死者有什么特征符合该特异性体质呢?

证人龚某:肉眼看到死者甲的胸腺肿大达 55 克,一般胸腺青春期最大,就只有 30 到 40 克,成人逐渐萎缩。死者肾上腺还有明显的萎缩,镜下双侧肾上腺体积变薄、缩小,肺门淋巴结肿大。

被代:肠坏疽和肝脏浅层破裂是如何排除的?

证人龚某:我们认为这两个只是诱因,这两点都不至于导致猝死。

被代:是否拍摄尸检照片?

证人龚某:没有拍摄。

被代:如果仅凭切片是否能诊断为胸腺淋巴特异体质?

证人龚某:必须结合肉眼判断。

被代:尸体检查为什么没有对全身淋巴组织进行描述?

证人龚某:我们只描述了肺门淋巴结明显肿大,因为死者比较胖,按常规检查没有摸到浅表淋巴结。当时也没考虑是胸腺淋巴特异体质,所以没有刻意检查其他淋巴结。

审:原告方提问。

原代:有无病理改刀照片?

证人龚某:我们不会在技术人员切片时拍照。

原代:为什么你们出具的说明说有尸检照片和病理改刀照片,只是因故未保存?

证人龚某:有可能是李主任在手机上拍的。可能因为我们觉得没有必要就没有保存。但胸腺的照片,据我所知是没有拍的。

原代:你诊断死者猝死的依据是什么?

证人龚某:胸腺肿大,肾上腺萎缩,肺门淋巴结肿大。

原代:为什么没有排除其他的死因和疾病?

证人龚某:其他原因不足以引起猝死。

原代:你们以前是否出现过这样的病历?

证人龚某:我们科里首例。

原代:颈部有肿大,是否有可能是窒息死亡?

证人龚某:气管里面没有相关病理特征表现。

原代:是否在尸检中发现有胸腺肿大就能直接诊断?

证人龚某:不能,必须排除其他可能引起猝死的原因。

原代:你们取材是分开装还是一起装?

证人龚某:各个人的东西是放在一个桶里的。

原代:你们是否提取了胸腺和肠管的组织?

证人龚某:都提取了,且放在了最表面,可能没有泡到福尔马林,所以可能腐败了。

原代:重庆法医学会来提取组织的时候是否全部移交?

证人龚某:已经全部移交,有的都给了。

原代:肉眼看,死者第二性征有无异常?

证人龚某:没有刻意去看,只进行了常规检查。

原告:你在尸体检查时,有无说过这个人是憋死的?

证人龚某:我记不清了,一般不会在刚开始时就下结论。

原告:当时死者面部通红,颈部肿大,为什么没有记录?

证人龚某:记不清了。我们确定死因主要依据肉眼和镜下的改变,外表特征只是参考。

原告:当时封存的一管血和输液瓶中的残留药物为什么没有做分析说明?

证人龚某:不属于我们的检验范畴,是属于药物和毒物检验的内容。

原告:为什么没有排除中毒、窒息及其他死亡原因?

证人龚某:我们主要依据肉眼和镜下的脏器改变判断死因。

原代:你们怎么判断切片是死者的?

证人龚某:我们有编号的,肯定是死者的切片。

原代:你们在尸检时以及组织的保存时间和方法有无规范?

证人龚某:有的。我们是符合相应规范的。

原告:健康的成年人是否有胸腺?

证人龚某:有,只是可能萎缩了。

审:核对笔录,若无误,签字捺印。

审:原、被告对三个鉴定人员的证言发表意见。

原代:重庆的鉴定人员的证言更加客观公正,且根据重庆法医学会的会诊意见,胸腺切片有可能不属于死者。B医院的鉴定意见未排除其他的疾病,依据不足,关键的胸腺和肠管缺失。B医院没有按照相关规定保留组织检材,也没有按相关规程进行尸检。B医院鉴定意见依据不足,不能证明死者是因胸腺淋巴体质猝死的。

被代:1.两个鉴定所的专家对胸腺淋巴特异体质诊断标准的意见基本是一致的。2.重庆的两次鉴定的来源不一致,第二次鉴定意见草率,没有描述28张切片。3.B医院的鉴定人员对死者的肠和肝的疾病进行了排除,若是中毒,器官也有改变。实际上也排除了中毒的情况。

审:现场播放原告出示的监控录像。

审:法庭调查结束,双方发表第一轮辩论意见。

原代:当天上午误诊;死者下午作为急危病人没有采取抢救措施;B医院没有按照相关规程进行解剖,也没有保存组织,鉴定意见比较草率;重庆的鉴定意见更为客观,应采信重庆的鉴定意见;转院和住院治理过程中输了氯化钾,但没仪器检测每分钟有几滴;病历上看是以药物中毒入院,诊断时却是上呼吸道感染;在输液前没有做皮试;在转院过程中,在120车上没有采取救治措施。综上,死者的死亡是由原告的误诊没有及时抢救所致,被告应当承担赔偿责任。

被代:1.关于氯化钾的使用,医嘱上有安排,每分钟30滴,不需要专门有人看护。2.门诊诊断与入院诊断不一致是正常的。3.关于皮试问题,死者没有发生药物过敏。4.本案是侵权责任纠纷,原告应举证证明被告有过错,否则将承担举证不能的后果,且死者是农村户口,若被告需赔偿应按农村标准计算赔偿金。原告未举证证明被告存在过错,要求驳回原告的诉讼请求。

审:双方发表第二轮辩论意见。

原代:死者在城镇居住和经商,女儿在城区念书,有相关证据证明,应按城镇人口计算赔偿金。赔偿项目见清单。赔偿款九项共计760606.18元。

被代:医疗费按实计算,误工费按3人3天计算,每天30元。死亡赔偿金、精神抚慰金、被扶养人生活费按农村人口计算,交通费认可500元。丧葬费依法确定。鉴定费以实际票据为准。

审:先宣布休庭,下次开庭时间另行通知。双方核对笔录,若无误,签字捺印。

S省L市N区人民法院

庭审笔录

时间:2015年3月18日下午3时0分

地点:第四审判庭

审判长:周某

合议庭成员:代理审判员刘某　人民陪审员缪某

书记员:周小某

案号:〔2013〕N民初字第1019号

案由:医疗损害责任纠纷

审:现在继续开庭。现核对当事人及诉讼代理人的身份:

原告1宋某,男,生于1953年3月27日,汉族,住S省L市N区新乐镇石龙村八社3号,公民身份号码510523195303270839。(未到庭)

原告2唐某,女,生于1956年8月6日,汉族,住S省L市N区新乐镇石龙村八社3号,公民身份号码510523195608060824。

原告3乙,女,生于1982年4月4日,汉族,住S省L市N区新乐镇中心校2号,公民身份号码510502198204040423。

原告4丙,女,生于2010年4月19日,汉族,住S省L市N区新乐镇中心校2号,公民身份号码510503201004190102。(未到庭)

法定代表人乙,女,生于1982年4月4日,汉族,住S省L市N区新乐镇中心校2号,公民身份号码510502198204040423。

委托代理人韩某,L市江阳区茜草法律服务所法律工作者,特别授权。

被告L市N区人民医院,住所地:L市N区人民东路173号。

法定代表人丁某,该院院长。

委托代理人杨某某,S酒城律师事务所律师,特别授权。

审:现在继续开庭,恢复庭审调查,双方还有无证据出示?

原代:出示雏鹰幼儿园的证明,证明丙在雏鹰幼儿园上学。

审:被告质证。

被代:对其三性无异议,但对其证明力有异议,该证明未注明丙是什么时间到幼儿园念书的,被告没有证据出示。

审:被告方对上次庭审中原告出示的视频资料补充发表质证意见。

被代:该视频资料经医务人员观看后,因原件已被覆盖,无法核对其真实性。对死者到院时间以及输氧、输液时间,在病历和双方的协议中均有记载,应以病历和双方的协议中记载的内容为准。若警方调取该视频,也可以以警方调取的视频中记载的时间为准。

审向原告释明:1. 2014年11月6日,C市法医学会司法鉴定中心在我院提取的B医院病理学教研室提供的L10—13共28张切片,上次开庭时你方认为该切片不是甲本人的,原告方是否申请进行DNA鉴定?

原告唐:不申请DNA鉴定。

原告乙:不申请 DNA 鉴定。

原代:不申请 DNA 鉴定。

审:现宣布休庭 5 分钟。

审:现宣布继续开庭,本合议庭对原、被告所提供证据认证如下:对原告提供的证据:原、被告的身份信息;住院病历、费用清单、医学院急诊科病历、病员家属通知书、死亡证明;被告出具的证明和情况说明、B 医院病理学教研室出具的情况说明,L 市 N 区人民医院的预收款收据和医学院的票据;调解协议、甲房产证、国有土地使用证、雏鹰幼儿园证明两份、村委会证明;视频监控录像光盘。以及被告提供的证据:被告的执业许可证等身份信息,调解协议,领款收据、收条,封存的病历。本合议庭认为,以上证据符合证据的三性,本庭予以采信。

审:2. 关于 B 医院病理学教研室和 C 市法医学会司法鉴定中心分别给出的鉴定报告。上次开庭时,本院依据被告申请通知了两个鉴定机构的鉴定人员出庭接受质询,双方当事人也对两份鉴定报告进行了质证,本院认为,两个鉴定机构对胸腺淋巴特异体质诊断标准的意见基本一致。B 医院病理学教研室根据现场解剖和病理分析得出死者甲因胸腺淋巴体质导致猝死的结论,B 医院鉴定机构鉴定人员在解剖中排除了死者中毒的可能,符合两个鉴定机构在上次出庭中所陈述的胸腺淋巴特异体质的诊断标准。而 C 市法医学会司法鉴定中心的第一份鉴定报告陈述因胸腺、脑垂体、胃、小肠、结肠等脏器缺失无法确定死亡原因,而在两个鉴定机构移送检材时,均将所有的检材进行了移送,且在上次开庭时,C 市法医学会司法鉴定中心也明确承认在补充鉴定时移送的蜡片均有上述组织。但是,该鉴定机构仍然无法得出死亡原因。本院认为,B 医院的结论更加符合证据的客观性、合法性、关联性,本院予以采信。对 C 市法医学会司法鉴定中心的鉴定意见不予采信。现合议庭依法释明原告方是否以 B 医院病理学教研室的鉴定意见申请进行过错鉴定。

原告唐某:我不申请过错鉴定。

原告乙:我不申请过错鉴定。

原代:我不申请过错鉴定。

审:法庭调查结束。双方有无新的辩论意见?

原代:无。

被代:无。

审:双方做最后陈述。

原代:依法判决。

被代:依法判决。

审:现宣布休庭,本庭将择期宣判,双方核对笔录,若无误,签字捺印。

宣判笔录

时间:2015 年 4 月 1 日

地点:第二审判庭

案号:〔2013〕N 民初字第 1019 号

案由:医疗损害责任纠纷

审判长:周某

合议庭成员:代理审判员刘某　人民陪审员缪某

书记员:周小某

书:宣布法庭纪律。为了保障诉讼参与人的合法权益和审判活动的顺利进行,现在宣布法庭纪律:1. 今天审理的案件允许公民旁听,但是,精神病人、醉酒的人或者未成年人不能旁听。2. 未经法庭准许,不得录音、录像和摄影。3. 未经准许,不得进入审判区。4. 不得鼓掌、喧哗、哄闹和实施其他妨碍审判活动的行为。5. 未经审判人员许可,不得发言、提问。6. 请将通讯工具关闭或者调为振动。7. 违反上述规定,法庭将视情节分别给予警告、训诫,没收录音录像和摄影、通讯器材或者责令退出法庭的处罚;情节严重的,经院长批准予以罚款、拘留处罚,直至依法追究刑事责任。在未退庭之前均属于本案的审理时间。

当事人:

原告宋某,男,生于 1953 年 3 月 27 日,汉族,住 S 省 L 市 N 区新乐镇石龙村八社 3 号,公民身份号码 510523195303270839。(未到庭)

原告唐某,女,生于 1956 年 8 月 6 日,汉族,住 S 省 L 市 N 区新乐镇石龙村八社 3 号,公民身份号码 510523195608060824。

原告乙,女,生于 1982 年 4 月 4 日,汉族,住 S 省 L 市 N 区新乐镇中心校 2 号,公民身份号码 510502198204040423。

原告丙,女,生于 2010 年 4 月 19 日,汉族,住 S 省 L 市 N 区新乐镇石龙村八社 3 号,公民身份号码 510503201004190102。(未到庭)

法定代表人乙,女,生于 1982 年 4 月 4 日,汉族,住 S 省 L 市 N 区新乐镇中心校 2 号,公民身份号码 510502198204040423。

上述原告委托代理人韩某,L 市江阳区茜草法律服务所法律工作者。

被告 L 市 N 区人民医院,住所地:L 市 N 区人民东路 173 号。

法定代表人丁某,该院院长。

委托代理人杨某某,S 酒城律师事务所律师。

宣判内容:关于原告宋某、唐某、乙、丙与被告 L 市 N 区人民医院医疗损害责任纠纷一案,经公开开庭审理并质证、认证,本院认为,该案事实清楚,证据确实充分,可以结案。现本庭代表 L 市 N 区人民法院对本案做如下评议:(略)。

据此,依照《中华人民共和国侵权责任法》第五十四条、《中华人民共和国民事诉讼法》第六十四条第一款、《最高人民法院关于民事诉讼证据的若干规定》第二条之规定,判决如下:

驳回原告宋某、唐某、乙、丙对被告L市N区人民医院的诉讼请求。

案件受理费一千零五十元、鉴定费一万一千元由原告宋某、唐某、乙、丙负担,鉴定人出庭做证费两千九百元由被告L市N区人民医院负担。

如不服本判决,可在判决书送达之日起十五日内,向本院递交上诉状,并按对方当事人的人数提出副本,上诉于S省L市中级人民法院。

今天是口头宣判,判决内容以正式判决书为准,判决书闭庭后立即发给双方当事人,上诉期从次日起开始计算。按照相关规定,本判决书生效后,该文书将在互联网上进行公布。请法警向双方当事人送达文书并要求双方当事人签字或者捺印。现在宣布闭庭。请双方当事人核对笔录后签字或者捺印。

四、判决书

S省L市N区人民法院

民事判决书

〔2013〕N民初字第1019号

原告宋某,男,生于1953年3月27日,汉族,住S省L市N区新乐镇石龙村八社3号,公民身份证号码510523195303270839。

原告唐某,女,生于1956年8月6日,汉族,住S省L市N区新乐镇石龙村八社3号,公民身份证号码510523195608060824。

原告乙,女,生于1982年4月4日,汉族,住S省L市N区新乐镇石龙村中心校2号,公民身份证号码51052198204040423。

原告丙,女,生于2010年4月19日,汉族,住S省L市N区新乐镇石龙村八社3号,公民身份证号码510503201004190102。

法定代表人乙,女,生于1982年4月4日,汉族,住S省L市N区新乐镇石龙村中心校2号,公民身份证号码51052198204040423。

上述原告委托代理人韩某,L市江阳区茜草法律服务所法律工作者。

被告L市N区人民医院,住所地:L市N区人民东路173号。

法定代表人丁某,该院院长。

委托代理人杨某某,S酒城律师事务所律师。

原告宋某、唐某、乙、丙与被告L市N区人民医院(以下简称N区医院)医疗损害责任纠纷一案,本院于2013年6月25日立案受理后,依法由代理审判员刘某适用简易程序独任审理。因案情复杂,本案转为普通程序,由审判员周某担任审判长，与代理审判员刘某、人民陪审员缪某组成合议庭公开开庭进行审理。原告宋某、唐某、乙及其委托代理人韩某，被告N区医院的委托代理人杨某某到庭参加诉讼。在审理过程中，因原告申请重新鉴定医疗过错，本案遂中止审理并依法扣除审限，中止事由消除后，案件恢复审理。本案经本院审判委员会讨论，现已审理终结。

原告诉称，宋某、唐某系死者甲父母，乙系死者甲妻子，丙系死者甲女儿。2013年4月19日晚上约9时，甲自感身体不适，将姐姐平时吃的感冒药"硫酸沙丁胺醇片6粒、氢溴酸右美沙芬胶囊2粒、复方罗汉果清肺颗粒1包"自行服用，服药后于当晚11时感觉头昏、呕吐、下肢无力，但其仍神志清醒、语言流畅。2013年4月20日上午10时，甲因身体不适到被告处就医，被告门诊医生以"药物中毒"要求甲住院治疗。甲入院后，被告住院医师以"上呼吸道感染"于11时对甲进行输液治疗，输入液体约10分钟，甲喊口干，要喝水，甲喝水约10分钟后全身颤抖，原告乙遂向值班医生反映此情况，但值班医生没有采取措施。11时30分护士来询问病人病史，12时甲吃了一粒护士发的药。下午1时液体输完后，甲回家吃稀饭并在家休息到下午3时，因病情加重，甲于下午3时30分被送回被告住院部，原告及甲的战友到被告医务台反映甲病情加重的情况。医生于下午4时10分给甲输氧，后在征得原告同意的情况下联系上级医院对甲进行转院。下午5时30分甲在B医院急救室开始抢救，因病情恶化，抢救无效死亡。综上，原告认为，被告医院具有三个过错：一是误诊；二是违规操作，病情加重后未采取抢救措施；三是延误治疗。所以被告应对甲的死亡承担责任，遂诉要求被告赔偿四位原告各项损失共计760606.18元。

被告辩称，原告所述的治疗过程不是事实，应以双方共同查封的病历资料载明的治疗过程为准。甲入院后，被告对其采取了及时的医疗和救治措施，被告不存在原告所诉的医疗过错。本案中，甲因胸腺淋巴体质猝死，其死亡与被告的诊疗行为无法律上的因果关系，被告不应承担赔偿责任。原告的医疗费应以实际票据为准，其他费用以法院审查为准，被告在之前已经垫付60000元，如果本案判决被告承担责任，该笔垫付款应预先在赔偿款中予以扣除。

经审理查明，原告宋某、唐某系死者甲父母，原告乙系死者甲妻子，原告丙系死者甲女儿。2013年4月19日晚上约9时许，甲自感身体不适，将其姐平时备用的感冒药中的"硫酸沙丁胺醇片6粒、氢溴酸右美沙芬胶囊2粒、复方罗汉果清肺颗粒1包"自行服用，当晚11时感觉头昏、呕吐、下肢无力，但其仍神志清醒、语言流畅。2013年4月20日早上起床后，甲仍感身体不适，遂于当日上午10时左右到被告N区医院就诊，根据甲自述其整个发病过程和服用药物的情况，被告门诊医生以"药物中毒"要求甲住院治疗，甲立即办理了住院手续。甲入院后被告住院医生初步诊断其为“上呼吸道感染”，并于10时30分在征得家属乙同意后对甲进行皮试，11时对甲进行输液治疗，11时20分由医生冯某与患者甲进行沟通。下午1时液体输完后，甲自行离开医院回家吃稀饭并在家休息到下午3时，因病情加重，甲在亲友的护送下于下午3时56分被背进医生办公室，医生了解病情后于下午4时22分给甲输氧，4时35分进行输液，4时37分抬上担架准备转院，4时51分离开病床向B医院转送，下午5时30分，甲被送到B医院急救室抢救，下午5时35分，甲心脏骤停，下午6时32分甲因抢救无效死亡。

2013年4月21日，为查明甲的死亡原因，S省L市N区卫生局在征得死者家属同意下，委托B医院病理学教研室对甲尸体进行剖验。B医院病理学教研室于4月21日上午9时55分解剖甲尸体。2013年4月24日，原告乙、宋某作为乙方，被告N区医院作为甲方在区医患纠纷人民调解委员会的组织下，在区卫生局、新乐政府、教育局、公安局、群工局、司法局等相关单位的参加下，双方达成调解协议：“1.甲方先垫支陆万元(60000.00元，其中含2013年4月21日已领的10000.00元)，作为甲安葬费，该费用待鉴定意见给出后，若甲方有责任则在赔偿中扣除。2.甲乙双方同意由B医院病理学教研室对甲的尸体进行解剖，查明死亡原因，由甲方支付尸体解剖费6000元。”其中60000元安葬费已由被告实际支付并由原告宋某和乙领取，尸体解剖费6000元已由被告支付给B医院病理学教研室。2013年5月4日，B医院病理学教研室出具〔2013〕L医尸检第10号尸体剖验报告，鉴定意见为：甲因胸腺淋巴体质导致猝死。

诉讼中，四原告对〔2013〕L医尸检第10号尸体剖验报告不服，于2013年7月24日要求对甲死因进行重新鉴定，本院根据原告的重新鉴定申请依法委托C市法医学会司法鉴定所进行鉴定。2013年11月4日，C市法医学会司法鉴定所给出鉴定意见：根据现有材料无法确定甲死亡原因。2013年12月2日，四原告申请医疗过错鉴定，本院委托了S求实司法鉴定所进行鉴定，该所于2013年12月30日，以根据现有病历资料及相关材料，不能进行医疗过错鉴定为由，将该案退回。在征得双方当事人同意下，本案又委托了S菲斯特司法鉴定所进行医疗过错鉴定，该所于2014年6月30日以医患双方对医疗过程陈述不一为由，决定不予受理，将鉴定材料退回。

2014年7月31日，本案公开开庭进行审理，在审理过程中，双方对C市法医学会司法鉴定所鉴定意见书中陈述的“胸腺、脑垂体、胃、小肠、结肠缺失”有异议，要求本院向B医院病理学教研室核实上述检材是否存在。本院经核实后于2014年11月6日，组织双方当事人向B医院病理学教研室提取了甲各项组织的原始蜡片，并于当日移交C市法医学会司法鉴定所进行补充鉴定。2015年1

月5日,C市法医学会司法鉴定所做出补充情况说明,维持无法查明死亡原因的鉴定意见。2015年1月15日,原告再次申请医疗过错鉴定,双方当事人共同委托了西南政法大学司法鉴定中心进行鉴定,该鉴定中心于2015年1月22日,以本案死亡原因不明确或存在争议为由,不予受理。

2015年2月3日,被告N区医院申请鉴定人出庭做证,本院予以准许。2015年2月11日,本案第二次开庭,B医院病理学教研室和C市法医学会司法鉴定所委派鉴定人出庭接受质询。庭审中,两个鉴定机构鉴定人员对胸腺淋巴特异体质诊断标准的陈述基本一致,但四位原告认为,2014年11月6日,B医院病理学教研室提交的原始蜡片不是甲本人的。

2015年3月18日,本案进行第三次开庭,庭审中合议庭采信了以下证据:原、被告的身份信息,住院病历,费用清单,医学院急诊科病历,病员家属通知书,死亡证明,被告出具的证明和情况说明,B医院病理学教研室出具的情况说明,预收款收据和票据,调解协议,甲房产证,土地证,雏鹰幼儿园证明,村委会证明,视频监控录像光盘,领款收据、收条,封存的病历及〔2013〕L医尸检第10号尸体剖验报告,并对采信原因进行了说明。同时,鉴于四原告对B医院病理学教研室提交的原始蜡片提出质疑,合议庭对四原告进行释明并告知风险,但四原告当庭表示不再申请对B医院病理学教研室提交C市法医学会司法鉴定所的原始蜡片是否出自甲本人进行DNA鉴定,也不再以本院采信的证据申请被告N区医院在对甲的医疗过程中是否存在医疗过错进行鉴定。

同时查明,甲在N区医院住院期间,由于时间紧迫,血常规、血生化等项目未进行检查。B医院病理学教研室对死者甲尸体解剖的照片和病理改刀照片未保存。

另查明,死者甲与妻子乙在N区人民西路二段10号3号楼1单元4层5号购买住房一套,女儿丙在雏鹰幼儿园上学。原告宋某与原告唐某共育有子女二人,分别是长女唐大某、次子甲。

另查明,四位原告已支付了如下费用:医药费2036.18元,尸检切片费400元,鉴定费11000元,共计13436.18元。被告支付鉴定人出庭做证费用2900元。

认定上述事实,除了双方当事人的当庭陈述外,还有以下证据予以佐证:①原、被告的身份信息;②住院病历、费用清单;③B医院的急诊科病历、病员家属通知书、死亡证明;④医疗费票据、预收款收据、B医院收据、领条、领款收据;⑤被告出具的证明及情况说明;⑥B医院病理学教研室出具的情况说明;⑦调解协议;⑧房产证和国有土地使用证;⑨雏鹰幼儿园证明和村委会证明;⑩视频监控录像;⑪〔2013〕L医尸检第10号尸体剖验报告;⑫本院的询问笔录和告知笔录;⑬S求实司法鉴定所函、S菲斯特司法鉴定所退案说明、西南政法大学司法鉴定中心不予受理说明。上述证据经庭审质证、认证，符合证据的客观性、合法性和关联性，作为认定本案事实的依据。

本院认为，医疗损害责任是指患者在医疗机构就医时，由于医疗机构及其医务人员的过错，导致患者在诊疗、护理活动中受到损害，医疗机构应当承担的侵权损害赔偿责任。医疗机构承担医疗损害赔偿责任的构成要件包括两个方面：一是医疗机构的诊疗、护理行为与患者的损害结果间存在法律上的因果关系；二是医疗机构及其医务人员在诊疗、护理过程中存在医疗过错。根据《侵权责任法》和《民事诉讼法》的规定，赔偿权利人应当对医疗损害责任构成要件成立承担举证责任。本案中，针对甲在就医过程中猝死，原、被告对其猝死的原因存在争议，为查明甲在就医中猝死的原因，L 市 N 区卫生局在征得甲家属同意的情况下，委托 B 医院病理学教研室对甲尸体进行剖验，B 医院病理学教研室〔2013〕L 医尸检第 10 号尸体剖验报告的鉴定意见为：甲因胸腺淋巴体质导致猝死。目前医学研究表明，胸腺淋巴体质是一种极特异的体质，属免疫系统异常，具有胸腺淋巴体质的人体质脆弱，机体抵抗力显著下降，轻微的外伤或感冒等疾病都可能导致具有该特异体质的人猝死。诉讼中，原告对 B 医院〔2013〕L 医尸检第 10 号尸体剖验报告不服，申请重新鉴定，C 市法医学会司法鉴定所在重新鉴定后得出“根据现有材料无法确定甲死亡原因”的鉴定意见。本院认为，C 市法医学会司法鉴定所以“现有材料无法确定甲死亡原因”的鉴定意见并不能够推翻 B 医院〔2013〕L 医尸检第 10 号尸体剖验报告，其理由在于：首先，B 医院病理学教研室和 C 市法医学会司法鉴定所两个鉴定机构在接受法庭质询时对胸腺淋巴特异体质诊断标准的陈述基本一致；其次，B 医院病理学教研室根据现场解剖和病理分析排除了死者中毒的可能，得出死者因胸腺淋巴体质导致猝死的结论，符合两个鉴定机构所陈述的胸腺淋巴特异体质的诊断意见。而 C 市法医学会司法鉴定所的鉴定报告载明“因胸腺、脑垂体、胃、小肠、结肠等脏器缺失”而得出无法确定甲死亡原因的结论，该鉴定意见系基于重新鉴定时检材不足而得出的。应当指出的是，B 医院病理学教研室在向 C 市法医学会司法鉴定所移送检材时，已将上述脏器进行了移送，C 市法医学会司法鉴定所也明确承认，补充鉴定时本院移送的蜡片有上述组织，但该鉴定机构仍然无法据此得出甲死亡原因。因此，C 市法医学会司法鉴定所的意见不具有说服力和证明力，B 医院的鉴定意见更加符合证据的客观性、合法性、关联性，本院予以采信，对 C 市法医学会司法鉴定所的鉴定意见不予采信。

如上所述，B 医院病理学教研室〔2013〕L 医尸检第 10 号尸体剖验报告的鉴定意见为：甲因胸腺淋巴体质导致猝死。但甲在就诊时，被告 N 区医院对其作为具有特异体质的患者在诊疗、护理过程中是否存在医疗过错，以及在存在医疗过错的情况下该医疗过错最终导致本案损害结果有无原因力及原因力的大小，均须司法鉴定予以确认。本案中，S 求实司法鉴定所、S 菲斯特司法鉴定所、西南政法大学司法鉴定中心不受理过错鉴定的原因均是甲死因不明。本院对双方当事人提交的证据进行认证后，明确告知了四位原告的权利义务及后果，四位原告当庭表示不再以本院确认的证据申请医疗过错鉴定，应视为对自己权利的放弃，将承担举证不能的法律后果。虽然四位原告对 B 医院移送的检材提出质疑，认为不是死者甲本人的组织，但在经合议庭释明后，四原告当庭表示不申请 DNA 鉴定，放弃了自己的权利。尽管休庭后，原告乙口头提出 DNA 鉴定申请，但是，本案的审理程序已结束，举证期限已届满，对其口头申请不予准许。综上，原告的证据不足以证明被告的诊疗、护理行为与甲的死亡结果间存在法律上的因果关系以及被告存在医疗过错，所以，被告 N 区医院对甲的死亡不承担医疗损害赔偿责任。据此，依照《中华人民共和国侵权责任法》第五十四条、《中华人民共和国民事诉讼法》第六十四条第一款、《最高人民法院关于民事诉讼证据的若干规定》第二条之规定，判决如下：

驳回原告宋某国其、唐某、乙、丙对被告 L 市 N 区人民医院的诉讼请求。

案件受理费一千零五十元、鉴定费一万一千元由原告宋某、唐某、乙、丙负担，鉴定人出庭做证费二千九百元由被告 L 市 N 区人民医院负担。

如不服本判决，可在判决书送达之日起十五日内，向本院递交上诉状，并按对方当事人的人数提出副本，上诉于 S 省 L 市中级人民法院。

审　判　长：周　某
代理审判员：刘　某
人民陪审员：缪　某
二〇一五年四月一日
书　记　员：周小某

五、相关法律规定

《中华人民共和国侵权责任法》

第五十四条　患者在诊疗活动中受到损害，医疗机构及其医务人员有过错的，由医疗机构承担赔偿责任。

《中华人民共和国民事诉讼法》

第六十四条　当事人对自己提出的主张，有责任提供证据。

当事人及其诉讼代理人因客观原因不能自行收集的证据，或者人民法院认为审理案件需要的证据，人民法院应当调查收集。

人民法院应当按照法定程序，全面地、客观地审查核实证据。

《最高人民法院关于民事诉讼证据的若干规定》

第二条　当事人对自己提出的诉讼请求所依据的事实或者反驳对方诉讼请求所依据的事实有责任提供证据加以证明。

没有证据或者证据不足以证明当事人的事实主张的，由负有举证责任的当事人承担不利后果。

六、案例评析和模拟重点

(一)案例评析

本案属于受害人特殊体质案件，本案的事实与法律、程序存在以下瑕疵：

1. B医院病理学教研室(以下简称L医病研室)病理尸体剖验程序违法，报告失实。根据资料显示，死者甲生前曾误服硫酸沙丁胺醇片6粒、氢溴酸右美沙芬胶囊2粒、复方罗汉果清肺颗粒1包，且入院后曾诊断为药物中毒，L医病研室于2013年4月21日接受尸检委托后并未要求N区人民医院提供血检报告(N人民医院于2013年8月29日提供证明明示血常规、血生化等检查还未来得及做)，根据《司法鉴定程序通则》第二十七条规定“司法鉴定机构在进行鉴定过程中，遇有下列情形之一的，可以终止鉴定：(三)因鉴定材料不完整、不充分”，L医病研室并未要求N区人民法院提供血检报告也未要求其进行说明，更未终止鉴定。

另外，L医病研室未做血中药物浓度的检验报告，也未对提取的输液物进行检验，未对排除中毒性给予充分重视也未进行重点检查，其做法违反了尸检规范。参照《上海市医疗事故争议中尸检工作管理规定》第十四条规定“尸检流程应遵循以下原则：(十)猝死病例的尸检包括了机械性、物理性、中毒性、心源性、脑源性、大动脉栓塞及抑制性死亡等多种原因，尸检中应根据病史提供的信息予以重点检查”。

排除死者因中毒性死亡在本案中尤其重要，根据硫酸沙丁胺醇片的说明书的注意事项所示，口服成人1—2片每次，本品不能过量使用，过量中毒的早期表现：胸痛、头晕，持续严重的头痛，严重高血压，持续恶心、呕吐，持续心率增快或心博强烈，情绪烦躁不安等。本案中输液物和血中药物检验属于客观结果，不需要尸检鉴定人员进行专业和经验的判断，而认定死者因胸腺淋巴体质猝死则需要通过结合客观细胞学等分析结果和鉴定人员的经验进行综合判断。据鉴定人员称，本案死者是他们遇到的因胸腺淋巴体质猝死的首例病例，故对该病症毫无经验可言，鉴定人员未对中毒性进行客观排查，而毫无经验地判断死者属于胸腺淋巴体质猝死实无说服力。

根据C市法医学会司法鉴定所分析说明所示，尸检原始记录及尸检报告中均有肝脏破裂及肠坏疽的记录，但尸检报告中未对上述损伤的形成及在死亡过程中的作用加以说明，B医院尸检报告显示感染可能为诱因，感染会产生白细胞总数显著增高。

2. B医院病理教研室未对死者大体照片及病理改刀照片进行保存，程序违法。据L医病研室提供的情况说明与鉴定人龚某的证人证言所示，尸检照片没有保存，更未对胸腺进行拍照。判断胸腺淋巴体质很重要的诊断指标之一为胸腺肥大，故胸腺的外观、大小、重量、病变等情况在本案中尤为重要。根据L医病研室尸体解剖记录表，鉴定人在对死者的胸腺进行解剖时仅记录了胸腺的大小和重量，但无胸腺的外观照片，且该记录没有不少于两名鉴定人的签名，故该做法严重违反尸检程序，也缺乏客观公正性。《司法鉴定程序通则》第二十一条规定“司法鉴定机构应当严格依照有关技术规范保管和使用鉴定材料，严格监控鉴定材料的接收、传递、检验、保存和处置，建立科学、严密的管理制度”。第二十三条规定“司法鉴定人进行鉴定，应当对鉴定过程进行实时记录并签名。记录可以采取笔记、录音、录像、拍照等方式。记录的内容应当真实、客观、准确、完整、清晰，记录的文本或者音像载体应当妥善保存”。第二十四条规定“对需要到现场提取检材的，应当由不少于二名司法鉴定人提取，并通知委托人到场见证”。

3. B医院病理学检验室未保存死者的胸腺、小肠及各生命脏器的大体检材，违反法律规定与业内操作规范。L医病研室出具回复称，其按照国务院尸检条令对死者的胸腺、小肠及各生命脏器的大体检材保存3个月后已处理，对脑垂体、胃、结肠未予以保留及取材。参照《上海市医疗事故争议中尸检工作管理规定》第十一条“尸检机构完成尸检出具尸检报告后，尸检中取出的脏器应当继续保存二年，以供复核时使用。尸检机构应当在尸检前将此规定明确告知医患双方，并征得书面同意意见”。《江西省医疗事故争议中尸检工作管理规定》第十四条规定“尸检机构完成尸检出具尸检报告后，尸检中取出的脏器应当保存六个月，以供复核时使用，尸检机构应当在尸检前将此规定明确告知医患双方，并征得书面同意意见。对尸检结论有异议的，须在收到尸检报告后一个月内向尸检机构提出继续保存的书面申请，但最长不超过两年”。L医病研室未提供大体及脏器保存三个月的法律依据，且该案死者死因可疑，医患双方争议较大，且属于L医病研室遇到的首例病症，在此情况下，L医病研室违反尸检规范，未征求法院、委托单位、死者近亲属的意见，擅自销毁大体及脏器，该做法严重违反程序且不利于对尸检报告进行复核或重新鉴定。胸腺淋巴体质是一种特异体质，其诊断标准为胸腺肥大、全身淋巴组织增生肥大、肾上腺萎缩、主动脉及睾丸发育不全等，根据《实用法医学》所示，胸腺淋巴体质是否存在，胸腺淋巴体质能否构成急死的死因，是近70年来医学界争论的问题之一，故法医应当在穷尽其他一切死因无果的情况下才能鉴定死者存在胸腺淋巴体质，该案中根据鉴定人龚某的证人证言，这是科里遇到的首例胸腺淋巴体质，其对死者第二性征有无异常并未刻意去看，并表示其他原因不足以引起猝死，胸腺和肠管的组织因保管不当腐败了，这些都表明B医院诊断胸腺淋巴体质时毫无经验且依据严重不足，程序违法。

法院委托过两家司法鉴定机构进行医疗过错鉴定，两家鉴定机构均不予鉴定，本案审理中并不是没有申请医疗过错司法鉴定，而是鉴定机构不予受理，没有查出医疗机构的违规行为，而该事实在本案中尤其重要，这属于一审未查清的事实。根据《侵权责任法》第二十四条之规定，受害人和行为人对损害的发生都没有过错的，可以根据实际情况，由双方分担损失，此谓“公平责任”。根据该原则和法理，就算该死者具有特殊体质，但死者并不知其特殊体质，被上诉人对死者进行了医疗行为，死者存在死亡的损害后果，即便双方并无过错，但死者作为不懂医学知识的弱势方，被上诉人更应尽到合理的注意义务，法院也应根据公平责任判决被上诉人与上诉人分担损失。

（二）模拟重点

1.对鉴定机构不予受理无法查明案件事实的处理。

2.对司法鉴定报告的出示、质证和采信。

3.对司法鉴定专家的询问程序。

4.人身损害赔偿的计算方法。

示范案例三

一、基本案情

2010年4月22日，原告主因“全身多处热水烫伤伴疼痛1小时余”至二炮医院住院治疗。医院初步诊断：全身多处热水烫伤8%，深Ⅱ°。住院期间给予抗炎、创面覆盖异种皮敷料等治疗，并于5月6日在全麻下行“全身多处创面削痂植皮术，头部取皮术”。原告出院后，出现头部取皮区无头发生长，颈部、胸部植皮区有毛发生长的情况，原告由此不敢与他人接触。原告遂向法院提起诉讼，要求二炮医院做出赔偿并进行后期治疗。

被告认为，原告具有手术指征，取皮部位的选择符合诊疗原则。医院在术前已在手术同意书中明确告知原告家长可能存在预后外观不满意的情况，家属在充分了解风险及预后的情况下，签署同意书。原告称植皮区存在毛发生长，头部供皮区形成部分斑秃，属于手术相关并发症，愈合程度取决于个体差异。原告主张的医疗费是因烫伤治疗而产生的，此为治疗自身原发疾病，应由原告自己承担。治疗原发病相关的费用及损失都应由原告自己承担。原告主张营养费,没有医嘱,无事实依据。后续治疗费虽有鉴定意见,但系治疗原发疾病引起的并发症,应由原告自己承担。后续护理、营养费没有鉴定及相应的事实和证据的支持,不符合法律规定。原告不构成伤残,医院不同意承担精神损害赔偿。

二、证 据

(一)原告方的证据清单

证据内容	证明目的
证据一:户籍登记卡、亲属关系证明	用以证明本案原告与患者的亲属关系
证据二:部分病历	用以证明患者与A医院存在医患关系
证据三:住院医疗费用结算单	用以证明医疗费支出

(二)被告方的证据清单

证据内容	证明目的
原告在被告处住院病历	用以证明被告不存在医疗过错

三、庭审示范

B市×区人民法院
民事开庭笔录

案由:医疗损害赔偿纠纷

开庭时间:2014年3月4日下午15时30分至16时40分

开庭地点:本院第57法庭

合议庭组成人员:审判长赵长某 人民陪审员任月某、李海某

书记员:王某

审:现在核对双方基本情况。

原告陈熙某,男,2009年3月12日出生,汉族,无业,住B市昌平区沙河镇路庄桥玩家灯火装饰城院内131号。

法定代理人陈晓某(原告之父),北京子木光电设备有限公司职员,住址同原告。

法定代理人安自某(原告之母),未来星幼儿园幼师,住址同原告。

委托代理人熊学某,B市中盾律师事务所律师。

被告Z医院,住所地:B市×区心新外大街16号。

法定代表人王开某,院长。

委托代理人陈利某,B市华卫律师事务所律师。

委托代理人曾丁某，男，该院医生，住址同单位地址。

审：双方当事人对对方出庭人员有无异议？

原告：没有。

被告：没有。

审：双方出庭人员符合有关法律规定，可以参加本案诉讼。现在开庭。B市西城区人民法院今天依法公开审理原告陈建国诉被告Z医院医疗损害赔偿纠纷一案，本案依法适用普通程序审理，由本院民事审判庭审判员赵某，人民陪审员李海某、任月某组成合议庭审理，由代理审判员赵某担任审判长，由书记员王某担任法庭记录。下面告知当事人的诉讼权利和诉讼义务：

诉讼权利：(1)申请回避的权利。

(2)提出新的证据的权利。

(3)进行辩论和请求法庭给予调解的权利。

(4)原告有放弃、变更、增加诉讼请求的权利，被告有对本诉进行反诉及反驳的权利。

(5)最后陈述的权利。

诉讼义务：(1)依法行使诉讼权利的义务。

(2)听从法庭指挥，遵守法庭纪律的义务。

(3)如实陈述事实的义务。

审：上述诉讼权利及诉讼义务，双方当事人是否听清，是否申请承办人员回避？

原告：听清了，不申请。

被告：听清了，不申请。

审：双方当事人在开庭过程中，不得使用攻击性语言，不得随意走动，原告退出法庭按自动撤诉处理，被告退出法庭按缺席开庭审理。

原告：无异议，我们同意。

被告：无异议，我们同意。

审：现在进行法庭调查，法庭调查为双方所争议的事实，双方对自己的主张应提供相应的证据加以证明，反驳对方意见，应说明具体理由。下面先由原告陈述事实经过、诉讼请求及理由。

原告：诉讼请求：

1. 医疗费24708.45元(按照75%主张权利)。

2. 2个月护理费8402元(按照2010年B市职工平均工资50415元，每月4201元计算两个月)。

3. 住院伙食补助费1400元(28天，每天50元)。

4.营养费估算1000元。

5.后期治疗费5.6万元,包括毛发移植修复术5万元、激光脱发术6000元。

6.后续治疗的护理费4000元,营养费1000元。

7.精神损害抚慰金10万元。

8.鉴定费及诉讼费由被告承担。

事实及理由同起诉书。

审:被告答辩陈述。

被告:宣读书面答辩状(略)。医疗费是因为烫伤治疗而产生的,此为治疗自身原发疾病而产生,因此该部分费用应该由原告自己承担,住院、伙食、护理费都应该由原告自己承担,营养费没有医嘱,原告主张无事实依据。后续治疗费虽然有鉴定结果,但是我们认为并发症还是基于烫伤的原发病而产生的,所以后续治疗费应该由原告自己承担。后续护理、营养费没有鉴定及相应的事实和票据的支持,不符合法律规定。本案鉴定结论比较明确,不构成伤残,因此我院不同意承担精神损害赔偿。

审:下面进行法庭质证,原告举证,被告质证。

原告:1.原告出生医学证明。(出示原件,提交复印件)

被告:真实性认可。

原告:2.住院病历。证明原告在被告处治疗烫伤的事实。

被告:真实性认可。

原告:3.2012年10月原告的照片。证明原告在被告处治疗后产生损害后果的事实。

被告:以鉴定意见中的查体情况为准。

原告:4.医疗费发票原件一张。

被告:真实性认可。

原告:5.鉴定费票据原件一张。

被告:真实性认可,但是鉴定费应该按照责任比例由双方分担。

审:继续。

原告:举证完毕。

审:被告举证。

被告:同之前提交的病历材料。

审:下面双方就鉴定报告发表质证意见。

原告:真实性认可,无异议,参与度也认可。但是后续治疗期间还会产生护理、营养等费用,这些是必然要产生的。

审:原告就诉讼请求坚持按照全额主张吗?如果坚持按照全额主张权利有

诉讼风险。

原告:听清了,第一项医疗费按照75%主张权利,其他的请求都是按照100%主张权利。

审:被告就鉴定报告发表意见。

被告:我方认可过错比例过高,原告入院是有自身原发疾病的,其损害后果主要是因烫伤导致的,而不是因为我院的医疗行为导致的,因此我方认为参与度75%,按照该比例承担后续治疗费还可以,但是已经产生的医疗费我们不同意按照该比例承担赔偿责任。

审:被告,针对鉴定报告中表述的两个后续治疗及相应的赔偿是否认可?

被告:两个后续治疗认可,也同意进行赔偿。但是原告主张的赔偿数额过高。

审:关于后续治疗的两项后续治疗费用,由合议庭合议后确定。

原告:听清了。

被告:听清了。

审:被告,取皮深度的问题有可能导致原告现在的后果,有告知吗?

被告:术后外观不满意,就包含这个意思。

审:取皮部位为何考虑头上?

被告:因为头皮愈合比较快,可以反复取。

审:原告,鉴定意见中表述目前情况不构成伤残等级,如果在此案中主张精神损害抚慰金,本院只能根据患儿的情况进行酌定。如果今后进行评残,再向对方主张精神损害抚慰金就不会再支持了。

原告:考虑清楚了,我们在此案中主张精神损害抚慰金。

审:就事实还有无补充?

原告:被告在对原告取皮之前没有说过自头部取皮会产生不长毛发的后果,也没有说过这个是并发症。

被告:取深了的话可能会影响毛发的生长。

审:法庭调查结束,下面进行法庭辩论。

原告:就治疗的事实被告认可,造成原告的损害也是实际存在的。关于损害的过错、参与度的问题,原告是没有过错的,过错应该完全由被告承担。请求法庭支持我们的诉讼请求。

被告:医疗费主要还是因为治疗自身原发疾病而产生的,烫伤不是我院造成的,因此该部分费用应该由原告承担,护理费、营养费原告主张没有依据,不应支持。精神损害抚慰金也不应该得到法院支持,因为未构成伤残。

审:还有无补充?

原告:无。

被告:无。

审:最后陈述。

原告:坚持诉讼请求。

被告:坚持答辩意见。

审:是否同意调解?

原告:同意,调解方案是19万一次性了结,不包含诉讼费、鉴定费。

被告:回去请示。

审:如可调解尽快告知本院,如不能调解,择日宣判,休庭,看笔录签字。

四、判决书

B市×区人民法院

民事判决书

〔2014〕×民初字第7404号

原告陈熙某,男,2009年3月12日出生,汉族,无业,住B市昌平区沙河镇路庄桥万家灯火装饰城院内131号。

法定代理人陈晓某(原告之父),北京子木光电设备有限公司职员,住B市昌平区沙河镇路庄桥万家灯火装饰城院内131号。

法定代理人安自某(原告之母),未来星幼儿园教师,住B市昌平区沙河镇路庄桥万家灯火装饰城院内131号。

委托代理人熊学某,B市中盾律师事务所律师。

被告Z医院,住所地:B市西城区心新外大街16号。

法定代表人王开某,院长。

委托代理人曾丁某,男,Z医院医师,住B市西城区心新外大街16号。

委托代理人陈利某,B市华卫律师事务所律师。

原告陈熙某诉被告Z医院医疗损害赔偿纠纷一案,本院受理后,依法组成合议庭,公开开庭进行了审理。本案原告陈熙某之法定代理人陈晓某、安自某及其委托代理人熊学某,Z医院之委托代理人曾丁某、陈利某到庭参加了诉讼。本案现已审理终结。

原告陈熙某诉称:2010年4月22日,原告在家不幸被热水烫伤左颈部、左前胸部,被家人及时送往Z医院治疗,急诊以"全身多处热水烫伤8%,深Ⅱ°"接收入院。住院期间,Z医院的医生要求在原告头部取皮植到烫伤部位,原告的父母曾要求在原告的臀部或者大腿部取皮,医生说头部取皮长得快,还给原告父母看了很多他们曾经做的手术前后的对比照片,都显示头部取皮后恢复得很好。

原告遂相信了其宣传，5月6日在Z医院进行手术，头部取皮，然后全身多处创面清创植皮。5月20日原告出院，住院达28天，花费原告医疗费24708.45元。出院后，原告发现头上取皮区竟然不长头发，而颈部、胸部植皮区却长出不该长的毛发。原告多次到Z医院咨询，均被告知头发会慢慢长出，胸部的毛也会脱落。但原告的病情发展依然如故，该长的头发不长，不该长的部位疯长。原告再次去Z医院咨询，该院总以各种理由推托，没有就原告的头皮缺损和颈部、胸部长毛的问题进行道歉和做出积极赔偿。

鉴于上述事实，原告认为：原告以前头皮部位是没有问题的，没有秃头，没有头发缺损，现在经Z医院治疗后却呈现出两处怪异的状况：头部因取皮，缺损至少五处大小不等的毛发；颈部、胸部不该生长毛发的地方因Z医院的植皮却疯长毛发。幼儿园里小朋友看原告像看怪兽一样，都不敢跟原告接触，使原告幼小的心灵过早地就受到严重的创伤。现在原告不愿去幼儿园，不敢去人多的地方，出门不管天多热也要戴帽子、戴围巾，来遮住两处怪异的地方。原告的父母看到幼小的孩子受到这样的伤害，痛苦的感受无以言表。原告坚决要求Z医院进行赔偿和后期治疗。现要求Z医院赔偿以下损失：①医疗费24708.45元（按照75%的比例主张权利）。②两个月的护理费8402元（按照2010年B市职工平均工资50415元，每月4201元计算两个月）。③住院伙食补助费1400元（按照住院28天，每天50元计算）。④营养费1000元。⑤后期治疗费5.6万元（包括毛发移植修复术5万元、激光脱发术6000元）。⑥后续治疗的护理费4000元、营养费1000元。⑦精神损害抚慰金10万元。⑧鉴定费及诉讼费由Z医院承担。

Z医院辩称：原告因在家中烫伤，于2010年4月22日来Z医院住院治疗，入院诊断为：全身多处热水烫伤8%，深Ⅱ°。5月6日在全麻下行全身多处创面清创术，头部取皮术，5月19日出院。原告具有手术指征，取皮部位的选择符合诊疗原则。Z医院在术前已在手术同意书中明确告知原告家长可能存在预后外观不满意的情况，家长在充分了解风险及预后的情况下，签署同意书。原告称植皮区存在毛发生长，头部供皮区形成部分斑秃，属于手术相关并发症，愈合程度取决于个体差异，因此Z医院不同意原告的诉讼请求。原告主张的医疗费是因烫伤治疗而产生的，此为治疗自身原发疾病，应由原告自己承担。治疗原发病相关的费用及损失都应由原告自己承担。原告主张营养费，没有医嘱，无事实依据。后续治疗费虽有鉴定意见，但系治疗原发疾病引起的并发症，应由原告自己承担。后续护理、营养费没有鉴定及相应的事实和证据的支持，不符合法律规定。原告不构成伤残，我院不同意承担精神损害赔偿。

经审理查明：2010年4月22日，原告主因"全身多处热水烫伤伴疼痛1小时余至Z医院住院治疗，初步诊断：全身多处热水烫伤8%，深Ⅱ°。住院期间给予抗炎、创面覆盖异种皮敷料等治疗，并于5月6日在全麻下行“全身多处创面削痂植皮术，头部取皮术”。手术记录记载：以滚轴取皮刀于头部取面积约6%薄中厚皮片……5月20日原告出院，出院记录：患儿一般情况好，面颈部、胸腹部、左肩部及左上创面基本愈合，残余约1cm×1.5cm大小创面呈肉芽组织覆盖。……复诊时间：1周、2周、1月、3月、6月、1年。此后原告出现头部取皮区无头发生长，颈部、胸部植皮区有毛发生长的情况。

原告在立案之前，经原、被告同意，本院组织原、被告进行医疗纠纷立案前鉴定。经原、被告协商，由本院委托北京明正司法鉴定中心（以下简称明正鉴定中心）就Z医院在对原告的诊疗过程中是否有过错、过错程度、因果关系，以及原告的伤残等级、后续治疗进行司法鉴定。明正鉴定中心出具的《司法鉴定意见书》分析认为：

（一）医方的诊疗行为是否存在过错

1.关于诊断及治疗

2010年4月22日，被鉴定人陈熙某在家中被热水烫伤至Z医院治疗，诊断“全身多处热水烫伤8%，深Ⅱ°”成立，给予抗炎、创面覆盖异种皮敷料等治疗符合医疗护理技术操作常规要求。

2010年5月6日，医方在全麻下行“全身多处创面削痂植皮术，头部取皮术”，存在手术适应症，无禁忌症，术式选择符合医疗护理技术操作常规，术前征得患者家属知情同意并签字，履行了告知义务。

2.关于供皮区的选择

供皮区的选择主要根据伤情、植皮部位及能作为供皮区的部位而定，头皮是全身皮肤最厚处，血运丰富，抗感染力强，愈合快，可再次供皮，是大面积深度烧伤供皮的首选部位。被鉴定人陈熙某系大面积深度烧伤患者，且年龄小，故选择头部取皮符合医疗护理技术操作常规要求，不存在过错。

3.关于医方在诊疗过程中存在的过错

按移植皮片的厚度，可分为刃厚皮片、中厚皮片、全厚皮片及带真皮下血管网皮片及真皮移植，头皮作为供皮区，应以提供刃厚皮为主，取皮时不能过深。被鉴定人陈熙某“全身多处创面削痂植皮术，头部取皮术”后，目前头部供皮区部分无头发生长，颈部、胸部植皮区部分见毛发生长，考虑为医方在术中取皮过厚所致，存在医疗过错。

（二）损害后果、因果关系及其参与度的问题

1.损害后果及伤残等级

被鉴定人陈熙某目前头部供皮区部分无头发生长，颈部、胸部植皮区部分见毛发生长，经测算头部毛发缺失面积为27.72cm^2，颈胸部毛发生长区面积为

16.07cm^2,根据《人体损伤致残程度鉴定标准》(京司鉴协发〔2011〕5号)之相关规定,不构成伤残等级。

2.因果关系问题

头部取皮后遗留秃发和受皮区长出毛发属术后并发症,本案中,由于医方未尽高度的注意义务,术中取皮过厚致使被鉴定人陈熙某术后发生上述并发症,但是,考虑到被鉴定人术时年龄小,取皮手术难度较大,因此,综合医方的过失、医疗本身存在的风险、患者自身因素等,分析认为:医方的过错与被鉴定人陈熙某的损害后果之间存在主要因果关系,参与度为75%。

综上,Z医院在对被鉴定人陈熙某的诊疗过程中存在一定的过错,该过错与被鉴定人的损害后果之间存在主要因果关系,参与度为75%。

(三)关于后续治疗费用

被鉴定人陈熙某目前头部供皮区部分无头发生长,颈部、胸部植皮区部分见毛发生长,后续头部可行毛发移植修复术,颈胸部可行激光脱毛术,上述相关治疗费用应以实际治疗发生费用为准。若提前结案,考虑到地域差异、医疗水平不同及医疗材质不一,收费亦不相同,参考B市三甲医院收费标准,毛发移植修复术费用约为4万—5万元,激光脱毛术费用约为4000元—6000元。

原告对上述鉴定意见不持异议。Z医院认为:原告的损害结果主要因烫伤导致,并非Z医院过错导致。Z医院认可后续治疗费按照75%的比例承担,但已产生的医疗费不同意承担。

2010年4月22日至5月20日,原告在Z医院住院共计28天,住院费共计24708.45元。原告就其主张的护理费、营养费支出未提供证据。本案鉴定费1.7万元由原告垫付。

上述事实,有当事人陈述、病历材料、鉴定意见书及回复、质询笔录、病假证明、护理人员误工证明、医疗费、交通费、鉴定费票据等证据材料在案佐证。

本院认为,医务人员在诊疗活动中未充分尽到诊疗义务,造成患者损害的,医疗机构应当承担赔偿责任。根据鉴定人的意见:Z医院为原告行"全身多处创面削痂植皮术,头部取皮术"存在手术适应症,无禁忌症,术式选择符合医疗护理技术操作常规,术前征得患者家属知情同意并签字,履行了告知义务。原告属大面积深度烧伤患者,且年龄小,故选择头部取皮符合医疗护理技术操作常规要求。但是,由于取皮过厚,造成原告头部供皮区部分无头发生长,颈部、胸部植皮区部分见毛发生长,Z医院对此存在医疗过错。上述鉴定意见系鉴定人根据真实病情、临床医疗规范等得出,客观真实,本院予以采信。但考虑原告年龄因素,势必造成手术困难,特别是取皮困难。故本院参考鉴定意见,认定Z医院应当对原告头部供皮区部分无头发生长,颈部、胸部植皮区部分见毛发生长这一损害承担 75％的民事责任。

原告在 Z 医院进行取皮、植皮手术发生的住院费用，乃是治疗其原始伤情而产生的，而其医疗损害又是可通过继续治疗、手术恢复的，因此该笔医疗费应由原告自负。同理，由于 Z 医院的医疗过错并未加重原告的伤情，故护理费、营养费、住院伙食补助费等亦属于治疗原发疾病所引起，与医疗损害无关，不应当由 Z 医院赔偿。经鉴定，原告因医疗过错导致需进行头部毛发移植修复术、颈胸部激光脱毛术。该笔尚未发生的费用，系因医疗过错造成，Z 医院应当根据责任比例赔偿。鉴定人对上述费用出具了意见，双方当事人亦对此未提出明确异议，本院予以采信。故本院对后续治疗费参照鉴定意见认定。后续治疗的护理费、营养费，由于并未实际产生，目前尚难以估算，本院对原告该项请求不予支持。因取皮问题造成原告头部、胸部毛发生长异常，的确给其以及家人造成了较为严重的精神痛苦。为此，Z 医院应当赔偿原告一定的精神损害抚慰金。具体数额由本院根据医疗损害程度等因素进行估算。本案医疗鉴定认定了 Z 医院承担主要责任，故鉴定费本院判决由 Z 医院承担。

综上所述，依照《中华人民共和国民法通则》第一百零六条，《最高人民法院关于民事诉讼证据的若干规定》第七十一条，《最高人民法院关于审理人身损害赔偿案件适用法律若干问题的解释》第十七条、第十八条、第十九条，《最高人民法院关于确定民事侵权精神损害赔偿责任若干问题的解释》第八条、第十条，本院判决如下：

一、本判决生效之日起十日内，被告 Z 医院赔偿原告陈熙某后续治疗费四万二千元、精神损害抚慰金五千元。

二、驳回原告陈熙某的其他诉讼请求。

如果被告 Z 医院未按本判决指定的期限履行给付金钱义务，应当依照《中华人民共和国民事诉讼法》第二百五十三条之规定，加倍支付迟延履行期间的债务利息。

案件受理费四千一百零七元，由原告陈熙某负担三千零九十三元(已交纳)，被告 Z 医院负担一千零一十四元(于本判决生效之日起十日内交纳)。司法鉴定费一万七千元，由被告 Z 医院负担(于本判决生效之日起十日内交纳)。

如不服本判决，可在判决书送达之日起十五日内，向本院递交上诉状，并按对方当事人的人数提出副本，交纳上诉案件受理费，上诉于北京市第二中级人民法院。如在上诉期满七日内仍未交纳上诉案件受理费的，视为放弃上诉权利。

审　判　长　赵长某

人民陪审员　李海某
人民陪审员　任月某
二〇一四年十二月一日
书　记　员　王　某

五、相关法律规定

《中华人民共和国民法通则》

第一百零六条　公民、法人违反合同或者不履行其他义务的，应当承担民事责任。

公民、法人由于过错侵害国家的、集体的财产，侵害他人财产、人身的，应当承担民事责任。

没有过错，但法律规定应当承担民事责任的，应当承担民事责任。

《最高人民法院关于审理人身损害赔偿案件适用法律若干问题的解释》

第十七条　受害人遭受人身损害，因就医治疗支出的各项费用以及因误工减少的收入，包括医疗费、误工费、护理费、交通费、住宿费、住院伙食补助费、必要的营养费，赔偿义务人应当予以赔偿。

受害人因伤致残的，其因增加生活上需要所支出的必要费用以及因丧失劳动能力导致的收入损失，包括残疾赔偿金、残疾辅助器具费、被扶养人生活费，以及因康复护理、继续治疗实际发生的必要的康复费、护理费、后续治疗费，赔偿义务人也应当予以赔偿。

受害人死亡的，赔偿义务人除应当根据抢救治疗情况赔偿本条第一款规定的相关费用外，还应当赔偿丧葬费、被扶养人生活费、死亡补偿费以及受害人亲属办理丧葬事宜支出的交通费、住宿费和误工损失等其他合理费用。

第十八条　受害人或者死者近亲属遭受精神损害，赔偿权利人向人民法院请求赔偿精神损害抚慰金的，适用《最高人民法院关于确定民事侵权精神损害赔偿责任若干问题的解释》予以确定。

精神损害抚慰金的请求权，不得让与或者继承。但赔偿义务人已经以书面方式承诺给予金钱赔偿，或者赔偿权利人已经向人民法院起诉的除外。

第十九条　医疗费根据医疗机构出具的医药费、住院费等收款凭证，结合病历和诊断证明等相关证据确定。赔偿义务人对治疗的必要性和合理性有异议的，应当承担相应的举证责任。

医疗费的赔偿数额，按照一审法庭辩论终结前实际发生的数额确定。器官功能恢复训练所必要的康复费、适当的整容费以及其他后续治疗费，赔偿权利人可以待实际发生后另行起诉。但根据医疗证明或者鉴定结论确定必然发生的费用，可以与已经产生的医疗费一并予以赔偿。

《最高人民法院关于确定民事侵权精神损害赔偿责任若干问题的解释》

第八条　因侵权致人精神损害，但未造成严重后果，受害人请求赔偿精神损害的，一般不予支持，人民法院可以根据情形判令侵权人停止侵害、恢复名誉、消除影响、赔礼道歉。

因侵权致人精神损害，造成严重后果的，人民法院除判令侵权人承担停止侵害、恢复名誉、消除影响、赔礼道歉等民事责任外，可以根据受害人一方的请求判令其赔偿相应的精神损害抚慰金。

第十条 精神损害的赔偿数额根据以下因素确定：

（一）侵权人的过错程度，法律另有规定的除外；

（二）侵害的手段、场合、行为方式等具体情节；

（三）侵权行为所造成的后果；

（四）侵权人的获利情况；

（五）侵权人承担责任的经济能力；

（六）受诉法院所在地的平均生活水平。

法律、行政法规对残疾赔偿金、死亡赔偿金等有明确规定的，适用法律、行政法规的规定。

六、案例评析和模拟重点

（一）案例评析

判断医疗机构是否因医疗过程中存在过错造成患者损害，一般应考虑其原发疾病因素。医疗机构仅应当承担其医疗过错导致的医疗损害责任，对于患者因原发疾病造成的损害部分则无赔偿责任。司法实践中，就患者的原发疾病引起的损害是否应由医疗机构赔偿、如何区分，存在很大争议。因此，司法鉴定的结论在患者原发疾病引起的医疗损害案件中至关重要。通过本案例的模拟，要让学生掌握医疗损害案件中的构成要件，以及对行为与损害之间的因果关系进行认定的方法。

（二）模拟重点

1. 如何出示证据证明医疗损害的构成要件。

2. 对医疗损害责任因果关系认定方式的掌握。

实验案例一

一、基本案情

2009年3月，原告甲以“腹部肿物”为诊断入住S市医科大学附属医院，随后在被告医院妇科施行“左附件切除，右卵巢楔行切除，大网膜切除术，术后病理：卵巢成熟性畸形瘤”。原告出院后在复查中发现异常，被告重新对原告进行了病理检查，诊断为“未成熟性畸形胎瘤0—1级”，原告不得不在2009年7月17日进行第二次手术。术后原告继续治疗，病尚未痊愈。经司法鉴定后，认定被告存在过错。因原、被告就赔偿问题未能协商一致，原告起诉至法院。

原告认为，其生病时年仅16周岁，由于被告的过错导致原告的人生发生了巨大的变化，必然影响其一生，这给原告及其家庭造成了巨大的精神创伤，请求法院判令被告赔偿原告精神损害抚慰金。同时，考虑到原告尚未组建家庭，并且原告的病情虽然得到控制，但存在复发的可能，并且极有可能已经影响其生育能力，考虑上述原因及病情的发展，请求法院判令原告保留进一步向被告索赔的权利。原告自2010年4月8日至今，复诊、复查达100次左右，在此期间原告既无法学习，亲属也无法工作。请法院依法判决被告赔偿原告医疗费95891.96元、住院伙食补助费3700元、护理费73400元、营养费10000元、交通费13745元、住宿费3214元、餐饮费3017.50元、精神损害抚慰金20000元，上述合计219950.96元，要求被告按照60%的责任比例承担赔偿责任；并判令被告承担本案的全部诉讼费、鉴定费等相关费用。

被告认为：原告要求被告对其目前损害承担60%的赔偿责任，无事实依据，不能成立；根据《医疗事故处理条例》的规定，原告要求被告赔偿餐饮费、营养费没有法律依据；原告主张的住院伙食补助费、护理费、交通费、住宿费数额过高，应根据法律规定的计算标准确定；关于医疗费，原告已经由医疗保险报销的部分医院不同意赔偿；关于护理费，原告主张的护理期限过长；关于护理费标准，原告应该提供护理人员工作单位的营业执照；没有票据的交通费及住宿费不应得到许可；精神抚慰金没有事实及法律依据。

二、证　据

（一）原告方的证据清单

证据内容	证明目的
证据一：原告的身份证、户口簿	用以证明本案原告属于城镇居民
证据二：被告的组织机构代码	用以证明被告的主体资格
证据三：原告在被告及其他多家医院治疗的门诊病历、住院病案、检查报告单、处方、医疗费票据	用以证明因病治疗，共花费医疗费 81865.94 元
证据四：《司法鉴定意见书》、鉴定机构对有关异议的回复、鉴定费发票	用以证明医院存在过错
证据五：交通费票据、住宿费票据	用以证明原告的损失

（二）被告方的证据清单

证据内容	证明目的
原告在被告处治疗的病历	用以证明原告的损害主要是其原发病导致的

三、判决文书

S 市和平区人民法院

民 事 判 决 书

〔2013〕沈和民一初字第 00220 号

原告甲，女，汉族。

委托代理人乙，系辽宁良友律师事务所律师。

委托代理人丙，系辽宁良友律师事务所律师。

被告 S 市医科大学附属医院，机构代码证号 4105816136。

法定代表人丁，系该院院长。

委托代理人戊，女，汉族，系该单位工作人员。

原告甲诉被告 S 市医科大学附属医院（以下简称医大一院）医疗损害赔偿纠纷一案，本院于 2013 年 1 月 5 日立案受理后，依法由审判员孙某担任审判长，审判员严某主审，与人民陪审员魏某组成合议庭，于 2014 年 1 月 5 日公开开庭进行了审理。原告甲的委托代理人丙、被告医大一院的委托代理人戊均到庭参加了诉讼。本案经合议庭评议后，现已审理终结。

原告甲诉称：2009 年 3 月 31 日，原告在被告医院妇科施行“左附件切除，右卵巢楔行切除，大网膜切除术，术后病理：卵巢成熟性畸形瘤”。但是在复查中发现异常，原告遂于2009年7月赴北京多家医院（中国人民解放军总医院、北京协和医院、中国医学院肿瘤研究所）复查复诊，上述医院一致认为系"左卵巢未成熟畸胎瘤二级"，并且上述三家北京医院告知原告，如在被告处病理诊断正确，并且后续治疗得力，则不影响原告的生育能力。原告从北京回到被告处，告知主治医生，被告重新对原告进行了病理检查，诊断为"未成熟性畸形胎瘤0—1级"，原告不得不在2009年7月17日进行第二次手术，目前原告仍然在继续治疗，病尚未痊愈。现本案已经进行了司法鉴定，认定被告存在过错，由于被告的过错导致原告病情发生重大变化，在被告处多次住院，在出院期间，多次到被告及其他医疗机构进行复查复诊，原告的父母一直照顾原告，原告的家庭为此花费了大量的金钱和时间，也遭受了极大的痛苦，理应得到相应的赔偿。原告并非S市本地人，在其当地的医疗条件无法治疗原告所患的疾病，因此原告不得不到外地就医，为此花费了大量的金钱，包括但不限于医疗费，与此相关的交通费、住宿费、餐饮费、营养费、护理费等一系列费用。原告生病时年仅16周岁，恳请法院考虑此点，由于被告的过错导致原告的人生发生了巨大的变化，必然影响其一生，这给原告及其家庭造成了巨大的精神创伤，请求法院判令被告赔偿原告精神损害抚慰金。同时考虑原告尚未组建家庭，并且原告的病情虽然得到控制，但存在复发的可能，并且极有可能已经影响其生育能力，考虑上述原因及病情的发展，请求法院判令原告保留进一步向被告索赔的权利。原告自2010年4月8日至今，复诊、复查达100次左右，在此期间原告既无法学习，亲属也无法工作。2009年时，原告为高一学生，由于该疾病办理了休学，2012年才参加高考，目前原告读大学二年级，从时间判断，原告需要护理。对于护理费，原告2009年4月8日在被告医院第一次出院，至2010年1月8日出院时医嘱休息3个月，即至2010年4月8日，原告主张一年的护理费。关于住宿费及餐饮费，原告实际发生的数额均超过原告主张的数额，原告住院74天，即使每天发生100元，就已超过原告主张的费用，仅是因为原告票据丢失，无法主张，请法院酌定。原告虽然没有构成伤残，但是考虑到原告的年龄、实际状况及遭受的巨大创伤，2009年时我国仍实行计划生育单独政策，而原告病情可能复发，这对原告的婚姻、家庭和父母产生了巨大影响，请法院酌定判令被告赔偿原告精神损害抚慰金20000元。关于营养费，原告主张已经低于原告的实际发生费用，原告有医嘱加强营养。综上，原告诉至法院，请法院依法判决被告赔偿原告医疗费95891.96元、住院伙食补助费3700元、护理费73400元、营养费10000元、交通费13745元、住宿费3214元、餐饮费3017.50元、精神损害抚慰金20000元，上述合计219950.96元，要求被告按照60%的责任比例承担赔偿责任；并判令被告承担本案的全部诉讼费、鉴定费等相关费用。

被告医大一院辩称：首先，原告要求被告对其目前损害承担60%的赔偿责任，无事实依据不能成立。本案在审理过程中已经由人民法院委托辽宁大学司法鉴定中心以及北京明正司法鉴定中心进行了鉴定，鉴定意见为“被告存在医疗过错，其过错与后果存在一定因果关系。被告对被鉴定人诊治过程存在的医疗过错与被鉴定人的损害后果(肿瘤术后三个月复发)之间的过错参与度等级应属D级，即医疗过错参与度理论系数值为50%(对应的医疗过错参与度系数值为40%—60%)”。因此，依据上述鉴定意见，原告的损害是其原发病及被告的医疗过错行为共同作用导致的。综上，原告要求被告承担60%的赔偿责任无事实依据，不能成立，且关于该责任比例，被告认为应在50%比较适宜。其次，根据《医疗事故处理条例》的规定，原告要求被告赔偿餐饮费、营养费没有法律依据。原告主张的住院伙食补助费、护理费、交通费、住宿费数额过高，应根据法律规定的计算标准确定。同时，对于原告要求的各项费用赔偿标准应按《医疗事故处理条例》第五十条的规定，按照被告的过错程度按比例予以确定，并且不应包括原发病治疗期间支出的各项费用。关于医疗费，原告已经由医疗保险报销的部分被告不同意赔偿。关于护理费，原告主张的护理期限过长，被告对于原告住院期间的护理天数无异议，对原告主张的出院后的护理天数有异议，结合原告提供的诊断书，仅有2009年4月8日的诊断书有明确医嘱休息两个月，对于该两个月的护理天数无异议，其余均未有明确休息时间的医嘱。关于护理费标准，原告应该提供护理人员工作单位的营业执照，另外徐某的工资已经超过纳税起征点，原告应当提供纳税凭证，如不能提供，请法院依法判决。对于交通费，与复查时间相对应的交通费部分我院没有异议，对于没有票据的交通费及住宿费，请法院酌定。最后，原告要求被告赔偿精神抚慰金没有事实及法律依据。

经审理查明：2009年3月23日，原告甲以“腹部肿物”为诊断入住被告医院，并于3月31日行“左侧卵巢输卵管切除、右侧卵巢楔形切除取病理大网膜切除术”，后原告于2013年4月8日出院，出院诊断为“卵巢成熟性畸胎瘤(左侧)”，出院时医嘱“全休两个月，加强营养”。2009年5月8日、6月8日、6月18日，原告均前往被告医院复查。2009年6月30日，原告前往北京协和医院治疗，7月3日，该院病理会诊结论为“左卵巢未成熟畸胎瘤(Ⅱ级)”。7月4日，原告前往中国人民解放军总医院治疗，病理会诊意见为“(左)卵巢未成熟性畸胎瘤”。7月7日，原告家属携原告病历材料前往中国医学科学院肿瘤医院会诊，会诊意见为“不成熟畸胎瘤”。2009年7月13日，原告第二次入住被告医院，并于7月17日行“腹腔镜下盆腔病灶切除取病理及盆腔粘连松解术”，后原告于7月28日出院，共住院15天，期间医嘱“一级护理”1天，“二级护理”14天，“普食、禁食水”7天，“流食、半流食”8天。原告此次出院时医嘱“注意休息，加强营养……”2009 年 8 月 17 日，原告第三次入住被告医院并行化疗，于 8 月 24 日出院，共住院 7 天，期间医嘱“二级护理、普食”。原告此次出院时医嘱“定期复查血常规，注意休息，加强营养……”2009 年 9 月 14 日，原告第四次入住被告医院并行化疗，于 9 月 23 日出院，共住院 9 天，期间医嘱“二级护理、普食”。原告此次出院时医嘱“每周复查血常规，注意休息，加强营养……”2009 年 10 月 13 日，原告前往被告医院复查。次日，原告第五次入住被告医院并行化疗，于 10 月 21 日出院，共住院 7 天，期间“二级护理、普食”。原告此次出院时医嘱“每周复查血常规，注意休息，加强营养……”2009 年 11 月 27 日，原告第六次入住被告医院并行化疗，于 12 月 7 日出院，共住院 10 天，期间医嘱“二级护理、普食”。原告此次出院时医嘱“定期复查血常规，注意休息，加强营养……”2009 年 12 月 29 日，原告第七次入住被告医院并行化疗，于 2010 年 1 月 8 日出院，共住院 10 天，期间医嘱“二级护理、普食”。原告此次出院时医嘱“每周复查血常规，口服西黄丸 3 个月，注意休息，加强营养……”原告此次出院后，至 2013 年 10 月 28 日期间，多次前往被告医院、盘锦市第二人民医院、盘锦双台子区人民医院、辽河油田中心医院复查、治疗。原告自 2013 年 4 月 8 日于被告处出院后，因病治疗、外购药品，共花费医疗费 81865.94 元。因原、被告就赔偿问题未能协商一致，原告起诉至本院。

另查明：本院受理本案后，就被告的诊疗行为是否存在过错委托 L 大学司法鉴定中心进行司法鉴定，该中心于 2012 年 10 月 26 日给出 L 大司鉴〔2012〕法医临鉴字第 0984 号《司法鉴定意见书》，载明“院方未尽到与其医疗水平相应的诊疗义务，在为患者进行病理检查中，未能及时做出正确诊断，导致术后没有及早地给予有效的综合治疗……本例由于第一次住院时将未成熟性畸胎瘤诊断为成熟性畸胎瘤，术后未及早辅以有效的综合治疗，增加了术后复发的几率，故认定其过错与肿瘤术后三个月复发有一定的因果关系”，鉴定意见为“医大一院在对患者甲诊疗过程中存在医疗过错，其过错与后果存在一定因果关系”。后本院又委托 B 市明正司法鉴定中心对被告的过错参与度进行司法鉴定，该中心于 2013 年 11 月 18 日给出京正〔2013〕临医鉴字第 194 号《司法鉴定意见书》，认为“医大一院在对甲术后未及早辅以有效的综合治疗，增加了术后复发的几率，其过错与患者肿瘤术后复发存在部分因果关系……甲未成熟性畸胎瘤术后三个月复发是该肿瘤本身所具有的生物学特征及医大一院的医疗过错行为共同作用导致的结果”，鉴定意见为“医大一院对甲诊治过程中存在的医疗过错与其损害后果之间的过错参与度等级属 D 级，即医疗过错参与度理论系数值为 50%（对应的医疗过错参与度系数值为 40%—60%）”。本院向原、被告送达上述《鉴定意见书》后，原告对该鉴定意见不服，申请复议。B 市明正司法鉴定中心于 2013 年

12月27日出具回复，认为上述鉴定意见符合司法部《司法鉴定程序通则》等国家、部门相关法律、法规及临床诊疗护理操作规范、指南的要求。原告因两次司法鉴定，共支付鉴定费17380元。

上述事实，有原、被告的当庭陈述笔录，原告的门诊病历复印件，住院病案复印件，检查报告单复印件，处方，医疗费票据，《司法鉴定意见书》，鉴定机构对有关异议的回复，鉴定费发票，交通费票据，住宿费票据等证据在卷佐证，经庭审质证及审查，本院予以确认。

本院认为：患者在诊疗活动中受到损害，医疗机构及其医务人员有过错的，由医疗机构承担赔偿责任。本案中，原告甲以"腹部肿物"为诊断入住被告医院，并行"左侧卵巢输卵管切除、右侧卵巢楔形切除取病理大网膜切除术"，被告在病理诊断时将"未成熟性畸胎瘤"误诊为"成熟性畸胎瘤"，导致原告甲在术后未及时得到有效的综合治疗，增加了术后复发的几率，经鉴定机构鉴定，被告医大一院对甲诊治过程中存在的医疗过错与甲损害后果之间的过错参与度等级属D级，医疗过错参与度理论系数值为50％（对应的医疗过错参与度系数值为40％—60％），据此，被告应按照该鉴定意见对原告的各项损失（精神损害抚慰金除外）承担50％的赔偿责任。关于原告提出的被告应按60％的责任比例赔偿其损失的主张，虽然鉴定意见载明本例纠纷对应的医疗过错参与度系数值为40％—60％，但鉴定机构在鉴定意见书中已明确给出鉴定意见，即被告医疗过错参与度理论系数值为50％，原告主张被告按照60％的责任比例赔偿其损失，无事实及法律依据，本院不予支持。

关于原告的各项损失，具体如下：

1.医疗费。本院结合医疗机构出具的门诊病历、住院病案、检查报告单、处方、医疗费票据等，确认原告自2013年4月8日于被告处出院后，因病治疗，共花费医疗费81865.94元。关于被告提出的已经由医疗保险报销的部分医疗费不予赔偿的答辩意见，因无法律依据，本院不予采信。对于原告第一次住院期间（2009年3月23日至2009年4月8日）的住院医疗费13474.91元，因系治疗原发病的费用，原告诉请被告赔偿该费用，无法律依据，本院不予支持。

2.护理费。护理费根据护理人员的收入状况和护理人数、护理期限确定。关于原告的护理期限，原告2010年1月8日在被告处最后一次出院时医嘱"注意休息，加强营养"，此次医嘱未明确原告需休息的期限，本院根据原告病情及治疗情况，酌定原告休息两个月，即休息至2010年3月7日。原告在被告处第一次于2009年4月8日出院后，又分别住院6次，于2009年7月17日行"腹腔镜下盆腔病灶切除取病理及盆腔粘连松解术"，并多次化疗，原告患病时系未成年人，结合原告的病情，本院酌定原告的护理期限自2009年4月8日起至2010年

3月7日止，期间除医嘱明确确定的护理级别外，均酌定按二级护理计算，因此，原告的护理期限共计334天，期间“一级护理(按2人护理计算)”1天，“二级护理(按1人护理计算)”333天。关于原告的护理费标准，原告提供了护理人员的劳动合同和工资条，载明护理人员的工资为6000元/月，超过个人所得税纳税起征点，原告未提供相应的完税凭证，故本院不予采信。对于原告的护理费，本院依据2013年度辽宁省居民服务和其他服务业在岗职工平均工资予以核算，故原告的护理费应为30307.45元(33021元/年÷365天/年×1天×2人+33021元/年÷365天/年×333天×1人)。

3.交通费。原告提供了部分交通费的票据，但部分票据未载明起止地点，本院结合原告多次在外地治疗、住院及门诊复查等实际情况，酌定该项费用应为12000元。

4.住宿费。原告提供了部分住宿费发票，本院结合原告多次在外地治疗、住院及门诊复查的实际情况，酌定该项费用应为3000元。

5.住院伙食补助费。原告第一次在被告处出院后，先后住院共计58天，故该项费用应为2900元(58天×50元/天)。

6.营养费。原告住院期间，有医嘱“流食、半流食”，且原告在被告多次出院时均医嘱“加强营养”，本院结合原告病情及治疗情况，并参照医嘱，酌定该项费用应为10000元。

上述各项费用，均应由被告医大一院按照50%的比例承担赔偿责任。

7.餐饮费。原告主张被告赔偿其餐饮费3017.50元，没有法律依据，本院不予支持。

8.鉴定费。鉴定费17380元系原告为鉴定被告诊疗行为是否存在过错及因果关系、参与度支出的合理性费用，应由被告全额赔偿。

9.精神损害抚慰金。本案侵权行为发生时，原告系未成年人，被告的误诊导致原告在第一次术后未得到有效的综合治疗，给原告的就学及今后的生活带来了一定的负面影响，对原告及其家人造成了一定的精神痛苦，为补偿及抚慰受害人精神上的创伤，根据法律规定，赔偿义务人应当给予相应的精神损害赔偿。本院结合侵权人的过错程度、侵权行为造成的后果以及当地平均生活水平等因素，酌定原告的精神损害抚慰金应为20000元。

综上，根据《中华人民共和国侵权责任法》第二十二条、第五十四条，《最高人民法院关于审理人身损害赔偿案件适用法律若干问题的解释》第十七条、第十八条第一款、第十九条、第二十条、第二十二条、第二十三条、第二十四条之规定，判决如下：

一、被告S市医科大学附属医院于本判决生效之日起十日内赔偿原告甲医疗费四万零九百三十二元九角七分。

二、被告S市医科大学附属医院于本判决生效之日起十日内赔偿原告甲护理费一万五千一百五十三元七角三分。

三、被告S市医科大学附属医院于本判决生效之日起十日内赔偿原告甲交通费六千元。

四、被告S市医科大学附属医院于本判决生效之日起十日内赔偿原告甲住宿费一千一百元。

五、被告S市医科大学附属医院于本判决生效之日起十日内赔偿原告甲住院伙食补助费一千四百五十元。

六、被告S市医科大学附属医院于本判决生效之日起十日内赔偿原告甲营养费五千元。

七、被告S市医科大学附属医院于本判决生效之日起十日内赔偿原告甲鉴定费一万七千三百八十元。

八、被告S市医科大学附属医院于本判决生效之日起十日内原告甲精神损害抚慰金二万元。

九、驳回原告甲的其他诉讼请求。

如果被告未按本判决指定的期限履行给付金钱义务，应当按照《中华人民共和国民事诉讼法》第二百五十三条之规定，向原告加倍支付迟延履行期间的债务利息。

案件受理费一千零七十元，由被告S市医科大学附属医院承担。

如不服本判决，可在判决书送达之日起十五日内，向本院递交上诉状，并按对方当事人的人数提出副本，交纳上诉案件受理费，上诉于辽宁省S市中级人民法院。如在上诉期满后七日内未交纳上诉案件受理费，按自动撤回上诉处理。

审　判　长　陈　某
审　判　员　杨　某
人民陪审员　王　某
二〇一四年三月三十一日
书　记　员　李　某

四、模拟训练的目的、重点和难点

（一）模拟训练的目的

判断是否构成医疗损害责任时，必须围绕医疗损害责任的要件展开；而对于医疗机构及其医务人员是否存在过错以及违法诊疗行为与患者损害之间是否具有因果关系，这往往需要通过鉴定意见加以判断。因此，对鉴定意见的专业判断在医疗损害案件中至关重要。因此，通过本案例的模拟，学生要掌握的是医疗损害案件中的证明对象有哪些，以及如何对鉴定意见进行质证和认定。

(二)模拟训练的重点和难点

1. 如何出示证据证明医疗损害的构成要件。

2. 对司法鉴定意见的认定。

3. 人身损害赔偿的计算方法。

实验案例二

一、基本案情

2013 年 3 月 18 日，甲于被告 A 县第三人民医院处自然分娩，顺产原告丁。原告出生后出现新生儿窒息，被转送入 B 市第二人民医院进行急救。原告在 B 市第二人民医院住院治疗 19 天，于 2013 年 4 月 6 日出院。治疗效果：未愈。原告在 B 市第二人民医院实际花费医疗费 19141.99 元。后原告多次被带往 C 医院进行检查、门诊治疗。医院诊断：癫痫复诊，脑瘫。原告花费门诊医药费 5426.75元。

原告方认为，因被告医院在原告之母的生产治疗过程中存在过错，以致于原告身体受到严重创伤。原告父母就相关治疗和赔偿的事宜多次与被告进行协商，双方协商未果，原告遂将被告诉至法院。

被告认可了鉴定意见，愿意根据国家标准和自身过错承担赔偿责任，但应在赔偿款中扣除已经预支的相关费用。

二、证　据

(一)原告方的证据清单

证据内容	证明目的
证据一：原告及法定代理人的身份证、户口簿	用以证明原告的主体资格
证据二：被告的组织机构代码	用以证明被告的主体资格
证据三：甲在被告医院的住院病历、原告在 B 市第二人民医院的住院病历及医疗费发票	用以证明医疗费支出以及存在医疗关系
证据四：西川求实司法鉴定所川求实鉴〔2013〕临鉴 6340 号法医学鉴定意见书及鉴定费发票、专家会诊费发票	用以证明被告存在医疗过错

续　表

证据内容	证明目的
证据五：江苏盛伟过虑设备有限公司与乙于2011年9月11日签订的《劳动合同》、乙的工资收入证明、乙在江苏省常州市武进区的社保缴费明细个人查询表、A县房权证观音镇字第200704285号房权证复印件、A县国用2007第3243号土地使用权证	用以证明原告的误工费及原告属于城镇居民

（二）被告方的证据清单

证据内容	证明目的
A县第三人民医院领款申请单，金额为50000元	用以证明被告已向原告做出经济补偿

三、判决文书

G省A县人民法院

民事判决书

〔2013〕A民初字第2078号

原告：丁。

法定代理人：乙，系原告之父。

法定代理人：甲，系原告之母。

委托代理人：李某，西川××律师事务所律师。

被告：A县第三人民医院（A县观音镇中心卫生院），住所地：A县观音镇观音社区，组织机构代码45208412-9。

法定代表人：郑某，院长。

委托代理人：张某，职工。

委托代理人：王某，职工。

原告丁诉被告A县第三人民医院（A县观音镇中心卫生院）医疗损害责任纠纷一案，本院于2013年10月17日立案受理后，依法适用简易程序分别于2014年6月26日、2014年8月7日和2014年8月28日公开开庭进行了审理。原告丁的法定代理人乙、甲，委托代理人李某，被告A县第三人民医院（A县观音镇中心卫生院）的委托代理人郑某、王某到庭参加了诉讼。本案现已审理终结。

原告丁诉称：2013年3月17日晚，原告之母甲因阴道流水1小时被送入被告A县第三人民医院住院，入院诊断为："GIPO 38＋2周宫内孕头位活胎先兆临产；胎膜早破。"入院后被告对甲进行了产科护理常规检查，超声检查显示"胎儿可见部分未见确切异常"。当晚，甲因腹痛难忍，多次向被告医院护理人员提出进行剖宫产术，均被告知腹痛属临产正常现象，且当晚无手术医生，如需剖宫产要等第二天上班后。2013 年 3 月 18 日，甲及其家属再次要求被告医院对甲进行手术，被告医护人员均回复甲身体情况正常，应采用自然分娩。在甲自然生产过程中，被告医院的医护人员对甲采用了腹部挤压助产，当日下午 1 时左右原告丁出生。原告出生后因出现新生儿窒息，抢救后不哭，被转送入 B 市第二人民医院进行急救，入院诊断为"①新生儿窒息。②新生儿肺炎？③新生儿缺氧缺血性脑病。④新生儿颅内出血？⑤产瘤"。在 B 市第二人民医院住院治疗 19 天，虽经吸氧、抗感染、保护心脑细胞、降颅压等治疗，但原告病情仍然很重，反应极差，复查头颅 CT 检查提示为"新生儿缺氧缺血性脑病"，病变较前加重。原告父母商议后，为给予原告更及时有效的专项诊断和治疗，为原告办理出院手续，带原告到 C 医院进行检查。经 C 医院对原告进行 MR 平扫检查，诊断为"双侧大脑半球及基底节区软化萎缩，合并双侧额颞顶部硬模下积液"，即俗称脑瘫，系因生产中过分挤压造成，现需对原告进行长期治疗和护理。原告父母为带原告求医诊治，花费了巨额资金，且放弃了工作。综上所述，因被告医院在原告之母的生产治疗过程中存在过错，以致于原告身体受到严重创伤。据此，原告父母就相关治疗和赔偿的事宜多次与被告进行协商，双方协商未果。原告为维护自身合法权益，依据《中华人民共和国民法通则》《中华人民共和国侵权责任法》《中华人民共和国民事诉讼法》等相关法律之规定，请求依法判决：被告 A 县第三人民医院（A 县观音镇中心卫生院）赔偿原告丁残疾赔偿金、精神抚慰金、医疗费、误工费、护理费、住院期间伙食补助费、营养费、处理医疗纠纷人员的交通费和误工费等各项损失暂计 300000 元；诉讼费由被告承担。庭审时，原告明确损失金额，要求被告 A 县第三人民医院（A 县观音镇中心卫生院）赔偿原告丁损失 775544.58 元（医疗费 51878.88 元、住院期间护理费 100 元/天×19 天＝1900 元、住院期间伙食补助费 100 元/天×19 天＝1900 元、外地就医护理费 3472.25 元/月×8 个月＝27778 元、交通费 3612.70 元、住宿费 1465 元、餐饮费 3150 元、5 年后续医疗费 24000 元、5 年护理费 36500 元/年×5 年＝182500 元、残疾赔偿金 447360 元、精神抚慰金 30000 元）的 25％即 193886.15 元，鉴定费 8420 元，共计赔偿原告各类损失 202306.15 元。

被告 A 县第三人民医院（A 县观音镇中心卫生院）辩称：认可西川求实司法鉴定所鉴定意见，根据国家标准和过错承担赔偿责任。被告已经预支的 50000 元，原告应承担第二次鉴定时被告支付的 700 元鉴定费的 75％即 525 元，以上两项共计 50525 元，应在赔偿款中予以扣除。

经审理查明：2013 年 3 月 17 日晚，原告之母甲因"停经 38＋2 周，阴道流水 1 小时"被送入被告 A 县第三人民医院住院，入院诊断为"GIPO 38＋2 周宫内孕头位活胎先兆临产；胎膜早破”。2013 年 3 月 18 日，甲自然分娩，顺产原告丁。原告出生后因出现新生儿窒息，抢救后不哭，被告 A 县第三人民医院建议转上级医院治疗，并联系 B 市第二人民医院急诊科初诊。原告呼吸困难，伴呻吟，哭声差，心律 130 次/分，面色红润，肌张力可。双肺呼吸音粗糙，经儿科会诊后转儿科。原告花费医疗费 167.63 元。原告当日被转送入 B 市第二人民医院进行急救，门(急)诊诊断：新生儿缺血缺氧性脑病。入院诊断：新生儿窒息、新生儿肺炎？新生儿缺氧缺血性脑病、新生儿颅内出血？产瘤。原告在 B 市第二人民医院住院治疗 19 天，家长了解病情后要求出院，原告于 2013 年 4 月 6 日出院，出院诊断：新生儿重度窒息、新生儿缺氧缺血性脑病(重度)、新生儿颅内出血(广泛)、新生儿肺炎、头皮血肿、心肌炎、凝血功能障碍、新生儿硬肿症、新生儿高胆红素血症、电解质紊乱、酸碱平衡紊乱、低蛋白质血症、低钙血症、中枢性呼吸衰竭、甲状腺功能紊乱、肾小管疾病。治疗效果：未愈。出院注意事项及康复指导：①建议院外继续治疗。②儿保科门诊定期随访患儿生长发育情况。③在出生地完成新生儿筛查。原告在 B 市第二人民医院花费医疗费 44247.32 元，扣除原告通过 A 县新农合已报账 25105.33 元，原告在 B 市第二人民医院实际花费医疗费 19141.99 元。2013 年 5 月 16 日至 2014 年 1 月 21 日，原告多次被带往 C 医院进行检查、门诊治疗。留察记录：四肢抖动，历时片刻，反复出现；反应极差，双下肢肌张力高，双大脑半球及基底节软化萎缩，额颞硬模下积液；广泛性脑软化萎缩，硬模积液。医院诊断：癫痫复诊，脑瘫。建议：①观察：注意观察有无癫痫发作，每 3 月检测肝肾功能、血药浓度；半年复查一次脑电图。②注意发病时抽搐表现，防止痰液窒息。③回家后若有食欲不振、皮疹、发热、头痛、呕吐、抽搐等表现，请及时就诊。④坚持长期治疗，不要随意停药、减量或改变服药时间，保持正常饮食、睡眠时间。原告花费门诊医药费 5426.75 元。2014 年 4 月 9 日，原告被送往 A 惠康医院治疗，初诊诊断：抽搐待查，脑瘫。A 惠康医院转诊建议：患者因发热、抽搐半天住院。考虑诊断为抽搐，原因待查：高热抽搐？癫痫？脑瘫。当日，原告转院至 B 市第一人民医院继续治疗，目前诊断：上呼吸道感染、脑性瘫痪、继发性癫痫。原告于 2014 年 4 月 11 日出院，出院诊断：①上呼吸道感染。②继发性癫痫。③脑性瘫痪。④肝功能损害。出院后注意事项：①回当地医院继续治疗。②病情变化时及时就诊。原告花费医疗费 2067.95 元。此后，原告多次在 A 惠康医院门诊治疗，花费门诊费 358 元。综上，原告共计花费医疗费及门诊费 27162.32 元。2014 年 7 月 15 日，被告预支给原告50000元。

2013 年 9 月 16 日，经原告申请，本院委托西川求实司法鉴定所对以下项目进行鉴定：①A 县第三人民医院对甲在生产过程中的诊疗、护理行为是否存在过错以及丁(甲之子)的损害后果与 A 县第三人民医院是否存在因果关系及过错参与度。②丁的伤残等级。③丁的后续医疗费。④护理依赖程度。2014年5月24日,西川求实司法鉴定所出具的鉴定意见为:①A县第三人民医院在对甲的待产过程中,存在监护不力的过错,该过错与丁的损害后果之间存在间接因果关系,应承担较轻的责任,其过错参与度为25%。②患儿丁现仅1+岁,待其发育变化后,须持有新的诊疗结果后再行伤残等级鉴定。③丁的后续医疗费暂按5年计算,共计约需24000.00元。④A县第三人民医院对丁应当承担部分护理依赖程度,部分护理时间暂定5年。鉴定意见还特别说明:以上后续医疗费用仅作为法庭对医疗费用赔偿评估计算的参考依据,其具体治疗方案以临床医生的处方或实际支出费用为准。原告支付鉴定费及专家会诊费共计8420元。针对西川求实司法鉴定所在鉴定意见书中的特别说明,本院于2014年8月28日开庭时向原告释明,当事人可选择主张鉴定机构计算的5年后续医疗费24000元,或者主张实际支出费用。原告当庭选择主张5年后续医疗费按24000元计算。因西川求实司法鉴定所未对丁的伤残等级进行鉴定,经原、被告共同委托,西川中证法医学司法鉴定所于2014年7月21日对原告丁的伤残等级进行鉴定,其鉴定意见为:被鉴定人丁因滞产致重度缺血缺氧性脑病,现遗留四肢瘫,肌力3级以下,评定为Ⅰ(一)级伤残。被告支付鉴定费700元。

另查明,原告之父乙系江苏盛伟过滤设备有限公司职工,双方于2011年10月19日签订《劳动合同》,合同期限自2011年9月26日起至2014年9月25日止,乙月工资收入为3650元,该公司为乙购买了社会养老保险。缴纳期限自2011年7月至2013年5月及2013年12月至今。原告之母甲购买位于A县观音镇黄金街新桥路住房居住,产权证号为宜县房权证观音镇字第200704285号,登记时间为2007年11月12日,土地使用权证号为宜县国用2007第3243号,登记时间为2007年11月26日。

以上事实,有原告及其法定代理人的身份证、户口簿,被告的组织机构代码,甲在被告医院的住院病历,原告在B市第二人民医院的住院病历及医疗费发票,在C医院的门诊诊疗证及门诊费发票,在A惠康医院的转诊(转院)审批表及门诊费发票,在B市第一人民医院的病危(重)通知书(患方)、出院证及医疗费发票,西川求实司法鉴定所川求实鉴〔2013〕临鉴6340号《法医学鉴定意见书》及鉴定费发票、专家会诊费发票,西川中证法医学司法鉴定所川中证鉴〔2014〕临鉴字第363号《法医学鉴定意见书》及鉴定费发票,A县第三人民医院领款申请单,江苏盛伟过虑设备有限公司与乙于2011年9月11日签订的《劳动合同》、乙的工资收入证明、乙在江苏省常州市武进区的社保缴费明细个人查询表,宜县房权证观音镇字第200704285号房权证复印件,宜县国用2007第3243号土地使用权证以及原、被告的陈述予以证实。

本院认为：被告A县第三人民医院接收甲住院分娩丁，并进行一系列医疗活动，双方即形成了医患关系。原告丁出生后因出现缺血缺氧性脑病，经多方治疗未能痊愈，酿成原、被告之间的纠纷。经西川求实司法鉴定所和西川中证法医学司法鉴定所鉴定后给出鉴定意见：被告A县第三人民医院在对甲的待产过程中，存在监护不力的过错，该过错与原告丁的损害后果之间存在间接因果关系，应承担较轻的责任，其过错参与度为25%；原告丁的后续医疗费暂按5年计算，共计约需24000元；被告A县第三人民医院对丁应当承担部分护理依赖程度，部分护理时间暂定5年；原告丁因滞产致重度缺血缺氧性脑病，现遗留四肢瘫，肌力3级以下，评定为I(一)级伤残。原、被告对该鉴定意见没有异议，本院采信该鉴定意见。被告A县第三人民医院应当在责任范围内赔偿原告丁因本案所涉事故造成的损失。原告之母甲购房居住在A县观音镇黄金街新桥路，属生活居住在城镇，原告之父乙在江苏盛伟顾虑设备有限公司上班，原告的残疾赔偿金应以城镇居民标准计算。关于住院伙食补助费问题，原告在B市第二人民医院住院治疗19天，住院期间伙食补助费应按15元/天的标准计算，应为285元；自2013年5月16日至2014年1月21日止原告在C医疗就医期间，酌情支持住院伙食补助费2000元。关于护理费问题，原告在B市第二人民医院住院治疗19天，在此期间原告丁主要由乙护理，原告主张100元/天，共计1900元，未超过乙的工资收入标准，本院予以支持；原告在C医疗就医期间，虽非住院治疗，考虑到原告系新生儿患者，外出就医必须有人护理，在此期间，原告之父乙已于2013年12月回江苏盛伟过虑设备有限公司上班，原告主要由其母甲护理，其护理费按50元/天计算251天（自2013年5月16日起至2014年1月21日止）计12550元为宜。原告主张交通费及住宿费5077.7元，其主张过高，考虑到原告多次外出就医及鉴定的实际情况，酌情确定3500元。关于鉴定费问题，鉴定费是为确定损失程度所支付的必要费用，是原告所有损失中的一部分，其产生与本案所涉医疗损害的发生有直接的因果关系，被告医院在医疗损害中的过错参与度为25%，其赔偿金额应为包含鉴定费在内的所有损失的25%，故原告要求被告全额承担鉴定费的主张，本院不予支持。原告主张餐饮费3150元，于法无据，本院不予支持。原告的损失有：医疗费27162.32元、住院伙食补助费2285元、护理费14450元、残疾赔偿金447360元（22368元/年×20年）、精神抚慰金30000元、5年后续治疗费24000元、5年后续护理费91250元（50元/天×5年×365天/年）、交通费及住宿费3500元、鉴定费9120元，合计649127.32元。被告应当承担损失的25%即162281.83元，原告自行承担75%即486845.49元。被告已经预支的50000元及鉴定费700元应予抵扣，被告A县第三人民医院还应赔偿原告丁各类损失111581.83元。依照《中华人民共和国侵权责任法》第六条、第十六条、第二十二条、第五十四条之规定，判决如下：

一、被告A县第三人民医院（A县观音镇中心卫生院）赔偿原告丁医疗费、残疾赔偿金、精神抚慰金等损失共十一万一千五百八十一元八角三分元，限本判决生效后十日内履行完毕。

二、驳回原告丁的其他诉讼请求。

如被告未按本判决指定的期限履行给付金钱义务，应当依照《中华人民共和国民事诉讼法》第二百五十三条之规定，加倍支付延迟履行期间的债务利息。

案件受理费四千三百三十四元减半收取二千一百六十七元，原告丁负担四百三十七元，被告A县第三人民医院（A县观音镇中心卫生院）负担一千七百三十元。

如不服本判决，可在判决书送达之日起十五日内向本院递交上诉状，并按对方当事人的人数提出副本，上诉于西川省B市中级人民法院。

代理审判员　张　某

二〇一四年九月二十五日

书　记　员　蒲　某

四、模拟训练的目的、重点和难点

（一）模拟训练的目的

本案涉及医疗过错导致新生儿受损的问题，司法鉴定书的分析意见和鉴定结论是否符合客观事实，是能否作为本案责任认定的依据。同时还涉及对医疗过错中因果关系的认定问题，受害人在自己有过错的情形之下，也应当付出相应的否定性评价。因此，司法鉴定的结论和专家意见在医疗过错导致新生儿受损案件中起到较大的作用。通过本案例的模拟训练，旨在让学生掌握医疗损害案件中的构成要件，患者与医院同时存在过错的责任承担问题。

（二）模拟的重点和难点

1. 对胎儿诉讼主体资格的把握。

2. 区分错误出生与胎儿出生损害之间的差别。

3. 医疗损害中责任承担问题。

实验案例三

一、基本案情

2010年8月27日，患者付耀某因心衰进入被告L市医学院附属中医医院心脑病科住院治疗，2010 年 9 月 8 日，主治医生赵某对付耀某行临时起搏器＋永久性人工心脏起搏器植入术。

付耀某出院后，在同年又先后到 L 市医学院附属中医医院门诊部诊治咳嗽、高血压、下肢水肿、心衰、支气管炎、肾囊肿、胆囊炎和冠心病等。2010 年 11 月 15 日，付耀某入 L 市医学院附属中医医院内科住院治疗。2010 年 12 月 17 日 3 时 56 分死亡。

付耀某死亡后，其家属认为，死者因感冒引起心衰，进入 L 市医学院附属中医医院就医。治疗期间主治医生漫不经心，应付了事。死者家属在向有关部门投诉后被告知该医院无心血管介入诊疗资质，医生赵某仅有内科执业资格，无临床血管介入手术诊疗的资质和技能。该医院医生超范围执业导致了患者的死亡，事故发生后院方匆忙补办资质，但无法掩盖其超范围实施心血管介入治疗的事实。据此，付耀某家属诉请判决 L 市医学院附属中医医院赔偿医疗费、护理费、住院伙食补助费、交通费、营养费、丧葬费、死亡赔偿金、精神损害抚慰金共计 322490.3 元。

医院认为，医生赵某具备从事心血管介入治疗的资质，不构成非法行医和超范围行医。患者家属没有证据证明付耀金的死亡系被告医疗行为所导致，被告的医疗行为符合诊疗规范，尽到了与当时医疗水平相应的诊疗义务，付耀某的死亡是其自身疾病发展的结果，与被告的医疗行为不存在因果关系，应依法驳回原告的诉讼请求。

二、证　据

（一）原告方的证据清单

证据内容	证明目的
证据一：原告及付耀某的身份证、×县派出所的证明、常驻人口登记表	用以证明四原告的诉讼主体资格及死者属城镇户口
证据二：付耀某两次在 L 市医学院附属中医医院住院及在 L 市医学院附属医院住院期间的医疗费票据	用以证明共产生医疗费用 94198.8元
证据三：付耀某 2005 年 4 月 14 日入 Y 县人民医院住院治疗的病历、2010 年 8 月 27 日入被告处住院治疗的病历、2010 年 11 月 15 日入 L 市医学院附属医院住院治疗的病历、2010 年 12 月 1 日入被告处住院治疗的病历，被告关于付耀某的病情说明	用以证明 L 市医学院附属中医医院对患者实施了临床血管介入手术诊疗，以及 L 市医学院附属中医医院在治疗过程中实施了一些不当的治疗措施

(二)被告方的证据清单

证据内容	证明目的
证据一:被告医疗机构执业许可证及副本、放射诊疗许可证,赵某执业医师资格证、上岗合格证、专家推荐信,西川省卫生厅卫生监督意见书及川卫办发〔2007〕495号、〔2008〕179号文件,原卫生部卫医发〔2007〕222号文件	用以证明被告具有放射介入治疗的资质
证据二:被告医生赵某到庭陈述	用以证明付耀某的病情严重,已处于内环境失衡状态,多器官功能损害,病情复杂,对付耀某采取的主要治疗措施包括安装心脏起搏器等都是与傅的病理指征相吻合的
证据三:西川省中医药管理局告知函、国家中医药管理局行政复议决定书、行政复议答复书及进一步处理好患者家属投诉有关问题的函	用以证明被告一直以积极的态度处理本案件
证据四:百多力(北京)医疗器械有限公司授权书,德国百多力欧洲股份两合公司医疗器械注册证、注册登记表,陕西秦明医学仪器股份有限公司营业执照、税务登记证、组织机构代码证、医疗器械经营企业许可证、医疗器械生产企业许可证,Talos技术手册	用以证明为付耀某安装的起搏器具备合法的进口应用手续

三、判决文书

西川省L市湖阳区人民法院
民事判决书

〔2012〕湖阳民初字第×号

原告:徐某,女,1942年1月24日出生,汉族,身份证住址:西川省×县古宋镇东大街11号。

原告:付林某,男,1966年2月4日出生,汉族,身份证住址:重庆市沙坪坝区沙湾东一路12号1栋1单元7楼10号。

原告:付黄某,女,1970年6月13日出生,汉族,身份证住址:西川省西永县叙永镇西外街墙角湾6号2单元301号。

原告:付婷某,女,1975年9月6日出生,汉族,身份证住址:西川省宾江市景屏区蜀南大道西段12号1幢3单元11号。

四原告的委托代理人:陈某,西川时代律师事务所律师。

被告:L市医学院附属中医医院。住所地:L市湖阳区太平街25号、湖阳中路63号,L市青阳区春花路16号。

法定代表人：杨建某，院长。

委托代理人：杨思某，该院职工。

委托代理人：王某，四川理光律师事务所律师。

原告徐某、付林某、付黄某、付婷某诉被告L市医学院附属中医医院医疗损害责任纠纷一案，本院于2012年8月22日受理立案后，依法由审判员陈某适用简易程序公开开庭进行审理，原告徐某、付林某、付黄某及四原告的委托代理人陈某，被告L市医学院附属中医医院的委托代理人杨思某、王某到庭参加诉讼。审理中，本院先后委托西南政法大学司法鉴定中心、西川省人民医院医学司法鉴定所对本案中涉及的医疗过错、因果关系等问题进行鉴定。本案现已审理终结。

原告徐某、付林某、付黄某、付婷某诉称：原告徐某之夫（也即原告付林某、付黄某、付婷某之父）付耀某于2010年8月27日因感冒引起心衰，入被告城南新院就医。治疗期间主治医生认为病人心率过缓，提出可以安装心脏起搏器缓解病情。因此，患者于8月30日转入住院部心血管内科治疗，9月8日由医生赵某行心脏起搏器安装手术，后数次到赵某医生处术后随访，告知其术后出现的严重病情，该医生漫不经心，应付了事。患者于12月17日死亡。患者家属在向有关部门投诉后被告知被告无心血管介入诊疗资质，医生赵某仅有内科执业资格，无临床血管介入手术诊疗的资质和技能。被告超范围执业导致了患者的死亡，事故发生后被告匆忙补办资质，但无法掩盖其超范围实施心血管介入治疗的事实。据此，原告诉请判决被告赔偿医疗费、护理费、住院伙食补助费、交通费、营养费、丧葬费、死亡赔偿金、精神损害抚慰金共计322490.3元。

被告L市医学院附属中医医院（以下简称滨医附属中医院）辩称：首先，被告及医生赵某具备从事心血管介入治疗的资质，不构成非法行医和超范围行医。其次，原告没有证据证明付耀某的死亡系被告医疗行为所导致，被告的医疗行为符合诊疗规范，尽到了与当时医疗水平相应的诊疗义务，付耀某的死亡是其自身疾病发展的结果，与被告的医疗行为不存在因果关系，请法院依法驳回原告之诉求。

经审理查明：原告徐某之夫（也即原告付林某、付黄某、付婷某之父）付耀某生于1935年6月30日，身份证住址为西川省×县古宋镇东大街11号。2005年4月14日，付耀某因冠心病、III度房室传导阻滞、全心衰竭入叙永县人民医院住院治疗，至4月24日出院，出院诊断：冠心病、III度房室传导阻滞、全心衰竭。

2010年8月27日，付耀某因心衰入被告滨医附属中医院心脑病科住院治疗，至同年9月16日出院。入院诊断：①慢性充血性心衰，心源性哮喘，心动过缓，III度房室传导阻滞，III级心功；②高血压病三级，极高危；③AECOPD；④肺部感染。出院记录记载被告对患者采取的治疗措施包括：立即予以中医内科护理常规，I级护理，氧气吸入，持续心电监护，血压、血氧饱和度监测；西医给予化痰，解痉止咳，抗炎，扩冠，利尿，降压，调脂；中医予以补益肺肾，清热宣肺，止咳化痰，中药给予瓜蒌薤白半夏汤加减宽胸理气，化痰，行心脏临时及永久起搏器植入术。

病程记录记载2010年8月29日17时28分抢救措施：患者违背医嘱自行上厕所后出现心累、气紧、喘息、呼吸困难，伴大汗淋漓、口唇发绀。立即予以持续吸氧。急测血压205/69mmHg，脉搏50次，肺部听诊可闻及满肺哮鸣音。根据病史及体征，判断为心源性哮喘，立即予以沙丁胺醇气雾剂两喷，解痉平喘，患者呼吸困难情况逐渐好转，持续吸氧，心电监护，血氧饱和及血压监测，并予以氨茶碱0.25g、硝酸甘油20mg持续静滴。抢救结果：患者病情基本稳定，但仍然病重，仍需注意观察患者病情变化。

病程记录记载2010年8月30日12时17分抢救措施：T 36.5℃，P 50次/分，R 22次/分，BP 170/90mmHg。立即予以氧气吸入，持续心电监护，血氧饱和及血压监测，西医给予盐酸安溴素化痰，氨茶碱及茶碱缓释片解痉止咳，头孢匹胺钠、甲泼尼龙抗炎，单硝酸异山梨酯扩冠，氢氯噻嗪利尿，……调脂。抢救结果：患者气促明显缓解，抢救成功。

病程记录记载2010年9月7日术前讨论内容：……目前患者诊断明确，与患者家属沟通后，拟行临时心脏起搏器与永久性人工心脏起搏器安置术。患者术前相关检查无人工心脏起搏器植入术绝对禁忌症，如发热、严重感染及严重肝肾功能不全，有人工心脏永久性起搏器植入术绝对指征……但起搏器植入并不能改善患者的基础疾病，如支气管哮喘、COPD、原发性高血压、高血压性心脏病病状及延缓疾病发展。与患者家属沟通后，患者家属同意安置永久性起搏器。

其间，被告先后于2010年8月29日、30日向付耀某家属下达病危通知，同时进行了医患沟通谈话，主要是告知患者家属根据患者的病情需安置永久性人工心脏起搏器，费用较贵。家属表示理解并配合治疗。

2010年9月8日，被告医生赵某对付耀某行临时起搏器＋永久性人工心脏起搏器植入术，手术记录记载植入的心脏起搏器型号为Talos DR，产品编号为74563052；植入报告回执单记载植入手术选用的起搏模式为DDD(R)模式。当日14时59分术后首次病程记录记载：今日查房患者术后神志清楚，精神状态良好，呈平卧位休息，……未诉心慌、心悸、心累等症状。查体：T：36.2℃，P：70次/分，R：21次/分，BP：90/60mmHg。……嘱患者左侧肢体制动，起搏器起搏及感知功能良好，术后心电图提示：起搏心律，心率67次/分。

9月16日病程记录记载：今日查房……查体：生命体征平稳，桶状胸，叩诊清音，双肺呼吸音清晰，未闻及干湿性啰音，心界略向左下扩大，心率70次/分左右，律齐，可闻及全收缩3/6级吹风样杂音。腹膨隆，无压痛反跳痛，神经系统查体无阳性体征。起搏器起搏及感知功能良好，患者临床治愈，准予出院。当日10时，付耀某出院，出院诊断：①原发性高血压三级，极高危；②高血压性心脏病，心脏长大，III房室传导阻滞；③老年性瓣膜病；④支气管哮喘；⑤COPD；⑥永久性人工心脏起搏器术后。出院医嘱：①门诊随访；②低盐低脂饮食；③出院带药：阿托伐他汀钙片、止咳颗粒、孟鲁斯特钠、苯磺酸氨氯地平、肺心胶囊。

付耀某出院后，先后于同年9月24日到被告L市医学院附属中医医院门诊部诊治咳嗽和高血压，10月22日诊治下肢水肿、心衰和支气管炎，10月23日诊治肾囊肿、胆囊炎，11月2日诊治冠心病；还于同年10月30日、11月5日到L市医学院附属医院门诊部心血管内科诊治冠心病。

2010年11月15日，付耀某入L市医学院附属医院内科住院治疗，至同年11月26日出院。入院诊断：①冠心病；②COPD急性加重期；③原发性高血压三级，极高危；④起搏器植入术后。出院记录记载该院对患者采取的治疗措施包括：入院后给予完善相关检查：①心肌损伤标志物；②心脏彩超：高血压心脏病、左室心尖段变薄、运动减低、R协调。给予抗凝、抗血小板、抗炎、改善心肌重塑、降压对症支持治疗。

住院病历记录记载2010年11月15日14时30分抢救措施：患者入院考虑诊断为：①冠心病急性心肌梗死；②COPD急性加重期；③原发性高血压三级，极高危；④起搏器植入术后。入院后急查心肌损伤标志物立即予阿司匹林、泰嘉、立普妥嚼服，并予吸氧、心电监护。抢救结果：反复向患者家属交代患者病情严重，随时会发生恶性心律失常、心源性猝死风险。

住院病历记录记载2010年11月15日15时30分抢救措施：患者于今日15:15诉突发胸骨下段疼痛，立即给予含化救心丸（自备）、吸氧等处理，查体心率60次/分，满肺湿啰音、哮鸣音，心电监护示：起搏器心率约2分钟后患者突发呼吸停止，立即给予可拉明；洛贝林兴奋呼吸中枢，并输注氨茶碱、甲强龙缓解支气管痉挛，约1分钟后患者呼吸恢复，予静推地塞米松并用可拉明、洛贝林加入氨茶碱组液体，查体心率98次/分，血压168/90mmHg，予硝酸甘油静脉泵入。抢救结果：胸骨疼痛缓解，呼吸恢复。

住院病历记录11月26日付耀某出院情况：患者神智清、精神尚可，自诉劳累、气促症状明显缓解，无咳嗽、咳痰，上级医师同意出院。出院诊断：①冠心病，急性心肌梗死；②心界左下扩大，起搏心律，II级心功；③原发性高血压三级，极高危；④COPD急性加重期；⑤起搏器植入术后。出院医嘱：①休息，限制体力活动；②门诊随访，监测血压；③按医嘱服药。付耀某出院当日下午，被告滨医附属中医院医生根据付耀某家属的要求，对付耀某植入的起搏器进行了程控，将

DDD模式转为VVI起搏模式，频率为65次/分。

2010年12月1日，付耀某因肺心病再入被告L市医学院附属中医医院心脑病科住院治疗，于同年12月17日死亡。入院诊断：①呼吸衰竭；②慢性肾功能不全，尿毒症期高血压性肾病；③充血性心力衰竭；④高血压性心脏病合并冠心病；⑤原发性高血压三级，极高危；⑥AECOPD；⑦老年性心脏瓣膜病；⑧永久性起搏器术后；⑨Ⅱ型糖尿病；⑩急性上消化道出血。出院记录记载被告对患者采取的治疗措施包括：组织科内、院内及滨医附院ICU、心内科会诊，入院后先后给予中药微粉、西洋参微粉益气养血，川贝母微粉止咳化痰……；西药给予速尿利尿、减轻心脏负荷，左旋氨氯地平……凝血酶口服止血，但患者病情仍进行性加重。

病程记录记载2010年12月13日16时20分抢救措施：患者于16时诉心累、气紧不适。心电监护提示：起搏心律，频发室性早搏。查体：BP 122/64mmHg，高枕卧位，口唇略绀，双肺可闻及湿啰音及哮鸣音，心界向左下扩大，心率75次/分，心律不齐，心音低钝，心尖区可闻及收缩期3/6级吹风样杂音。四肢中度凹陷性水肿。行床旁心电图检查示：起搏心律，频发室早，短阵室速。急查肝、肾功能示AST 451 U/L，ALT 62U/L，ALP 430U/L，GGT 673U/L，BUN 25.8mmol/L，肌酐399umol/L，K 5.7mmol/L。立即给予硫酸镁2.5g静脉缓推纠正心律失常，并继续给予利尿合剂利尿、减轻心脏负荷治疗。抢救结果：患者心累气促症状有所好转，肾功能检查提示进一步损害。

病程记录记载2010年12月17日3时05分抢救措施：患者于2010年12月17日3时05分出现血压下降。心电监护提示：BP 67/36mmHg，心率50次/分，氧饱和度41%。查体：呼之不应，压眶反射消失，叹息样呼吸(10次/分)。口唇紫绀，面色青灰，双侧瞳孔不等大，固定，左侧瞳孔直径约3.5mm，右侧瞳孔直径约3mm，对光反射迟钝，双肺可闻及痰鸣，心率50次/分(起搏心律)，腹部膨隆，四肢重度水肿，未见黑便。立即给予加大氧流量，多巴胺、间羟胺升压，可拉明、洛贝林兴奋呼吸中枢，并给予吸痰，吸出白色痰液，患者口鼻腔冒出大量黄色液体，给予清除口鼻。行床旁心电图提示：正常起搏电信号，无相应QRS波，予以肾上腺素强心，并请手麻科行气管插管，患者家属拒绝，反复予以多巴胺、间羟胺升压，可拉明、洛贝林兴奋呼吸中枢，肾上腺素强心，阿托品静推。在抢救过程中，患者家属再次拒绝胸外心脏按压，电除颤，抽血复查血常规、电解质、肾功能、动脉血气等相关检查，患者呼吸频率逐渐下降，3时46分停止，血压测不出，氧饱和度0%，瞳孔固定散大，光反射消失，各种反射消失。心电图及心电监护均提示：正常起搏电信号，无相应QRS波，再反复予以多巴胺、间羟胺升压，可拉明、洛贝林兴奋呼吸中枢，肾上腺素强心，生命体征无复苏迹象。心电监护提示：

正常起搏电信号,无相应 QRS 波,于 2010 年 12 月 17 日 3 时 56 分宣布死亡,给予尸体料理。抢救结果:患者死亡。出院诊断:①呼吸衰竭;②慢性肾功能不全,尿毒症期高血压性肾病;③充血性心力衰竭;④高血压性心脏病合并冠心病;⑤原发性高血压三级,极高危;⑥AECOPD;⑦老年性心脏瓣膜病;⑧永久性起搏器术后;⑨II 型糖尿病;⑩急性上消化道出血。

其间,被告先后于 2010 年 12 月 13 日、14 日、15 日组织多科医生对付耀某的病情进行了危重病人病例讨论,综合讨论的意见是:患者肺部感染控制效果欠佳,内环境失衡,存在多器官功能损害,病情复杂,基本可判断为多种疾病的终末期表现,治疗存在诸多矛盾,用药诸多限制。需告知家属,如运用抗生素加强肺部感染治疗的同时,由于患者肾功能差,亦可加重其肾功能进一步损害;运用解痉剂、激素缓解其支气管痉挛的同时,亦可加重其消化道损伤等,患者最终预后极差。……鉴于患者及家属认为患者心慌症状与起搏器植入有关,强烈要求将起搏器工作频率进一步调慢至 50 次/分。我科考虑患者人工心脏起搏器感知起搏良好,目前为 VVI 工作模式,频率为 65 次/分。如进一步降低起搏频率,可能会进一步加重组织器官灌注不足,加重肾功能、心功能、肺脏等损害,对患者自身病情无益,并不能改善及防止患者支气管哮喘……及存在的病情恶化导致死亡。

其间,被告医生先后于 2010 年 12 月 1 日、13 日、14 日、15 日、16 日同患者家属进行了沟通谈话。其中在 12 月 14 日的谈话中,主要是告知患者家属目前患者病情危重,需急转 ICU 治疗,但患者家属拒绝转 ICU,要求继续留科治疗。患者家属要求将起搏器频率降低至 50 次/分。目前起搏器工作模式为 VVI,频率为 65 次/分。医生告知患者家属:起搏器感知功能良好,起搏频率的下调并不能改善患者支气管哮喘、高血压及高血压心脏病、高血压肾病等一系列基础疾病所导致的严重临床症状及体征。但患者家属强烈要求将起搏器程控频率下降……由此带来的一切后果自负。在 12 月 15 日、16 日的谈话中,主要是告知家属目前患者诊断考虑:①充血性心力衰竭;②高血压性心脏病合并冠状动脉粥样硬化性心脏病;③AECOPD;④原发性高血压三级,极高危;⑤老年性瓣膜病;⑥永久性人工心脏起搏器植入术后;⑦高血压肾病;⑧二型糖尿病;⑨急性胃黏膜病变。滨医附院 ICU 主任会诊后指出该病员目前诊断明确,建议:加强抗感染……纠正酸中毒及高血钾症,……病情及条件允许建议行血液净化治疗。……鉴于患者存在多器官功能损害,治疗存在诸多矛盾,用药诸多限制,如运用抗生素加强肺部感染治疗的同时,由于患者肾功能差,亦可加重其肾功能进一步损害;运用解痉剂、激素缓解其支气管痉挛的同时,亦可加重其消化道损伤等,患者最终预后极差。鉴于目前患者病情危重,需急转 ICU 积极治疗,但患者家属表示同意目前治疗方案,要求继续于我科住院治疗,暂不考虑转科或转院治疗,且患者家属要求一旦患者出现呼吸心跳停止，拒绝气管插管、胸外按压、心脏电击除颤等相关的积极抢救措施。……根据患者病情，拟考虑使用抗真菌药物对患者进行抗感染治疗，以求增强对肺部感染的疗效。但抗真菌药物对肾功能的损害极大，且目前患者无尿，肌酐升高严重，肾功能损害严重，故运用抗真菌药物对患者的病情可能进一步加重，且可能导致患者死亡。据此征求家属意见，家属表示暂不用抗真菌药物。……目前患者有行血液透析治疗的指征，因患者心肺疾病重，心衰严重，透析治疗过程中易出现出血、心梗、严重心率紊乱等加重病情，甚至导致患者死亡。但也可因透析脱水治疗减轻心脏负荷等改善病情。据此征求家属意见，患者家属表示暂不透析。12月14日沟通谈话后，被告医生于当日对付耀某植入的起搏器进行了程控，工作模式为VVI起搏模式，频率调整为50次/分。

其间，付耀某的住院病历生化检验报告单记载：患者血钾指标12月1日为3.0；12月8日为4.5；12月13日为5.7；12月15日8时为6.05，12时为6.3；12月16日11时为6.6，18时为6.4。被告医生于12月1日开始对患者进行补钾，至12月13日停止补钾。12月13日会诊专家建议降钾，被告医生于12月14日、16日、17日先后对患者实施葡萄糖酸钙和胰岛素降钾措施。

付耀某死亡后，其家属于2010年12月20日对付耀某进行安葬，并于12月23日领取付耀某的死亡通知书，通知书上医院建议患方同意对死者在死亡后48小时内进行尸检。付耀某两次在被告处住院期间，共产生医疗费用77016.8元；在L市医学院附属医院住院期间，产生医疗费17182元。

审理中同时查明：被告为付耀某植入的起搏器的进口单位系陕西秦明医学仪器股份有限公司，该公司营业执照经营范围：心脏起搏器、医疗器械的制造、销售；……。百多力（北京）医疗器械有限公司授权陕西秦明医学仪器股份有限公司作为代理商。该型起搏器的《入境货物检验检疫证明》备注：……3.附有“进口植入式心脏起搏器检测报告”（SB2010-301-413）及CCC标志。4.中国国家强制性产品认证证书编号2007011705249887。5.中华人民共和国出入境检验检疫入境货物通关单编号310300110302063。

Talos DR型号起搏器技术手册载明：双腔起搏器（含DDD模式）适用于那些需要增加心输出量的患者。在有房室传导障碍或经适当测试被证实有房室传导障碍的患者心房单腔起搏（含VVI模式）是禁忌。

还查明：西川省卫生厅于2007年12月29日下发《关于开展心血管疾病介入诊疗技术评价的通知》，该通知主要内容是：按照原卫生部《心血管疾病介入诊疗技术管理规范》的要求，我厅将在医疗机构初筛的基础上于2008年1月起开始分批对我省符合《心血管疾病介入诊疗技术管理规范》标准的医疗机构展开评价。……从2008年5月1日起，未经我厅审批同意的医疗机构一律不得开展心血管疾病介入诊疗相关技术。西川省中医药管理局核发被告《医疗机构执业许可证》“诊疗科目”登记注册有《心血管疾病介入诊疗技术管理规范》中关于医疗机构基本要求所规定的“心血管内科、胸外科、介入放射学、ICU病房”等科目。被告于2007年7月开展了首例永久性心脏起搏器植入术，属于在《心血管疾病介入诊疗技术管理规范》下发之前已经开展该项诊疗技术的医疗机构。被告于2010年9月8日对付耀某行临时起搏器＋永久性人工心脏起搏器植入术时，尚未通过西川省卫生厅的心血管疾病介入诊疗技术评价。2011年2月，西川省卫生厅向被告发出《卫生监督意见书》，责令被告立即停止心血管疾病介入诊疗技术相关诊疗活动，待取得该项技术准入后方能依法开展。同年3月16日，被告通过评审后西川省卫生厅在其《医疗机构执业许可证》副本备注栏注明“心血管疾病介入诊疗项目”。

以上事实，有原告及付耀某的身份证，×县派出所的证明，常驻人口登记表，付耀某2005年4月14日入×县人民医院住院治疗的病历、2010年8月27日入被告处住院治疗的病历、2010年11月15日入L市医学院附属医院住院治疗的病历、2010年12月1日入被告处住院治疗的病历，被告关于付耀某的病情说明，被告开具的住院费用结算票据、住院病人账页、死亡通知书、处方签、门诊票据，L市医学院出具的心电图报告、CR诊断报告、处方签、门诊票据，被告医疗机构执业许可证及副本，放射诊疗许可证，赵某执业医师资格证、上岗合格证、专家推荐信，西川省中医药管理局告知函、行政复议答复书及进一步处理好患者家属投诉有关问题的函，国家中医药管理局行政复议决定书，西川省卫生厅卫生监督意见书及川卫办发〔2007〕495号、〔2008〕179号文件，原卫生部卫医发〔2007〕222号文件，百多力（北京）医疗器械有限公司授权书，德国百多力欧洲股份两合公司医疗器械注册证、注册登记表，陕西秦明医学仪器股份有限公司营业执照、税务登记证、组织机构代码证、医疗器械经营企业许可证、医疗器械生产企业许可证，Talos技术手册，以及鉴定材料质证笔录、调查笔录、庭审笔录等证据证实，足以认定。

本院认为：首先，关于本案的责任划分问题。根据《中华人民共和国侵权责任法》第五十四条的规定，患者在诊疗活动中受到损害，医疗机构及其医务人员有过错的，由医疗机构承担赔偿责任。本案中要确定被告是否应当对付耀某的死亡承担赔偿责任，首先应当确定被告的医疗行为与付耀某死亡之间是否具有因果关系以及被告在实施医疗行为中是否有过错。虽然由于付耀某死亡后未进行尸检，导致诉讼中本院先后委托两家司法鉴定机构对相关问题进行鉴定均未获受理，但通过全面分析本案的法律事实，依然可以对相关问题做如下认定：

第一，被告在尚未通过西川省卫生厅心血管疾病介入诊疗技术评价时，对付耀某行人工心脏起搏器植入术，属违反诊疗规范的诊疗行为，被告对此存在一定过错。第二，2010 年 11 月 26 日，被告医生对付耀某植入的起搏器进行程控，将 DDD 模式转为 VVI 起搏模式，因付耀某患有 III 度房室传导阻滞，按照 Talos DR 型号起搏器技术手册的说明，在有房室传导障碍或经适当测试被证实有房室传导障碍的患者心房单腔起搏(含 VVI 模式)是禁忌，因此，不能排除将 DDD 模式转为 VVI 起搏模式是造成付耀某病情发展严重的一个参与因素。虽然被告是根据患者家属要求的进行这一诊疗行为，但被告医生作为专业人员，应当预见到可能产生的负面效果。所以，被告对此应承担一定的参与度责任。第三，2010 年 12 月 14 日，被告医生对付耀某植入的起搏器进行程控，频率调整为 50 次/分。付耀某作为一个 75 岁的老人，本就患有心、肾多种疾病，正如被告在危重病人病例讨论中所分析到的：如进一步降低起搏频率，可能会进一步加重组织器官灌注不足，加重肾功能、心功能、肺脏等损害，因此，不能排除频率进一步调低是造成付耀某病情发展严重的一个参与因素。虽然被告是根据患者家属的要求进行这一诊疗行为，但被告医生作为专业人员，应当对治疗方案的选择有独立判断，况且医患沟通记录中也未反映被告医生将频率调低后可能造成的危害告知了患者家属。所以，被告对此应当承担一定的参与度责任。第四，超出正常值(一般为 3.5—5.5)的高血钾可能对人机体产生抑制心肌收缩或心律失常等影响。本案中，12 月 1 日，付耀某的血钾为 3.0，从当天开始补钾至 13 号查出 5.7 的指标后停止补钾，其间仅 8 号查过血钾。因付耀某于 12 月 1 日已诊断为慢性肾功能不全，肾功能不全会影响钾的排泄，虽然被告对其同时适用利尿剂会加速钾的排泄，但仍应加强对其血钾指标的检测，并且 14 号降钾后没有及时复查血钾，15 号查血钾超过 6.05，已属较高血钾症，但当天却没有采取降钾措施，致 16 号血钾达到 6.6。据此，被告在对患者的血钾指标检查和处理上存在不当，不能排除高血钾症是造成付耀某病情发展严重的一个参与因素。所以，被告对此应承担一定的参与度责任。

综上，被告医生在对付耀某的诊治过程中存在一定过错，其过错行为与付耀某的死亡后果之间存在一定因果关系，据此被告应当对付耀某死亡产生的损失承担相应的赔偿责任。但是，也应当看到，付耀某自 2005 年 4 月被诊断为冠心病，III 度房室传导阻滞，全心衰竭；2010 年 9 月被诊断为原发性高血压三级，极高危，高血压性心脏病，心脏长大，III 房室传导阻滞，老年性瓣膜病，支气管哮喘，COPD(慢性阻塞性肺病)；同年 11 月被诊断为冠心病，急性心肌梗死，心界左下扩大，II 级心功，原发性高血压三级，极高危，COPD 急性加重期；同年 12 月被诊断为呼吸衰竭，慢性肾功能不全，尿毒症期高血压性肾病，充血性心力衰竭，高血压性心脏病合并冠心病，原发性高血压三级，极高危，AECOPD，老年性心脏瓣膜病，II型糖尿病，急性上消化道出血。其所患的多种基础性疾病事实上处于一个逐渐发展严重的过程中。其间，付耀某因病情严重经历了六次抢救，其中一次严重到了突发呼吸停止，特别是后期该患者已处于内环境失衡，多器官功能损害，病情复杂，符合多种疾病的终末期表现，导致治疗存在诸多矛盾、用药诸多限制，包括运用抗生素加强肺部感染治疗，运用解痉剂、激素缓解其支气管痉挛，血液透析治疗减轻心脏负荷等有针对性的治疗措施都在客观上受到限制，这些都是造成诊疗措施不能遏制其多种疾病朝严重方向发展的重要原因，由此可以进一步认定付耀某本身所患多种基础性疾病发展严重的客观性是导致其最终死亡的主要原因。同时，还应当考虑到，被告对付耀某采取的主要治疗措施包括安装心脏起搏器等都是与付耀某的病理指征相吻合的，安装的起搏器也具备相应的进口应用手续，在患者病情危重时被告也组织了多科包括其他医院的专家会诊，这些都可以视为被告采取了较为积极的治疗措施。并且，治疗过程中一些抢救措施未实施或者实施了一些不当的治疗措施也都与患者家属的要求直接相关。因此，对于付耀某死亡所产生的损失，被告只应当承担次要责任，具体为30%，其余损失由原告自担。

其次，关于本案的损失认定及分担问题。《中华人民共和国侵权责任法》第十六条规定："侵害他人造成人身损害的，应当赔偿医疗费、护理费、交通费等为治疗和康复支出的合理费用，以及因误工减少的收入。造成残疾的，还应当赔偿残疾生活辅助具费和残疾赔偿金。"据此，结合西川省有关统计数据和有关民事法律政策以及原告的诉请，对相关损失可以做如下确定：①医疗费。付耀某两次在被告处住院及在L市医学院住院期间，共产生医疗费用94198.8元，应当列入损害赔偿范围；②护理费。结合原告的住院情况及伤情，确定为60元/天×47天=2820元；③交通费。结合原告的住院及出院后复查情况酌定为600元；④住院伙食补助费。确定为10元/天×47天=470元；⑤营养费。确定为10元/天×47天=470元；⑥死亡赔偿金。结合原告的伤残等级确定为20307元/年×5年=101535元；⑦精神损害抚慰金。结合L市地区的经济水平确定为20000元；⑧丧葬费。依法确定为17936.5元。各项金额合计238030.3元，应当由各方当事人根据各自的责任比例进行分担，即被告分担30%，即238030.3×30%=71409元。

综上，为依法保护当事人的合法权益，依照《中华人民共和国侵权责任法》第六条、第十六条、第二十二条、第二十六条、第五十四条、第五十八条，《最高人民法院关于确定民事侵权精神损害赔偿责任若干问题的解释》第八条，《最高人民法院关于民事诉讼证据的若干规定》第二条之规定，经本院审判委员会讨论决定，判决如下：

一、被告L市医学院附属中医医院在本判决生效之日起十日内，向原告徐某、付林某、付黄某、付婷某赔付医疗费、误工费、护理费、交通费、住院伙食补助费、营养费、残疾赔偿金、精神损害抚慰金、丧葬费共计七万一千四百零九元。

二、驳回徐某、付林某、付黄某、付婷某的其他诉讼请求。如果被告未按本判决指定的期限履行给付金钱义务，依照《中华人民共和国民事诉讼法》第二百二十九条之规定，加倍支付迟延履行期间的债务利息。

本案案件受理费六千一百三十七元，减半收取三千零六十九元，由原告承担二千一百四十八元，被告承担九百二十一元（该款原告已预交，被告直接支付给原告）。

如不服本判决，可在判决书送达之日起十五日内，向本院递交上诉状，并按对方当事人的人数提出副本，上诉于西川省L市中级人民法院。

审判员　陈　某

二〇一三年九月四日

书记员　杨　某

四、模拟训练的目的、重点和难点

（一）模拟训练的目的

本案涉及《侵权责任法》第五十九条关于医疗产品责任的问题。医疗产品损害责任是无过失责任，只要受害人能够证明医疗产品具有缺陷，即构成侵权。医疗产品损害责任属于产品责任：1. 须为缺陷产品。2. 须有患者人身损害事实。3. 须有因果关系。4. 医疗机构和销售者应当具有过失。通过本案例的模拟，旨在让学生掌握医疗产品致人损害中的归责原则，以及把握《侵权责任法》第五十九条与《侵权责任法》第七章其他规范的本质区别。

（二）重点和难点

1. 对医疗产品损害责任概念的掌握。

2. 对医疗产品责任因果关系的认定问题。

3. 对医疗机构和销售者具有过失时责任承担问题的掌握。

实验案例四

一、基本案情

2005年7月11日至7月20日，甲因患慢性浅表性胃炎伴糜烂、十二指肠球炎在L市医学院附属医院住院治疗。2008年2月11日至2月15日，患者因患胃息肉、慢性浅表性胃炎在L市医学院附属医院住院治疗。此后，患者分别于2009年12月、2010年12月、2011年3月、2011年7月，2011年9月至L市医学院附属医院消化内科住院治疗，9月10日经会诊转入该院精神科住院治疗。后，继续在L市医学院附属医院精神科门诊治疗，同时在药店购买相关治疗药物服用。

甲认为，2011年3月28日入L市医学院附属医院住院，当日行胃镜检查。报告显示：食管各段黏膜色泽正常，胃底黏膜正常，可见巨大压迹。后进行胸部CT扫描未见异常。针对胃底巨大压迹，病程记录记载：消化道肿瘤？患者反复腹痛，胃镜胃底压迹待查，暂不能排除此症可能性。患者此后一直生活在胃镜检查的错误结果阴影中，精神上产生巨大压力，非常焦虑。向专家咨询才知道2011年3月28日至7月21日期间患者就没生长过巨大压迹，3月28日的报告单是因当日医生没操作经验，把整个胃用气充胀，导致胃壁抵在腹腔脏器上而显示压迹。由此造成患者3次住院，产生不必要的检查费用，患者因焦虑直至躯体形式障碍。故诉请L市医学院附属医院赔偿医疗费17000元、精神损害费3000元。

院方认为，医院医生的治疗行为没有过错，不应承担民事责任。医院对甲实施诊治的医生具有资质，操作经验丰富，遵循医疗规范和原则，胃镜结论是根据当时胃镜显示的客观结果得出的，后经相关检查，排除了患者顾虑。患者所患焦虑障碍与医疗行为无关，其在胃镜检查前就有长期焦虑症状，患者首次入院时通过腹部B超及胸腹联合CT，排除了肿瘤可能性，医师多次向病人及其家属沟通，嘱其不用再做相关检查。故请求依法驳回甲的诉讼请求。

二、证　据

（一）原告方的证据清单

证据内容	证明目的
证据一：甲的身份证、户口本	用以证明原告的诉讼主体资格
证据二：甲在L市医学院附属医院的住院病历七套，门诊病历一套，出院证明书三张，住院费结算票据、门诊票据、药店发票各一组	用以证明被告对原告实施的胃镜检查对原告造成了不必要的经济负担和精神压力

（二）被告方的证据清单

证据内容	证明目的
甲在L市医学院附属医院的四份病历	用以证明原告第一次住院就排除了肿瘤的可能性，并非医院的治疗对其造成了精神焦虑

三、判决文书

A省L市湖阳区人民法院
民事判决书

〔2012〕湖阳民初字第×号

原告:甲,男,1939年1月15日出生,汉族,住L市西坝油布村32号楼93号。

被告:L市医学院附属医院。住所地:L市湖西区太平街25号、湖西区华阳乡瓦子坝96号。

法定代表人:王某,院长。

委托代理人:文某,该院医教科职工。

委托代理人:陈某,该院消化内科主任。

原告甲诉被告L市医学院附属医院医疗损害责任纠纷一案,本院于2012年3月22日受理后,依法由审判员张某适用简易程序公开开庭进行审理。原告甲,被告委托代理人文某、陈某到庭参加诉讼。本案现已审理终结。

原告诉称:原告2011年3月28日入L市医学院附属医院住院,当日行胃镜检查。报告显示:食管各段黏膜色泽正常,胃底黏膜正常,可见巨大压迹。后进行胸部CT扫描未见异常。针对胃底巨大压迹,病程记录记载:消化道肿瘤?患者反复腹痛,胃镜胃底压迹待查,暂不能排除此症可能性。至4月2日出院,针对胃底巨大压迹再无相关报告。原告出院后长期腹痛,至同年7月21日,一直生活在3月28日胃镜检查的错误结果阴影中,精神上产生巨大压力,非常焦虑。7月21日,原告再次入住该院消化内科,想检查胃底巨大压迹情况,经胃镜检查表明没有巨大压迹,向专家咨询才知道2011年3月28日至7月21日期间原告就没生长过巨大压迹,3月28日的报告单是因当日医生没操作经验,把整个胃用气充胀,导致胃壁抵在腹腔脏器上而显示压迹。因此造成原告3次住院,产生了不必要的检查费用,原告因焦虑直至躯体形式障碍。3次住院和院外治疗产生治疗费17000元。故诉请被告赔偿医疗费17000元、精神损害费3000元。

被告辩称:被告的治疗行为没有过错,不应承担民事责任。被告对原告实施诊治的医生具有资质,操作经验丰富,遵循医疗规范和原则,胃镜结论是根据当时胃镜显示的客观结果得出的,后经相关检查,排除了原告顾虑。原告所患焦虑障碍与医疗行为无关,其在胃镜检查前就有长期焦虑症状,原告首次入院时通过腹部B超及胸腹联合CT,排除了肿瘤可能性,医师多次向病人及其家属沟通,嘱其不用再做相关检查。故请求依法驳回原告的诉讼请求。

经审理查明:2005年7月11日至7月20日,原告因患慢性浅表性胃炎伴糜烂、十二指肠球炎在被告处住院治疗。2008年2月11日至2月15日,原告因患胃息肉、慢性浅表性胃炎在被告处住院治疗。2009年12月14日至12月23日,原告因患神经根型颈椎病在被告处住院治疗。2010年12月25日至12月29日,原告因患慢性胃炎、颈椎病、高血压在被告处住院治疗。2011年3月28日,原告因上腹痛4个多月入被告消化内科住院治疗,入院诊断:1.功能性消化不良。2.双肾多发性小囊肿。住院期间被告先后对原告进行血常规、肝肾功能,……等检查。3月28日胃镜提示:食管正常;慢性浅表性胃炎伴胆汁反流;胃底压迹待查;球部及降段正常。3月29日多普勒超声提示:①右肾小囊肿伴囊壁钙化。②肝、胆、胰、脾、左肾未见明显异常。3月30日CT印象诊断:①胸部增强CT扫描未见异常。②双肾多发小囊肿,余全腹部增强CT未见异常。在上述检查的基础上,被告对原告采取了真沙比利促进胃动力,埃索美拉唑抑酸、铝镁加保护胃粘膜,抗焦虑以及心理辅助等治疗措施。3月29日医患沟通记录:考虑诊断:①慢性胃炎。②消化道Ca? ③功能性消化不良。目前予以埃索美拉唑抑酸、铝镁加保护胃黏膜,完善辅查等处理。现将上述情况告知患者及其家属,患者及其家属对此理解,同意治疗。3月30日查房记录:患者诉腹痛较昨日好转,前胸壁疼痛,其他无不适。查体:腹软,无压痛,脾肝未扪及肿大。辅查:心肌损伤标志物一、肾功电解质一、门肝功一。已完善相关辅查:胸部。全腹增强CT。待检查结果回来后再做处理。4月1日查房记录:患者未诉腹痛,腹胀,恶心呕吐,生命体征平稳。CT示双肾多发小囊肿。4月2日出院诊断:①功能性消化不良;②双肾多发性小囊肿。出院医嘱:①保持心情愉快;②避免焦虑;③门诊随访。2011年7月21日,原告因反复腹胀20余年,复发加重伴胸骨后烧灼感半年入被告消化内科住院。入院诊断:①慢性浅表性胃炎?②胃食管反流征?入院后完善血常规等检查。胃镜检查示:食管正常;慢性浅表性胃炎伴糜烂;十二指肠球炎。予磷酸铝保护胃黏膜,埃索美拉唑抑酸及对症支持治疗。原告于7月27日出院,出院诊断:①慢性浅表性胃炎伴糜烂;②十二指肠球炎;③焦虑障碍;④双肾囊肿。出院医嘱:出院带药;如有不适,门诊随访。同年9月8日,原告因上腹痛1年多入被告消化内科住院,9月10日经会诊转入被告精神科住院治疗。入院诊断:慢性浅表性胃炎;躯体形式障碍。被告医生对原告予以帕罗西汀等对症支持治疗,并辅以心理治疗、脑电治疗。原告于9月28日出院,出院诊断:慢性浅表性胃炎;躯体形式障碍。出院医嘱:1.坚持服药。2.家属保管药物。3.定期复查,门诊随访。原告出院后,继续在被告精神科门诊治疗,同时在药店购买相关治疗药物服用。

诉讼中,针对被告的医疗行为是否存在医疗过错等问题原告申请司法鉴定,根据双方当事人的选择,本院先委托西南司法鉴定中心进行鉴定,该鉴定中心以

"'躯体形式障碍'属心理障碍,目前发病原因不明"为由不予受理,嗣后本院就鉴定事宜又联系内江协力司法鉴定中心,该中心也以无法鉴定为由不接受委托。

上述事实,有原告在被告处的住院病历七套,门诊病历一套,出院证明书三张,住院费结算票据、门诊票据、药店发票各一组,以及鉴定退案通知、询问笔录、调查笔录、庭审笔录等证据证实,足以认定。

本院认为:本案的争议焦点是被告对原告实施的医疗行为是否存在过错,如存在过错,其过错行为与原告的"躯体形式障碍"症状有无因果关系。结合本案事实看,2011 年 3 月 28 日原告因上腹痛 4 个多月入被告消化内科住院治疗,入院诊断:1. 功能性消化不良。2. 双肾多发性小囊肿。被告医生对原告进行的胃镜检查提示:食管正常;慢性浅表性胃炎伴胆汁反流;胃底压迹待查;球部及降段正常。在此基础上,被告医生根据原告此前长期患有慢性胃炎,现反复上腹痛,胃镜提示胃底压迹待查的情况,做出"消化道肿瘤?暂不能排除此症可能性"的诊断,同时还写明了需完善相关辅查予以明确的处理方案。在整个诊断过程中,被告医生对原告是否患有消化道肿瘤只是一种怀疑,并非确诊,同时通过进一步的多普勒超声、CT 等检查手段,确诊了原告患有功能性消化不良和双肾多发性小囊肿,并未确诊原告患有消化道肿瘤。而且,被告在 2011 年 4 月 2 日原告出院的证明书上写明的出院诊断是:①功能性消化不良;②双肾多发性小囊肿。出院医嘱:①保持心情愉快;②避免焦虑;③门诊随访。也可以视为被告已排除了此前对原告做出的消化道肿瘤怀疑性诊断,所以,被告医生的上述诊断过程是符合医学科学认知规律的,不存在违反诊疗护理规范、常规的行为。至于原告诉称 2011 年 3 月 28 日被告医生在对原告做胃镜检查时,因没有操作经验,在操作中把整个胃用气充胀,导致胃壁抵在腹腔脏器上而显示巨大压迹,由此造成原告非常焦虑直至躯体形式障碍的主张,本院进一步认为,本案中没有证据证明被告医生当日在向原告胃腔注入气体的过程中,操作不当或违反了医疗规范,即使是因注入空气导致了"压迹",也不能由此认定被告医生的操作违反了诊疗规范,而且,被告医生在报告单上写明的也是"压迹待查",所以,如果据此认定被告的检查诊疗行为造成了原告非常焦虑甚至躯体形式障碍,依据明显不足并且也不合常理。因此,原告的这一主张不能成立。

综上,根据《中华人民共和国侵权责任法》第五十四条的规定,患者在诊疗活动中受到损害,医疗机构及其医务人员有过错的,由医疗机构承担赔偿责任。本案中,没有证据证明被告在对原告实施的诊疗过程中存在过错,故对原告要求被告承担赔偿责任的主张应当不予支持。同时,鉴于被告在诉讼中表示无论是判决还是调解,被告基于人道主义都自愿补偿原告 3000 元,这是当事人对自己权利的合法处分,应当予以支持。为依法保护当事人的合法权益,依照《中华人民共和国民事诉讼法》第十三条、第六十四条(第一款、第三款),《最高人民法院关于民事诉讼证据的若干规定》第二条之规定,判决如下:

一、被告L市医学院附属医院在本判决生效之日起十日内,向原告甲支付补偿款三千元。

二、驳回原告甲的其他诉讼请求。

如果被告未按本判决指定的期限履行给付金钱义务,依照《中华人民共和国民事诉讼法》第二百二十九条之规定,加倍支付迟延履行期间的债务利息。

本案案件受理费一百五十元,由原告承担。

如不服本判决,可在判决书送达之日起十五日内,向本院递交上诉状,并按对方当事人的人数提出副本,上诉于A省L市中级人民法院。

审　判　员　张　某
二〇一二年七月十九日
书　记　员　李　某

四、模拟训练的目的、重点和难点

(一)模拟训练的目的

本案涉及患者在诊疗活动中受到损害,医疗机构及其医务人员有过错的,是否由医疗机构承担赔偿责任的问题。根据《侵权责任法》第五十四条的规定:"患者在诊疗活动中受到损害,医疗机构及其医务人员有过错的,由医疗机构承担赔偿责任。"此条明确规定了医疗损害赔偿责任的归责原则是过错原则。通过本案例的模拟,要让学生掌握的是对医疗损害案件中的医疗行为是否存在过错的初步判断,以及对医疗行为与损害结果之间是否具有因果关系的认定。

(二)重点和难点

1. 对《侵权责任法》第五十四条、第五十八条、第六十条的理解和运用。

2. 医疗损害中"过错"的认定标准。

3. 医疗损害责任因果关系的认定。

实验案例五

一、基本案情

患者张顺某因主诉晕厥半小时就诊于L市医学院附属医院急救中心。当日17时10分,张顺某转入L市医学院附属医院心内科住院治疗,并于当日17时30分行急诊PCI支架置入术。当日21时13分,医院宣布张顺某临床死亡。

张顺某的家属认为，医院在此时间中存有医疗上的严重过错：1.此类高危病人术后应休息，不宜在心率、血压等生命体征严重不正常的情况下进行远距离搬运。2.对此类高危病人术后应有主治医师、麻醉师等医务人员的护送和观察治疗。3.此类高危病人术后应进入重症监护室观察治疗。4.普通病房没有有效的抢救措施和观察治疗，应送入重症监护室观察。患者进入病房后无主治医生在旁观察治疗，病情加重后护士电话通知主治医生，延误了最佳抢救时机。据此，诉请被告赔偿死亡赔偿金、丧葬费、精神损害抚慰金、误工费、交通费、鉴定费共计175672.2元。

医院认为，医院在对张顺某的治疗中认真履行医疗原则及规程，严格按医疗程序规范操作，诊断明确，手术指征、方式恰当。患者呼吸循环衰竭死亡系病情太重所致，是难以避免的死亡。医院对张顺某病情的严重性进行了及时准确的沟通，病历记录及时准确。医院无医疗过错行为，不应承担赔偿责任，应依法驳回原告的诉讼请求。

二、证　据

（一）原告方的证据清单

证据内容	证明目的
证据一：四原告的身份证、常住人口登记卡及死者张顺某的户口注销证明	用以证明四原告的诉讼主体资格及死者属城镇户口
证据二：原告张建梅的结婚证、北京市天际映象文化传播有限公司证明	用以证明原告奔丧产生的交通费及误工费
证据三：L市西华法医学鉴定中心鉴定书及鉴定费发票	用以证明被告的医疗行为存在过错，应承担60%的赔偿责任并承担鉴定费

（二）被告方的证据清单

证据内容	证明目的
证据一：被告医生朱华、李慧到庭陈述	用以证明张顺某的病情死亡率非常高，被告对其实施的手术很成功，当天重症监护室已住满
证据二：张顺某的住院病历、CCU病室工作日志	用以证明被告针对死者的病情及风险向死者的家属做了充分告知
证据三：患者费用清单及说明	用以证明医院在张顺某欠费的情况下对死者用尽了所有监护措施且及时进行了抢救
证据四：L市西华法医学鉴定中心鉴定书	用以证明鉴定书是根据张顺某家属陈述出具的，部分内容不真实

三、判决文书

西川省L市湖阳区人民法院
民事判决书

〔2010〕湖阳民初字第×号

原告:秦某,女,1950年12月23日出生,汉族,身份证住址:L市湖阳区稻子田巷4号楼1单元6号。

原告:张建某,男,1972年4月14日出生,汉族,身份证住址:L市湖阳区稻子田巷4号楼1单元6号。

原告:张梅某,女,1973年11月19日出生,汉族,身份证住址:L市湖阳区稻子田巷4号楼1单元6号。

原告:张春某,男,1975年7月23日出生,汉族,身份证住址:L市湖阳区稻子田巷4号楼1单元6号。

四原告的委托代理人:杨某,西川能达律师事务所律师。

四原告的委托代理人:李某1,西川能达律师事务所实习律师。

被告:L市医学院附属医院。住所地:L市湖阳区太平街25号。

法定代表人:李某2,院长。

委托代理人:李某3,该院医教科科长。

委托代理人:余某,该院心内科副主任。

原告秦某、张建某、张梅某、张春某诉被告L市医学院附属医院医疗损害赔偿纠纷一案,本院于2009年9月20日受理后,依法由审判员胡某适用简易程序公开开庭进行了审理。原告张建某、张春某及四原告的委托代理人杨某、李某1,被告的委托代理人李某3、余某到庭参加诉讼。本案现已审理终结。

原告诉称:张顺某于2010年7月22日下午因病入被告处就医,诊断为"急性下壁心肌梗死,III度房室传导阻滞"。被告医生为张顺某施心脏支架手术治疗后,医生告知手术很成功,但心率过快,已用药降缓,并随即安排一名护工将张顺某远距离送入三人间普通病房,途中未输氧。进入病房后张顺某病情突然加剧,半小时内猝死。原告认为,被告在医疗上存在过错:此类高危病人术后应休息,不宜在心率、血压等生命体征严重不正常时进行远距离搬运;应有主治医师、麻醉师等的护送和观察治疗;应送入重症监护室观察。张顺某进入病房后无主治医生在旁观察治疗,病情加重后护士电话通知主治医生,延误了最佳抢救时机。据此,诉请被告赔偿死亡赔偿金、丧葬费、精神损害抚慰金、误工费、交通费、鉴定费共计175672.2元。

被告辩称:被告在对张顺某的治疗中认真履行医疗原则及规程,严格按医疗程序规范操作，诊断明确，手术指征、方式恰当。患者呼吸循环衰竭死亡系病情太重所致，是难以避免的死亡。被告对患者病情的严重性进行了及时准确的沟通，病历记录及时准确。被告无医疗过错行为，不应承担赔偿责任，应依法驳回原告的诉讼请求。

原告针对其主张提交了以下证据：①四原告的身份证、常住人口登记卡及张顺某的户口注销证明，用以证明四原告的诉讼主体资格及张顺某属城镇户口。②原告张梅某的结婚证、甲市天际映象文化传播有限公司证明，用以证明原告奔丧产生的交通费及误工费。③L市西华法医学鉴定中心鉴定书及鉴定费发票，用以证明被告的医疗行为存在过错，应承担60%的赔偿责任并承担鉴定费。

被告针对其诉讼主张提交了以下证据：被告医生朱某、李某到庭陈述，张顺某的住院病历，CCU病室工作日志，患者费用清单及说明，L市西华法医学鉴定中心鉴定书。用以证明：张顺某的病情死亡率非常高，被告对其实施的手术很成功，当天重症监护室已住满；被告针对患者的病情及风险向患者家属做了充分告知，并在患者欠费的情况下对患者用尽了所有监护措施且及时进行了抢救；鉴定书是根据患者家属陈述出具的，部分内容不真实。

经审理查明，原、被告提交的上述证据中除张梅某的结婚证外，其余均来源合法、客观真实、与本案关联，且部分证据间能相互印证，依法应当采纳。其中虽有部分属复印件，但或能与原件核对，或当事人并无异议，故不影响采纳。结婚证与本案待证事实缺乏关联性，依法不应当采纳。原、被告提交的鉴定书均属本院依法委托L市西华法医学鉴定中心出具的同一份鉴定，质证中，被告申请对该鉴定意见予以重新鉴定，但未举出有效证据证明其申请符合重新鉴定的法定情形，并且，针对被告就鉴定提出的主要问题本院要求鉴定机构做进一步说明，鉴定机构也进行了回复，据此，对被告申请重新鉴定本院依法不予准许。根据采纳的证据并结合庭审调查情况，可以认定以下案件事实：

2010年7月22日下午4时25，张顺某因主诉晕厥半小时就诊于被告急救中心，急诊诊断：心律失常。处理意见：吸氧，心电监护，转心内科治疗。当日17时10分，张顺某转入被告心内科住院治疗，入院诊断及诊断依据：1. 冠心病（下壁心肌梗死），患者有高血压史，突发胸闷、胸痛、心悸，心电图提示下壁心肌梗死及前壁梗死。2. Ⅲ°AvB，交界性复搏心律，频发室早、短阵性室性心动过速。3. 心源性休克。鉴别诊断：需与肺动脉栓塞和主动脉夹层相鉴别。诊疗计划：予以急PCI治疗，抗凝、抗血小板、升压、抗心律失常等治疗。当日17时30分PCI术前医患沟通记录：诊断为下壁心肌梗死，予以行急诊PCI支架置入术，现告知患者术中可能出现的情况：低血压、动脉损伤、心脏损伤、心源性休克、猝死等。

当日对张顺某的手术记录：穿刺右股静脉，植入起搏电极至右室心尖部行保护性起搏，穿刺右股动脉，植入动脉鞘管，注入肝素 3600u，硝酸甘油 200ug，送造影管至左右冠脉开口，注入造影剂。结果提示：前降支近中段弥漫性长病变，最严重达到 95%以上，右冠远段完全闭塞，追加低分子肝素钠 0.6ml，送 IR 3.5 指引管至右冠开口，在 BMW 导丝下送 2.0×20m 球囊至病变处扩张，送 Firebirdz 2.5×23mm 支架至病变处，14atm 释放支架，狭窄消失，16atm 后扩张，造影见狭窄消失，TIMI 血流 3 级，撤除指引导管后，送入 JL 4.0 指引导管，BMW 导丝引导至前降支近中段 2.0×20mm 球囊预扩后，植入 3.0×33mm Firebirdz 支架，12atm 预扩后，稍后撤球囊，16atm 后扩张，造影狭窄消失，TIMI 血流 3 级，拔管拔鞘，压迫止血，加压包扎。术后医嘱：1. 平卧休息，右下肢制动 24h。2. 心电监护 48h。3. 低盐低脂饮食，阿司匹林 0.1 9d，氯吡格雷 75mg 9d，坚持服用 1 年以上。当日抢救记录：患者于 19 时 20 分突然出现心悸，心电监护示宽 QRS 心动过速，心率 160 次/分，考虑室性心动过速，立即予胺碘酮 150mg iv 推注，并以胺碘酮静滴维持（术前已用），心率降至 150 次/分，BP 109/60mmhg。向患者家属交代，患者病变血管已开通，现出现室速，患者病情仍然危重，随时可能出现生命危险，家属表示理解，愿配合治疗，送患者回病房。当日手术护理记录：手术结束时间 19 时 48 分；术毕于 19 时 48 分离开手术室（保留临时起搏器）。当日临床护理记录：20 时 00 分患者术后回病房，术侧敷料干燥，压迫止血，平卧休息，心电监护提示窦律，律齐，持续高流量吸氧，输液畅，四肢冰冷。当日抢救记录：患者于 20 时 13 分突然出现呼吸减慢，立即予人工球囊辅助呼吸及可拉明、洛贝林治疗，逐出现呼吸停止，心音未闻及心电监护提示起搏心律，立即予心脏心外按压，同时反复予肾上腺素、多巴胺、可拉明、洛贝林等积极抢救后，自主心跳呼吸仍未反应，血压监测不出，双侧瞳孔散大固定，心电监护提示一直线，于当日 21 时 13 分宣布临床死亡。

被告对张顺某死亡病例的讨论记录：关于患者死亡原因可能有以下几点：①该患者心肌梗死范围大，心功能差，Ⅲ° AvB 发生心源性休克。心肌梗死后原发性心律失常不能排除；②术中患者因入院前大量饮酒，出现剧烈呕吐，不能排除有吸入异物，入肺引起窒息的可能；③患者因突发剧烈呕吐，丧失大量电解质，可能因电解质紊乱诱发心律失常；④因该患者有高血压病史，突发胸痛，不排除有主动脉夹层的可能，但术中胸主动脉、腹主动脉均未见异常，故可能性不大。

L 市西华法医学鉴定中心鉴定分析说明：根据送检材料，张顺某因“突发胸闷、心慌 2 小时”于 2010 年 7 月 22 日 17 时 10 分入住 L 市医学院附属医院，入院前曾有晕厥，入院后有低血压。根据病史、症状、ECG、心肌损伤标志物等表现符合急性 sT 段抬高心肌梗死伴三度房室传导阻滞诊断，故 L 市医学院附属医院对其诊断依据明确，诊断正确。L 市医学院附属医院对患者采取急诊冠状动脉介入治疗符合目前医疗常规。根据提供的光盘资料可见患者右状动脉远端完全闭塞,前降支重度狭窄伴血栓影像。造影结果符合急性心肌梗死诊断,不支持合并右室梗死。L市医学院附属医院对患者进行了临时起搏器植入,右冠状动脉远端级前降支近中段植入支架,光盘资料见右冠状动脉开通,远端血流恢复,前降支近端重度狭窄解除,两处支架扩张良好,支架安置效果比较满意。根据病历中提供的资料,术前及术中使用的药物符合目前临床使用常规,无明显不当。据送检病历记录,患者在术后送回病房,患者家属述患者在术后被送回普通病房,按常规,患者在术后应送回监护病房(ICU或CCU),以利于术后观察及救治。据此,出具鉴定意见:L市医学院附属医院对张顺某实施的医疗行为中存在术后将患者未及时送回监护病房的过错,该过错与患者死亡有一定因果关系,其参与度约30%。

L市西华法医学鉴定中心针对被告提出的主要问题的回复:①鉴定书中所述常规是指在通常的情况下应该这样做。在行有创检查或治疗后,常规应在检查地或治疗地观察20分钟左右,如病人安好,可送回病房。一般情况下,术后病员应送回ICU病房,每一系统疾病病房都设有自己的ICU病房,就是为这一目的。②鉴定书中认为院方手术成功,但监护不到位,因未行尸体解剖,故无法确定患者的死亡原因。

审理中同时查明:死者张顺某出生于1947年3月22日,生前系城镇居民,原告秦某系其妻,原告张建军、张春某、张梅某系其子女。张梅某的工作地在深圳市。

本院认为:结合张顺某的病例资料和鉴定机构的分析意见,可以认定被告对张顺某实施的病情诊断及手术治疗均符合诊疗规范。但是,相关证据也证实,张顺某在手术过程中已出现危险情况,且被告采取了抢救措施后患者仍然病情危重,随时可能出现生命危险,在此情况下,鉴定机构提出的"按常规患者在术后应在检查地或治疗地观察20分钟左右""患者在术后应送回监护病房(ICU或CCU)"的分析意见应当予以采纳。审理查明的事实显示,被告对张顺某的手术治疗结束后并未将张顺某留在原地观察一段时间,而是很快就送回了普通病房,而非(ICU或CCU)监护病房,并且,被告也未举出足够证据证明其监护病房床位已住满。因此,对鉴定机构出具的"L市医学院附属医院对张顺某实施的医疗行为中存在术后将患者未及时送回监护病房的过错,该过错与患者死亡有一定因果关系,其参与度约30%"的鉴定意见应当采纳,被告依法应当对原告承担相应的赔偿责任。

关于被告主张,其对张顺某治疗属紧急情况下的抢救,即使不在监护病房也对其实施了最好医疗条件下的最好监护,所以被告不应当承担赔偿责任。本院认为，医院设置监护病房的目的在于对危重病人进行有效抢救，监护病房的抢救设备及抢救措施与普通病房显然存在区别，被告对张顺某实施的诊断及手术行为虽属紧急情况下的抢救，但在手术完成后被告对患者实施的护理监护显然存在一定缺陷，即“未留原地观察一段时间”及“未送(ICU或CCU)监护病房”。据此，对被告的上述主张应当不予支持。

关于原告在本案中属于赔偿范围的损失，根据《中华人民共和国侵权责任法》第十六条的规定“侵害他人造成人身损害的，应当赔偿医疗费、护理费、交通费等为治疗和康复支出的合理费用，以及因误工减少的收入。……造成死亡的，还应当赔偿丧葬费和死亡赔偿金”，同时结合四川省有关统计数据和有关民事法律政策以及原告的诉请，可以做如下确定：①原告办理张顺某丧葬事宜支出的交通费和误工损失等合理费用，按3人5天确定。其中，原告虽然未提供交通费相关票据，但办理丧事产生交通费属常理，且其中一名原告在外地工作，故酌定为1000元；误工费60元/天×5天×3人＝900元；②丧葬费。依法确定为23191元/年÷12个月×6个月＝11595.5元；③死亡赔偿金。确定为13904元/年×17年＝236368元；④精神损害抚慰金。由于对死亡赔偿金已按城镇居民标准考虑，故确定为20000元；⑤鉴定费。属查明案情必须支出的费用，确定为5000元。各项金额合计274863.5元，被告应承担其中30％的部分，即82459.05元。

综上，为依法保护当事人的合法权益，依照《中华人民共和国侵权责任法》第十六条、第五十四条，《最高人民法院关于民事诉讼证据的若干规定》第二条之规定，判决如下：

一、被告L市医学院附属医院在本判决生效之日起十日内，向原告秦某、张建某、张梅某、张春某赔付交通费、误工费、丧葬费、精神损害抚慰金、鉴定费共计八万二千四百五十九元五分。

二、驳回原告秦某、张建某、张梅某、张春某的其他诉讼请求。

如果被告未按本判决指定的期限履行给付金钱义务，依照《中华人民共和国民事诉讼法》第二百二十九条之规定，加倍支付迟延履行期间的债务利息。

本案案件受理费三千八百一十三元，由四原告共同承担一千九百零七元，由被告承担一千九百零六元。

如不服本判决，可在判决书送达之日起十五日内，向本院递交上诉状，并按对方当事人的人数提出副本，上诉于西川省L市中级人民法院。

审　判　员　胡　某

二〇一一年四月十四日

书　记　员　李杨某

四、模拟训练的目的、重点和难点

（一）模拟训练的目的

本案涉及医疗损害中司法鉴定的认定问题。司法鉴定，也称医疗过错鉴定，是指人民法院在受理的医疗损害赔偿纠纷案件中，依据职权或应医患任何一方当事人的请求，委托具有专门知识的人或机构对患者所诉医疗损害结果与医疗方过错有无因果关系等专门性问题进行分析、评定和判断，从而为诉讼案件的公正裁判提供科学依据的一项科学诉讼活动。因此，通过本案例的模拟，要让学生掌握的是医疗损害案件中的证明对象有哪些，以及如何对鉴定意见进行质证和认定。

（二）重点和难点

1.医疗过失、医疗人身损害赔偿的因果关系。

2.医疗损害中的归责原则、举证责任分配问题。

3.对司法鉴定意见质证和认定问题的掌握。

第二节　医疗合同纠纷

示范案例

一、基本案情

患者王琳某系雷祥某之妻，雷振某、雷莉某之母。2010 年 4 月 6 日，王琳某因前夜呕吐、胸闷、意识丧失摔倒伴大小便失禁，晨起仍感恶心、呕吐，到中日医院急诊就诊，之后入院治疗。2012 年 1 月 25 日 11 时 8 分，王琳某在长期治疗后死于中日医院。

雷振某、雷奇某、雷莉某一共只交纳了预付款 45000 元，除 2010 年医疗保险支付部分医疗费外，尚欠中日医院医疗费 1345944.23 元，现中日医院诉至法院，请求法院判决雷振某、雷奇某、雷莉某连带支付上述医药费的 60%，即 807566.54元。

二、证　据

（一）原告方的证据清单

证据内容	证明目的
证据一：王琳某在中日医院的病历	证明2010年4月6日至2012年1月25日期间，王琳在中日医院就医
证据二：王琳某在中日医院的费用清单	证明患者欠中日医院医疗费1345944.23元

（二）被告方的证据清单

证据内容	证明目的
证据一：〔2012〕朝民初字第21302号民事判决书	证明中日医院主张的医疗费系因其医疗过错行为产生的，并非王琳某正常就医产生的费用，不应由患方承担
证据二：北京明正司法鉴定中心司法鉴定意见书	证明患者死亡的后果与医方的医疗过错之间存在一定的因果关系

三、庭审操作示例

甲市C人民法院
民事审判庭笔录

时间：2014年8月5日

地点：第二审判庭

审判长：杨某

审判员：李某

审判员：刘阳某

书记员：宋某

案由：医疗服务合同纠纷

根据《中华人民共和国民事诉讼法》第一百三十七条之规定，核对当事人和其他诉讼参与人情况：

上诉人：雷振某，男，1963年5月30日出生。

委托代理人：陈广某，甲市天睿律师事务所律师。

上诉人：雷祥某，男，1937年1月31日出生。

委托代理人：陈广某，甲市天睿律师事务所律师。

上诉人：雷莉某，女，1973年3月3日出生。

委托代理人：陈广某，甲市天睿律师事务所律师。

被上诉人:中日友好医院。住所地:甲市朝阳区樱花园东街。

法定代表人:许强某,院长。

委托代理人:尹小某,甲市融道律师事务所律师。

根据《民事诉讼法》第一百三十七条第一款之规定,宣布出庭纪律。

(1)诉讼参与人和旁听人员均应服从审判长指挥。

(2)诉讼参与人在开庭审理期间要求发言、提问、陈述、辩论,需经审判长许可。

(3)开庭期间,不准随便走动、吸烟和随地吐痰,不准鼓掌喧哗和妨碍审判活动的正常进行。

(4)未经许可不准录音、录像,请各方当事人和旁听人员关闭通讯工具。

(5)旁听人员不准进入审判区,不准发言提问,如对审判活动有意见,可在休庭后书面向法庭提出。

(6)对违反法庭纪律不听制止者,审判长有权根据情节予以训诫或责令退出法庭。

(7)庭审期间,因事需暂时离庭的诉讼参与人应报告审判长,经同意方可离庭。

审判长:根据《民事诉讼法》第一百六十九条之规定,甲市C人民法院民事审判第二庭现对上诉人雷振某、雷祥某、雷莉某与被上诉人中日友好医院(以下简称中日医院)医疗服务合同纠纷一案进行公开审理。现在宣布开庭,庭前书记员已核对了各方当事人出庭人员的身份,各方当事人对对方出庭人员的资格有无异议?

上诉人:无。

被上诉人:无。

审判长:各方当事人对对方出庭人员均表示无异议,经本庭核对,各方出庭人员均符合法律规定,可以参加本案的诉讼活动。

审判长:本合议庭由审判员杨某、李某、刘阳某组成,由杨某担任审判长,书记员宋某担任法庭记录。

根据《民事诉讼法》第四十四条、第四十五条之规定,当事人对上述人员有申请回避的权利,但应当说明理由,各方当事人是否申请回避?

上诉人:不申请。

被上诉人:不申请。

审判长:各方当事人是否于开庭三日前收到开庭通知?

上诉人:收到。

被上诉人:收到。

审判长：当事人的其他诉讼权利义务已在庭前告知双方当事人，在此不再重申。下面由主审法官主持法庭调查。

审判长：现在进行法庭调查。首先由上诉人陈述上诉理由和请求。

上诉人：略，详见上诉状。

审判长：被上诉人进行答辩。

被上诉人：详见答辩状。

审判长：根据上诉人陈述的上诉和被上诉人的答辩，法庭归纳本案的争议焦点为：王林某在中日医院治疗期间产生的医疗费用由谁承担？上诉人对法庭归纳的争议焦点有无异议或补充？

上诉人：没有。

审判长：被上诉人对法庭归纳的争议焦点有无异议或补充？

被上诉人：没有。

审判长：下面的法庭调查就围绕以上争议焦点进行。根据法律规定，当事人可以在二审中提交新的证据。上诉人有无二审新证据需要向法庭提交？

上诉人：没有。

审判长：被上诉人是否有二审新证据需要向法庭提交？

被上诉人：没有。

审判长：根据法律规定，在庭审过程中当事人可以就案件的事实问题进行互相发问。有无问题发问？

上诉人：对方医院是否承认所谓的医疗费是在医院将王林某治成植物人状态后产生的？

被上诉人：王林某住院期间一共只交纳了预付款45000元，除2010年医疗保险支付部分医疗费外，尚欠中日医院医疗费1345944.23元。上述事实有住院病历、费用清单证明。

上诉人：这些费用都是误诊误治的结果，应当由中日医院全部承担，不应由我方承担。关于医疗损害在〔2012〕朝民初字第21302号判决中已有认定。

被上诉人：判决书中确认的是医疗损害赔偿，拖欠医疗费与医疗损害赔偿是两个问题，患者住院接受治疗就应当支付相应的医疗费用。

审判长：刚才双方当事人已陈述了详尽的代理意见，合议庭成员也认真地予以听取，法庭辩论终结。根据《民事诉讼法》第一百四十一条的规定，法庭辩论终结后当事人可以陈述最后意见。上诉人陈述最后意见。

上诉人：中日医院主张的医疗费系因其医疗过错行为产生的，并非王林某正常就医产生的费用，原审法院将鉴定意见直接作为判案依据将上述医疗费由双方分担，认定事实错误，判决不公。请求撤销原审判决，依法改判。

审判长:被上诉人陈述最后意见。

被上诉人:请求驳回上诉,维持原判。

审判长:根据《民事诉讼法》第一百四十二条的规定,法庭辩论结束后,可以进行调解。上诉人是否同意调解?

上诉人:不同意。

审判长:被上诉人是否同意调解?

被上诉人:同意。

审判长:鉴于上诉人明确表示不同意调解,法庭不再为双方当事人主持调解。合议庭将对本案进行评议后择日宣判。当事人签阅庭审笔录,如有错漏可申请予以补正。休庭。

四、判决文书

甲市C人民法院

民 事 判 决 书

〔2014〕三中民终字第×号

上诉人(原审被告、反诉原告)雷振某,男,1963年5月30日出生。

委托代理人陈广某,甲市天睿律师事务所律师。

上诉人(原审被告、反诉原告)雷祥某,男,1937年1月31日出生。

委托代理人陈广某,甲市天睿律师事务所律师。

上诉人(原审被告、反诉原告)雷莉某,女,1973年3月3日出生。

委托代理人陈广某,甲市天睿律师事务所律师。

被上诉人(原审原告、反诉被告)中日友好医院,住所地:甲市朝阳区樱花园东街。

法定代表人许强某,院长。

委托代理人尹小某,甲市融道律师事务所律师。

上诉人雷振某、雷祥某、雷莉某因与被上诉人中日友好医院(以下简称中日医院)医疗服务合同纠纷一案,不服甲市朝阳区人民法院〔2013〕朝民初字第24896号民事判决,向本院提起上诉。本院依法组成合议庭审理了本案,现已审理终结。

中日医院于2013年6月诉至原审法院称:患者王林某系雷祥某之妻,雷振某、雷莉某之母。2010年4月6日至2012年1月25日期间,王林某因夜间呕吐出现胸闷,后意识丧失摔倒,伴大小便失禁,在中日医院住院治疗。入院诊断:休克原因待查,感染中毒性休克,高血压病,2型糖尿病,天疱疮,肾功能不全原因待查,右股骨干头置换术后,椎管肿物切除术后。中日医院本着人道主义精神,在雷振某、雷祥某、雷莉某拖欠巨额医疗费的情况下积极予以治疗，但由于王林某基础疾病较多，于 2012 年 1 月 25 日医治无效，宣布临床死亡。雷振某、雷祥某、雷莉某一共只交纳了预付款 45000 元，除 2010 年医疗保险支付部分医疗费外，尚欠中日医院医疗费 1345944.23 元，现中日医院诉至法院，请求法院判决雷振某、雷祥某、雷莉某连带支付上述医药费的 60%，即 807566.54 元。

雷振某、雷祥某、雷莉某共同辩称：王林某的死亡是中日医院医疗过错所致，这在原告方起诉中日医院医疗损害责任一案中，已有北京明正司法鉴定中心的鉴定意见予以支持。王林某因腹泻入院，先后诊断为心源性休克、脓毒症，最后因中日医院误用未经过敏试验的头孢类药物导致过敏性休克，未及时救治导致植物人状态，直至死亡。本案所涉及的医疗费用均系王林某成为植物人后所产生的费用，系医院过错导致产生的费用，所有这些费用都是误诊误治的结果，不应由原告方承担。因此，不同意中日医院的诉讼请求。

雷振某、雷祥某、雷莉某反诉称：2010 年 4 月 6 日王林某因急性腹泻（夜间有短暂休克）住进中日医院，住院时神志清楚，是自己走进医院的。由于院方的医疗过错，四天后王林某成为植物人，一直延续到 2012 年 1 月 25 日最终死亡。所谓的医疗费也是在中日医院将王林某治成植物人后产生的，中日医院明知自己有过错，强行要求患者家属为其错误埋单，这叫胡搅蛮缠、厚颜无耻。在王林某住院期间，原告在还没有了解到中日医院的医疗过错这么严重的情况下，预付了 45000 元医药费，现反诉请求法院判决中日医院返还 45000 元。

中日医院对雷振某、雷祥某、雷莉某的反诉辩称：中日医院主张的医疗费欠费是除去雷振某、雷祥某、雷莉某已经交纳的 45000 元预付款和社保报销部分后，患方仍然欠付的数额。不同意雷振某、雷祥某和雷莉某的反诉请求，应当按照医疗损害责任中得出的责任程度计算双方各自应当负担的医疗费数额。

原审法院经审理查明：雷祥某与雷振某、雷莉某系父子关系，雷祥某之妻即雷振某、雷莉某之母为王林某，1941 年 9 月 20 日出生。2010 年 4 月 6 日 14:30 王林某因前夜呕吐、胸闷、意识丧失摔倒伴大小便失禁，晨起仍感恶心、呕吐，到中日医院急诊就诊，之后入院治疗。2012 年 1 月 25 日 11 时 8 分，王林某在长期治疗后死于中日医院，死后未尸检，尸体停放于中日医院。

2012 年 5 月，雷祥某和雷振某首先起诉到法院，随后雷莉某被追加为共同原告。经雷振某、雷祥某、雷莉某、中日医院共同选择，由北京明正司法鉴定中心首先对王林某进行尸检，明确死亡原因，再由该鉴定中心对中日医院的诊疗行为是否存在过错、如存在过错是否和患者死亡后果有因果关系及参与度进行司法鉴定。

2012 年 11 月，北京明正司法鉴定中心完成尸检和死亡原因确定。结论是：

①对被鉴定人王林某行尸表及解剖,除尸表皮肤有破溃外,均未见其他损伤,舌骨及甲状软骨完好,故可排除机械性损伤致死。②被鉴定人主支气管入口处管腔内游离棉团各一枚,管腔堵塞较为严重,若是生前吸入,会立即出现症状,甚至来不及抢救而窒息死亡,但根据被鉴定人生前影像学资料、死亡经过及尸体解剖所见,均不支持窒息死亡特征,结合尸检见该棉团游离状,其颈前气管切口内亦见棉团堵塞,因此推断气管内棉团可能是在尸体处理过程中形成的。③根据常见毒、药物检测结果:被鉴定人王林某的心血中除检出一定量乙醇外,未检出其他毒物,且乙醇量未达到中毒量,因此可排除常见毒物中毒死亡。④根据病历记载,被鉴定人王林某 2010 年 4 月 6 日以休克原因待查入院治疗,临床考虑感染性休克,予抗感染、补液等治疗。2010 年 4 月 10 日突然出现氧饱和度明显下降、血压测不出、心率下降症状,立即心肺复苏,行气管插管,呼吸机辅助呼吸并转入 ICU 治疗。经神经内科会诊考虑缺血缺氧性脑病,并长期处于植物生存状态,后多次发生肺部感染、泌尿系感染、血行感染,细菌培养为泛耐药细菌,后期出现肾功能逐渐恶化,行血液净化治疗,终因治疗无效死亡。此次尸检病理学检见双肺支气管肺炎,肺水肿,骶部褥疮多器官萎缩伴淤血表现,因此,综合分析认为其死亡原因符合小叶性肺炎伴多脏器萎缩,功能衰竭而死亡。

2013 年 5 月,北京明正司法鉴定中心就中日医院的诊疗行为是否存在过错、如存在过错是否和患者死亡后果有因果关系及参与度出具鉴定意见。

就医方的医疗行为是否存在过错的问题,结论是:①医方于 2010 年 4 月 10 日到 11 日应用头孢哌酮舒巴坦钠治疗,2010 年 4 月 10 日 9:00 临时医嘱中下达"注射用头孢哌酮舒巴坦钠原野皮试"的医嘱。但听证会上经与一方共同核对病历后,确认未找到(头孢哌酮舒巴坦钠)皮试结果,不能确证在为患者用药前做过药物过敏试验。既往青霉素过敏试验阳性不是应用相关抗生素(头孢哌酮舒巴坦钠)的禁忌,患者存在临床需要时可谨慎重复青霉素皮试之后,在观察中使用。头孢哌酮舒巴坦钠中的舒巴坦属青霉素类药物,医方在缺少头孢哌酮舒巴坦钠皮试结果(最可靠的还是青霉素皮试阴性结果)的情况下,即应用头孢哌酮舒巴坦钠的医疗行为违反了相关规定,存在医疗过错。②患者的休克的问题,患方提出是头孢哌酮舒巴坦钠过敏,医方未按药物过敏性休克抢救,没有明确诊断药物过敏性休克,医方认为在用药前已经存在,与用药无关。病历材料显示患者于 2010 年 4 月 10 日 16:20 第二次使用头孢哌酮舒巴坦钠(舒普深)10 分钟后出现胸闷、憋气、寒战、双肺喘鸣音,16:47 血氧饱和度下降至 39%,心率随之逐渐下降,血压下降不能、测不出等症状。上述症状在用药过程中发生,故不能排除头孢哌酮舒巴坦钠(舒普深)引发药物过敏反应的可能性。药物过敏反应促进和加重了病情发展,患者最终因缺血缺氧性脑病导致植物状态。3.关于医方称患者后又于2010年4月19日、5月4日、6月15日、10月14日多次应用新瑞普欣(头孢哌酮舒巴坦钠)均未出现过敏反应,不支持患者病情变化系头孢哌酮舒巴坦钠(舒普深)过敏所致,鉴定认为未发生上述不良反应的原因可能是:(1)医方后续治疗中使用的是“新锐普欣”而不是原“舒普深”,两者虽为同一通用名(头孢哌酮舒巴坦钠)的药品,但不是同一厂家生产的。改变厂家后的同种药品,可能不引发(或引发)上述不良反应,在临床应用中也不少见。比如目前使用青霉素时规定,更换药品批号、厂家时均需重新做皮试。因此,患者在2010年4月19日、5月4日、6月15日、7月15日、10月14日多次用“新锐普欣”未发生过敏反应,反证2010年4月10日应用“舒普深”未引起过敏反应的理由欠妥。(2)患者处于缺血缺氧性脑病、持续性植物状态,可能改变了患者与药物间的变应性关系,使患者处于低或非变应反应期(非活动期)而不发生上述过敏反应。

就医疗过错与损害后果之间是否存在因果关系及其参与度的问题,结论是,患者因“休克原因待查”在医方救治的过程中,医方存在:(1)已知患者既往青霉素过敏试验阳性,在缺少头孢哌酮舒巴坦钠皮试结果的情况下,使用头孢哌酮舒巴坦钠的医疗过错。(2)在使用头孢哌酮舒巴坦钠后,患者病情恶化时,医方存在病历书写不完整的医疗过错,该过错导致本次鉴定不能排除患者病情恶化与过敏性休克(舒巴坦)相关。医方上述医疗过程促进和加重了病情发展,患者因缺血缺氧性脑病导致植物状态,最终因小叶性肺炎伴多脏器萎缩,功能衰竭死亡,这与医方的医疗过错之间存在一定的因果关系,参照《北京司法鉴定行业协会关于办理医疗过失司法鉴定案件的若干意见》中“医疗过失行为在导致被鉴定人损害后果中原因力大小”的相关规定,医疗过错等级为D级,理论系数值为50%,参与度系数值为40%—60%。

2013年9月,甲市朝阳区人民法院就雷振某、雷祥某、雷莉某与中日医院医疗损害赔偿纠纷一案做出〔2012〕朝民初字第21302号判决:第一,中日友好医院于判决生效后七日内赔偿雷振某、雷祥某、雷莉某死亡赔偿金十九万六千九百三十二元六角、丧葬费一万六千八百一十九元、误工交通等费用五万元。第二,中日友好医院于判决生效后七日内赔偿雷振某、雷祥某、雷莉某精神损害抚慰金十万元。第三,驳回雷振某、雷祥某、雷莉某的其他诉讼请求。该判决同时写明:“关于雷振某、雷祥某、雷莉某主张的医疗费,因双方对医疗费仍存在争议且已另行诉讼,故法院不予处理,此次诉讼仅就损害赔偿结果进行裁决。”判决做出后,中日医院不服,上诉至甲市C人民法院。甲市C人民法院于2014年3月18日判决:驳回上诉,维持原判。

本案在审理过程中,经雷振某、雷祥某、雷莉某申请,甲市高级人民法院摇号确定,由北京明正司法鉴定中心就中日医院对王林某治疗期间发生医疗费用的合理性进行鉴定。2014年5月20日，北京明正司法鉴定中心出具京正〔2014〕临伤鉴字第312号司法鉴定意见书，认为“经审查现有送检材料，医方在被鉴定人住院期间根据其病情的变化予以相应的治疗处置，除医方存在在已知患者既往青霉素过敏试验阳性，缺少头孢哌酮舒巴坦钠皮试结果的情况下，使用头孢哌酮舒巴坦钠的医疗过错，其他处置未见明显不当。但是，由于本案中相关医疗费用是医方在对被鉴定人的诊疗过程中产生的，而医方在对被鉴定人的诊疗过程中存在医疗过错，且医方的医疗过错与被鉴定人损害后果之间存在一定的因果关系，因此，中日友好医院在对被鉴定人王林某进行治疗期间发生的医疗费用存在一定的不合理性”，鉴定意见为“中日友好医院在对被鉴定人王林某进行治疗期间发生的医疗费用存在一定的不合理性”。中日医院对鉴定意见不予认可，但表示不申请重新鉴定。雷振某、雷祥某、雷莉某对鉴定意见表示认可。

诉讼中，雷振某、雷祥某、雷莉某对中日医院提交的费用清单中两次出院、入院的情况不予认可，中日医院表示这是医院根据社保要求进行的费用定期结算，实际上患者并未出院。

原审法院认为：医疗服务合同，是指双方当事人约定的由一方当事人提供医疗服务，另一方接受医疗服务并支付医疗费用的合同。合同的双方应当认真、全面地履行各自的合同义务。提供医疗服务的医方，有为患者诊断病情并进行治疗等义务，而接受医疗服务的患方，则有配合治疗、支付医疗费用等义务。

北京明正司法鉴定中心就医疗过错与损害后果之间是否存在因果关系及其参与度的问题出具的鉴定意见中写明，医疗促进和加重了患者王林某的病情发展，患者因缺血缺氧性脑病导致植物状态，最终因小叶性肺炎伴多脏器萎缩，功能衰竭死亡，这与医方的医疗过错之间存在一定的因果关系，据此，本院已经生效的〔2012〕朝民初字第21302号民事判决书中认定，中日医院的诊疗行为对王林某死亡结果的参与度为60%。北京明正司法鉴定中心关于医疗费用合理性的鉴定意见是“中日友好医院在对被鉴定人王林某进行治疗期间发生的医疗费用存在一定的不合理性”，但该不合理性针对的是中日医院对王林某的治疗存在一定过错，而非指的是中日医院在对王林某进行治疗期间存在过度用药、不合理使用高价药等情况。因此，虽然“中日友好医院的医疗过错在王林某患病加重中的参与程度应较王林某自身病情更大”，但王林某自身的病情亦是中日医院在治疗过程中不可缺少的考虑因素。

综上，法院结合北京明正司法鉴定中心在医疗损害赔偿纠纷一案中及本案中出具的两份鉴定意见，判定中日医院承担王林某医疗费用的60%，雷振某、雷祥某、雷莉某承担剩余的40%。雷振某、雷祥某、雷莉某的反诉请求没有法律依据，法院不予支持。据此，原审法院于2014年7月18日判决如下：第一，雷振某、雷祥某、雷莉某于判决生效后七日内连带支付中日友好医院医药费五十三万八千三百七十七元六角九分。第二，驳回中日友好医院的其他诉讼请求。第三，驳回雷振某、雷祥某、雷莉某的反诉请求。

宣判后，雷振某、雷祥某、雷莉某不服原审判决，上诉至本院称：中日医院主张的医疗费系因其医疗过错行为产生，并非王林某正常就医发生的费用，原审法院将鉴定意见直接作为判案依据将上述医疗费由双方分担，认定事实错误，判决不公。故请求撤销原审判决，依法改判或发回重审。中日医院未提起上诉。

本院经审理查明的事实与原审法院无异，本院在此予以确认。

上述事实，有各方当事人提交的民事判决书、司法鉴定意见书、病历、费用清单及当事人陈述意见等证据材料在案佐证。

本院认为：综合当事人的诉辩主张和查明的事实，本案二审审理的争议焦点，即王林某在中日医院治疗期间产生的医疗费用由谁承担。

在医疗损害责任纠纷中，医疗损害后果的发生往往与患者自身有直接或间接的关系，只要诊疗行为存在过错，所有损害后果都由医疗机构承担，是不合理的。应该考虑医疗机构过错程度和诊疗行为在损害结果发生中的原因力大小确定各项赔偿比例。在雷振某、雷祥某、雷莉某诉中日医院医疗损害赔偿纠纷一案的生效判决中，法院即是根据鉴定意见认定的医疗过错行为在医疗损害后果中的责任程度来确定医方的赔偿比例。本案虽系中日医院主张拖欠医疗费的医疗服务合同纠纷，但本质上，与前一案件中雷振某等人起诉要求医疗损害赔偿，系基于同一医患关系、同一医疗诊治行为而产生的。因此，在确定医疗费用由谁承担时亦应对前一案件中的鉴定意见及判决结果予以参照，结合本案中各项证据及医疗费合理性的鉴定意见，综合做出认定。原审法院据此酌予确定雷振某等人承担40%的医疗费用，公平适当，本院予以确认。雷振某等人主张医疗费系因中日医院的医疗过错行为所致，应当由中日医院全部承担，缺乏事实及法律依据，本院不予采信。

综上，雷振某、雷祥某、雷莉某作为上诉人，对其主张未能提供充分有效证据予以证明，应当承担举证不能的法律后果。原审判决认定事实清楚，适用法律正确，应予维持。依照《中华人民共和国民事诉讼法》第一百七十条第一款第一项之规定，判决如下：

驳回上诉，维持原判。

一审案件受理费五千九百三十八元，由中日友好医院负担三千五百六十二元八角（已交纳），雷振某、雷祥某、雷莉某负担二千三百七十五元二角（于本判决生效后七日内交至原审法院）；反诉案件受理费四百六十元五角，由雷振某、雷祥某、雷莉某负担（已交纳）；鉴定费六千元，由中日友好医院负担三千六百元（于本判决生效后七日内交至原审法院),雷振某、雷祥某、雷莉某负担二千四百元(已交纳);二审案件受理费五千九百三十八元,由雷振某、雷祥某、雷莉某负担(已交纳)。

本判决为终审判决。

审判长　杨　某
审判员　李　某
审判员　刘阳某
二〇一四年十月十四日
书记员　宋　某

五、相关法律规定

《中华人民共和国民事诉讼法》

第一百七十条　第二审人民法院对上诉案件,经过审理,按照下列情形,分别处理:

(一)原判决、裁定认定事实清楚,适用法律正确的,以判决、裁定方式驳回上诉,维持原判决、裁定;

(二)原判决、裁定认定事实错误或者适用法律错误的,以判决、裁定方式依法改判、撤销或者变更;

(三)原判决认定基本事实不清的,裁定撤销原判决,发回原审人民法院重审,或者查清事实后改判;

(四)原判决遗漏当事人或者违法缺席判决等严重违反法定程序的,裁定撤销原判决,发回原审人民法院重审。

原审人民法院对发回重审的案件作出判决后,当事人提起上诉的,第二审人民法院不得再次发回重审。

六、案件评析和模拟重点

(一)案件评析

这是一起因医疗纠纷引发的患者欠费的案件。医疗服务合同纠纷首先要举证证明服务合同成立,证明合同成立的证据有:挂号收据、门诊病历、处方、诊断证明、医药费收据、住院通知书、收费通知书以及送危重病人的证人证言等。其次对合同履行情况的证明方面,只要求主张权利一方证明自己履行了合同义务,并指出对方没有履行合同义务即可;对方若称已履行合同义务,应由对方举证。在医疗损害责任纠纷中,医疗损害后果的发生往往与患者自身有直接或间接的关系,只要诊疗行为存在过错,所有损害后果都由医疗机构承担,是不合理的。

本案中，虽然中日友好医院的医疗过错在王林某患病加重中的参与程度应较王林某自身病情更大，但王林某自身的病情亦是中日医院在治疗过程中不可缺少的考虑因素。因此法院酌予确定雷振等人承担40％的医疗费用，公平适当。

（二）模拟重点

1.违约责任的构成要件。

2.多因一果的认定，以及各原因对结果产生所占的责任比例。

实验案例一

一、基本案情

李洪某因病于2012年9月28日到光华市人民医院就诊住院治疗。住院期间，光华市人民医院已经对李洪某停止输液，但该日仍收取了静脉输液费9元。李洪某发现后经与光华市人民医院交涉，医院愿意退还多收取的输液费9元，但李洪某认为医院应赔礼道歉、双倍退费、赔偿损失而拒绝接受退费。

为此，李洪某于2013年2月向法院起诉，请求法院判令光华市人民医院：1.双倍返还违法收取的静脉输液费共18元。2.算清2012年10月17日账目。3.因违法收费造成的侵权进行惩罚性赔偿9888元，向李洪某书面赔礼道歉并承担本案所有的诉讼相关费用。

被告辩称：1.医院在李洪某起诉前就已经向李洪某表示了歉意，并愿意退还多收取的医疗费。2.李洪某要求双倍返还没有法律依据。3.不需要再进行清算。4.李洪某要求惩罚性赔偿9888元，没有法律依据。

二、证　据

（一）原告方的证据清单

证据内容	证明目的
证据一：2012年10月17日李洪某在光华市人民医院的住院病历	证明10月17日李洪某没有输液
证据二：2012年10月17日光华市人民医院病人每日费用清单	证明医院多收了9元钱的输液费

（二）被告方的证据清单

证据内容	证明目的
证据一：当班护士证人证言	证明护士接到医生停药医嘱后予以退药处理，由于工作失误，在办理注射液及药品费用的退费手续后，忘记退9元钱的输液费，不存在欺诈

续 表

证据内容	证明目的
证据二:护士长证言	证明护士长在核对当班护士工作失误后向家属表示了歉意,并当即表示予以退费处理,但家属不同意
证据三:医院医务科工作人员证言	证明医院曾电话联系李洪某表示由于工作失误多收的医疗费,医院给予退还,李洪某没有同意

三、判决文书

乙省B市中级人民法院
民事判决书

〔2013〕西光民终字第×号

上诉人(原审原告):李洪某

委托代理人:吴泽某

被上诉人(原审被告):光华市人民医院

法定代表人:袁坚某

委托代理人:方笋某

上诉人李洪某为与被上诉人光华市人民医院医疗服务合同纠纷一案,不服乙省B市东城区人民法院〔2013〕光东民初字第43号民事判决,向本院提起上诉。本院受理后,依法组成合议庭进行了审理。本案现已审理终结。

原审原告李洪某诉称:李洪某因病住进光华市人民医院胸外科41床,2012年10月17日已经停止输液,后发现次日被收取静脉输液费9元,且次日账目无法算清,找护士,问医生,到财务部询问,结果谁也算不清该日账目。后向有关部门多次反映,最后中心医院同意把9元钱退回。李洪某认为医院乱收费事关无数患者,且光华市人民医院是全市最大的医院,不能退钱了事,应当依法承担法律责任。现请求法院判令光华市人民医院:①双倍返还违法收取的静脉输液费共18元;②算清2012年10月17日账目;③因违法收费造成的侵权进行惩罚性赔偿9888元,向李洪某书面赔礼道歉并承担本案所有的诉讼相关费用。

原审被告光华市人民医院辩称:1.医院在李洪某起诉前就已经向李洪某表示了歉意,并愿意退还多收取的医疗费。2012年9月28日,李洪某入住院胸外科,10月22日出院。10月17日上午,李洪某要求主管医生停止静脉输液用药,观察几天,主管医生尊重李洪某的意见予以临时停药。当班护士接到医生停药医嘱后予以退药处理,由于工作失误,在办理注射液及药品费用的退费手续后,忘记退9元钱的输液费。10月23日,李洪某家属来院反映称17日没有输液但收了输液费。护士长核对后向家属表示歉意,当即表示予以退费处理,但家属表示不同意。之后，医院又电话联系李洪某表示由于工作失误，多收的医疗费，医院给予退还，李洪某没有同意。现在光华市人民医院也愿意退还多收取的医疗费。2.李洪某要求双倍返还没有法律依据。多收取的9元输液费是因医院医生、护士工作失误造成的，医院并没有欺诈行为，为此不能适用《中华人民共和国消费者权益保护法》第四十九条的规定，李洪某要求双倍返还没有法律依据。3.2012年10月17日李洪某的费用清单，已经非常清楚地显示了10月17日向李洪某收取的费用和退回的费用，院方认为不需要再进行清算。4.李洪某要求惩罚性赔偿9888元，没有法律依据。综上，光华市人民医院愿意退还李洪某多收取的医疗费，请求法院依法做出公正的判决。

原审法院审理查明：李洪某因病于2012年9月28日到光华市人民医院就诊住院治疗。住院期间，2012年10月17日，光华市人民医院已经对李洪某停止输液，但事后发现该日仍收取了静脉输液费9元。李洪某发现后经与光华市人民医院交涉，医院愿意退还多收取的输液费9元，但李洪某认为医院应赔礼道歉、双倍退费、赔偿损失而拒绝接受退费。为此，李洪某于2013年2月向该院起诉。

原审法院审理认为：根据李洪某所举证据，可以认定光华市人民医院于2012年10月17日向李洪某多收取静脉输液费9元的事实。光华市人民医院收取该费用侵害了李洪某的合法利益，依法应予返还。李洪某诉称的双倍返还输液费18元的理由是依照《中华人民共和国消费者权益保护法》的有关规定，但根据该法第四十九条的规定，经营者提供商品或者服务有欺诈行为的，应当按照消费者的要求增加赔偿其受到的损失，增加赔偿的金额为消费者购买商品的价款或者接受服务的费用的一倍。双倍赔偿的前提是经营者必须有"欺诈行为"，而本案中李洪某未能举证证明光华市人民医院具有"欺诈行为"的情形，故其双倍返还的请求不能成立。李洪某诉称的"算清2012年10月17日的账目"，因在庭审中李洪某已经认可"2012年10月17日光华市人民医院病人每日费用清单"为医院于2012年10月17日结算清单，并在庭审中放弃了该项请求，该院依法予以准许。李洪某诉称的"因违法收费造成的侵权进行惩罚性赔偿9888元"及"向李洪某书面赔礼道歉"的请求，因李洪某就"光华市人民医院因违法收费造成的侵权进行惩罚性赔偿9888元"的请求缺乏相关法律依据，故不予支持。关于"向李洪某书面赔礼道歉"的请求，法院认为赔礼道歉主要是适用于侵害姓名权、肖像权、名誉权、荣誉权等人格权益的情形，而本案中光华市人民医院多收取9元输液费的行为未侵害李洪某的人格权，故对该请求也不予支持。依照《中华人民共和国民法通则》第一百一十七条的规定，判决如下：第一，光华市人民医院于判决生效后五日内退还李洪某多收取的静脉输液费九元。第二，驳回李洪某的其他诉讼请求。如果未按判决指定的期限履行给付金钱义务，应当依照《中华人民共和国民事诉讼法》第二百五十三条之规定，加倍支付迟延履行期间的债务利息。本案受理费二十五元（已减半收取），由光华市人民医院负担。

宣判后，李洪某不服，向本院提起上诉称：光华市人民医院乱收费用情况比比皆是，不能仅仅退费了事。一审判决实质上是纵容了医院的乱收费行为，完全违背了依法治国的精神。综上，一审法院判决有误，请求二审撤销原判，依法改判。

被上诉人光华市人民医院辩称：1.一审判决认定事实清楚，适用法律正确，李洪某要求撤销一审判决依据不足。2.医院在李洪某起诉前已经主动与其联系，向李洪某表示了歉意，并愿意退还多收取的医疗费，但李洪某表示拒绝。因患者在出院期间，突然向医院提出停药观察的要求，为此，对于开出的处方单，只能由医院护士手动更改输液费用。因工作失误，忘记退还9元输液费，并不构成故意欺诈。3.李洪某认为医院存在乱收费的行为没有依据，也与事实不相符。李洪某在一审时，已经举证证明医院多收取了497.4元医疗费，医院也认可该多收的费用，并在李洪某诉前和诉后一直同意一并退还，但李洪某仍拆分起诉，不同意一并处理。虽然诉讼是李洪某的权利，但也存在浪费诉讼资源之嫌。法律是用于维护公民的合法权益的，而不是牟利的工具。综上，院方愿意退还多收取的医疗费，请求法院依法驳回李洪某的上诉请求，维持原判。

二审中，双方当事人均未向本院提交新的证据。

本院经审理查明的事实与原审判决认定的事实一致。

本院认为：当事人对其主张的事实有责任提供证据予以证明。李洪某主张光华市人民医院应双倍返还多收取的静脉输液费18元，本院认为，光华市人民医院因医务人员操作失误，多收取李洪某9元的静脉输液费，理应退还该费用，一审法院判决医院返还李洪某多收取的9元静脉输液费并无不当。李洪某认为医院存在欺诈行为，但并未提供充分证据予以证明，其要求医院双倍返还输液费的主张不能成立，本院不予采信。李洪某要求光华市人民医院承担惩罚性赔偿9888元，缺乏法律依据，本院不予支持。至于其要求医院书面赔礼道歉的主张，本院认为，本案系医疗服务合同纠纷，并非侵权纠纷，该主张不能成立，本院不予采信。综上，李洪某的上诉请求均不能成立，本院不予支持。原审判决认定事实清楚，适用法律正确，应予维持。依照《中华人民共和国民事诉讼法》第一百七十条第一款第一项之规定，判决如下：

驳回上诉，维持原判。

二审案件受理费五十元，由李洪某负担。

本判决为终审判决。

审 判 长:张登某
审 判 员:王　某
审 判 员:杨　某
二〇一三年七月二十九日
代书记员:周　某

四、模拟训练的目的、重点和难点

(一)模拟训练的目的

1. 通过本案例,学生应了解医疗纠纷诉讼中非常重要的一种类型——医疗服务合同纠纷。患者到医疗机构就医,与医疗机构形成医疗服务合同关系,因医疗费用发生的纠纷,属于医疗服务合同纠纷。

2. 训练学生掌握医疗服务合同纠纷的举证要点。

(二)模拟训练的重点和难点

1. “医疗服务合同纠纷”与“医疗侵权纠纷”的区别。

2. 医疗服务合同纠纷违约责任的赔偿范围。

实验案例二

一、基本案情

甲系A市博物馆离休干部,因患胃癌于2001年12月24日至2002年4月30日多次入住A市第一人民医院进行住院治疗。其间,A市博物馆向A市第一人民医院出具信函一份:“兹有我馆离休干部甲同志,因胃癌于2001年12月住贵院手术,现要继续在贵院住院医疗。医疗费用由单位结算。”A市第一人民医院自2004年7月23日起,每年均向A市卫生局提交《关于催缴离休干部医疗费欠费的函》或《关于协助解决离休干部医疗欠费的报告》等文件,恳求A市卫生局协助将包含被告在内的拖欠的医疗费用催缴到位。2005年12月5日,A市财政局颁发财库支〔2005〕425号文件,告知自2006年1月1日起,包含A市博物馆在内的68个二级预算单位全部纳入国库集中支付。2014年3月10日,A市第一人民医院向A市博物馆送达了甲医疗费对账单,现因双方就甲医疗费缴费事宜未能达成一致,原告向法院提起诉讼。

原告A市第一人民医院认为:被告介绍其职工甲先后到原告处住院,并欠下医疗费;原告多次催促被告支付,被告以种种理由拒付。为此,请求法院判令被告支付原告医疗费及利息损失,并承担本案诉讼费。

被告A市博物馆辩称,甲系第一被告单位职工,在原告处住院治疗是事实,原告没有证据证明向第一被告主张过权利。第一被告是财政拨款的事业单位二级机构，离休干部住院医疗费应由财政部门解决，故医疗费用支出应由财政部门支付。请求法院依法驳回原告诉求。

被告文化局认为：被告A市博物馆系市级全额拨款单位，按照文件规定，应由同级财政综合预算中支付。文化局不是本案的责任主体，请求法庭驳回原告要求文化局承担责任的诉求。

二、证据

（一）原告方的证据清单

证据内容	证明目的
证据一：医疗机构执业许可证、组织机构代码证、法定代表人身份证明书各一份	原告诉讼主体资格。
证据二：被告A市博物馆组织机构代码证一份	被告A市博物馆诉讼主体资格。
证据三：A市博物馆介绍信两份	甲系被告A市博物馆的离休干部，被告A市博物馆将其单位离休干部甲送原告处住院医疗，并承诺在原告处住院治疗期间的医疗费用由被告结算。
证据四：住院病案及记账分户账册	原告与被告A市博物馆之间存在医疗服务合同关系及被告A市博物馆拖欠医疗费的事实。
证据五：催收对账明细单及签收回执	被告A市博物馆签收了原告的对账单。
证据六：文件和报告、民事判决书两份	原告就A市离休干部拖欠费用一直向有关部门反映的事实，本案诉讼时效中断。

（二）被告A市博物馆的证据清单

证据内容	证明目的
中共A市委文件〔2003〕16号文件、A市财政局财库支〔2005〕425号文件	离休干部的医疗费应该由财政部门统筹支付。

（三）被告文化局的证据清单

证据内容	证明目的
证据一：文化局组织机构代码证、法定代表人证明书各一份	被告文化局的诉讼主体资格。

续　表

证据内容	证明目的
证据二：中央办公厅〔2000〕61号文件、W省关于建立和完善离休干部离休费、医药费保障机制的意见、关于印发《A市直离休干部医药费统筹管理实施细则》的通知	自2000年开始对于离休干部的医药费由各地财政统筹。对于本案甲拖欠的医疗费，应该由同级财政部门支付。

三、判决文书

W省A市Y区人民法院

民事判决书

〔2014〕Y民一初字第01090号

原告：A市第一人民医院，住所地：A市

法定代表人：高某，该院院长

委托代理人：徐某，该院医保科副科长

委托代理人：孙某，W豪迪律师事务所律师

被告：A市博物馆，住所地：A市

法定代表人：姚某某，馆长

委托代理人：潘某某，W豪迪律师事务所律师

被告：A市文化广电新闻出版局，住所地：A市Y区

负责人：刘某某，局长

委托代理人：赵某，W中天人律师事务所律师

原告A市第一人民医院诉被告A市博物馆、A市文化广电新闻出版局（以下简称文化局）医疗服务合同纠纷一案，2014年10月21日，原告提起诉讼。本院受理后，依法组成合议庭，于2015年1月7日公开开庭审理了本案。原告的委托代理人徐某、孙某，被告A市博物馆委托代理人潘某某，文化局的委托代理人赵某到庭参加诉讼。本案现已审理终结。

A市第一人民医院诉称：离休干部甲系被告人员，被告介绍甲先后到原告处住院，欠原告医疗费38773.4元，原告多次催促被告支付，被告以种种理由拒付。为此，原告特起诉至法院，要求依法判令被告支付原告医疗费38773.40元及利息损失（自起诉之日起至清偿之日止，按中国人民银行规定的同期商业银行贷款利率计算）；本案的诉讼费由被告承担。

A市第一人民医院为支持自己的诉讼主张，在举证期间内向本院递交了以

下证据：

1.医疗机构执业许可证、组织机构代码证、法定代表人身份证明书各一份，证明原告诉讼主体资格。

2.被告A市博物馆组织机构代码证一份，证明被告A市博物馆诉讼主体资格。

3.A市博物馆介绍信两份，证明甲系被告A市博物馆的离休干部，被告A市博物馆将其单位离休干部甲送原告处住院医疗，并承诺在原告处住院治疗期间的医疗费用由被告结算。

4.住院病案及记账分户账册，证明原告与被告A市博物馆之间存在医疗服务合同关系及被告A市博物馆拖欠38773.40元医疗费的事实。

5.催收对账明细单及签收回执，证明被告A市博物馆于2014年3月10日签收了原告的对账单。

6.文件和报告、民事判决书两份，证明原告从2002年至2013年就A市离休干部拖欠费用一直向有关部门反映的事实，本案诉讼时效中断。

A市博物馆辩称：甲系第一被告单位职工，在原告处住院治疗是事实，原告没有证据证明向第一被告主张过权利。第一被告是财政拨款的事业单位二级机构，离休干部住院医疗费应由财政部门解决，故医疗费用支出应由财政部门支付。请求法院依法驳回原告诉求。

A市博物馆为支持自己的辩称意见，在举证期间向本院递交了以下证据：

中共A市委文件〔2003〕16号文件、A市财政局财库支〔2005〕425号文件，证明离休干部的医疗费应该由财政部门统筹支付。

文化局辩称：1.被告A市博物馆系市级全额拨款单位，按照文件规定，应由同级财政综合预算中支付。文化局不是本案的责任主体，请求法庭驳回原告要求文化局承担责任的诉求。2.针对其他事项，将在举证和质证中予以详细陈述。

文化局为支持自己辩称意见，向本院提交了以下证据：

1.被告文化局组织机构代码证、法定代表人证明书各一份，证明被告文化局的诉讼主体资格。

2.中央办公厅〔2000〕61号文件、W省关于建立和完善离休干部离休费、医药费保障机制的意见、关于印发《A市直离休干部医药费统筹管理实施细则》的通知，证明自2000年开始对于离休干部的医药费由各地财政统筹。对于本案甲拖欠的医疗费，应该由同级财政部门支付。

当事人提交的证据经过庭审出示，各方发表质证意见如下：

(一)原告证据，A市博物馆质证认为：对证据1,2,3无异议。对证据4真实性和证明双方存在医疗服务合同关系以及医疗费数额无异议。对证据5真实性无异议，吴某某虽是博物馆的工作人员，但达不到原告的证明目的，吴某某不是单位法定代表人，签收不能代表单位。对证据6真实性无异议，但达不到时效中断的证明目的。

文化局质证认为：对证据1,2均无异议。对证据3真实性无异议，但介绍信出具时间是2002年4月份。对证据4真实性无异议，对于原告和被告A市博物馆之间形成医疗服务合同关系证明目的亦无异议，但对于拖欠的医疗费应当由医疗管理中心确认最终的数额。证据5对账单是2013年3月13日由A市博物馆工作人员吴某某签收，由于无单位公章，无法证明吴某某系该单位的职工，故对其合法性有异议。对证据6真实性和证明目的无异议，但此证据恰恰证明此事与被告文化局无关，原告一直向相关部门反映拖欠医疗费的事实，但医疗费最终应由医疗管理中心解决，证明原告自身也认为相关部门才是责任主体。

（二）A市博物馆的证据，原告质证认为：真实性无异议，但达不到被告的证明目的。文化局质证无异议。

（三）文化局提交的证据，原告质证认为：对证据1无异议。对证据2中央办公厅的文件真实性无异议，但达不到被告的证明目的。根据介绍信，甲医疗费应该由A市博物馆承担。W省关于建立和完善离休干部离休费、医药费保障机制的意见和通知真实性无异议。被告A市博物馆质证无异议。

通过对当事人递交的证据进行审查、分析结合各方质证意见，对各方证据做如下认证：

（一）原告提交的证据：两被告对其真实性均无异议，故对证据真实性予以认定。

（二）被告A市博物馆提交的证据：真实性各方当事人均无异议，对真实性予以认定。

（三）被告文化局提交的证据：真实性各方当事人均无异议，对真实性予以认定。

经过对证据的认证并结合双方当事人陈述，认定事实如下：

甲系A市博物馆离休干部。2001年12月24日至2002年1月14日甲因患胃癌，入住A市第一人民医院住院治疗，产生医疗费20982.50元。随后，2002年1月15日至2002年1月23日、2002年4月12日至2002年4月30日两次住院治疗，产生医疗费分别为4982.10元、12808.80元。其间，于2002年4月，A市博物馆向A市第一人民医院出具信函一份：“兹有我馆离休干部甲同志，因胃癌于2001年12月住贵院手术，现要继续在贵院住院医疗。医疗费用由单位结算。”2014年3月10日，A市第一人民医院向A市博物馆送达了甲医疗费对账单，现因双方就甲医疗费缴费事宜未能达成一致，致原告诉至本院。

同时查明:A市第一人民医院自2004年7月23日起,每年均向A市卫生局提交《关于催缴离休干部医疗费欠费的函》或《关于协助解决离休干部医疗欠费的报告》等文件,恳求A市卫生局协助将包含被告在内的拖欠的医疗费用催缴到位。2005年12月5日,A市财政局颁发财库支〔2005〕425号文件,告知自2006年1月1日起,包含A市博物馆在内的68个二级预算单位全部纳入国库集中支付。

本院认为:本案主要争议焦点系原告主张权利是否已超出诉讼时效,且被告是否系合同义务主体。本院认为,被告A市博物馆向原告出具信函,并载明甲在原告处住院治疗期间的医疗费由其结算,原告接受并为患者提供医疗服务,双方已形成合法有效的合同关系,且A市博物馆现已具备独立法人资格,故应由其承担合同义务。

关于诉讼时效是否中断的问题。《民法通则》第一百四十条规定:"诉讼时效因提起诉讼,当事人一方提出要求或者同意履行义务而中断。从中断时起,诉讼时效期间重新计算。"从本案查明的事实来看,自2004年7月起,原告每年均向A市卫生局提交《关于催缴离休干部医疗费欠费的函》或《关于协助解决离休干部医疗欠费的报告》,恳求A市卫生局协助将包含被告在内的所拖欠的医疗费催缴到位。自2004年起,原告每年都向市卫生局呈交报告,声索债权。当事人一方提出请求,是指权利人向义务人明确提出要求其履行义务的主张,客观上改变了权利不行使的事实状态,以使诉讼时效中断。《民法通则》规定的请求专指诉讼外的请求,不包括诉讼上的请求。依照《最高人民法院关于贯彻执行〈中华人民共和国民法通则〉若干问题的意见》第一百七十三条之规定,权利人除向义务人直接提出请求外,权利人向债务人的担保人、代理人或财产管理人主张权利的,也可以认定为诉讼时效的中断。此外,权利人向人民调解委员会或有关单位提出的保护其权利的请求,也是主张权利的一种表现,应当视为诉讼时效的中断。据此,依据《中华人民共和国合同法》第八条、第十条,《中华人民共和国民法通则》第一百三十五条、第一百三十七条、第一百四十条,《最高人民法院关于贯彻执行〈中华人民共和国民法通则〉若干问题的意见》第一百七十三条、第一百七十四条之规定,判决如下:

一、被告A市博物馆自本判决生效之日起7日内给付原告A市第一人民医院医疗费38773.40元及利息损失(自起诉之日起至清偿之日止,按中国人民银行规定的同期商业银行贷款利率计算)。

二、驳回原告A市第一人民医院其他诉讼请求。

如果未按本判决指定的期限履行给付金钱义务,应当依照《中华人民共和国民事诉讼法》第二百五十三条之规定,加倍支付延迟履行期限的债务利息。

案件受理费769元，由被告A市博物馆负担（该款原告已预交，被告在履行上述款项义务时一并给付原告）。

如不服本判决，可在判决书送达之日起15日内向本院递交上诉状，并按对方当事人的人数提出副本，上诉于W省A市中级人民法院。

审　判　长：王　某
审　判　员：汪　某
人民陪审员：李　某
二〇一五年一月十三日
书　记　员：檀　某

四、模拟训练的目的、重点和难点

（一）模拟训练的目的

本案例涉及诉讼时效中断的问题。在诉讼中，程序性问题也属于诉讼的证明对象，但对于该证明对象，在证明方式和证明标准上，都和对实体事实的证明有区别。通过该案例的模拟，应让学生掌握严格证明和自由证明、狭义的证明和释明之间的理论区别及其在实践中的不同运用。

（二）模拟训练的重点和难点

1. 诉讼时效中断如何证明。

2. 程序性问题的证明方式和证明标准。

第三节　医药知识产权

示范案例

2006年5月7日，A公司经核准注册了“RUHOF”商标，核定使用商品为第3类清洁制剂、除锈制剂、去污剂、外科器械用清洁制剂、外科器械用除锈制剂、外科器械用去污剂、清除生物臭味制剂、蛋白质污染物擦洗溶液、蛋白质污染物清洁制剂、清除有污染物擦洗溶液、有机污染物擦洗溶液、用于外科器械的具有润滑作用的清洁剂、外科器械用擦洗制剂。A在申请及被核准时，登记填写的企业名称是“如欧佛公司”。2007年10月18日，经A公司申请，权利人名称变更为“A公司”。

2004年7月1日，A与B公司达成协议，由B公司作为A公司商品的中国独家代理商，经销由A公司生产的和其名下的医用清洗剂类商品。随后，在A公司和B公司合作期间,B公司对其代理的A公司的清洗剂类商品进行了广泛宣传。

2007年9月开始,A公司与B公司之间的代理关系终止。之后,B公司开始代理其他进口商的同类商品,其商品上仍标注了"A"商标。

2005年4月26日,C公司向商标局申请在第3类商品上注册"A"商标,申请核定使用的商品包括清洁制剂、去污剂等。2008年3月,经核准,C公司将"A"商标转让给B公司。2008年6月,经核准,B公司又将"A"商标转让给D公司。2008年7月30日,D公司授权B公司独占使用"A"商标。

2004年6月16日,B公司申请注册了ruhof.com.cn域名;2005年11月17日,又申请注册了ruhof.cn域名。B公司在其网站及商品宣传页上称:"……第二代的'A'商品系列秉承了之前向中国市场所供商品的原始配方,并在此基础上进一步地改进配方适应中国市场要求。上市的第二代'A'商品,不但拥有原来商品的所有优点,同时清洁效果表现更为优越……"B公司又以列表的形式将A商品的第一代与第二代进行了相关性能比较,还在其网站上以flash动画形式比较了第一代A商品与第二代A商品的分解能力,从而突出了其正在代理的第二代A商品在诸多方面好于第一代A商品。

经多次交涉无果,A公司以B公司侵犯其"RUHOF"注册商标专用权,使用其商品的名称、包装、装潢构成不正当竞争,并侵犯A公司的注册商标专用权为由,将B公司诉至法院。

经审理,一审法院判决:第一,B公司注销"ruhof.com.cn"和"ruhof.cn"域名,由A公司注册使用;第二,B公司就其涉案不正当竞争行为,在其网站主页上刊登声明,以消除影响;第三,B公司赔偿A公司经济损失10万元,并赔偿A公司为制止侵权行为所支付的合理开支1万元;四、驳回A公司的其他诉讼请求。

A公司不服原审判决,提起上诉,请求撤销原审判决第四项;变更原审判决第三项,即判令B公司赔偿A公司经济损失人民币100万元和合理开支人民币20万元;判令B公司立即停止使用、制造、销售侵犯A公司"RUHOF"注册商标权的商品;判令B公司立即销毁侵犯A公司商品名称、包装、装潢的文件、资料和商品;判令B公司在《法制日报》上就其侵权行为发表声明、消除影响。

二、证据

A公司的证据清单

证据内容	证明目的
证据一:"RUHOF"商标注册证	原告为"RUHOF"商标的商标权人

续　表

证据内容	证明目的
证据二:A公司与B公司代理协议和授权书B公司在代理期间宣传A公司商品的宣传资料和广告"A"商标申请、转让、许可的相关文件被控侵权商品包装实物	B公司侵犯了原告的注册商标专用权
证据三:对B公司ruhof.com.cn和ruhof.cn网站的公证材料、域名查询资料	被告的行为侵犯了原告的注册商标专用权
证据四:相关费用发票	原告为制止侵权行为支出的合理开支

三、庭审操作示例

甲市高级人民法院
庭审笔录(二审)

开庭时间:2008年12月8日9时00分。

审判长:现在开庭。甲市高级人民法院知识产权审判庭今天在这里公开审理上诉人A公司诉被上诉人B公司商标专用权和不正当竞争纠纷上诉案。现在核对双方当事人及代理人情况。审判长宣布双方出庭人员符合法律规定,可以参加诉讼活动。

审判长:上诉人委托代理人的姓名身份代理权限。

上诉人:A公司。

代理人:王某,上海市邦信阳律师事务所甲市分所律师,一般代理。

刘金某,男,汉族,1962年10月21日出生,甲市邦信阳专利商标代理有限责任公司商标代理人,一般代理。

被上诉人:B公司。

代理人:刘尚某,甲市致衡律师事务所律师,一般代理。

陈永某,甲市双利律师事务所律师,一般代理。

审判长:由于本次庭审是二审开庭,对于一审已经查明的事实,不再进行审理。现在由上诉人简要陈述上诉请求和理由。

上诉人:本案的纠纷其实是源自再简单不过的事实,被上诉人为获取不当利益,采取了一系列的行为侵害上诉人的合法权益,给上诉人造成了巨大的经济损失。本案一审判决出乎意料,是错误的。请求撤销原审判决第四项;变更原审判决第三项,即判令B公司赔偿A公司经济损失人民币100万元和合理开支人民币20万元;判令B公司立即停止使用、制造、销售侵犯A公司"RUHOF"注册商标权的商品;判令B公司立即销毁侵犯A公司商品名称、包装、装潢的文件、资料和商品；判令B公司在《法制日报》上就其侵权行为发表声明、消除影响。主要理由是：①A公司的企业名称是THE RUHOF CORPORATION，其中的商号是“RUHOF”，在中国的注册商标也是“RUHOF”，“A”是上述商号、商标所对应的中文未注册商标和商号；B公司在担任A公司代理经销商期间使用“A”对A公司的商品进行推介和宣传，这种使用应当看作A公司对“A”的使用，B公司在代理期间已经获得了相应的代理收益，没有理由再占有本不属于它的相关权益，而且商标法第十五条规定，代理人不得擅自注册、使用被代理人的商标，因此“A”商标应归属于A公司，B公司对此不享有权利。②“RUHOF”和“A”商品在2004年进入中国以来，B公司进行了使用、宣传和推广，但其在代理A公司商品期间对“A”商标的使用不能改变“A”指向A公司及其商品的事实，而且经过使用，消费者已经将“A”与“RUHOF”商标联系起来，不论是销售人员还是消费者对于“RUHOF”的称呼都是“A”，两者在发音上构成近似，从音形义以及整体观察综合判断角度，“RUHOF”和“A”都已构成近似并造成一般消费者的混淆、误认，原审判决对此认定错误，应予纠正。③原审判决赔偿数额过低，应当依法予以增加。

审判长：由被上诉人进行简要答辩。

被上诉人：上诉人的上诉请求无事实依据和法律依据，依法应全部驳回。上诉人一直在强调“A”商标与A公司的“RUHOF”商标，一个是中文，一个是英文，是在刻意混淆概念。虽然“RUHOF”的发音与“A”有一定的相似程度，但是，英文名称的翻译不具有唯一性的特点，“RUHOF”不是必然要被翻译为“A”。“RUHOF”还可以从发音上被翻译成“如欧佛”。

审判长：根据双方当事人的上诉理由以及答辩意见，本庭现归纳本案的争议焦点为：①B公司是否侵犯了A公司涉案注册的商标专用权。②如构成侵权，B公司应承担何种民事责任，原审判决确定的损失赔偿数额以及合理支出是否适当。

审判长：上诉人和被上诉人对本庭归纳的争议焦点有无异议？是否需要补充？

上诉人：没有异议，没有补充。

被上诉人：没有异议，没有补充。

审判长：当事人在二审中可以补充新的证据，现在进行举证、质证。举证、质证应当围绕着本庭归纳的争议焦点进行。举证时，应当对提交的证据材料逐一分类编号，对证据材料的来源、证明对象和内容做简要说明；质证时，应当逐个围绕证据的真实性、合法性、关联性，针对证据证明力有无以及大小，进行质疑、说明与辩驳。需要提醒的是，双方当事人在一审中所举证据，合议庭在阅卷时已充分注意到，无需再提交本庭举证、质证。

审判长：上诉人A公司是否有新证据向本庭提交？

上诉人：没有新证据。

审判长：被上诉人是否有新证据向本庭提交？

被上诉人：没有新证据。

审判长：对于一审中所举证据，双方当事人是否有新的补充意见？

上诉人：没有。

被上诉人：没有。

审判长：当事人之间可以就事实问题互相发问。A是否有与本案有关的事实问题向B公司发问？

上诉人：有。"RUHOF"商标核定使用的商品与被上诉人被控侵权商品是不是都属于同一种商品？A公司和B公司合作期间，"RUHOF"与"A"同时出现在一件商品上达三年。消费者对"RUHOF"与"A"会产生混淆。

被上诉人：我们的注册商标权使用从来没有发生过任何动摇，"RUHOF"与"A"不存在任何的联系。当初A公司授权我们使用的就是"RUHOF"，而"A"是我们自己加上去的，且在中国的产品推广活动均是由我公司承办。与A公司结束合同后，我公司销售的产品均未再使用"RUHOF"的标识，谈不上侵权。

上诉人：整个过程就是B公司精心策划的事件。

审判长：为便于查明案件事实，合议庭有下列问题需要询问双方当事人。各方当事人要正面回答合议庭提出的问题，回答时要实事求是、言简意赅。

审判长：首先询问B公司。A公司注册的"RUHOF"商标核定使用的商品与你公司的被控侵权商品是不是都属于清洁剂类商品？

被上述人：都是外科器械清洁剂，但是我公司现在销售的商品比A公司的商品性能更好。我公司在比较了两种产品的性能之后，选择了后者进行销售。在此之前，我公司为宣传A公司的商品和"RUHOF"品牌做了大量工作，"RUHOF"与"A"两个商标被中国医疗界认可，与我公司的宣传工作是分不开的。且上诉人对其所受到的损失难以确定，也没有相关证据予以支持。请求驳回上诉人的请求，维持原判。

审判长：上诉人有没有补充。

上诉人：没有补充。

审判长：被上诉人有无补充。

被上诉人：没有补充。

审判长：双方无新的辩论，辩论结束，下面征询双方当事人最后意见。上诉人，最后还有什么意见。

上诉人：一审判决令我们失望，如果二审法院最后判决B公司继续销售侵犯我公司“RUHOF”注册商标的商品的话，对上诉人是极不公平的。希望二审法院给上诉人公平公正的判决结果。

审判长：被上诉人，最后还有什么意见？

被上诉人：请求法院依法驳回上诉人全部上诉请求，维持原判。

审判长：下面依据法律有关规定，对本案进行调解。上诉人，你有何调解意见？

上诉人：不同意调解。

审判长：被上诉人，有何调解意见？

被上诉人：在诉讼前，双方已进行过多次协商，但上诉人没有调解诚意，现我不愿意进行调解，听候判决。

审判长：由于双方不同意调解，本庭不再做调解工作，本案将择日宣判，今天庭审到此结束，现在闭庭。

四、判决文书

甲市高级人民法院
民事判决书

〔2008〕高民终字第1395号

上诉人（原审原告）A公司（The Ruhof Corporation），住所地美利坚合众国纽约州11501米罗拉酋长街393号。

法定代表人伯纳德·埃斯克内（BERNARD ESQUENET），首席执行官。

委托代理人王某，上海市邦信阳律师事务所北京分所律师。

委托代理人刘金某，男，汉族，1962年10月21日出生，北京邦信阳专利商标代理有限责任公司商标代理人，住中华人民共和国甲市丰台区蒲黄榆路1号楼2楼1105号。

被上诉人（原审被告）B公司，住所地中华人民共和国甲市朝阳区建国路88号（7—10号楼）7号（住宅）楼3502室。

法定代表人唐静，总经理。

委托代理人刘尚某，甲市致衡律师事务所律师。

委托代理人陈永某，甲市双利律师事务所律师。

上诉人A公司因侵犯商标专用权和不正当竞争纠纷一案不服中华人民共和国甲市第二中级人民法院（简称甲市第二中级人民法院）〔2008〕二中民初字第5929号民事判决，向本院提起上诉。本院于2008年11月27日受理本案后，依法组成合议庭，于2008年12月8日公开开庭进行了审理。上诉人A公司的委托代理人王某、刘金某，被上诉人B公司（简称B公司）的委托代理人刘尚某、原委托代理人单美凤到庭参加了本案诉讼。本案现已审理终结。

甲市第二中级人民法院查明：2006年5月7日，A公司经核准注册了“RUHOF”商标，核定使用商品为第三类清洁制剂、外科器械用清洁制剂等。A公司在申请及被核准上述商标时，登记填写的企业名称是“如欧佛公司”。2007年10月18日，经A公司申请，权利人名称变更为“A公司”。

2004年7月1日，A公司与B公司达成协议，由B公司作为A公司商品的中国总代理商，经销医用清洗剂类商品。合作模式为A公司将商品以原装形式直接进口到中国大陆后，由B公司独家代理销售。该商品包装桶为圆柱形，一侧带有握柄。包装桶上印有“RUHOF”商标，标贴由英文使用说明组成，英文字体颜色为红色。2004年9月，B公司在包装桶的英文标贴位置又加贴了中文标贴，所加标贴上标注有“AR漂洁上光剂”字样。合作期间，B公司对其代理的A公司的清洗剂类商品进行了广泛宣传，先后在杂志、博览会、展会、培训活动上做了大量广告，并为此支出了相关资金。

2007年9月开始，A公司停止向B公司供货。之后，B公司开始代理其他进口商的同类商品。诉讼中，A公司出示了B公司所代理销售的其他进口商的同类商品包装桶实物。该包装桶在外观上与A公司的商品包装桶近似，标识由中文使用说明等内容构成，并标注了“AR润滑剂”字样，字体全部为红色。

2004年6月16日，B公司申请注册了ruhof.com.cn域名；2005年11月17日，又申请注册了ruhof.cn域名。

B公司在其网站及商品宣传页上称：“……第二代的‘A’商品系列秉承了之前向中国市场所供商品的原始配方，并在此基础上进一步地改进配方适应中国市场要求。上市的第二代‘A’商品，不但拥有原来商品的所有优点外，同时清洁效果表现更为优越……”B公司又以列表的形式将第一代A商品与第二代A商品进行了相关性能比较，还在其网站上以flash动画形式比较了第一代A商品与第二代A商品的分解能力，从而突出了其正在代理的第二代A商品在诸多方面好于第一代A商品。

A公司在本案中主张B公司在2007年9月以后实施的行为构成侵犯其“RUHOF”注册商标专用权，并构成不正当竞争。

甲市第二中级人民法院认为：B公司代理销售的医用清洗剂、润滑剂与A公司的“RUHOF”注册商标核定使用商品属于相同商品。被控侵权商品上使用的“A”商标与A公司的“RUHOF”商标，一个是中文，一个是英文，二者从文字的字形、含义的角度不具有可比性。虽然“RUHOF”的发音与“A”有一定的相似程度，但是，由于对英文名称的翻译不具有唯一性的特点，“RUHOF”不是必然要被翻译为“A”。通过A公司的商标申请文件可以看出，“RUHOF”还可以从发音上被翻译成“如欧佛”。在A公司和B公司合作期间，虽然“RUHOF”与“A”同时出现在一件商品上达三年之久，但是首先将“RUHOF”与“A”对应起来使用的是B公司，A公司没有提供与之相反的证据，双方在合作协议中也没有对此问题做出约定，因此作为代理商，B公司的使用行为与A公司无关。另外，A公司最早将“RUHOF”与“A”对应起来使用的时间是2007年10月，此时双方已不再合作。综合上述情况，“RUHOF”与“A”不构成近似，对A公司要求B公司停止在被控侵权商品上使用“A”商标，并停止销售该商品的请求，不予支持。

B公司注册的ruhof. com. cn和ruhof. cn，“ruhof”与“RUHOF”两标识构成近似，B公司对使用“ruhof”注册域名的行为缺乏合理依据，在A公司与B公司均从事同类商品经营的前提下，B公司通过该域名对与A公司相同的商品进行宣传，从而容易使相关公众对不同服务者产生误认，其行为构成了对A公司注册商标专用权的侵犯，B公司应注销上述域名，由A公司注册使用。

从被控侵权商品和“A”被使用的形式上看，它一直被作为商标使用，而不是一个商品名称。另外，A公司对被控侵权商品及其包装、装潢的知名程度方面举证不足，故A公司关于B公司使用其商品的名称、包装、装潢构成不正当竞争的主张，不能成立，本院对此不予支持。

A公司与B公司均从事同类商品经营，彼此构成竞争关系。B公司在其网站及商品宣传页上，对其代理的第二代商品配方进行了宣传，又以列表的形式将第一代A商品与第二代A商品进行了相关性能比较，还在其网站上以flash动画形式比较了第一代A商品与第二代A商品的分解能力，从而突出了其正在代理的第二代A商品在诸多方面好于第一代A商品。B公司在代理其第二代A商品之前，只代理过A公司的同类商品，据此可以认定B公司所称的第一代A商品系指A公司的商品，在B公司不能证明上述对比的真实性的情况下，其结果损害了A公司的商业信誉和商品声誉。对A公司要求B公司停止侵权、刊登声明以消除影响的请求，予以支持。

B公司除承担上述责任以外，还应当赔偿A公司的经济损失，并支付其为制止侵权行为所支付的合理开支。对赔偿经济损失的具体数额，将参照涉案侵权行为的持续时间、损害程度、影响面等因素予以酌定。

综上，依照《中华人民共和国商标法》第五十六条、第五十七条第(一)(二)项，《中华人民共和国反不正当竞争法》第二条、第五条、第九条、第十四条、第二十条，《中华人民共和国民法通则》第一百三十四条第(一)(三)(七)项，《最高人民法院〈关于审理商标民事纠纷案件适用法律若干问题的解释〉》第一条第(三)项、第九条、第十条之规定，甲市第二中级人民法院判决：①B公司注销“ruhof.

com. cn”和“ruhof. cn”域名,由 A 公司注册使用;②B 公司就其涉案不正当竞争行为,在其网站主页上刊登声明,以消除影响;③B 公司赔偿 A 公司经济损失 10 万元,并赔偿 A 公司为制止侵权行为所支付的合理开支 1 万元;④驳回 A 公司的其他诉讼请求。

A 公司不服原审判决,向本院提起上诉,请求撤销原审判决第四项;变更原审判决第三项,即判令 B 公司赔偿 A 公司经济损失人民币 100 万元和合理开支人民币 20 万元;判令 B 公司立即停止使用、制造、销售侵犯 A 公司“RUHOF”注册商标权的商品;判令 B 公司立即销毁侵犯 A 公司商品名称、包装、装潢的文件、资料和商品;判令 B 公司在《法制日报》上就其侵权行为发表声明、消除影响。其主要理由是:①A 公司的企业名称是 THE RUHOF CORPORATION,其中的商号是“RUHOF”,在中国的注册商标也是“RUHOF”,“A”是上述商号、商标所对应的中文未注册商标和商号;B 公司在担任 A 公司代理经销商期间使用“A”对 A 公司的商品进行推介和宣传,这种使用应当看作 A 公司对“A”的使用,B 公司在代理期间已经获得了相应的代理收益,没有理由再占有本不属于它的相关权益,而且商标法第十五条规定,代理人不得擅自注册、使用被代理人的商标,因此“A”商标应归属于 A 公司,B 公司对此不享有权利。②“RUHOF”和“A”商品从 2004 年进入中国以来,B 公司进行了使用、宣传和推广,但其在代理 A 公司商品期间对“A”商标的使用不能改变“A”指向 A 公司及其商品的事实,而且经过使用,消费者已经将“A”与“RUHOF”商标联系起来,不论是销售人员还是消费者对于“RUHOF”的称呼都是“A”,两者在发音上构成近似,从音形义及整体观察综合判断角度,“RUHOF”和“A”都已构成近似并造成一般消费者的混淆、误认,原审判决对此认定错误,应予纠正。③原审判决赔偿数额过低,应当依法予以增加。

B 公司服从原审判决。

经审理查明:2006 年 5 月 7 日,A 公司经核准注册了“RUHOF”商标,核定使用商品为第三类清洁制剂、除锈制剂、去污剂、外科器械用清洁制剂、外科器械用除锈制剂、外科器械用去污剂、清除生物臭味制剂、蛋白质污染物擦洗溶液、蛋白质污染物清洁制剂、清除有污染物擦洗溶液、有机污染物擦洗溶液、用于外科器械的具有润滑作用的清洁剂、外科器械用擦洗制剂。A 公司在申请及被核准时,登记填写的企业名称是“如欧佛公司”。2007 年 10 月 18 日,经 A 公司申请,权利人名称变更为“A 公司”。

2004 年 7 月 1 日,A 公司与 B 公司达成协议,由 B 公司作为 A 公司商品的中国独家代理商,经销 A 公司生产或其名下的医用清洗剂类商品。

A 公司和 B 公司合作期间,B 公司在 2005 年第 1—4 期和 2006 年第 6 期的

《中国护理管理》,2005 年第 3 期、第 4 期、第 10 期、第 12 期和 2007 年第 1 期的《现代医院》,2005 年第 6 期的《中华护理杂志》,2006 年第 11 期、2007 年第 4 期和第 8 期的《中华医院感染学杂志》,2006 年第 1 期、第 4 期、2007 年第 4 期的《中国感染控制杂志》,2007 年第 1 期的《中国实用护理杂志》,2007 年第 2 期的《护理学杂志》,2005 年 7 月四川省预防医学会《四川省第三次会员代表大会文件汇编》、2005 年《第 53 届中国国际医疗器械春季博览会(2005 哈尔滨)会刊》,中国医院协会医院感染管理专业委员会等的《医院感染管理新法规高级培训班暨西部医院感染控制及医院消毒供应中心管理研讨会会刊》,2006 年中国医院协会医院感染管理专业委员会的《全国医院感染管理及新法规高级培训班讲义及相关文件汇编》以及其他宣传资料中对其代理的 A 公司的清洗剂类商品进行了广泛宣传。上述宣传资料和广告中均突出使用了"RUHOF 清洁专家""中国总代理:B 公司"等字样,其中 2005 年第 3 期《中国护理管理》杂志的广告中载有"'A'内镜专用多酶清洗剂""'A'公司专为中国市场而生产的内镜专用多酶清洗剂……。随着医疗技术的发展,内镜诊断技术在临床的广泛应用。……为此,'A'公司根据 2004 年 6 月 1 日正式实施的《内镜清洗消毒技术操作规范》专为中国市场而生产的内镜专用多酶清洗剂……"等内容;2005 年第 4 期、第 10 期和第 12 期的《现代医院》,2005 年第 6 期的《中华护理杂志》,2006 年第 1 期的《中国感染控制杂志》,2005 年 7 月四川省预防医学会的《四川省第三次会员代表大会文件汇编》,2005 年《第 53 届中国国际医疗器械春季博览会(2005 哈尔滨)会刊》上的广告均一致载明:"'A'清洁用品""'A'速洁汰除锈剂""'A'润滑剂""RUHOF'A'专业生产医院内所需的各种'清洁用品'……在美国、加拿大、英国、西班牙、意大利、澳大利亚……已广泛销售多年……位于美国纽泽西州的工厂不但符合 ISO 9002－2000 标准,所有产品都符合 CE 产品认证。"B 公司的宣传资料上,除使用"RUHOF 清洁专家""中国总代理:B 公司""'A'产品系列""'A'—全球医用清洁的专业品牌登陆中国""美国排名前十位的医院均使用 RUHOF 公司的产品"等字样外,在"关于 A"一栏中称:"作为外科器械和内镜保养的开拓者,'A'公司于 1976 年将第一个酶清洗剂 PROTOZYME 和除锈防锈剂 SURGISTAIN 投放市场。此后,'A'公司一直致力于研究、开发和生产现代化的清洗产品,现已形成由保湿剂、各种新型全效多酶清洗剂、除锈防锈剂、润滑剂、表面消毒剂和除臭剂等产品组成的独特而完整的'A'清洁系列产品等。作为全球医疗器械清洁业的领先者,'A'所有的产品均在 ISO 9001－2000 严格规范下的美国纽约州生产,……根据 IMS 的市场数据显示,目前美国超过三分之一的医院正在使用'A'的产品作为器械和内镜的清洗和维护。"另外,B 公司还在"A"内镜专用多酶清洗剂的介绍中称,"(该清洗剂)拥有全新超强的蛋白水解酶协同剂(APA) APA 是最新的有 RUHOF 医疗中心在酶崩解过程中发现的,……‘A’公司经过多年的研究开发出多种专利酶协同剂……”

2007 年 9 月开始,A 公司与 B 公司之间的代理关系终止。之后,B 公司开始代理其他进口商的同类商品,其商品上仍标注了“A”商标。

2005 年 4 月 26 日,C 公司向商标局申请在第三类商品上注册“A”商标,申请核定使用的商品包括清洁制剂、去污剂等。2008 年 3 月,经核准,C 公司将“A”商标转让给 B 公司。2008 年 6 月,经核准,B 公司又将“A”商标转让给 D 公司。2008 年 7 月 30 日,D 公司授权 B 公司独占使用“A”商标。对该商标,A 公司已经提出撤销注册申请。

2004 年 6 月 16 日,B 公司申请注册了 ruhof. com. cn 域名;2005 年 11 月 17 日,又申请注册了 ruhof. cn 域名。

B 公司在其网站及商品宣传页上称:“……第二代的‘A’商品系列秉承了之前向中国市场所供商品的原始配方,并在此基础上进一步地改进配方适应中国市场要求。上市的第二代‘A’商品,不但拥有原来商品的所有优点外,同时清洁效果表现更为优越……。”B 公司又以列表的形式将第一代 A 商品与第二代 A 商品进行了相关性能比较,还在其网站上以 flash 动画形式比较了第一代 A 商品与第二代 A 商品的分解能力,从而突出了其正在代理的第二代 A 商品在诸多方面好于第一代 A 商品。

上述事实有“RUHOF”商标注册证、A 公司与 B 公司代理协议和授权书、B 公司在代理期间宣传 A 公司商品的宣传资料和广告、“A”商标申请、转让、许可的相关文件、被控侵权商品包装实物、对 B 公司 ruhof. com. cn 和 ruhof. cn 网站的公证材料、域名查询资料、相关费用发票、当事人陈述和庭审笔录等证据在案佐证。

本院认为:《中华人民共和国商标法》第五十七条第一款第(一)项规定,未经商标注册人许可,在同一种商品或者类似商品上使用与其注册商标相同或者近似的商标的行为,属于侵犯注册商标专用权的行为。

A 公司注册的“RUHOF”商标核定使用的商品与 B 公司被控侵权商品都属于清洁剂类商品,属于同一种商品,各方当事人对此也均无异议,本院对此予以认定。

将 A 公司注册的“RUHOF”商标与 B 公司使用的“A”商标相比较,两者发音有一定的相似性,同时 B 公司曾作为 A 公司在中国的总代理商在三年左右的时间里大量使用“RUHOF”和“A”商标销售 A 公司的商品,并且在宣传中一直使用 RUHOF 公司和“A”公司指代 A 公司,通过其销售和大量广告宣传,相关消费者已经能够将“RUHOF”与“A”一一对应起来,且会认为带有“A”文字的商品是由 B 公司代理的 A 公司的商品。因此 B 公司在代理关系结束后在其销售的被控侵权商品上使用“A”商标，容易造成相关消费者误认为该商品来源于A公司或与A公司有特定联系，因此B公司的行为属于在同一种商品上使用与“RUHOF”商标近似的商标的侵权行为，原审判决关于“RUHOF”和“A”不近似、B公司的此种行为不构成侵权的认定是错误的，本院对此予以纠正；A公司关于“RUHOF”与“A”足以造成混淆、构成近似商标的上诉主张成立，对其关于判令B公司停止侵权行为并赔偿损失的上诉请求，本院予以支持。

《中华人民共和国商标法》第六十三条规定，侵犯商标专用权的赔偿数额，为侵权人在侵权期间因侵权行为所获得的利益，或者被侵权人在被侵权期间因被侵权所受到的损失，包括被侵权人为制止侵权行为所支付的合理开支。侵权人因侵权所得利益，或者被侵权人因被侵权所受损失难以确定的，由人民法院根据侵权行为的情节判决给予50万元以下的赔偿。中华人民共和国最高人民法院《关于审理不正当竞争民事案件应用法律若干问题的解释》第十七条第一款规定，确定反不正当竞争法第五条、第九条、第十四条规定的不正当竞争行为的损害赔偿额，可以参照确定侵犯注册商标专用权的损害赔偿额的方法进行。

A公司在本案中没有提供其因B公司侵犯其“RUHOF”注册商标专用权的行为所受损失或B公司因侵权行为所获利益的相关证据，但考虑B公司为宣传A公司的商品和“RUHOF”品牌所做努力的实际情况以及B公司侵权持续时间和其他情节，本院将酌情确定侵权损害赔偿和合理开支的数额。

A公司在原审诉讼中主张B公司从事的不正当竞争行为有三种：反不正当竞争法第五条规定的擅自使用其商品包装、装潢的行为，第九条规定的虚假宣传行为和第十四条规定的散布虚伪事实、损害竞争对手商业信誉的行为。原审判决只认定B公司的行为违反了反不正当竞争法第十四条的规定，对A公司的其他主张未予支持，A公司也未对此提起上诉。由于A公司并未提供其因B公司的不正当竞争行为所受损失或B公司因其不正当竞争行为所获利益的证据，原审判决根据其认定的B公司的不正当竞争行为持续时间、损害程度、影响面等因素酌定损害赔偿数额并无不当，A公司关于原审判决损害赔偿数额过低的上诉主张，缺乏依据，本院不予支持。

判令B公司停止侵权已足以对A公司的“RUHOF”商标专用权加以保护，因此A公司关于判令B公司立即销毁其产品名称、包装、装潢的文件、资料和产品的上诉请求没有事实和法律依据，本院对此不予支持。

A公司没有提供其商业信誉因B公司上述侵犯商标专用权的行为受到影响的证据，因此本院对A公司关于消除影响的上诉请求亦不予支持。

本案为侵犯商标专用权和不正当竞争的民事案件，故A公司关于“A”商标应由其所有的上诉主张不属于本案审理范围，本院对此不予审理。

综上，原审判决认定事实和适用法律均有部分错误，本院对此予以纠正；上诉人A公司的上诉请求及其理由部分成立，本院对此予以支持。依照《中华人民共和国商标法》第五十七条第一款第（一）项、第六十三条，中华人民共和国最高人民法院《关于审理不正当竞争民事案件应用法律若干问题的解释》第十七条第一款，《中华人民共和国民事诉讼法》第一百五十三条第一款第（二）、（三）项之规定，判决如下：

一、维持中华人民共和国甲市第二中级人民法院〔2008〕二中民初字第5929号民事判决第一、二、三项，即B公司于本判决生效后十日内，注销“ruhof. com. cn”和“ruhof. cn”域名，由A公司注册使用；B公司于本判决生效后十日内，就其涉案不正当竞争行为，在其网站主页上刊登声明，以消除影响（内容须经本院核准，持续刊登时间不少于24小时。逾期不履行，本院将在一家全国发行的报纸上刊登本判决主要内容，所需费用由B公司负担）；B公司于本判决生效后十日内，赔偿A公司经济损失人民币10万元，并赔偿A公司为制止侵权行为所支付的合理开支人民币1万元。

二、撤销中华人民共和国甲市第二中级人民法院（2008）二中民初字第5929号民事判决第四项，即驳回A公司的其他诉讼请求。

三、B公司于本判决生效后立即停止在其销售的清洁剂类商品上使用与A公司注册商标“RUHOF”近似的“A”商标的侵权行为。

四、B公司于本判决生效后十日内赔偿A公司因经济损失和合理开支人民币2万元。

五、驳回A公司的其他诉讼请求。

如果未按本判决指定的期间履行给付金钱义务，应当按照《中华人民共和国民事诉讼法》第二百二十九条之规定，加倍支付延期履行期间的债务利息。

一审案件受理费人民币15600元，由A公司负担人民币4600元（已交纳），由B公司负担人民币11000元（于本判决生效后七日内交纳）；二审案件受理费人民币15600元，由A公司负担人民币4600元（已交纳），由B公司负担人民币11000元（于本判决生效后七日内交纳）。

本判决为终审判决。

审　判　长：张　某

审　判　员：莎日某

代理审判员：钟　某

二〇〇九年七月十日

书　记　员：张见某

五、案例评析和模拟重点

（一）案例评析

本案涉及医疗产品中侵犯注册商标专用权的民事侵权行为。侵犯注册商标专用权行为，又称商标侵权行为，是指一切损害他人注册商标权益的行为。判断一个行为是否构成侵犯注册商标专用权，主要看是否具备四个要件：一是损害事实的客观存在；二是行为的违法性；三是损害事实是违法行为造成的；四是行为的故意或过失。上述四个要件同时具备时，即构成商标侵权行为。本案中，B公司实施了未经商标注册人的许可，在同一种商品或者类似商品上使用与其注册商标相同或者近似的商标的行为。这是最为明显的也是司法实践中遇到最多的一种商标侵权行为。实施此种行为，无论是出于故意还是过失，都会造成商品出处的混淆，使消费者发生误认误购，从而损害到商标注册人的合法权益和消费者的利益，因此是一种典型的商标侵权行为。商标注册人有权阻止这种非法使用，法律也必须对这种侵犯注册商标专用权的行为明令禁止，并依法追究违法者的法律责任。B公司侵犯了A公司的商标专用权，同时以不正当竞争的方法损害了A公司的利益，应当对A公司承担侵权损害赔偿责任。通过本案例的模拟，学生应掌握医疗产品关于商标侵权案件的构成要件，以及如何对侵权行为“故意”和“过失”的认定。

（二）模拟重点

1. 商标侵权行为中故意和过失的认定。

2. 消费者是否会对商品产生混淆问题的掌握。

3. 商标侵权案件中损害赔偿的标准。

实验案例一

一、基本案情

宋某、苏某、周某系ZL 53103256.7专利的发明人和专利权人。该发明的名称是“旋转锥面聚焦式伽玛射线辐射单元”，其申请日为2003年4月13日，授权日为2005年4月7日，授权公告日为2005年5月31日。该专利的专利申请费及专利年费一直由甲、乙、丙、丁交纳。

原告宋某、苏某、周某与被告甲、乙、丙、丁因该专利发生知识产权纠纷。

一审中，原审法院委托鹏城市长城会计师事务所有限公司对丁生产、销售头部伽玛刀的数量及利润进行审计。审计结论为：在2008年6月23日至2011年8月2日期间内，丁生产头部伽玛刀2台，均已销售，利润为人民币3525524.30

元；丁 2006 年销售 8 台，2007 年销售 11 台。原告三人认为此审计报告少算了被告所涉头部伽玛刀的数量及利润，并提供“头部伽玛刀生产、交付一览表”（复印件）及 2010 年 8 月 14 日丁与 A 医院、2010 年 12 月 12 日丁与 B 医院签订的购销合同（复印件）予以证明。

三被告答辩称，三原告的诉讼已过诉讼时效，且部分证据提供的时间已超过证据交换时间。三原告称在诉讼时效内已主张了权利，但三被告否认收到过原告主张权利的交涉函。

三被告在开庭审理中先承认头部伽玛刀使用了 ZL 53103256.7 专利技术，但认为该专利技术不是三原告所有；随后又认为其所生产的头部伽玛刀未使用 ZL 53103256.7 专利技术。

三被告提供的重要证据《郑重声明》中，周某签名的真实性存疑。

一审后，周某与乙、丙、丁均提起了上诉。

二、证据

（一）原告方的证据清单

证据内容	证明目的
证据一：专利证书	三原告系 ZL 53103256.7 专利的发明人和专利权人
证据二：王小某给周某及其代理人汪某的复函	原告在诉讼时效内主张了权利
证据三：“头部伽玛刀生产、交付一览表”及被告丁与 A 医院、B 医院签订的购销合同复印件	头部伽玛刀的数量及利润
证据四：OUR－旋转式伽玛刀治疗指南	被告使用了 ZL 953103256.7 专利技术

（二）被告方的证据清单

证据内容	证明目的
三原告署名的《郑重声明》	三原告将专利技术自愿无偿奉献给“鹏城沃发医学新技术发展公司”

三、判决文书

A省高级人民法院
民事判决书

〔2012〕A 高法民三终字第 5 号

上诉人(原审原告):周某,男,汉族,住鹏城市罗湖区文华花园 12D。

委托代理人:汪祖某,男,中国国际经济贸易仲裁委员会鹏城分会工作人员,住鹏城市福田区彩田路 5015 号中银大厦 B—19。

上诉人(原审被告):鹏城乙科技发展有限公司(下称乙)。地址:鹏城市福田区深南中路 30 号 A 电子科技大厦 2202 室。

法定代表人:惠小某,董事长。

委托代理人:宋延某,甲市共和律师事务所鹏城分所律师。

委托代理人:王国某,甲市共和律师事务所鹏城分所律师。

上诉人(原审被告):鹏城市丙设备发展有限公司(下称丙)。地址:鹏城市罗湖区人民南路国贸大厦 17 楼。

法定代表人:宋军某,董事长。

委托代理人:王勤某,该公司法律顾问。

委托代理人:王国某,甲市共和律师事务所鹏城分所律师。

上诉人(原审被告):鹏城市丁新技术发展有限公司(下称丁)。地址:鹏城市福田区深南中路 30 号 A 电子大厦 2203 室。

法定代表人:周献某,董事长。

委托代理人:林建某,北京金之桥专利事务所专利代理人。

委托代理人:王国某,甲市共和律师事务所鹏城分所律师。

被上诉人(原审原告):苏某,男,汉族,住鹏城市龙华镇民治大道馨园 4 栋 404 室。

委托代理人:李丰某,女,1964 年 11 月 1 日出生。

委托代理人:苏某,女,1988 年 2 月 4 日出生。

被上诉人(原审原告):宋某,男,汉族,住安徽省淮南市朝阳柏园村 34 号楼 1 单元 10 室。

委托代理人:汪祖某,男,中国国际经济贸易仲裁委员会鹏城分会工作人员,住鹏城市福田区彩田路 5015 号中银大厦 B—19。

委托代理人:刘俊某,上海市锦天城律师事务所律师。

上诉人周某因与上诉人丙、乙、丁以及被上诉人宋某、苏某专利侵权纠纷一案,不服鹏城市中级人民法院〔2010〕鹏中法知产初字第 53 号民事判决,向本院提起上诉。本院受理后依法组成合议庭进行了审理,现已审理终结。

原审法院经审理查明:宋某、苏某、周某系 ZL 53103256.7 专利的发明人和专利权人。该专利的申请费及专利年费一直由甲、乙、丙、丁交纳。

该专利申请日为 2003 年 4 月 13 日,授权日为 2005 年 4 月 7 日,授权公告日为 2005 年 5 月 31 日。发明名称是"旋转锥面聚焦式伽玛射线辐射单元"。该专利的权利要求是:①一种医用伽玛射线单元,包括由若干放射源组成的源体,源体被安装在一个防辐射保护框内,源体内的放射源通过其射线通道以径向方向对准保护框内的一个公共焦点,在公共焦点的周围是至少可容纳人体大脑的一个空间,其特征在于所述的源体是一个沿辐射单元中轴线对称的板状几何体,在防辐射保护框上装有一个可旋转的中心轴,中心轴位于辐射单元的中轴线上,它的一端固定在源体上,另一端与一个动力传动机构相连接。②根据权利要求 1 所述的辐射单元,其特征在于源体是一个扇形体。③根据权利要求 1 或 2 所述的辐射单元,其特征在于源体内的放射源及射线通道的分布位于中心轴两侧 30°以外的区间里。④根据权利要求 3 所述的辐射单元,其特征在于源休内的放射源及射线通道的分布均不以辐射单元中轴线对称。⑤根据权利要求 4 所述的辐射单元,其特征在于源体内的放射源及射线通道在一个与公共焦点相切的平面上径向排列。⑥根据权利要求 4 所述的辐射单元,其特征在于源体内的放射源及射线通道从径向方向对准公共焦点多层次排列。

乙注册登记日期为 2005 年 8 月 29 日,其投资中方是淮南市电子医疗设备公司及淮南市世鹏商社,共占 10%;投资外方是英属处女岛阿巴多尔国际投资有限公司,占 90%。

丙的注册登记日期是 2007 年 7 月 23 日,股东为淮南市电子医疗设备有限责任公司,占 7%;淮南市世鹏商社,占 3%;沃华医疗服务有限公司,占 90%。

丁于 2003 年 5 月 25 日成立,原名为鹏城市沃发医学新技术发展有限公司,2008 年 8 月 25 日变更为现名,其股东为淮南市康健医学科技开发公司,占 10%;鹏城乙科技发展有限公司,占 90%。

丁称 2006 年 2 月后生产和销售了 OUR-XGD 型钴-60 旋转式伽玛刀(又称头部伽玛刀)19 台,案件审理中,原审法院委托鹏城市长城会计师事务所有限公司对丁 2008 年 6 月 23 日之后生产、销售头部伽玛刀的数量及利润进行审计。审计结论为:在 2008 年 6 月 23 日至 2011 年 8 月 2 日期间,丁生产头部伽玛刀 2 台,均已销售,利润为人民币 3525524.30 元。鹏城市长城会计师事务所有限公司还对丁 2006 年生产、销售头部伽玛刀的数量进行了核对,结果为:丁 2006 年销售 8 台,2007 年销售 11 台。对审计报告所涉头部伽玛刀的数量及利润,周某、苏某、宋某持有异议,认为 2008 年 6 月后,乙、丙、丁销售头部伽玛刀的数量为12台，审计报告中，关于头部伽玛刀的数量及利润均少算了，周某、苏某、宋某提供了“头部伽玛刀生产、交付一览表”及2010年8月14日乙与中国人民解放军二〇一医院、2010年12月12日丁与郑州市第五人民医院签订的购销合同予以证明，上述“一览表”及购销合同均为复印件。丁认为周某、苏某、宋某不能证明其有销售12台头部伽玛刀的事实，故对周某、苏某、宋某的主张不予确认。

周某、苏某、宋某还认为，2009年12月23日，其已向乙、丙、丁发出交涉函，故已在诉讼时效内主张了权利，因此，即使有两年的诉讼时效，赔偿的计付也应该从2009年12月23日往前推算两年起算。对2009年12月23日的交涉函，乙、丙、丁在庭审中否认收到该函，但周某、苏某、宋某提供的2009年12月30日王小南给周某及其代理人汪祖某的复函中曾提到2009年12月23日的交涉函。

乙、丙、丁在开庭审理中承认头部伽玛刀使用了ZL 53103256.7专利技术，但认为该专利技术不是周某、苏某、宋某所有。庭审之后，乙、丙、丁在提交给法院的落款日期为2010年10月19日的“补充答辩意见”中，亦多次承认使用该专利技术生产头部伽玛刀。2010年11月15日，丁的代理人甘勇明在其出具的代理意见中发表了“乙、丙、丁使用该专利不构成侵权”以及“此伽玛刀非彼伽玛刀”等意见，其认为乙、丙、丁实际生产销售的伽玛刀采用的是“半球体聚焦技术”，该技术不同于“扇形板聚焦技术”，是一项已知技术，因此不构成侵权。同年11月23日，乙、丙、丁向法院提交了“对几个问题的再次说明”，在该说明中，乙、丙、丁再一次承认使用专利技术生产头部伽玛刀的事实。

另周某、苏某、宋某提供给法院的“OUR-旋转式伽玛刀治疗指南”上登载了ZL 53103256.7专利证书复印件，该专利证书的下方标有“世界最新一代的‘OUR旋转式伽玛刀’含有多项技术专利。图为部分专利证书”字样。但乙、丙、丁认为其从未制作过该治疗指南，且周某、苏某、宋某提供该证据的时间已超过证据交换时间，故对该证据，乙、丙、丁坚持不予确认。

2011年8月，乙、丙、丁认为其所生产的头部伽玛刀未使用ZL 53103256.7专利技术，不是侵权产品，请求法院予以鉴定。2011年9月，乙、丙、丁请求中止本案诉讼，理由是：丁请求法院确认《郑重声明》效力和责令周某、苏某、宋某补办专利权变更登记手续一案，原审法院已正式立案，故本案应依规定中止诉讼。

乙、丙、丁在生产、销售、使用、推广伽玛刀中的具体分工是：乙负责管理工作；丙负责投资合作与推广应用，周某、苏某、宋某认为该司具体参与了16个头部伽玛刀中心的经营，而乙、丙、丁在宣传资料上标明的头部伽玛刀中心则有19个；丁负责生产。伽玛刀的销售工作由乙和丁共同负责。另乙认为其是全身伽玛刀的权利人，丁认为其是头部伽玛刀的权利人。

周某2003年至2004年4月在丁工作，任该司总经理；苏某自丁成立以后一直在该司工作，任总工程师；宋某曾担任乙的董事长，2009年后任乙的副董事长兼副总经理。

诉讼中，丁向法院提供了署名为宋某、周某、苏某的《郑重声明》，该声明落款日期为2004年4月7日，内容为：以我们个人名义向国家专利局提出的三项专利53103256.7、53240727.7、53235783.0均已收到中国专利局的受理通知书，现自愿无偿奉献给"鹏城沃发医学新技术发展公司"。该份声明中，"宋某"及"苏某"的签名均系其本人的笔迹，但周某否认其在声明中签名。本案丁提供了淮南市舜耕山律师事务所委托安徽省公安厅出具的刑事科学技术鉴定书，该鉴定书的结论是《郑重声明》上"周某"的签名是周某所写。2010年11月6日及12月1日，鹏城市人民检察院受原审法院委托对声明中的签名是否系周某所写，进行鉴定，结论为：该签名不是周某所写。原审法院委托中华人民共和国公安部对声明中的签名是否系周某所写进行鉴定，中华人民共和国公安部2011年3月2日出具《物证鉴定书》，结论为：声明中"周某"可疑签名字迹是周某书写的。

以上事实的认定，有专利证书、权利要求书、郑重声明、鉴定书、审计报告、庭审笔录等为证。

原审法院经审理认为：ZL 53103256.7专利的权利人为周某、宋某、苏某。该专利于2005年4月7日获得授权，专利权自该日起生效。丁提供的《郑重声明》，内容虽涉及对该专利的"无偿奉献"，但《郑重声明》的落款时间为2004年4月7日，在该日，ZL 53103256.7专利尚未获得授权，周某、宋某、苏某作为专利权人的身份尚未得到法律确认，故周某、宋某、苏某在该日并没有权利处分该专利权。《郑重声明》中"周某"的笔迹是否真实，《郑重声明》法律效力如何，对确认ZL 53103256.7专利的权利人并无实际意义，也不意味着此后乙、丙、丁实施该专利可以不经专利权人许可。并且，专利权的转让，应自专利局转让登记之日起生效，在涉案专利未办理变更登记的情况下，应确认ZL 53103256.7专利的权利人仍为周某、苏某、宋某。由于本案的审理无须以确认《郑重声明》效力一案的审理结果为依据，乙、丙、丁请求中止本案审理理由不能成立，不予采纳。2005年4月7日之后，任何单位或个人实施该专利，都必须经专利权人许可，与专利权人订立书面实施许可合同，向专利权人支付专利使用费，否则，将构成对权利人专利的侵犯。庭审之后，乙、丙、丁认为其生产、销售、使用的头部伽玛刀没有使用ZL 53103256.7专利技术，要求法院对此予以鉴定。原审法院认为，乙、丙、丁在庭审及之后的答辩和陈述意见中均承认生产、销售、使用的头部伽玛刀使用了ZL 53103256.7专利技术，乙、丙、丁对经庭审确认之后的证据反悔，但并没有提供相应证据，不能推翻已认定的证据。故应确认头部伽玛刀使用了本案专利技术，对乙、丙、丁要求鉴定的请求不予支持。

乙、丙、丁虽然交纳了 ZL 53103256.7 专利年费，但其实施专利技术未取得共同权利人周某、苏某的书面许可，乙、丙、丁也没有提供宋某本人许可其实施该专利的充分证据，构成了对周某、苏某及宋某享有专利权的侵犯。丁构成生产、销售侵权，乙构成销售侵权，丙构成使用侵权。乙、丙、丁应停止侵权并承担相应侵权责任。周某从应当知道权利被侵犯之日起至提起本案诉讼虽然已超过两年，但周某起诉时乙、丙、丁的侵权行为仍在继续实施，故乙、丙、丁以周某、苏某、宋某超过诉讼时效主张驳回周某、苏某、宋某的诉讼请求理由不充分。但对损害赔偿数额的计付，应自周某起诉之日起向前推算两年，即从 2008 年 6 月 23 日起算。周某、苏某、宋某提出以其 2009 年 12 月 23 日发出交涉函的时间向前推算两年计算赔偿额缺乏依据，不予支持。2008 年 6 月 23 日之后，丁生产、销售头部伽玛刀的所获利润，经本院委托鹏城市长城会计师事务所有限公司进行审计，为人民币 3525524.30 元，本院将确认该利润为赔偿额，由丁承担。由于头部伽玛刀的销售由丁与乙共同负责，而丁与乙对所实现的利润如何分配又不提供证据，故乙对该款项的赔偿应承担连带责任。丙基于生产经营目的使用周某、苏某、宋某专利产品，法院将考虑侵权的类型、侵权的持续时间、给权利人造成的损害等因素酌情确定丙应承担的赔偿数额。周某在本案中撤回对乙、丙、丁“全身伽玛刀”侵权行为的起诉，是当事人对自己诉讼权利的处分，予以准许。周某的其他诉讼请求缺乏依据，予以驳回。综上，依照《中华人民共和国专利法》第 11 条第 1 款、第 12 条、第 56 条第 1 款、《中华人民共和国民法通则》第 118 条、《中华人民共和国民事诉讼法》第 64 条第一款以及最高人民法院《关于审理专利纠纷案件适用法律问题的若干规定》第 23 条、最高人民法院《关于民事经济审判方式改革问题的若干规定》第 25 条的规定，判决如下：①被告乙、丙、丁应立即停止侵犯 ZL 53103256.7 专利权的行为；②被告丁应于本判决生效后 10 日内赔偿原告周某、苏某、宋某经济损失人民币 3525524.30 元，被告乙对该款项的支付承担连带责任；③被告丙应于本判决生效后 10 日内赔偿原告周某、苏某、宋某经济损失人民币 250000 元；上述二、三两项，被告赔偿的款项由三原告平均分配。④驳回原告的其他诉讼请求；本案案件受理费人民币 160010 元，审计费人民币 10000 元，共 170010 元，由原告周某、苏某、宋某各负担 26666.67 元，被告乙、丙各负担 20100 元，被告丁负担 50010 元（诉讼费本院已根据原告周某的申请决定部分缓交。原告周某已预交诉讼费 60000 元，多交部分 33333.33 元不予退回，由被告丁于本判决生效后 10 日内迳付周某；原告苏某、宋某、被告乙、丙应负担之数及被告丁尚应负担的诉讼费 16676.67 元，于本判决生效后 10 日内交付本院）。

一审判决后，周某及丁、乙、丙等均不服，遂向本院提起上诉。

周某上诉请求为:撤销〔2010〕鹏中法知产初字第53号民事判决的第二、三、四项,请求改判,支持其在一审时的诉讼请求。理由是:①一审计算被上诉人丁、乙、丙的损害赔偿数额的时间从一审起诉之日向前推算两年,是错误的。应从侵权行为实际发生时起算。因为被上诉人一直隐瞒争议专利被授权的事实,上诉人周某无法知道专利权被侵犯,也没有证据证明周某知道或者应当知道权利被侵犯。②原判将丁、乙、丙三方的生产、销售、使用责任分开负担,是错误的,应当由三被上诉人共同承担连带责任。因为在事实上,丁等主观上有共同的故意,客观上是共同侵权,应当承担连带责任。③原审法院委托长城会计师事务所所做的审计报告,仅仅是对丁的情况进行了鉴定,漏掉了乙和丙,而且仅仅审计了2台产品,并没有对他们使用侵权产品的利润进行鉴定,其审计结果严重失实。④经过计算,丁等被上诉人在两年中的利润应该是人民币1.7亿元。因此,要求赔偿3000万元是合理的。

丁、乙、丙的上诉请求是:①撤销鹏城市中级人民法院〔2010〕鹏中法知产初字第53号民事判决。②驳回周某的全部诉讼请求。其理由主要是:(1)原判对本案事实的认定不清楚。①本案讼争的ZL 53103256.7号专利所含的技术方案是宋某所构思,宋某是该专利的真正唯一发明人,苏某和周某无权主张与专利有关的实体权利。②丁、乙、丙是ZL 53103256.7号专利的实质所有权人。2003年4月13日国家专利局受理了该发明的专利申请,同年5月25日上诉人丁(更名前为鹏城沃发医学新技术发展公司)正式成立,经营的业务就是研制生产伽玛刀,宋某、苏某和周某都是公司的高层管理人员,从ZL 53103256.7号专利的用途和公司的经营范围看,ZL 53103256.7号专利与丁最初的设立目的有着密切的关系,宋某、苏某和周某于2004年4月7日签署《郑重声明》,自愿将专利奉献给公司,这表明《郑重声明》的意思表示是真实的,已经付诸实践。在本案起诉前长达八年之久的时间内,周某从未就该专利的所有权、使用权提出任何异议,这充分表明了丁、乙、丙是该专利的真正所有人。③丁、乙、丙积极发展伽玛刀技术,创造了"球面螺旋线钴源排列准直聚焦旋转照射技术",该技术与ZL 53103256.7号专利所指的"伽玛射线旋转锥面聚焦技术"有着根本的不同,其生产的OUR-XGD伽玛刀并没有使用ZL 53103256.7号专利技术。(2)原审判决适用法律不当。①《郑重声明》作为本案的关键证据,证明了周某等许可丁等实施ZL 53103256.7号专利技术。丁等即使使用了该专利,也不构成专利侵权。首先,从《郑重声明》的内容看,明确表示了宋某、苏某、周某作出该声明时包括ZL 53103256.7专利在内的三项专利申请已收到专利局的受理通知书,三人均自愿把它们奉献给"鹏城沃发医学新技术发展公司"(即现在的丁)。因此,宋某等三人明确知道三项发明将被授予专利权,并有让丁等实施这三项专利的意思表示;丁等有权无偿无期限地使用、实施ZL 53103256.7专利的技术方案。其次,ZL 53103256.7号专利的申请日为2003年4月13日,专利授权日为2005年4月7日,根据专利法的规定,专利权的有效期从申请日开始计算。一审判决认为,讼争的专利权自2005年4月7日起生效是错误的。因此,一审判决认为周某等于2004年4月7日所做的《郑重声明》无权处分该专利权是错误的。再次,《技术合同法实施条例》第七十九条规定:"专利申请提出以后、公开以前,当事人之间就申请专利的发明创造所订立的技术转让合同,适用有关非专利技术转让合同的规定……。专利申请公开以后,原合同参照专利实施许可合同的有关规定。专利申请被批准以后,原合同即为专利实施许可合同,适用有关专利实施许可合同的规定。"该条规定和《专利法》第四十五条的规定是一致的,正是由于专利权可溯及专利申请日,专利权人在专利申请提出后、专利权被授予之前对申请专利的发明的处分,在专利权被授予后,就自动成为对专利权的处分,其中当然包括该专利的实施许可。一审判决否认专利申请人在专利权授予之前有权处分该专利权是错误的。最后,宋某、苏某在一审时确认他们亲笔签署了《郑重声明》,公安部出具的物证鉴定书证明《郑重声明》上的"周某"签名为周某书写,《郑重声明》的真实性已得到证实,其在专利申请公开之前作为非专利技术转让的意思表示、在专利权被授予后即成为专利实施许可合同的意思表示。《专利法实施细则》第十三条规定,专利实施许可合同只要求在合同生效之日起三个月向专利局备案,并不要求登记才生效。(3)丁、乙、丙在一审时提出其生产、销售的头部伽玛刀并没有使用ZL 53103256.7专利技术,并申请鉴定,但一审法院没有支持,违反法定程序,侵害了丁等的合法权益。(4)由于头部伽玛刀是一种先进的医疗设备,其生产使用了多项专利技术,一审判决将生产伽玛刀所得的全部利润作为专利ZL 53103256.7的利润判给被上诉人是错误的。丁、乙、丙请求本院就OUR-XGD型钴钴-60旋转式伽玛刀(又称头部伽玛刀)所用技术与ZL 53103256.7号专利是否相同或等同委托有关鉴定机构进行技术鉴定。

被上诉人周某、宋某答辩认为:①乙、丙、丁是共同侵权人,应当承担连带赔偿责任。②乙、丙等完全使用了本案的发明专利技术,这是确凿的事实。从几次开庭和他们的产品说明书、宣传品中都可以确定。③周某从未许可乙、丙等使用该发明专利技术。所谓的《郑重声明》是伪造周某的签名。④周某等要求赔偿3000万元是证据充分的,乙、丙、丁等所获得的利润达3亿多元。请求驳回乙、丙、丁的上诉请求,支持周某的上诉请求。

苏某庭审答辩认为:①本案专利的专利权人是宋某、苏某、周某。而且该发明是在苏某的研究基础上产生的,至今还是属于三人共有。②没有赠予事实。《郑重声明》是2004年4月7日签订的,也不是我方的真实意思表示,而且当时也没有获得专利授权，宋某、苏某二人不能处分三人共有的专利权。③乙、丙、丁使用了本案的专利技术，应当赔偿损失。根据乙、丙、丁的获利情况，至少应该支付苏某6164万元。

乙、丙、丁答辩认为：本案是专利侵权纠纷案件，要构成专利侵权，必须具备两个条件，一是使用了专利技术，二是无权使用。乙、丙、丁等根本没有使用该专利技术，没有构成侵权，而且周某等人还签订《郑重声明》，明确表示赠予。究竟是否侵权，首先要确定使用的技术，然后才涉及侵权与否。由于侵权事实自始就不存在，主张计算损害赔偿数额就没有意义，而且也没有任何依据承担赔偿责任。周某等自己所计算的利润不能作为证据。因此，要求驳回周某的上诉请求，支持乙等的上诉请求。

本院经审理查明：2010年6月23日，周某以乙、丙、丁等侵犯其专利权为由，向鹏城市中级人民法院提起诉讼，请求判令乙、丙、丁：①立即停止侵权行为，即立即停止利用周某专利技术制造和销售头部、全身伽玛刀产品，立即停止利用侵权产品——头部和全身伽玛刀与他人合作建立所谓的“伽玛刀治疗中心”。②以所得利润向周某连带支付专利侵权损失3000万元，其中头部伽玛刀和全身伽玛刀均为人民币1500万元。③被告承担诉讼费。2011年7月28日，周某向原审法院递交“变更诉讼请求申请”，放弃对乙、丙、丁“全身伽玛刀”产品的专利侵权主张。

2010年8月28日，原审法院做出〔2010〕鹏中法知产初字第53-1号参加诉讼通知书，追加宋某、苏某作为本案的共同原告参加诉讼。2010年9月11日，苏某明确向法院表示愿意作为共同原告参加诉讼，并到庭参与诉讼。宋某没有到庭参加诉讼，仅于2011年6月25日向原审法院递交了一份《关于澳欧公司生产的伽玛刀产品没有使用ZL 53103256.7号专利的情况说明》。

原判决认定的其他事实属实，本院予以认定。

本院认为：根据我国知识产权局专利局的专利公告和《专利发明证书》记载，本案所涉ZL 53103256.7号“旋转锥面聚焦式伽玛射线辐射单元”发明专利的申请日是2003年4月13日，授权日是2005年4月7日，公告日是2005年5月31日，发明人是宋某、苏某、周某，专利权人也是宋某、苏某、周某三人。丁、乙、丙等上诉认为，本案讼争的ZL 53103256.7号专利所含的技术方案是宋某所构思，宋某是该专利的唯一真正发明人，苏某和周某无权主张与专利有关的实体权利，丁、乙、丙是ZL 53103256.7号专利的实质所有权人。由于本案是周某、苏某、宋某三人作为专利权人以原告身份提起的专利侵权纠纷诉讼，并不涉及专利权利归属诉讼。因此，丁、乙、丙等上诉主张其是本案专利的所有权人，宋某是该专利的唯一真正发明人，此项请求超出了本案原审诉讼审理范围，本院不予采纳。本案所涉 ZL 53103256.7 号"旋转锥面聚焦式伽玛射线辐射单元"发明专利的专利权人应当依照《发明专利证书》的记载确认为宋某、苏某、周某等三人。该专利目前仍是合法有效的,应当依法予以保护。

依照我国《专利法》的规定,专利权被授予后,除本法另有规定外,任何单位或者个人未经专利权人许可,都不得实施其专利。否则,应承担相应的民事责任。就本案专利侵权纠纷而言,双方当事人在诉讼中的争议焦点也正是在于丁、乙、丙的行为是否构成侵权,是否应当承担相应的民事责任。具体而言,就是:①丁、乙、丙是否实施了 ZL 53103256.7 号专利。②丁、乙、丙是否得到专利权人宋某、苏某、周某的许可。③丁、乙、丙是否应当承担相应的民事责任。

关于丁、乙、丙是否实施了 ZL 53103256.7 号专利的问题。丁、乙、丙上诉认为,三公司积极发展伽玛刀技术,自己创造了"球面螺旋线钴源排列准直聚焦旋转照射技术",该技术与 ZL 53103256.7 号专利所指的"伽玛射线旋转锥面聚焦技术"有着根本的不同,其生产的 OUR-XGD 伽玛刀并没有使用 ZL 53103256.7 号专利技术。同时还请求法院对其使用的技术进行鉴定。根据本案一审期间的庭审记录和有关材料看,乙、丙、丁在一审开庭审理中承认头部伽玛刀使用了 ZL 53103256.7 专利技术,只是认为该专利技术不是周某、苏某、宋某所有。庭审之后,乙、丙、丁在提交给原审法院的落款日期为 2010 年 10 月 19 日的"补充答辩意见"中,亦多次承认使用该专利技术生产头部伽玛刀。2010 年 11 月 15 日,丁的代理人甘勇明在其出具的代理意见中发表了"乙、丙、丁使用该专利不构成侵权"以及"此伽玛刀非彼伽玛刀"等意见,其认为乙、丙、丁实际生产销售的伽玛刀采用的是"半球体聚焦技术",该技术不同于"扇形板聚焦技术",是一项已知技术,因此不构成侵权。同年 11 月 23 日,乙、丙、丁向法院提交了"对几个问题的再次说明",在该说明中,乙、丙、丁再次承认使用本专利技术生产头部伽玛刀的事实。诉讼中乙、丙、丁对是否使用本案专利技术这一关键性问题,在一审法庭开庭中予以承认,在其提交给法院的一些重要书面材料中也予以承认,之后又通过某些方式予以否认。因此,乙、丙、丁等在没有提供充分的相反证据的情况下,对自己承认使用了本案专利的事实,在二审期间再次反悔,既有违诚实信用原则,又没有证据支持,故其要求本院对其使用的技术进行鉴定,理由不充分,本院不予采纳。本案是因为专利侵权引发的诉讼,作为被控侵权的乙、丙、丁显然应当清楚其自认使用本案专利的法律后果,根据乙、丙、丁等在一审期间承认使用了本案专利的陈述,结合乙、丙、丁等向国家专利局交纳本案专利的申请费和专利年费的事实和一直生产销售伽玛刀的事实,应当确认其实际使用了本案所涉的专利技术。

关于丁、乙、丙使用本案的专利技术是否得到专利权人宋某、苏某、周某的许可的问题。丁、乙、丙上诉认为，即使其使用了该专利，也不构成专利侵权，宋某、苏某、周某亲笔签署《郑重声明》是专利权人在专利申请公开之前作为非专利技术转让的意思表示、在专利权被授予后即成为专利实施许可合同的意思表示。周某上诉则认为其从未许可乙、丙等使用该发明专利技术，所谓的《郑重声明》是伪造周某的签名。而宋某、苏某对《郑重声明》中签名的真实性没有异议。对以上争议，本院认为，首先，关于《郑重声明》中周某的签名是否真实的问题，本案中共有三个鉴定报告，一份是丁向原审法院提供的淮南市舜耕山律师事务所委托安徽省公安厅出具的刑事科学技术鉴定书，该鉴定书的结论是《郑重声明》上“周某”的签名是周某所写。另两份是原审法院委托鉴定的，即 2010 年 11 月 6 日及 12 月 1 日，鹏城市人民检察院受原审法院委托所做的鉴定，结论为：该签名（即《郑重声明》上“周某”的签名）不是周某所写。原审法院又根据当事人的请求委托中华人民共和国公安部对声明中的签名是否系周某所写再次进行鉴定，中华人民共和国公安部 2011 年 3 月 2 日出具《物证鉴定书》，结论为：声明中“周某”可疑签名字迹是周某书写的。综合以上情况，本院认为，原审法院鉴于当事人对安徽省公安厅出具的刑事科学技术鉴定书和鹏城市人民检察院所做的鉴定意见提出异议的情况，重新委托中华人民共和国公安部进行鉴定，委托和鉴定程序合法，对此鉴定意见，周某没有提出相反的证据予以否认。因此，对我国公安部所做的鉴定意见应予采信。本院据此确认《郑重声明》中周某签名的真实性。周某上诉主张《郑重声明》中的签名是伪造的，没有事实依据，本院不予采信。《郑重声明》应当作为本案的证据采用。其次，关于《郑重声明》的法律效力问题。该《郑重声明》所写落款日期为 2004 年 4 月 7 日，内容为：以我们个人名义向国家专利局提出的三项专利 53103256.7、53240727.7、53235783.0 均已收到中国专利局的受理通知书，现自愿无偿奉献给“鹏城沃发医学新技术发展公司”。尽管在宋某、苏某、周某签署《郑重声明》时，本案所涉 ZL 53103256.7 号“旋转锥面聚焦式伽玛射线辐射单元”发明专利并未获得授权，而且至今也没有将该专利的专利权人变更为“鹏城沃发医学新技术发展公司”或者后来的丁，专利权人仍然是宋某、苏某、周某等三人，但在《郑重声明》签署后，专利的申请费及专利年费一直由乙、丙、丁等交纳，而且周某 2003 年至 2004 年 4 月在丁工作，任该司总经理，苏某自丁成立以后一直任总工程师，宋某曾担任乙的董事长，2009 年后任乙的副董事长兼副总经理，据此应当认定三专利权人在《郑重声明》中所做的承诺是真实的，而且其对乙、丙、丁等使用本专利应该是明知的，并且长时间没有提出异议。因此，乙、丙、丁等在前述《郑重声明》签订后至周某明确提出异议之前对本案争议专利技术的使用，不属于未经许可的侵权使用。因此，乙、丙、丁上诉请求确认《郑重声明》的真实性和法律效力，理由充分，本院予以采纳。原判认定《郑重声明》中“周某”的笔迹是否真实,《郑重声明》法律效力如何,对确认 ZL 53103256.7 专利的权利人等问题并无实质意义,该认定不当,本院予以纠正。

关于丁、乙、丙是否应当承担相应的民事责任问题。如前所述,在专利权人宋某、苏某、周某签订《郑重声明》至周某明确提出异议之前,丁、乙、丙等对本案争议专利技术的使用,不属于未经许可的侵权使用,故丁、乙、丙不承担侵权民事责任。但由于本案所涉 ZL 53103256.7 号“旋转锥面聚焦式伽玛射线辐射单元”发明专利仍然是宋某、苏某、周某等三人共同所有,尽管他们在该专利授权之前签署了《郑重声明》并表示“自愿无偿奉献”给丁,但在 2009 年 12 月 23 日,专利权人之一周某向丁、乙、丙发出交涉函,2010 年 6 月 23 日又向法院提起诉讼,明确要求丁、乙、丙等停止使用该专利。而且丁、乙、丙并不能举证证明周某 2004 年 4 月 7 日所签署《郑重声明》已经明确许可他们可以无偿、无限期地使用本案所涉专利。因此,在本案专利仍然属于周某等人的情况下,周某要求丁、乙、丙等停止使用该专利,属于专利权人依照我国专利法行使正当权利的行为,应当予以支持。丁、乙、丙如再继续无偿地使用,就属于未经过专利权人之一周某许可的使用,加之周某又已经离开丁,不能享受丁等使用该专利所带来的利益,也有违公平合理原则。因此,在周某向丁、乙、丙明确主张权利之后,丁、乙、丙等就无权继续使用该专利技术,应当立即停止使用并支付适当的专利使用费。同时,由于宋某、苏某仍在丁、丙处工作,享受公司的一切待遇和本专利技术所带来的利益,而且该两人也并没有主动向丁、乙、丙等提出停止使用本案专利或者支付使用费的要求,也没有主动向法院提起诉讼。因此,本院根据当事人意思自治的原则和本案的实际情况,参照原审法院委托鹏城市长城会计师事务所有限公司对丁 2008 年 6 月 23 日之后生产、销售头部伽玛刀的数量及利润所作的审计报告,酌情判令丁支付周某专利使用费 117 万元,由乙承担连带责任。丙仅是为生产经营目的而使用专利产品,而且本院已经确认在周某主张权利之前,丁、乙等对本案争议专利技术的使用,不属于未经许可的侵权使用,当时生产的产品不是侵权产品,故丙所使用的专利产品也是合法的产品,而非侵权产品,根据我国专利法的规定,丙的行为不构成侵权,在本案中不承担民事责任。周某上诉认为丁、乙、丙等从使用本案专利时就构成侵权,请求判令丁等赔偿经济损失 3000 万元并承担连带责任,缺乏事实和法律依据,本院不予支持。丁等上诉认为其有权无偿无期限地使用、实施 ZL 53103256.7 专利的技术方案,因本案专利权人之一周某已经通过发出交涉函和向法院起诉的方式明确要求丁等停止侵权。因此,丁等继续使用没有合法的依据,故该上诉理由也不成立,本院予以驳回。

综上所述,原审判决认定事实基本清楚,但在证据的采信和适用法律方面,有部分不当之处,本院予以纠正。依照《中华人民共和国民事诉讼法》第一百五十三条第一款第(一)、(二)项,1992 年修改实施的《中华人民共和国专利法》第十一条第一款、第十二条、第六十二条第(二)款,最高人民法院《关于审理专利纠纷案件适用法律问题的若干规定》第十八条的规定,并经本院审判委员会讨论决定,判决如下:

一、维持鹏城市中级人民法院〔2010〕鹏中法知产初字第 53 号民事判决第四项。

二、撤销鹏城市中级人民法院〔2010〕鹏中法知产初字第 53 号民事判决第二、三项。

三、变更鹏城市中级人民法院〔2010〕鹏中法知产初字第 53 号民事判决第一项为:鹏城市丁新技术发展有限公司、鹏城市丙设备发展有限公司、鹏城乙科技发展有限公司立即停止使用本案所涉的 ZL 53103256.7 号"旋转锥面聚焦式伽玛射线辐射单元"发明专利技术。

四、鹏城市丁新技术发展有限公司在本判决生效后 10 日内赔偿周某经济损失人民币 117 万元,鹏城乙科技发展有限公司对前述款项承担连带清偿责任。

本案一、二审案件受理费合计 320020 元,审计费 1 万元,共计 330020 元,由周某承担 165010 元,鹏城市丁新技术发展有限公司、鹏城乙科技发展有限公司承担 165010 元。周某向本院多预交 160010 元,本院予以退回。其余部分,由双方当事人在本判决执行时一并清结。

本判决为终审判决。

审　判　长:孙　某
代理审判员:崔玉某
代理审判员:贺　某
二〇一四年七月二日
书　记　员:范　某

四、模拟训练的目的、重点和难点

(一)模拟训练的目的

本案涉及医疗产品商标侵权。本案件在商标侵权案件中较为典型,主要目的在于训练学生对医疗产品商标侵权构成要件的掌握,以及违法经营额认定的计算方式。界定违法经营额,可参考借鉴下列法律、司法解释或规范性文件的相关规定:①《产品质量法》第七十二条;②《关于办理侵犯知识产权刑事案件具体应用法律若干问题的解释》(法释〔2004〕19 号)第十二条第一款;③《关于办理侵犯知识产权刑事案件适用法律若干问题的意见》(法发〔2011〕3 号)第七条;④工商总局《关于侵权商品有关问题的批复》(工商标字〔2003〕第99号);⑤商标局1999年3月30日发布的《关于保护服务商标若干问题的意见》第九条。因此,通过本案例的模拟,要让学生掌握医疗产品商标侵权案件中举证责任和证明对象,以及经济损失的认定问题;本案例为二审,学生还应掌握如何确定二审案件的庭审重点。

(二)模拟的重点和难点

1. 医疗产品商标侵权构成要件的掌握。

2. 专利侵权案件中举证责任和证明对象的掌握。

3. 对被侵权方经济损失认定标准的掌握。

4. 民事二审的程序。

实验案例二

一、基本案情

乙药品研发企业研发一化药XY,为避孕药物,2010年7月5日获得临床试验批件,临床试验批件的有效期为三年。而实际上,研制XY所需要的原料药X并无合法上市的药物,因此原料药X同时也申报新药,与XY关联申报,同时获得临床试验批件。

2011年9月30日乙公司与甲药品生产企业签订新药技术转让合同,合同约定乙公司将XY药物的临床试验批件转让给甲公司,甲公司为此分阶段支付450万元。乙公司的主要义务包括:①将研究XY药物的临床前资料、临床批件交予甲公司。②指导甲公司完成中试交接、生产出三批规模达到10万片/批的试验用药品。③负责牵头签订三方原料(即X药)供应协议,保证临床试验研究、申报生产中X药的供应,在进入大生产后保证第三方以市场价格供应X药给甲公司。④协助取得药品生产批文。

甲乙双方约定,新药技术转让合同签订之日起10个工作日内支付第一笔款项225万元。实际上,甲方在2011年12月16日才完成支付。2011年11月24日甲公司、乙公司与仙琚公司签订三方协议,准备由仙琚公司供应X药。由于仙琚公司不具备相应的生产条件,其后乙公司联系佳尔科公司、青峰公司,甲公司推荐新恒创公司,但均未能签订原料药X的供应协议。

其间,甲公司三次书面要求解除合同,2013年8月16日起诉至成都中级人民法院,要求解除新药技术转让合同,退还已经支付的转让费225万元并支付违约金45万元。乙公司应诉后提起反诉,要求支付延迟付款违约金54680元,判令乙公司不退还已付款项225万元,判令甲公司赔偿乙公司225万元违约金。

二、证据

(一)原告方的证据清单

证据内容	证明目的
证据一:药物临床试验批件	被告取得了药物临床试验的批件
证据二:原被告双方签订的《新药技术转让合同》	原被告双方的权利与义务
证据三:原告发给被告的函件	原告向被告承诺,7日内支付首期款项225万元,要求对方提供X原料药600g以上用于中试
证据四:原告开具的结算业务申请书和被告开具的发票	原告向被告支付了225万元
证据五:关于加快XY片项目进展的函	原告已经完成原料药外的辅料的购买,要求30日内完成制作X原料
证据六:临床试验招投标资料	被告委托的咨询有限公司组织洽谈会,准备临床试验事宜
证据七:要求及时处理原料药问题的函件	原告给被告发邮件,要求对方及时处理原料药问题并制订计划
证据八:仙琚公司出具的情况说明	被告通知原告、仙琚到被告公司召开原料药供应协调会,但原告没有到场
证据九:要求终止合同的函件	原告函告被告,要求终止合同
证据十:被告方工作函,原告方合同解除函	被告函告原告,被告会积极督促仙琚改善设备,同时联系其他厂家,承诺本月内拿出相应方案
证据十一:"XY片"合同解除函	原告函告被告,要求解除合同。被告要求给予宽限期
证据十二:新恒创公司的证人证言	原告推荐新恒创公司作为三方合作单位,被告反馈不能合作
证据十三:"XY片"合同解除函	原告再次提出解除合同,提出批件有效期将届满,合同目的无法实现。明确要求4月底退还225万元,收到退款后10日内退还项目资料
证据十四:伦理委员会审批件	原告取得华中科技大学药物临床试验伦理委员会审批件

（二）被告方的证据清单

证据内容	证明目的
证据一：出差报销单及车票和住宿发票	被告方工作人员从杭州到仙琚公司并返回
证据二：函件	被告发邮件给原告，称仙琚低温设备若8月到场，11月能生产原料，但不确定因素多。可以与常州佳尔科公司集团有限公司合作，如定下该企业供应，预计70天供货
证据三：上海往返成都的机票及到都江堰的过路票、路桥票据	被告方员工到成都协商与常州佳尔科公司集团有限公司合作事宜
证据四：佳尔科公司的证明材料	被告方的陆某与原告方的周某某、彭某某到佳尔科公司考察
证据五：函件	原告发邮件给被告，要求2012年12月15日前供应X原料药1kg，并发送了与新恒创公司合作的草稿
证据六：函件	被告发邮件给原告，称把临床批件发过去，但申报材料要领导同意后才能发
证据七：函件	被告发邮件给原告，把"X原料药一八号资料20130221.doc"发出，称删除无关内容，请原告方"看看是否可以操作"
证据八：函件	被告发邮件给原告，称原料药供应三方协议已经按照陆总、李总意见修改，请转李总
证据九：函件	被告发邮件给原告，称三方供货协议盖章寄出，原料药5月中旬供货
证据十：函件	原告发邮件给被告，内容为"补充协议"，包括主张原合同已经解除，要求提供X原料药1kg等
证据十一：函件	被告回复原告，补充协议改动大，建议执行原协议，并要求在与青峰公司合作的草稿上修改
证据十二：函件	被告发邮件给原告，称已备1kg原料药，问是否邮寄、何时开始指导中试生产

三、判决文书

判决书文号：〔2013〕B民初字第1567号

说明：由于判决书较长，事实认定部分基本与原被告双方主张相同，因此截取法院认为及判决部分。一审判决书下达后，原被告双方均不服判，依法上诉至A省高级人民法院。

本院认为，甲公司、乙公司双方签订的“新药技术转让合同”系双方真实意思表示，内容不违反法律、行政法规的强制性规定，为有效合同，合同对签约双方均有约束力，双方均应依约履行。

一、乙公司是否负有向甲公司供应X原料药的合同义务。

双方签订的“新药技术转让合同”约定，乙公司负责牵头签订三方原料供应协议，保证甲公司在临床试验研究、申报生产合同品种的X原料供应；在XY片批准生产后，保证第三方能以市场价格足量供应X原料给甲公司，以确保甲公司XY片的正常生产。双方对该条款理解产生分歧。

本院以为，对该条款应结合合同体系、目的及文义进行理解。首先，从合同整体体系看，乙公司为药品研发单位，其并不具有生产X原料药的资质，其无法直接向甲公司供应X原料药，甲公司在签约过程中对此事是知晓的；从合同目的看，双方签订的合同标题为“新药技术转让合同”，合同标的内容为XY片的临床前研究资料、临床批件及中试工艺技术，也就是说合同目的是实现由乙公司向甲公司转让XY片的临床前研究资料、临床批件及中试工艺技术，并不涉及X原料药的直接供应问题；再次，依照该合同文义，乙公司在甲公司临床试验研究、申报生产用合同品种以及XY片生产过程中，负责牵头签订三方原料供应协议，保证第三方能以市场价格足量供应X原料给甲公司，但乙公司并不负有直接向甲公司供应X原料药的合同义务。

基于以上理由，乙公司不负有直接向甲公司供应X原料药的合同义务。因该条款的履行涉及第三方的情形，本身不具有实际操作性，但为保证合同的履行，乙公司应联系、指导具有生产资质的遗言生产企业生产X原料药并向甲公司供应，这应是乙公司的合同基本义务。甲公司辩称仙琚公司不具有生产X原料药的相关设备，无法达到生产X原料药的生产条件，故与仙琚公司签订的三方协议无法履行。

本院认为，仙琚公司作为大型上市医药生产企业，具备医药生产的相关资质，即使暂不具备X原料药的生产条件，也可通过采购或改造相关设备完成，仙琚公司对此并未予以拒绝，但甲公司则以此为由不愿履行三方协议不符合约定。甲公司该项辩称不能成立，本院不予支持。

二、乙公司履约是否违反合同约定义务，甲公司解除双方签订的“新药技术转让合同”是否违反合同约定。

依照双方签订的“新药技术转让合同”，乙公司负有牵头签订三方原料供应协议义务，保证甲公司在临床试验研究、申报生产用合同品种的X原料药供应；

在XY片批准生产后，保证第三方能以市场价格足量供应X原料给甲公司；并且在甲公司完成中试交接的前期准备工作，书面通知乙公司中试交接之日起60个工作日内，联系第三方向甲公司提供X原料药，以配合甲公司完成XY片中试。乙公司在签约后，为履行合同义务，积极促成甲公司、仙琚公司、乙公司于2011年12月24日三方就X原料药生产及供销问题签订了协议，三方对X原料的供应达成了一致意见，但对有关数量及价格确定由甲公司、仙琚公司双方另行签订协议。

也就是说，如果甲公司与仙琚公司就X原料药数量及价格达成一致协议后，仙琚公司在乙公司接到甲公司完成中试交接的前期准备工作，书面通知乙公司中试交接之日起60个工作日内向甲公司提供原料，否则，甲公司可向乙公司主张违约责任。如逾期30天，甲公司有权解除与乙公司签订的“新药技术转让合同”，但此后乙公司通知仙琚公司、甲公司于2012年6月7日在杭州召开X原料药的生产供应及后续合作协调会，甲公司拒绝派员出席，说明甲公司不愿在履行三方2011年12月24日签订的X原料药供应协议。至此，乙公司的合同义务已经完成，由此产生的法律后果不应由乙公司承担。

在甲公司不愿履行与仙琚公司签订的协议后，乙公司有积极联系佳尔科公司、青峰公司为甲公司解决供应X原料药的问题，进一步说明乙公司履约的积极性，佳尔科公司、青峰公司也均表示愿承担仙琚公司合同义务为甲公司提供原材料，但甲公司则考虑乙公司联系的X原料药生产商不在四川省内等因素予以拒绝。因双方签订的“新药技术合同”中对X原料药的生产商并没有地域限制，故甲公司要求X原料药生产商在四川省内不符合双方合同的约定，不具有合理性。故乙公司履约没有违反合同约定的义务，甲公司单方解除双方签订的“新药技术转让合同”违反合同约定。

三、甲公司承担的法律责任问题。

依照合同约定，甲公司首期技术转让费应在合同签订之日起10个工作日内支付，即应在2011年10月17日之前支付，但甲公司在2011年12月16日才向乙公司支付首期技术转让费，逾期60天，依照双方签订的“新药技术转让协议”约定，未按合同约定支付技术转让费，每延期一天须向乙公司支付相应款项万分之三的违约金，甲公司首期技术转让费逾期60天，应向乙公司支付由此产生的违约金4.05万元。

甲公司辩称该笔费用延迟支付事前得到了乙公司的认可，因未提供证据，故不予支持。关于甲公司辩称乙公司该项主张超过诉讼时效期间的主张，本院认为，双方约定，甲公司应在2011年10月17日之前支付首期技术转让费，但甲公司在2011年12月16日才支付。在此期间，乙公司虽然应该知道其权利受到侵害,但此后因双方就合同仍在继续履行,直到2013年4月21日甲公司解除合同。如乙公司在双方履约过程中向甲公司主张该笔违约金则不利于合同的履行,也不符合商业交易习惯,故该诉讼时效期间的起算点应自甲公司解除合同之日即2013年4月21日计算为宜,乙公司在双方纠纷后2013年10月18日向甲公司主张该笔款项也未怠于行使权利。

根据《中华人民共和国民法通则》第一百三十五条"向人民法院请求保护民事权利的诉讼时效期为两年"之规定,乙公司在2014年3月24日提起反诉,向甲公司主张该项费用并不超过两年诉讼时效期间。

甲公司单方解除双方签订的"新药技术转让合同"不符合合同约定,属于违法行为。因乙公司认可合同已被解除的法律事实,故该合同已实际被解除,但甲公司应当承担由此产生的违约责任。依照《中华人民共和国合同法》第九十七条规定:"合同解除后,尚未履行的,终止履行,已履行的,根据履行情况和合同性质,当事人可以要求恢复原状、采取其他补救措施,并有权要求赔偿损失。"该合同终止履行,从实现该项技术市场利益最大化角度看,该技术宜由原技术持有人乙公司持有为宜。甲公司应将乙公司交付的XY片技术资料返还给乙公司,并不得再继续使用、披露该项技术,乙公司则应将甲公司支付的首期技术转让费225万元退还给甲公司。甲公司应赔偿乙公司为此产生的损失。本案中,乙公司主张的损失225万元系可得利益损失,而可得利益损失只有在合同完全履行时才可能产生,因甲公司、乙公司均认可合同已被解除,故该合同已无法在继续履行,乙公司该项组长因缺乏法律依据不予支持,而乙公司业未就其他损失提供证据,故对乙公司请求赔偿225万元损失的诉讼请求不予支持。

综上,甲公司、乙公司的诉讼请求均部分成立,本院部分予以支持。据此,依照《中华人民共和国民法通则》第一百三十五条,《中华人民共和国合同法》第九十七条,《中华人民共和国民事诉讼法》第一百四十八条第一款、第二款、第三款之规定,判决如下:

一、原告(反诉被告)甲公司于本判决生效之日起不得再继续使用、披露被告(反诉原告)乙公司XY片研发、生产技术;

二、原告(反诉被告)甲公司于本判决生效之日起15日起内退还被告(反诉原告)乙公司XY片技术资料;

三、被告(反诉原告)乙公司于本判决生效之日起15日内退还原告(反诉被告)甲公司技术转让费225万元;

四、原告(反诉被告)甲公司于本判决生效之日起15日内向被告(反诉原告)乙公司支付延迟付款违约金4.05万元;

五、驳回原告(反诉被告)甲公司的其他诉讼请求;

六、驳回被告(反诉原告)乙公司的其他诉讼请求。

如果未按本判决指定的期间履行上述给付金钱义务,应当依照《中华人民共和国民事诉讼法》第二百五十三条之规定,加倍支付迟延履行期间的债务利息。

本案本诉案件受理费人民币 28400 元,反诉案件受理费 12618.72 元,合计 41018.72 元,由原告(反诉被告)甲公司承担 24611.22 元,由被告(反诉原告)乙公司承担 16407.5 元。

如不服本判决,双方可在判决书送达之日起 15 日内,向本院递交上诉状,并按对方当事人的人数提出副本,上诉到 A 省高级人民法院。

附双方代理意见以便了解案件事实。

一审法院先后开庭三次审理,具体过程略。针对庭审中的具体情况,原告代理人提交了代理词,代理意见与庭审意见基本相同。

原告代理人代理词

尊敬的审判长、审判员、人民陪审员:

甲公司诉乙公司新药技术转让合同纠纷一案,我受甲公司委托和律师事务所指派,担任其诉讼代理人。现案件已经过法庭三次开庭审理,我综合全案情况发表如下代理意见:

(一)被告关于原告延迟付款违约金的诉讼请求已过诉讼时效

原被告双方在 2011 年 9 月 30 日签订《新药技术转让合同书》,合同第四条约定在合同签订生效之日起 10 个工作日内支付人民币 225 万元。原告在 2011 年 12 月 16 日支付人民币 225 万元,被告在 2011 年 12 月 21 日出具收到人民币 225 万元的发票。

被告在反诉中主张原告违反约定,应当支付违约金 54680 元。在 2014 年 6 月 11 日的庭审中向法庭提交了被告向原告主张违约金的《通知函》及快递单,以此证明诉讼时效中断。

法庭确认,225 万元首期款原告应当在 2011 年 10 月 17 日前支付。若原告确实构成违约,共超期付款 60 天,按合同约定标准计算应当承担违约金 4.05 万元。

我方认为:

首先,原告的延迟付款行为得到被告事前许可、事后也未提出异议。

原告延期支付首期款是为了保证项目顺利进行,在取得被告的认可后对项目进行深入的调研和评估。原告付款后被告继续履行合同且长达两年未对此提出异议。

其次,被告主张延迟付款违约金已经超过诉讼时效。

经核查，原告确实收到被告邮寄的通知函。但是，邮戳显示寄出时间是2013年10月18日，收到时间是2013年10月20日。而法庭确认（原被告双方也均认可）首期款应当在2011年10月17日之前支付。《中华人民共和国民法通则》第一百三十五条规定："向人民法院请求保护民事权利的诉讼时效期间为两年。"

可见，被告用邮寄通知函的行为来主张权利已经超过两年诉讼时效，不构成诉讼时效的中断，被告有主张违约金的权利但是已经丧失胜诉权。据此，被告在反诉中要求延期付款违约金的主张已经超过了诉讼时效，理应不予支持。

最后，即使原告应该支付所谓延迟付款违约金，也因为被告的根本性违约所吸收，不需要支付。

（二）被告实质违约导致合同解除

1. 被告应当履行三项合同义务。

《新药技术转让合同》第三条第七款约定："由乙方负责牵头签订三方原料供应协议，保证甲方在临床试验研究、申报生产用合同品种的X原料供应；XY片批准生产后，保证第三方能以市场价格足量供应X原料给甲方，以确保甲方XY片的正常生产。"

该款包含被告的三项义务：

（1）被告应当履行中试、临床试验过程中原料药供应义务。此项义务要求较低，由于在临床试验阶段所需原料药不多，且只需从任何一家具备企业GMP资格的企业生产（无需该原料药GMP资格和拥有该原料药生产批文），被告完全可以委托任何一家具备企业GMP资格的企业生产出该原料药，也不需要对原料药生产技术进行转让。这既是被告的合同义务也因为生产技术属于被告，应该也只能由被告进行；原告的义务仅仅是收到原料药后支付合理价款（金额很少）。

（2）被告应当保证签订三方协议，保证第三方能以市场价格足量供应X原料给甲方。设定此项义务是为了确保在需要大量生产制剂时原料药能够从既具备企业GMP资格，又具备该原料药GMP资格且拥有该原料药生产批文的企业处得到稳定的供应。即是说不仅要保证签订三方协议（目前协议并不是完整的合同，比如缺少价格条款等合同基本要素），关键是保证原告获得稳定的原料药供应。

（3）被告应当保证药品正式投产后原料药能以合理价格足量供应。XY片批准生产后，保证第三方能以市场价格足量供应X药给甲方，确保甲方XY片的正常生产。

2.被告没有履行这三项合同义务。

(1)被告没有履行中试、临床试验过程中原料药供应义务,致使临床试验无法进行。

为了顺利进行中试交接,原告购买了除X药以外的辅料(见2014年6月26日补充证据清单),并于2012年2月13日发函《关于加快XY片项目进展的函》通知被告,中试工艺交接的准备已经完成,请被告在30个工作日内完成X原料的生产。但是被告一直不能按约供应X原料,致使中试交接无法完成,临床试验也就无法继续进行。有如下证据证明:

原告提交证据中,2012年5月23日原告的工作人员彭某某给被告的工作人员陆某的邮件中显示:"在2012年3月所有中试交接原辅料(除X药)到位,并将贵公司提出用于中试交接预实验的原辅料寄出……故请贵公司及时处理X原料药相关问题,给我公司一个项目时间计划。"陆某2012年5月24日邮件回复:"邮件收到,相关情况我了解后再给你答复,我会和仙琚再沟通。"

原告2012年7月5日致函被告提道:"2012年2月13日我公司发函给贵公司要求在30个工作日之内完成X原料药生产……鉴于本项目原料供应已经拖延了3个月以上并尚无切实可行的解决方法,现要求终止本项目合作。"2012年7月10日被告回复《工作函》承诺:"本月内,我们会拿出相应的方案。"

被告提供的《公证书》(〔2013〕杭证民字第8495号)中2012年10月15日原告的工作人员彭某某给被告的工作人员陆某的邮件要求"确保在12月15日之前供应符合临床批准质量标准的1千克X原料"。

原告2013年4月21日给被告的《"XY片"合同解除函》载明:2012年11月20日原告再次发函要求解除合同,被告要求予以宽限;现原告再次提出解除合同。

可见,原告多次催促被告供应X原料甚至提出解除合同,但是被告一直不能履行约定义务。特别再次强调的是,中试、临床试验过程中原料药的供应与实际生产过程中原料药的供应是不同的,在临床试验阶段,制备XY片需要的原料药并不多,被告只需委托任何一家具备企业GMP资格的企业按照《药品生产质量管理规范》生产即可,无需其转让X原料药临床批件,也无需签订三方协议。也就是说,被告完全能够让XY片的临床试验继续进行。

(2)被告没能保证三方协议签订。

被告认为,被告积极履行"牵头"义务,先后联络"仙琚""佳尔科""青峰"作为X原料药的生产企业。被告提交了2013年9月25日"仙琚"出具的《情况说明》,以及2014年4月两次从杭州到仙居的差旅费报销单。提交了2013年9月23日"佳尔科"出具的《证明材料》以及2012年9月从成都到都江堰的交通票据。提交了《公证书》(〔2013〕杭证民字第 8494 号)、《公证书》(〔2013〕杭证民字第 8495 号)载明原被告之间的往来邮件,证明被告履行了牵头义务。

我们认为:

被告对原料药的供应承担"保证"责任。根据《新药技术转让合同》第三条第七款的约定,被告应该"保证"X 原料药的供应,而不是仅仅负责"牵头"、联络。原因在于,案件中的 XY 片(制剂)与 X(原料药)联合申报临床试验。被告必须将原料药生产技术转让给原料药生产企业,由受让企业生产后供应给原告进行 XY 片的生产。原告自身没有能力生产原料药,也无权自行从其他企业获取原料药(因为违法)。因此,在原料药的生产和供应中,被告处于主导地位。被告只有履行"保证"责任才能真正实现合同目的。

第一,"仙琚"根本不具备生产条件。原告提供的 2012 年 7 月 11 日原告的工作人员彭某某与"仙琚"的工作人员汪某某的通话录音显示,"仙琚"的生产设备不能达到生产条件,被告的工艺也存在问题。尽管该录音的储存手机由于时间较久而毁坏,但这些事实在被告提供的证据中得到印证:"仙琚"出具的《情况说明》提道:"必须对我公司现有的生产设施进行必要的设备购置及改造,包括涉及该项目的原材料采购、人员、生产资金等方面的统筹安排。"2012 年 7 月 17 日被告工作人员陆某发给原告的工作人员彭某某的邮件中提到的"仙琚公司 8 月 1 日原料药车间停产检修至 9 月 20 日开工,低温反应设备如 8 月底到厂,则开工后可生产,若其间无现场核查等事出现,最快 11 月底能供应合格原料八百克。考虑到贵公司的实际情况及仙琚不确定因素仍多"也能印证。应当注意的是,被告对录音资料与录音文字资料的一致性予以确认,也确认通话人确实是"仙琚"的工作人员。我们认为相关证据已经能够证明"仙琚"不具备生产条件。若被告对录音资料的真实性提出异议,可以进行技术鉴定,或者由人民法院依职权取证。

第二,"佳尔科"提出在实验室制备原料药,不符合法律规定。虽然"佳尔科"为专业孕激素生产厂家,但其产能较大。所以"佳尔科"提出前期在实验室做,成品进 GMP 车间做精制。而根据《药品注册管理办法》第三十五条规定:"临床试验用药物应当在符合《药品生产质量管理规范》的车间制备。制备过程应当严格执行《药品生产质量管理规范》的要求。申请人对临床试验用药物的质量负责。"因此,临床试验药物生产必须在符合 GMP 的车间生产,"佳尔科"提出的生产方案明显违背法律规定,故原告无法合作。

第三,在"仙琚"和"佳尔科"均不能满足供应条件后,原告推荐了"新恒创"作为原料药临床批件受让生产企业。审理中"新恒创"出具了书面证言并出庭作证,证明 2013 年 3 月 18 日被告的工作人员陆某在原告的工作人员李某某的陪同下对“新恒创”进行考察并商谈合作事宜，一致同意被告将 X 药的临床批件转让给“新恒创”，并按申报工艺帮助、指导“新恒创”进行 X 药生产，由“新恒创”保证原料药供应。但是，被告单方反悔，拒绝合作，未签订协议，导致原告无原料药进行后续工作。被告反悔的原因纯粹是从自身利益考虑。事实上，若被告同意选择“新恒创”作为原料药生产单位就可以解决原料药的来源问题，但据悉当时另一家企业“青峰”愿意给予被告一定的转让费，而“新恒创”约定是无偿转让，最终导致无法签订三方协议。

第四，在与“青峰”的商谈中，被告要求先签订协议再进行考察，无法保证原料药的来源合法。原告向法庭提供的 2013 年 7 月 8 日原告与被告的会谈录音显示，原告要求到“青峰”考察确定其是否具有生产条件，被告要求先签订协议再行考察。以上内容原告有录音可以证明，被告当庭对录音试图证明的事实表示认可。

可见，原被告双方先后与“仙琚”“佳尔科”“新恒创”“青峰”进行商业谈判，是否能够签订三方合作协议受各方条件的制约。但是，总体上看来，原告已经积极履行配合义务，并没有为合作提出任何不合理要求，甚至积极创造条件促使合同能够继续得到履行。反观被告则履行义务不够积极，囿于自身利益的考虑，致使三方协议无法签订，构成违约。

(3)前两项义务作为条件没有履行，第三项义务作为后期义务无法实现。

实际上，XY 片只有成功通过临床试验获得生产许可后，才涉及第三项义务的履行。但由于临床试验无法进行，第三项义务根本无法实现。

3.被告以原告获得伦理批件来辩解其已经履行义务根本不成立。

被告辩称，原告已经获得《华中科技大学药物临床试验伦理委员会审批件》，即已经通过中试，从而证明原告已经获得合格的原料药，这个辩解完全不成立。

根据《关于药品注册管理的补充规定》第四条第三款规定：“使用正在申请注册的原料药申报药物制剂注册的，也应当按照上述要求提交该制剂所用原料药的合法来源证明文件，所用原料药批准注册，该制剂方能批准注册。在注册过程中，不得更换原料药来源；确需更换的，申请人应当先撤回原注册申请，更换原料药后，按原程序申报。”

新药研发所需原料药在注册申报时即已备案固定，在后期研发、注册过程中不得更换原料药来源。在本案中，XY 片(制剂)与 X(原料药)联合申报，且批件拥有者均为被告，故在被告未提供原料药的情况下，原告无法获得合符要求的原料来进行中试。

原告在临床批件即将失效的情况下，委托 CRO 公司办理了伦理批件，已经尽最大努力将损失降到最低限度。但实际上，原告根本无法继续完成临床试验。

4.原告依法解除合同。

由于被告无法提供临床试验的原料药，原告反复催告被告履行合同义务，并于2013年4月21日致函被告明确要求解除合同。

根据《新药技术转让合同》第五条第三款约定："乙方违反本合同第三条第二项、第三项、第四项约定，每逾期一天，乙方向甲方支付合同总额万分之三的违约金，逾期超过30天，甲方有权解除合同，乙方应在收到合同解除通知后10日内返还甲方已付款项，并一次性给付甲方合同技术转让费用总额10%的违约金。"

《中华人民共和国合同法》第九十四条规定："有下列情形之一的，当事人可以解除合同：……(四)当事人一方迟延履行债务或者有其他违约行为致使不能实现合同目的。"

《中华人民共和国合同法》第九十六条规定："当事人一方依照本法第九十三条第二款、第九十四条的规定主张解除合同的，应当通知对方。合同自通知到达对方时解除。对方有异议的，可以请求人民法院或者仲裁机构确认解除合同的效力。"

可见，原告也履行了相应的合同解除程序，《新药技术转让合同》已经被解除；在庭审中被告对解除合同并无异议。

(三)合同解除后被告应该进行临床试验备案

承前所述，2013年4月21日合同被解除。而临床批件的有效期截止至2013年7月4日，被告应当在此期限之前实施临床试验或先行获得伦理委员会审批件，否则批件将自行废止。而事实上，被告根本没有支持实施临床试验的任何实际行动。

我们认为：

合同解除后，被告作为临床批件的所有者自然应该进行临床试验批件备案(通过伦理审查是前置程序)等工作。原告委托办理伦理批件的行为出于善意，而实际上原告根本没有办理伦理批件的义务，更没有进行备案的义务。被告要求原告进行临床试验备案也不符合现行法律法规的要求。

(1)实施药物临床试验之前必须进行备案。

《药品注册管理法》第三十七条规定："申请人在药物临床试验实施前，应当将已确定的临床试验方案和临床试验负责单位的主要研究者姓名、参加研究单位及其研究者名单、伦理委员会审核同意书、知情同意书样本等报送国家食品药品监督管理局备案，并抄送临床试验单位所在地和受理该申请的省、自治区、直辖市药品监督管理部门。"

(2)药物临床试验备案要求已经改变。

我方新近核查发现国家食品药品监督管理总局对备案的要求发生了改变。

国家食品药品监督管理总局2013年9月6日发布了《关于药物临床试验信息平台的公告》(2013年第28号)(以下简称《公告》)。《公告》第一条规定:“凡获国家食品药品监督管理总局临床试验批件并在我国进行临床试验(含生物等效性试验、PK试验、Ⅰ、Ⅱ、Ⅲ、Ⅳ期试验等)的,均应登录信息平台(网址:www.cde.org.cn),按要求进行临床试验登记与信息公示。登记内容包括《药品注册管理办法》所要求的药物临床试验实施前备案资料以及其他用于社会公示与监督管理的信息,分为对社会公示和仅用于监督管理而不予公示两种性质。一个临床试验对应一个临床试验方案编号,进行相应试验信息登记。”

《公告》第二条第二款规定:“对已获得药物临床试验批件且批件有效的,申请人须在本公告发布之日起3个月内完成信息登记。”

《公告》第三条第三款规定:“信息平台自公告发布之日起试运行1年,由国家食品药品监督管理总局药品审评中心代行管理与维护。试运行期间,试验登记与信息公示的内容及填写指南将根据需要及时调整和完善,届时将通过信息平台公告。信息平台试运行3个月后,国家食品药品监督管理总局将不再接收其他途径的药物临床试验实施前相关资料备案。”

可见,在国家食品药品监督管理总局发布《公告》之后,以往的临床试验备案方式已经发生了改变,必须在药物临床试验信息平台登记和信息公示。

(3)网上备案登记必须先由被告完成。

《公告》第二条第三款规定:“药物临床试验启动后,申请人与研究者应根据相关规范性文件要求与《药物临床试验登记填写指南》,通过信息平台及时完成相关试验信息更新与登记公示。”

而根据《药物临床试验登记填写指南(V1.0版)》中所含项目“申办者名称”“变更试验申办者”的要求,登记信息中的申办者原则上是临床批件的所有者;在临床批件发生转让的情况下,受让方必须通过转让方才能进行操作。在《关于临床试验登记的有关说明》中也明确规定:“请注意,当前版本的平台仅可通过申请人之窗进行登记操作,且临床批件发生转让情况者,受让方需通过转让方才能进行登记和公示操作。”

可见,临床批件载明的申请人是被告,根据《公告》等文件要求,被告才能进行临床试验的登记和信息公示,原告根本无法单独完成操作。如果因为被告不进行网上备案而产生的损失完全应该由被告单独承担。

(四)临床批件失效应当归责于被告

承前所述,网上备案登记必须在2013年12月6日前完成;而我方在2013年4月21日正式提出解除合同,甚至在2013年8月16日提起了诉讼。被告理应对解除合同后的后期管理进行跟进,避免不必要的损失。

应当注意的是,《公告》是在我方提起诉讼后发布的,被告在明确知道其后果的情况下,更应该积极主动地进行备案登记。而现在被告根本没有积极履行相应的责任,以致临床批件失效,造成了不必要的损失。

(五)合同解除后双方返还可以实施

合同解除后被告的返还义务是金钱,原告的返还义务是被告所转让的标的——XY片的临床前研究资料、临床批件及中试工艺技术(见《新药技术转让合同》第一条)。

(1)临床前研究资料完全能够返还。

(2)临床批件本来就在被告名下,不存在形式上的退还。至于临床批件过期失效的问题,《药品注册管理办法》第四十条规定:“药物临床试验应当在批准后3年内实施。逾期未实施的,原批准证明文件自行废止;仍需进行临床试验的,应当重新申请。”也就是说,本案所涉的专有技术临床试验批件被告可以重新申请。重新申请造成的损失自然应该由过错方承担。

(3)中试工艺技术本来就为被告所掌握,只是原告在合同终止后无权使用否则构成侵权。

综上所述,由于被告实质性违约,原告依法解除合同。请求合议庭在查明本案事实后依法支持原告的全部诉讼请求并驳回被告的全部反诉请求!

被告代理人主要意见

被告乙公司答辩并反诉称,甲公司在双方签订合同后,首期付款延迟60天,违约在先,应承担相应的延迟付款违约责任。

依照与甲公司签订的“新药技术转让合同”,乙公司仅负有向甲公司转让相关技术及批件、联系其他具有相关资质的生产企业向甲公司供应X原料药的合同业务。乙公司作为医药研发单位,不具备生产X原料药的条件。

合同签订后,乙公司积极履行合同义务,在收到甲公司首付款5天内,按照合同约定向甲公司提交了XY片的临床研究资料、临床批件以及中试交接准备工作所需的资料,并积极联系仙琚公司、佳尔科公司、青峰公司为甲公司提供X原料药,积极促成了甲公司与仙琚公司签订了向甲公司提供原料药的协议,但甲公司却处处设置障碍,不配合中试工艺交接工作的开展。乙公司已按照合同约定履行了合同义务,其行为不构成违约,甲公司主张乙公司违约的诉讼请求应依法驳回。

2013年4月21日,甲公司单方向乙公司发出解除合同通知,在乙公司表示不同意的情况下,甲公司在2013年8月16日提起本案诉讼,甲公司以自已的实际行动表明不再履行该合同了,其行为定属违约,乙公司认可双方签订的合同已被解除，但认为甲公司应赔偿因违约而给乙公司造成的损失。据此，乙公司反诉请求判令：甲公司支付乙公司延迟付款违约金54680元；赔偿乙公司损失225万元。

由于甲公司已经获得华中科技大学给予的伦理批件，即可推定甲公司已经获得了X原料药，掌握了XY片的中试技术，并生产出符合条件的XY片剂。因此乙公司的合同义务已经履行完毕。

最后，虽然获得伦理批件使得临床试验批件时间得以延长至2014年6月25日，但是伦理批件已经失效，即临床试验批件也失效。涉案药品技术已经失去价值，重新申请临床试验批件需要时间和经费投入，所以无法恢复至合同履行前的状态。原告解除合同，我方同意解除。但根据合同约定，我方不需要退还已经支付的225万元转让费；另外，若合同履约完成我方将获得445万元可得利益，因此原告还应当向被告支付225万元。

四、案件分析和模拟重点

（一）模拟训练的目的

该案件为专业性极强的药品技术转让合同纠纷，药品技术转让纠纷无论对药品研发生产企业而言，还是作为诉讼代理人的律师而言，抑或作为审理的法官而言都极具挑战性。

首先，争议标的为在研药品的技术转让，此技术转让与《药品技术转让注册管理规定》所称药品技术转让不同。因为后者作为国家食药监管部门的部门规章，仅仅要求了新药技术转让、药品生产技术转让，即药品已经研制完成的条件下。而实践中，由于研发新药或者仿制药成本高昂，研发者往往在获得临床试验批件后就着手将在研品种转让，让下一家接手，实现风险分担。而转让的风险在于，一是药品可能由于功效、不良反应、稳定性等存在缺陷而不能通过临床试验，也就不能获得新药证书或药品生产批文；二是由于受让方需要转让方的指导配合，因为临床试验批件名义持有人仍然为转让方，若一方毁约将导致品种注册出现问题。

其次，药品关联申报的情况下，风险更大。因为根据药品注册管理法规的要求，原料药和制剂必须同时申报注册，若原料药不能取得生产批文，那制剂也就不能合法上市。该案中，由于原告甲公司在签订合同时没有一并受让原料药的技术，导致原料药临床批件仍然掌控在被告乙公司手中，导致原料药的供应协议没有签订，最终导致合同无法履行。即便是合同继续履行，未来制剂合法上市后，甲公司仍然面临原料药的合法来源问题，受制于人。

其三，本案的审理中，其实最难的焦点问题在于，合同没能继续履行应当归责于谁？理论上讲，合同双方应当尽到勤勉义务，履行自己的合同义务推进合同如约履行，但合同约定并非毫无疏漏。本案中，在原料药供应三方协议没有签订的情况下，是否能够提供合法来源的原料药，生产出合格的制剂启动临床试验？还有，关于乙方“牵头签订三方协议，保证原料药供应”如何理解？乙方作为原料药临床批件的持有人，其合同义务到底有多大？还有，甲乙与仙琚签订了三方协议，但仙琚不具备生产条件，最终三方协议没有履行，是乙方找来的原料供应企业不符合要求应当归责于乙方，还是甲方拒不配合、拒不出席协调会议应当担责？等等诸如此类问题，除了需要对合同法进行深入的理解外，对药品管理法律法规的熟悉程度也至关重要。笔者并不直接抛出自己的观点，希望读者自行思考。

但是很显然，无论是在签约中抑或司法实践中，人们对这类专业性知识的把握程度还远远不足，甚至一审法院都做出了分析理由支持一方，判决内容支持另一方的判决。可见除了对相关专业知识融会贯通外，还提示我们应当注重诉讼论证博弈。传统的逻辑三段论是法官审理案件的法律逻辑，但是三段论不能解决所有的问题。事实的认定依赖证据，而证据是否应当采信应当考查证据三性，证据三性是否符合要求存在论证博弈。法律适用而言同样如此，法律可能出现有规定但需要解释，规定不明确需要价值补充，没有规定存在法律漏洞。这些问题最终需要法官解决，但怎么帮助法官解决呢？论辩双方的论证博弈必不可少。

正义从来不会缺席，控辩双方的论证博弈则可以让正义早点到来或迟到，这就是律师的作用。

（二）模拟重点

1. 违约事实如何认定？

2. 被告主张延迟付款违约金是否超过时效？

3. 涉案合同是否解除，若解除是否可以相互返还？

第四节　其他类别

示范案例一

一、基本案情

原告刘润某因车祸致髋臼骨折，在A医院进行了右髋臼切开复位钢板内固定手术治疗。出院后，刘润某到积水潭医院就诊，行坐骨神经探查、坐骨神经松解、腓总神经松懈手术。

随后原告在兖州市铁路医院住院接受康复治疗；又到山东省立医院进行检查，结论为：右坐骨神经高位损伤（其中胫神经部分损伤，腓总神经完全损伤）。

原告刘润某认为，B医院在术前没有向原告履行告知义务，发生并发症后未积极采取治疗措施，对术后损伤后果没有如实向原告告知。积水潭医院在手术前未尽到相应的告知义务。两被告在提供医疗服务过程中，未履行合理诊疗及相关注意义务，造成原告人身损害后果，应依法承担相应侵权责任。

积水潭医院认为：其对原告病情诊断正确，手术方式选择合理，治疗过程符合常规，且充分告知患者手术风险，患者亦表示接受并认可；原告目前所述行走困难、肌肉萎缩是由于其原始损伤严重所致，与医院的治疗无因果关系；医院为原告手术是为了改善目前患者的状况，但患者坐骨神经损伤恢复程度与患者的损伤位置高、原始病程长、神经恢复速度慢有关，与我院治疗无因果关系。

B医院认为：在原告的手术过程中，其无违反医疗操作和医疗原则问题；患者出现的状况是此类手术较为常见并发症之一，且术前已告知原告相关手术风险并签字同意。庭审过程中，被告提出新的答辩意见，对鉴定报告提出异议，认为医院存在较小的过错，同意按照60%责任承担赔偿责任。且之前院方已经支付原告5万元现金，要求在赔偿款中扣除。

二、证据

(一)原告方的证据清单

证据内容	证明目的
证据一：B医院的住院病历	原告在B医院的住院情况
证据二：积水潭医院的住院病历	原告在该院住院治疗情况
证据三：山东省立医院等多家医院进行检查和康复治疗的病历材料	原告针对神经损伤进行检查和康复治疗的情况
证据四：中天司法鉴定中心《鉴定意见书》	B医院存在医疗过错以及伤残程度
证据五：住院费、门诊医疗费票据	医疗费支出
证据六：存折记录单、终止(解除)劳动合同证明	原告在B医院住院前、后每月收入情况及解除劳动合同情况
证据七：户口登记簿、出生证明、村民委员会和派出所证明	原告及其女为城镇户籍；原告之女的年龄；原告之母共有三名子女；原告之母系农村户籍，但一直随原告在城镇居住
证据八：火车票、出租车费票据以及食宿费票据	交通费、食宿费的支出
证据九：鉴定费票据	原告垫付的鉴定费用

（二）被告方的证据清单

证据内容	证明目的
B医院、积水潭医院分别提供原告的住院病历	不存在医疗过错

三、庭审操作示例

甲市A区人民法院
民事开庭笔录

案由：医疗损害责任纠纷

开庭时间：2014年3月18日上午9时

开庭地点：本院第57法庭

合议庭组成人员：审判长、赵长某　人民陪审员：李海某、霍艳某

书记员：王某

审：现在核对双方基本情况。

原告刘润某，男，1976年2月21日出生，汉族，常州市创集团职工，住山东省兖州市大安镇矿山路2号矿山生活区3号楼2单元201室。

委托代理人张振某，甲市盈科律师事务所律师。

被告C医院，住所地甲市A区新街口东街31号。

法定代表人田某，院长。

委托代理人刘诗某，女，该院干部，住址同单位地址。

被告B医院，住所地常州市和平北路55号。（未到庭）

法定代表人过某，院长。

委托代理人寿某，男，该院医师，住址同单位地址。

委托代理人夏某，江苏友联律师事务所律师。

审：双方当事人对对方出庭人员有无异议。

原告：没有。

二被告：没有。

审：双方出庭人员符合有关法律规定，可以参加本案诉讼。现在开庭。甲市A区人民法院今天依法公开审理原告刘润某诉被告B医院及C医院医疗损害责任纠纷一案，本案依法适用普通程序审理，由本院民事审判庭审判员赵长某，人民陪审员李海某、霍艳某组成合议庭审理，由代理审判员赵长某担任审判长，由书记员王某担任法庭记录。下面告知当事人诉讼权利和诉讼义务。

诉讼权利：(1)申请回避的权利；(2)提出新的证据的权利；(3)进行辩论和请求法庭给予调解的权利；(4)原告有放弃、变更、增加诉讼请求的权利，被告有对本诉进行反诉及反驳的权利；(5)最后陈述的权利。

诉讼义务:(1)依法行使诉讼权利的义务;(2)听从法庭指挥,遵守法庭纪律的义务;(3)如实陈述事实的义务。

审:上述诉讼权利及诉讼义务,双方当事人是否听清,是否申请承办人员回避?

原告:听清了,不申请。

二被告:听清了,不申请。

审:双方当事人在开庭过程中,不得使用攻击性语言,不得随意走动,原告退出法庭按自动撤诉处理,被告退出法庭缺席开庭审理。

原告:无异议,我们同意。

二被告:无异议,我们同意。

审:现在进行法庭调查,法庭调查为双方所争议的事实,双方对自己的主张应提供相应的证据加以证明,反驳对方意见,应说明具体理由。下面先由原告陈述事实经过、诉讼请求及理由。

原告:诉讼请求是要求102医院赔偿原告以下损失。

1.医疗费44674.56元(在医院发生的费用及外购药品、仪器的费用)。

2.残疾赔偿金213834元[包含被抚(扶)养人生活费,残疾赔偿金按照2013年甲市城镇居民人均可支配收入×20年×20%,被扶养人为原告之母(1943年12月12日出生)],计算12年×按照2013年甲市城镇居民人均消费性支出×20%/3个扶养义务人计算,另外一抚养人为原告之女,计算方法同上)。

3.住院伙食补助费8800元[(164+12)天,每天按照50元计算]。

4.护理费2020元(102医院请护工发生820元,积水潭医院为家属护理,参照北京一般护工标准每天100元计算)。

5.营养费8800元(同住院伙食补助费的计算标准)。

6.误工费82500元(2011年8月入住102医院到原告单位与其解除劳动2012年5月,每月按照单位实际扣发工资2700元计算,2012年6月到定残日2013年9月,每月按照3700元计算)。

7.交通费7467.5元(有票据)。

8.食宿费7197元(有票据)。

9.残疾辅助器具费1080元(购买支具发生)。

10.精神损害抚慰金5万元。

以上各项损失原告均按照90%的责任比例主张。

11.要求积水潭医院赔偿原告精神损害抚慰金1万元。

12.本案诉讼费及鉴定费由二被告共同承担。

事实及理由同起诉书。

审:被告答辩陈述。

被告积水潭:宣读书面答辩状(略)。

被告102医院:治疗过程以病案为准。对鉴定报告我方有异议。我方认为我方的过错较小,主张参与系数为60%,我方同意承担60%的责任。原告主张的各项损失,在质证过程中发表意见。我方已经支付给原告现金5万元,希望自赔偿款中予以扣除。

审:原告,被告102医院已经支付给你方5万元,你方是什么意见。

原告:102医院确实支付过我方5万元现金,现同意自赔偿款中予以扣除。

审:下面进行法庭质证,原告举证,被告质证。在鉴定之前已就相关病历进行质证,故今日不再重复质证。

原告:同意。

二被告:同意。

审:原告出示新证据,被告质证。

原告:证据1为医疗费票据:积水潭医院住院费收据、药店购买药物的发票、外购空气波治疗仪及按摩器票据(外购药品为甲钴胺、B12营养神经,外购这些药物比在医院购买便宜,购买空气压力波治疗仪也是为了治疗疾病)、兖州市铁路医院住院费收据(进行康复训练住院发生)。我没有实际支付102医院相关医疗费用,应该是我原来的单位已经支付给医院了。

被告102:积水潭医院发生的费用认可。兖州市铁路医院的费用真实性也认可。在药店购买药物的发票,因为没有清单因此不能证明是治疗其原发疾病而发生,因此对外购药品的票据不予认可。购买仪器的票据不是医疗行为所必需的,不能证明与本案的关联性。

被告积水潭:真实性都认可。

审:继续。

原告:证据2为护理费票据:102医院住院期间发生的820元护工费票据一张(住院21天)。

被告102:真实性认可。

被告积水潭:真实性认可。

审:外购治疗仪、按摩器的功能是否可以继续提供。

原告:我在铁路医院进行治疗的时候就使用空气波治疗仪了。在医院用该仪器治疗费用比较高,因此我就自己购买了一台。按摩器主要是因为我腿比较麻,需要按摩。

审:原告需要进一步提供说明书及医嘱的相关证明。

原告:听清了。

审:外药明细能否继续提供。

原告:我庭后补充提交一下。

审:继续。

原告:证据3为交通费票据:火车票、出租车票、定额发票。

审:火车票上的兖州、泰山、邹城、上海的这些费用是如何发生的,另外就是出租车票的相关用途也进行一下解释。

原告:到上海是我为诉讼调取病历发生的交通费。邹城的费用是因为我哥哥住在邹城,其来陪护我而发生。到泰山的是因为购买不到兖州的票,只好先购买到泰山的票,之后转兖州。山东济宁发生的出租车票是因为我家没有直接到火车站的公交车,只好打车前往火车站。上海发生的打车费是因为我在102医院住院期间前往上海看病,对当地交通不熟悉,因此打车发生。山东的定额发票是定火车票的定票费。北京铁路局的退票费是因为我耽误了火车,因此只好退票。北京的定额发票也是因为定票而发生,北京的地铁票是就医发生。

被告102:交通费有些票据我方认为缺乏与本案的关联性,我方认可原告到北京起诉、鉴定而发生的8张火车票费用,其他的火车票不认可。出租车票认可8张(鉴定、诉讼发生)。北京的地铁票我方都认可。

被告积水潭:真实性都认可。

审:继续。

原告:证据4为食宿费票据。原告到上海、北京就诊、鉴定、诉讼而发生。这些费用不包括住院期间,考虑本人及一人陪同的费用。

被告102:2011年8月10日原告是住在我处,2011年8月15日发生的住宿费我们认为与本案无关。2012年6月27日在上海发生的住宿费与本案无关。2011年12月13日在上海发生的住宿费我们也不认可,与本案无关。在济南发生的住宿费与本案无关,缺乏关联性。北京鞍钢宾馆发生的住宿费无日期不认可。2012年10月23日在常州旅馆发生的住宿费我们不认可,因为这个发生在原告住院期间。我们仅认可原告到北京起诉、鉴定而发生的2天的住宿费,其他我们都不认可。

被告积水潭:真实性认可,关联性不认可。

审:原告就被告102医院提出的异议进行解释。

原告:2011年8月15日发生在常州的住宿费是因为我神经受到损伤,家属来看望我而发生。济南的住宿费是在鉴定的过程中,鉴定单位让我再做一下肌电图的检查,因此我到山东省立医院检查而发生。检查的报告单今日我未带,庭后可以提供。上海的住宿费是到武警医院提取病历及检查而发生。

审:住宿费中包含的定额发票,上面没有标注日期。

原告:因为我为了住便宜的旅馆,因此有的旅馆只好开定额发票。

被告102医院:所有的餐饮费票据我方都不认可。

审:继续举证。

原告:证据5为2012年10月22日单位出具的证明、解除劳动合同的证明,证明误工及解除劳动合同的情况。

审:为何解除劳动合同证明上表述是协商解除劳动合同。

原告:因为我是工伤,于是与单位协商解除了劳动合同。

审:被告发表质证意见。

被告102医院:单位出具的证明无法证明原告的工资情况,因为没有相应的会计凭证或者银行凭证,因此我们不认可。解除劳动关系证明与本案无关。

被告积水潭:真实性认可。

审:原告,你的工作单位地点。

原告:常州。

审:工伤的情况陈述一下。

原告:我于2010年在上海工作的过程中发生车祸,髋臼骨骨折,内固定钢板。2011年8月,单位安排我到被告102医院进行内固定拆除手术,结果就将我的神经给伤害了。

审:就误工工资能否进一步提交证明,例如完税证明、银行打入记录。

原告:可以进一步提供。我的生活补助是单位直接给我发放现金。

审:就发放工资的情况,原告进一步举证。

原告:可以。

审:解除劳动合同的时间。

原告:就是合同上标注的时间。解除劳动关系后,因为我本身残疾也就没有再找其他的工作。

审:继续。

原告:证据6为户口本、户籍证明、居委会证明(出示原件提交复印件),出生医学证明复印件(原件今日未带)。证明原告非农业的身份及家庭成员情况。我父亲是退休人员,每月退休工资是3100元左右,因此没有考虑其为被抚养人,我母亲没有工作,我母亲虽然为农业户口,但是自2006年开始随同我一起生活。

被告102医院:户口本真实性认可,居委会出具的证明不予认可,其没有权利来认定原告之母在某地居住或者是某地的长期居民,只有公安机关可以证明。村委会的证明可以进一步证明原告之母居住在农村。

被告积水潭:真实性没有异议。

审:居住证明上写的是23单元101是原告的户籍地吗?

原告:不是我的户籍地,是我租赁的房屋。

审:出生证原告庭后提交原件。

原告:可以。

审:继续。

原告:证据7为鉴定费票据3张。

被告102:真实性认可,关联性有异议。

被告积水潭:真实性认可。

审:继续。

原告:证据8为补充提交医疗费票据:积水潭医院的票据,华山医院的票据、山东省立医院检查的票据、解放军总医院的挂号凭条。

审:解释一下为何到华山医院就医。

原告:到华山医院是进行检查发生的,也经过了被告的医生批准。山东省立医院就是在鉴定过程中检查而发生。

被告102:积水潭医院的真实性认可,其他医院的不认可。

被告积水潭:真实性认可。

审:继续。

原告:举证完毕。

审:被告举证。

被告102:无证据出示。

被告积水潭:无证据出示。

审:下面双方就司法鉴定报告发表质证意见。

原告:认可鉴定报告。主张按照90%参与度是因为鉴定意见确定的被告102医院对原告的治疗存在过错,参与度为E级,赔偿范围是60%—90%。102医院作为三甲医院应该按照常规操作进行诊疗,也应该在发生侵权后果后尽早采取补救措施。

被告积水潭:真实性认可,无异议。

被告102医院:手术知情同意书已经与原告签订,并且有原告的签字。坐骨神经损伤后,我们对原告采取了相应的治疗措施进行积极的治疗。相关的治疗内容我们也都向原告进行了告知,因此我们认为我方的治疗过错较小,应该承担60%的赔偿责任。

审:告知书在何处。

被告102医院:当时肯定与原告签署了,但是现在告知书在病历中没有,应该是让原告拿走了。

原告:我方没有见到过手术同意书,仅见过两张空白的纸让我签字。没有提到过会损伤肋骨神经的问题。

审:取钢板的术式原告清楚吗?

原告:我不清楚,手术的并发症被告没有向我进行过告知。

审:如果手术前向原告告知了并发症的风险,手术是否会进行。

原告:如果告知了我会损伤神经,我肯定不会在被告102医院进行手术,我会选择更好的医院进行治疗。

审:原告需要补充提交的证据在两周内向本院提交。

原告:可以。

审:残疾辅助器具费有无证据提交。

原告:无,票据已经丢失。

审:就事实有无补充。

原告:无。

被告102医院:神经损伤后随着时间的延长,神经会恢复的。我们建议原告到积水潭医院检查一下神经的恢复情况。一般是3到5年会恢复。

被告积水潭:无。

审:法庭调查结束,下面进行法庭辩论。

原告:102医院在术前没有向原告履行告知义务,发生并发症后也没有积极对原告进行治疗,发生损伤后也没有告知原告,建议原告转诊转院或者进行会诊,因此我们认为其应对原告的损害后果承担相应的侵权责任。关于积水潭医院,我们认为在治疗的初期也就是手术前没有尽到相应的告知义务,接诊医生的告知与事实不符,因此我们认为积水潭医院也应该承担相应的赔偿责任。我们的请求要求102承担90%的赔偿责任。被抚(扶)养人生活费由于原告是城镇户口,母亲也随原告一起生活,因此请求按照城镇的标准予以支持被扶养人生活费。

被告积水潭:无。

被告102医院:我方医疗过错较小。我们同意承担60%的赔偿责任。原告主张的残疾辅助器具费不认可,精神损害抚慰金原告主张过高,我方仅认可1万元。其他请求请法庭在现有证据的基础上予以认定。关于原告需要继续补充证据的情况,我们认为已经超出举证期限且不属于证据规则确定的新证据,对原告补充提交的新的证据我们不认可,并且不予质证。

审:向被告说明一下,本案第一次开庭,通过调查,就原告现有的证据需要再给原告一定的时间补充。被告就原告之后提交的新证据是否到庭质证。

被告102医院:我们不予质证。

审:还有无补充辩论意见。

原告:102 医院有切断我神经的可能。

被告 102:我们没有切断原告的神经。

被告积水潭:无。

审:最后陈述。

原告:坚持诉讼请求。

被告 102:坚持答辩意见。

被告积水潭:坚持答辩意见。

审:是否同意调解。

原告:同意。

被告 102:同意。

审:陈述调解方案。

原告:要求 102 医院赔偿 30 万元一次性解决,此费用包含了诉讼费及鉴定费。

被告 102 医院:给付原告 23 万元一次性解决。这里面再将我们给的 5 万元扣除,也就是再给原告 18 万元。

审:双方争议较大,本院不再进行调解,判决书是否到庭领取。

被告 102:法院邮寄即可,邮寄地址是江苏省常州市新北区通江中路天安商住楼 11 层。

审:休庭看笔录签字。

四、判决文书

甲市A区人民法院

民事判决书

〔2014〕西民初字第 8241 号

原告刘润某,男,1976 年 2 月 21 日出生,汉族,江苏省常州市今创集团职工,住山东省兖州市大安镇矿山路 2 号矿山生活区 3 号楼 2 单元 201 室。

委托代理人张振某,甲市盈科律师事务所律师。

被告 C 医院,住所地甲市 A 区新街口东街 31 号。

法定代表人田某,院长。

委托代理人李某,男,C 医院干部,住甲市 A 区新街口东街 31 号。

委托代理人刘诗某,女,C 医院干部,住甲市 A 区新街口东街 31 号。

被告 B 医院,住所地江苏省常州市和平北路 55 号。

法定代表人过某,院长。

委托代理人寿某,男,B 医院创伤显微外科主任,住江苏省常州市和平北路

55号。

委托代理人夏某，江苏友联律师事务所律师。

原告刘润某诉被告C医院、B医院医疗损害责任纠纷一案，本院受理后，依法组成合议庭，公开开庭进行了审理。本案原告刘润某及委托代理人张振某，积水谭医院之委托代理人李某、刘诗某，B医院之委托代理人寿某、夏某到庭参加了诉讼。本案现已审理终结。

原告刘润某诉称：2010年3月，原告因外伤致髋臼骨折，在上海进行钢板螺钉内固定治疗，术后恢复良好，遵医嘱一年半左右行内固定取出手术。2011年8月8日，原告住B医院，拟行内固定取出手术，当时查体右髋关节及下肢功能正常。于2011年8月10日手术，手术不仅没有完全取出内固定物，且在术中损伤了原告的坐骨神经，导致原告右下肢运动、感觉等功能出现障碍。坐骨神经损伤后被告消极治疗，共住院164天，症状一直无恢复，最后B医院不得不同意原告转院治疗。

2012年4月11日，原告到积水潭医院就诊，入院诊断为坐骨神经损伤。髋臼骨折术后，医生告诉原告可以手术治疗，术后可恢复大部分功能。于4月16日行坐骨神经探查、坐骨神经松懈、腓总神经松懈手术，4月23日出院。原告此次手术后，各症状不仅无任何好转，且患肢肌肉萎缩更加明显、行走更加困难。现在原告右脚无法弯曲，屈曲无力，腿后侧、外侧及右脚感觉部分缺失，麻木，肌肉萎缩，抬腿困难，佩戴矫形器具勉强可以行走。

原告认为，B医院在术前没有向原告履行告知义务，发生并发症后未积极采取治疗措施，对术后损伤后果没有如实向原告告知。积水潭医院在手术前未尽到相应的告知义务。两被告在提供医疗服务过程中，未履行合理诊疗及相关注意义务，造成原告人身损害后果，应依法承担相应侵权责任。为维护原告的合法权益，诉至法院要求B医院按照90%责任比例赔偿以下损失：医疗费44 674.56元、残疾赔偿金（含被扶养生活费）213 834元、住院伙食补助费8800元、护理费2020元、营养费8800元、误工费82 500元、交通费7467.50元、食宿费7197元、残疾辅助器具费1080元、精神损害抚慰金5万元。积水潭医院赔偿原告精神损害抚慰金1万元。由二被告承担本案诉讼费、鉴定费。

积水潭医院辩称：2010年3月原告因车祸致伤右髋臼骨折，在A医院就诊，诊断为右髋臼骨折，行切复内固定手术治疗。术后1年余，患者恢复良好，在B医院行右髋臼钢板、螺钉取出术，术后出现右足下垂、背伸无力，下肢感觉异常并有右下肢肌肉逐渐萎缩，肌电图检查考虑为右坐骨神经损伤。2012年4月11日入住我院外科继续治疗。诊断为右坐骨神经损伤，腓总神经完全性受损、胫神经不全受损。拟行手术方案：右坐骨神经探查松懈，备双侧腓肠神经移植。术前医生向患者详细交代术后可能出现的各种并发症，患者表示同意，理解并且签字。

2012年4月16日，原告在我院行坐骨神经探查、坐骨神经松懈、腓总神经松懈术。术中探查，自坐骨大孔至骨后近端，远端探查腓骨胫水平，见臀部有一小段坐骨神经周围轻度疤痕粘连，神经质地略硬，但连续性存在，彻底松懈神经，腓骨胫处未见明显异常。术后向患者交代，如果没有骨盆内牵拉损伤问题，患者神经存在恢复的可能性，但恢复程度并不确定，患者表示认可后顺利出院。我院对原告病情诊断正确，手术方式选择合理，治疗过程符合常规。且在治疗过程中我院反复与患者进行沟通，详细告知手术风险，严格履行了告知义务，患者均表示接受并认可。原告目前所述行走困难、肌肉萎缩是由于其原始损伤严重所致，与我院的治疗无因果关系。患者来我院初诊时原始损伤严重，已明显存在左足下垂，内翻畸形，行步跨跃步态，右小腿肌肉对侧萎缩等损伤情况。患者来我院治疗时已错过了最佳治疗时机，我院为其手术是为了改善目前患者的状况，但患者坐骨神经损伤恢复程度与患者的损伤位置高、原始病程长、神经恢复速度慢有关，与我院治疗无因果关系。综上所述，我院在诊疗活动中符合法律、法规、部门规章和诊疗护理规范、常规。

B医院辩称：原告因车祸致伤右髋臼骨折，在A医院就诊，诊断为右髋臼骨折，行切开复位钢板内固定手术治疗。2011年8月8日住我院创伤显微外科治疗，要求钢板内固定取出。入院后未发现手术禁忌症，术前讲明可能发生血管损伤大出血、坐骨神经损伤、切口感染、内固定取出困难等手术并发症，原告表示理解，同意手术并签字。2011年8月11日上午在腰麻下行“右髋切开钢板内固定取出术”，术中取出4枚螺钉，剩余4枚螺钉因固定部位较深，暴露有一定困难，如一定取出损伤较大，原告同意放弃取出，手术顺利。术后原告一般情况好，诉小腿外侧及足背皮肤感觉迟钝，踝关节及跖趾、趾关节背伸肌力Ⅰ级，跖屈肌力Ⅲ级，考虑为术中暴露钢板时坐骨神经牵拉所致，予以营养神经及高压氧治疗，出院时右下肢感觉明显改善，右踝关节、踇趾背伸活动可，右胫骨前肌、腓骨长、短肌及踇长伸肌力Ⅱ级，踝关节及各趾关节趾屈活动正常。

我院在原告的手术过程中，无违反医疗操作和医疗原则问题，患者右足背屈功能不全，系手术过程因暴露与取出其内固定钢板需要，拉钩牵拉时致坐骨神经损伤所致，是此类手术较为常见并发症之一，且术前已告知原告相关手术风险并签字同意，故我院不应承担相关赔偿责任。庭审过程中，被告提出新的答辩意见，对鉴定报告提出异议，认为医院存在较小的过错，同意按照60%责任承担赔偿责任。且之前院方已经给原告支付5万元现金，要求在赔偿款中扣除。

经审理查明：

一、原告的诊疗过程

2010年3月原告因车祸致髋臼骨折，在A医院进行了右髋臼切开复位钢板内固定手术治疗。根据医嘱，2011年8月8日原告入住B医院，进行钢板内固定取出手术。B医院病历记载：主诉：右髋外伤术后1年余。现病史：患者1年前车祸致右髋臼骨折，行右髋臼切开复位内固定术，术后恢复良好，要求钢板内固定取出。8月10日行内固定取出手术。2011—09—29肌电图检查结果显示：MCV：右腓总神经未引出，右胫神经、股神经波幅减低，MCV减慢，SCV：右侧腓肠神经未引出，EMG：所检肌肉放松时右侧胫前肌、右侧腓肠肌可见较多正尖、纤颤点位，重收缩时运动单位点位减少。2011—11—10神经内科会诊记录：考虑右坐骨神经损伤，目前腓总神经分支可能存在断裂，建议有条件手术探查修复，同意营养神经治疗。术中致坐骨神经损伤，经营养神经、高压氧等综合处理，现右腿及右足感觉部分损失，右足下垂、外翻，不能背曲，右腿肌肉萎缩等。2012年1月19日原告办理出院手续。住院期间至出院后原告曾多次前往上海华山医院就诊。

2012年4月11日，原告到积水潭医院就诊，4月16日行坐骨神经探查、坐骨神经松懈、腓总神经松懈手术，4月23日出院。住院病历载：入院时间：2012年4月11日，出院时间：2012年4月23日。主因：右足下垂，活动不利8个月。2012年4月13日手术同意书：术前诊断：坐骨神经损伤。手术名称：右坐骨神经探查松解，备双侧腓肠神经移植。手术记录：有一小段坐骨神经周围轻度疤痕粘连，神经质地略硬，但连续性存在，腓总神经有轻中度变形。

2012年7月16日至11月2日，原告在兖州市铁路医院住院接受康复治疗，2012年10月12日兖州市铁路医院康复科出具检查证明，建议原告坚持康复训练。

2013年7月15日原告在山东省立医院进行检查，肌电图检查报告单载：结论：①运动神经传导：右胫神经各点刺激诱发CMAP波幅降低，MCV正常，右腓总神经各点刺激均未诱发出M波；②感觉神经传导：右胫神经、腓浅神经、腓肠神经远端SNAP均未引出；③EMG：右胫前肌、右腓骨长肌、右腓肠肌、右股二头肌短头、右股二头肌长头、右臀中肌均呈神经源性损害表现，右L5椎旁肌未见明显异常。提示：右坐骨神经高位损伤（其中胫神经部分损伤，腓总神经完全损伤）。

二、鉴定过程

本案经本院组织双方当事人进行立案前鉴定，原告申请就积水潭医院、B医院的医疗过错及原告伤残等级进行司法鉴定，经甲市高级人民法院随机确定，由中天司法鉴定中心进行鉴定。原告垫付鉴定费用17 250元。

2013年9月22日,中天司法鉴定中心出具《司法鉴定意见书》,鉴定意见分析认为如下。

(一)对解放军第一〇二医院医疗行为评价

1.原告右髋臼骨折内固定术1年余,行右髋臼切开钢板内固定取出术,手术指征明确。

2.送检鉴定材料中未见手术知情同意书,不能证明医方在术前履行了相应的告知义务,存在过错。

3.术后发现原告坐骨神经损伤后,医方没有及时进行相关检查及邀请相关科室会诊,虽然术后给予神经营养等保守治疗,但丧失了手术探查及修复的最佳时机,存在过错。

4.现有病历材料中未见医方对坐骨神经损伤及时向患方进行告知的内容,不能证明医方向患方及时交待了坐骨神经损伤的事实。存在过错。

(二)对积水潭医院医疗行为的评价

积水潭医院的诊疗行为符合医疗规范,不存在过错。

综上所述,解放军第一〇二医院对原告的诊疗行为存在一定过错,该过错与其右坐骨神经损伤存在一定因果关系,建议参与度为E级(理论系数值为75%,责任程度为主要,参与度系数值为60%-90%)。积水潭医院对原告的诊疗行为符合医疗规范,不存在过错。

根据肌电图检查,现原告遗留右胫神经部分损伤,腓总神经完全损伤。查体见其右足踝关节及右足趾活动部分受限。根据《人体损伤致残程度鉴定标准》第2.9.63之规定,其右踝关节活动受限为九级伤残,其右足趾活动受限为十级伤残,综合评定其伤残等级为九级伤残。

原告及积水潭医院均认可鉴定意见,原告认为B医院过错参与度应为90%。B医院不认可鉴定意见,认为院方过错较小,过错参与度应为60%。

三、对原告诉讼请求的查明情况

(一)医疗费

原告主张的医疗费用并提供票据证明:积水潭医院住院费用13880.41元。兖州市铁路医院进行康复训练期间的住院费用19121.65元。门诊检查共计1794.20元,其中积水潭医院检查费用460元、上海复旦大学附属华山医院门诊检查费933元、山东省立医院门诊费用380.20元、积水潭医院挂号费用7元、中国人民解放军总医院挂号费用14元。外购药品费用1061.80元,原告未提交外购药品用药清单及相关医嘱证明。购买按摩器和空气波压力治疗仪产生的外购治疗仪器费用4168元。

就上述华山医院就诊费用，原告提供2011年12月30日B医院创伤显微外科出具的转院证明，称原告于2011年8月8日住该院创伤显微外科行右髋臼钢板取出术，术中致坐骨神经损伤，经营养神经、高压氧等综合处理，现右腿及右足感觉部分损失，右足下垂、外翻，不能背曲，右腿肌肉萎缩等。鉴于目前医疗条件限制，无法满足患者的要求及达到患者的预期效果，经科室讨论并请示医务处后建议到上海华山医院或积水潭医院等治疗。就山东省立医院的费用，原告称系在鉴定过程中按鉴定人要求进行检查所产生。

积水潭医院均认可票据的真实性。B医院认可积水潭医院及兖州市铁路医院发生的费用，其他费用均不予认可。认为：外购药品应有医嘱或诊断证明，原告未提交购买药品清单，无法证明是治疗其原发疾病发生的费用，因此对外购药品票据不予认可。购买治疗仪器不是治疗原告疾病的医疗行为，不能证明与本案有关联性，不予认可。华山医院票据、山东省立医院票据及解放军总医院的挂号票据均不认可。

(二)误工费

原告主张误工费自2011年8月8日入住B医院至原告与单位解除劳动合同2012年5月，按照单位实际扣发工资每月2700元计算。自2012年6月至定残日2013年9月，按照每月工资损失3700元计算。

原告系今创集团股份有限公司职工，原告提交终止(解除)劳动合同证明1份，证明该公司已于2012年7月1日与原告协商解除劳动关系，其内容为："兹有刘润某同志，原系我单位正式员工，2010年3月至2011年7月每月发放3700元，2011年8月至2012年5月与常州102医院发生医疗事故以来，公司每月发放其1000元整的生活补助。"第二次开庭中，原告补充提交2009年6月10日与今创集团有限公司签订的劳动合同及原告自2009年7月30日至2011年7月7日存折记录单，证明今创集团有限公司为原告发放工资到2011年6月份。

积水潭医院对上述证据无异议。B医院认为单位出具的证明无法证实原告的工资发放情况，没有相应的会计凭证或者银行凭证，无法证明误工情况。解除劳动合同证明与本案无关，故均不予认可。对于原告补充提交证据，积水潭医院认可，B医院未当庭答辩，提出书面意见认为其补交证明按照证据规则，超出举证期限，亦不属于新证据范围，均不予认可。

(三)残疾赔偿金

原告主张残疾赔偿金按照2013年甲市城镇居民人均可支配收入40321元×20年×20%计算。原告提供的户口登记簿，记载其为城镇户籍。

原告主张其母亲邱元平和女儿刘宇菲需要扶养。母亲邱元平虽然为农业户籍，但自2006年便随原告生活，有三个子女，故扶养费应按照2013年甲市城镇居民人均消费性支出(26 275 元×12 年×20%÷3)计算;刘宇菲抚养费按照2013 年甲市城镇居民人均消费性支出(26 275 元×12 年×20%÷2)计算。

原告提供以下证据:①户口登记簿及出生证明,证实刘宇菲 2005 年 4 月 7 日生,系城镇户籍;邱元平 1943 年 12 月 12 日生,系农村户籍。②兖矿集团大陆机械有限公司居民委员会开具的邱元平居住证明,记载:"兖矿集团大陆机械公司社区居民刘润某之母亲邱元平从 2006 年至今一直在本社区租赁 23 号楼一单元 101 室生活、居住。"③原告母亲邱元平户籍所在地兖州市大安镇谭家村村民委员会和兖州市公安局谷村派出所出具的刘润某家庭成员证明,证实邱元平有 3 个扶养义务人。

积水潭医院认可上述证据。B 医院认为居委会没有权利证明原告母亲的居住情况,而应由公安机关证明,且原告提交的村委会的证明证实邱元平为农村户籍,应当按照农村户籍标准计算被扶养人生活费。

(四)住院伙食补助费、营养费

原告主张均按照在 B 医院、积水潭医院住院天数,按每天 50 元标准计算。

根据病历,原告在 B 医院住院 164 天,在积水潭医院住院 12 天。

(五)护理费

原告主张在积水潭医院住院 12 天,由家属陪护,参照北京一般护工标准每天 100 元计算;在 B 医院住院期间由护工护理,并提供 2012 年 1 月 17 日由张明龙出具的收据 1 张,证实产生护理费 820 元。上述费用积水潭医院和 B 医院均予认可。

(六)交通费

原告主张往返北京看病,去上海、济宁等地检查,陪护人员陪护及为本案诉讼鉴定产生的各项交通费。并提供火车、地铁、出租车票等发票,金额共计7467.50 元。

积水潭医院对上述票据真实性均认可。B 医院认可原告到北京起诉、鉴定发生的 8 张火车票、8 张出租车票和北京地铁票,其他均不予认可。

(七)食宿费

原告主张其和陪护人员到上海、北京门诊就诊及为本案鉴定、诉讼发生的食宿费用。

原告提供住宿、餐饮费票据,金额共计 7197 元。原告称常州住宿费系其在 B 医院住院期间家属探望产生费用;上海住宿费系原告到上海武警医院检查及提取病历产生的费用;济南住宿费系在鉴定过程中根据鉴定单位要求原告到山东省立医院检查产生的费用。

对上述费用,积水潭医院均认可,B 医院仅认可到北京起诉、鉴定而发生的两天住宿费，其他费用与本案无关联性，均不予认可。

（八）残疾辅助器具费

原告主张其购买支具发生费用1080元，但无证据提交。B医院对该费用不认可。

（九）精神抚慰金

原告主张按照医疗过错给其造成的精神痛苦情况估算。积水潭医院不同意该项请求，B医院认为精神抚慰金数额过高，同意赔偿1万元。

另查明，B医院已给付原告现金5万元，原告认可并同意在赔偿款中予以扣除。

上述事实，有原、被告当庭陈述，病历材料，司法鉴定意见书，医疗费票据，户口簿，证明材料，劳动合同，误工证明，交通费，食宿费，护理费，鉴定费票据等证据材料在案佐证。

本院认为：医务人员在诊疗活动中未尽到与当时的医疗水平相应的诊疗义务，未尽告知义务，造成患者损害的，医疗机构应当承担赔偿责任。本案有关的司法鉴定合法，对于医疗过错的分析有充分依据，可作为本案认定事实的重要参考。

根据相关病历和鉴定意见：B医院为原告行右髋臼切开钢板内固定取出术，手术指征明确，并无不当。但是术后发现原告坐骨神经损伤后，B医院未及时进行相关检查及邀请相关科室会诊，虽然术后给予神经营养等保守治疗，但丧失了手术探查及修复的最佳时机，存在过错。就手术治疗，B医院应当在术前以书面形式向原告告知手术方式、手术风险、并发症等，经原告或其家属签字同意方可实施手术。术后原告存在手术并发症，该院亦应通过书面形式向原告进行告知。但B医院未能向本院提供由原告或其亲属签字的手术知情同意以及术后并发症情况告知书，无法证实其履行了相应告知义务，存在过错。原告被鉴定单位认定存在残疾，亦可证实出现了较为严重的医疗损害。根据以上分析，参考鉴定单位的意见，B医院的医疗过错应与原告的医疗损害存在一定的因果关系。该院的医疗过错导致原告缺乏对手术风险的预见，延误了治疗时机，在造成原告残疾后果的各种原因中应占有绝大部分比例。因此本院参考鉴定单位对过错参与度的意见，认定B医院应对原告的损害后果承担90%的侵权责任。B医院对于鉴定意见的质疑，并未提供充分证据及理由，本院不予采信。

根据鉴定意见，积水潭医院对原告的治疗过程中，不存在医疗过错，故原告要求积水潭医院承担关于精神损害的侵权责任，本院不予支持。

就原告所提供的在各地医疗机构就诊所支付医疗费用的票据，结合病历材料、转院证明等证据，可证实均与医疗损害存在关联，本院确认其合理性。对于外购药品及医疗器械，原告未能提交诸如医嘱证明、药品清单等证据，无法证实其与医疗损害的关联性和合理性，本院不予支持。

对于原告主张的误工费用。根据原告提供的证明，可证实其在术前有相对固定的收入，术后因治疗等原因，造成实际收入的减少，因此相关误工损失应当予以考虑。2011 年 8 月至 2012 年 5 月的误工损失，应以单位实际扣发工资每月 2700 元计算。解除劳动关系后，根据原告之伤情，误工费应当自 2012 年 6 月计算至残疾程度评定前 1 日。原告主张按照其原收入水平，即每月 3700 元标准，计算 15 个月，符合相关计算标准，本院予以支持。

原告主张的残疾赔偿金的计算方法、标准，符合鉴定意见以及相关司法解释的规定，本院予以支持。残疾赔偿金应当包括被扶养人生活费。被扶养人生活费应当根据扶养人丧失劳动能力程度，按照受诉法院所在地上一年度城镇居民人均消费性支出和农村居民人均年生活消费支出标准计算。被扶养人为未成年人的，计算至 18 周岁；被扶养人无劳动能力又无其他生活来源的，计算 20 年。但 60 周岁以上的，年龄每增加 1 岁减少 1 年。被扶养人生活费应与受害人的适用标准一致。根据原告提供的证据，可证实原告之女在原告评残时为未成年人，原告之母无劳动能力又无生活来源，均符合扶养人条件，应予考虑被扶养人生活费。原告主张其女的扶养义务人为 2 人，被扶养人生活费按照 1/2 计算，本院不持异议。根据原告提供的证据，可证实原告之母的扶养义务人为 3 人，故原告主张其负担的被扶养人生活费按照 1/3 计算，亦符合扶养义务人的情况。原告系城镇户籍，因此被扶养人生活费应按照 2013 年甲市城镇居民人均消费性支出标准计算。但本院已支持原告的误工损失至残疾评定前 1 日，因此被扶养人生活费应从残疾评定之日开始计算。根据原告之女、之母的年龄，被扶养人生活费应分别按照 10 年、11 年计算。原告主张被扶养人生活费均按照 12 年计算，本院不予支持。

原告主张的住院伙食补助费符合相关司法解释的规定，本院予以支持。

原告术后存在神经损害，需要一定的营养补充，故应考虑一定的营养费。就营养费数额，本院根据原告伤情予以酌定。

根据原告术后神经损伤的情况，生活自理存在一定困难，需要他人进行护理。原告主张的在积水潭医院住院时护理费标准，符合护工从事护理工作的一般标准，其要求按此标准根据住院天数计算护理费，B 医院按实际支出情况计算护理费，二被告亦未持异议，故本院对其护理费的合理性予以确认。

就合理的交通费用，本院根据有关司法解释的规定，根据原告及其必要的陪护人员就医或者转院治疗及诉讼、鉴定的情况，结合原告提供的交通费票据予以酌定。

原告对其主张的异地治疗、诉讼期间支付的食宿费，提供了相关票据，票据所载明时间可基本与就医、诉讼经过相对应，对合理范围，本院予以支持，具体数额由本院酌定。

对原告主张的残疾辅助器具，因无证据证实，本院不予支持。

以上经本院确认的各项合理损失，B 医院应当按照 90% 的比例向原告进行赔偿。

B 医院已先行支付原告的赔偿款，应从其在本案中的赔偿款中扣除。

B 医院的医疗过错与原告的残疾后果存在一定的因果关系，给原告造成较为严重的精神痛苦，因此该院应赔偿原告一定的精神损害抚慰金，本院根据原告的残疾程度等因素对该项赔偿款进行酌定。

本案进行的司法鉴定认定被告 B 医院存在过错，而进行鉴定系当事人完成举证责任的手段，鉴定费收取数额与过错程度无关，故本院判决鉴定费由 B 医院负担。

综上所述，依照《中华人民共和国侵权责任法》第五十四条、第五十五条、第五十七条，《最高人民法院关于审理人身损害赔偿案件适用法律若干问题的解释》第十七条、第十八条、第十九条、第二十条、第二十一条、第二十二条、第二十三条、第二十四条、第二十五条、第二十六条、第二十八条，《最高人民法院关于确定民事侵权精神损害赔偿责任若干问题的解释》第八条、第十条，判决如下：

一、本判决生效之日起十日内，被告 B 医院赔偿原告刘润某医疗费 31316.63 元，误工费 74250 元，伤残赔偿金（包含被扶养人生活费）186144.60 元，住院伙食补助费 7920 元，营养费 4000 元，护理费 1818 元，交通费 2000 元，食宿费 3000 元，精神损害抚慰金 30000 元。B 医院已给付原告刘润某的 50000 元从上述款项中扣除。

二、驳回原告刘润某的其他诉讼请求。

如果被告 B 医院未按本判决指定的期间履行给付金钱义务，应当依照《中华人民共和国民事诉讼法》第二百五十三条之规定，加倍支付迟延履行期间的债务利息。

案件受理费 6456 元，由原告刘润某负担 799 元（于本判决生效之日起 7 日内交纳），由被告 B 医院负担 5657 元（于本判决生效之日起 7 日内交纳）。司法鉴定费 17250 元（原告刘润某已垫付），由被告 B 医院负担（于本判决生效之日起 7 日内交纳）。

如不服本判决，可在判决书送达之日起 15 日内，向本院递交上诉状，并按对方当事人的人数提出副本，交纳上诉案件受理费，上诉于甲市第二中级人民法院。如在上诉期满 7 日内仍未交纳上诉案件受理费的，视为放弃上诉权利。

审　判　长:赵长某
人民陪审员:李海某
人民陪审员:霍艳某
二〇一四年九月二十八日
书　记　员:王　某

五、相关法律规定

《中华人民共和国侵权责任法》

第五十四条　患者在诊疗活动中受到损害,医疗机构及其医务人员有过错的,由医疗机构承担赔偿责任。

第五十五条　医务人员在诊疗活动中应当向患者说明病情和医疗措施。需要实施手术、特殊检查、特殊治疗的,应当及时向患者说明医疗风险、替代医疗方案等情况,并取得其书面同意。

第五十七条　医务人员在诊疗活动中未尽到与当时的医疗水平相应的诊疗义务,造成患者损害的,医疗机构应当承担赔偿责任。

《最高人民法院关于审理人身损害赔偿案件适用法律若干问题的解释》

第十七条　受害人遭受人身损害,因就医治疗支出的各项费用以及因误工减少的收入,包括医疗费、误工费、护理费、交通费、住宿费、住院伙食补助费、必要的营养费,赔偿义务人应当予以赔偿。

受害人因伤致残的,其因增加生活上需要所支出的必要费用以及因丧失劳动能力导致的收入损失,包括残疾赔偿金、残疾辅助器具费、被扶养人生活费,以及因康复护理、继续治疗实际发生的必要的康复费、护理费、后续治疗费,赔偿义务人也应当予以赔偿。

受害人死亡的,赔偿义务人除应当根据抢救治疗情况赔偿本条第一款规定的相关费用外,还应当赔偿丧葬费、被扶养人生活费、死亡补偿费以及受害人亲属办理丧葬事宜支出的交通费、住宿费和误工损失等其他合理费用。

第十八条　受害人或者死者近亲属遭受精神损害,赔偿权利人向人民法院请求赔偿精神损害抚慰金的,适用《最高人民法院关于确定民事侵权精神损害赔偿责任若干问题的解释》予以确定。

精神损害抚慰金的请求权,不得让与或者继承。但赔偿义务人已经以书面方式承诺给予金钱赔偿,或者赔偿权利人已经向人民法院起诉的除外。

第十九条　医疗费根据医疗机构出具的医药费、住院费等收款凭证,结合病历和诊断证明等相关证据确定。赔偿义务人对治疗的必要性和合理性有异议的,应当承担相应的举证责任。

医疗费的赔偿数额，按照一审法庭辩论终结前实际发生的数额确定。器官功能恢复训练所必要的康复费、适当的整容费以及其他后续治疗费，赔偿权利人可以待实际发生后另行起诉。但根据医疗证明或者鉴定结论确定必然发生的费用，可以与已经发生的医疗费一并予以赔偿。

第二十条　误工费根据受害人的误工时间和收入状况确定。

误工时间根据受害人接受治疗的医疗机构出具的证明确定。受害人因伤致残持续误工的，误工时间可以计算至定残日前一天。

受害人有固定收入的，误工费按照实际减少的收入计算。受害人无固定收入的，按照其最近三年的平均收入计算；受害人不能举证证明其最近三年的平均收入状况的，可以参照受诉法院所在地相同或者相近行业上一年度职工的平均工资计算。

第二十一条　护理费根据护理人员的收入状况和护理人数、护理期限确定。

护理人员有收入的，参照误工费的规定计算；护理人员没有收入或者雇佣护工的，参照当地护工从事同等级别护理的劳务报酬标准计算。护理人员原则上为一人，但医疗机构或者鉴定机构有明确意见的，可以参照确定护理人员人数。

护理期限应计算至受害人恢复生活自理能力时止。受害人因残疾不能恢复生活自理能力的，可以根据其年龄、健康状况等因素确定合理的护理期限，但最长不超过二十年。

受害人定残后的护理，应当根据其护理依赖程度并结合配制残疾辅助器具的情况确定护理级别。

第二十二条　交通费根据受害人及其必要的陪护人员因就医或者转院治疗实际发生的费用计算。交通费应当以正式票据为凭；有关凭据应当与就医地点、时间、人数、次数相符合。

第二十三条　住院伙食补助费可以参照当地国家机关一般工作人员的出差伙食补助标准予以确定。

受害人确有必要到外地治疗，因客观原因不能住院，受害人本人及其陪护人员实际发生的住宿费和伙食费，其合理部分应予赔偿。

第二十四条　营养费根据受害人伤残情况参照医疗机构的意见确定。

第二十五条　残疾赔偿金根据受害人丧失劳动能力程度或者伤残等级，按照受诉法院所在地上一年度城镇居民人均可支配收入或者农村居民人均纯收入标准，自定残之日起按 20 年计算。但 60 周岁以上的，年龄每增加一岁减少一年；75 周岁以上的，按 5 年计算。

受害人因伤致残但实际收入没有减少，或者伤残等级较轻但造成职业妨害严重影响其劳动就业的，可以对残疾赔偿金做相应调整。

第二十六条　残疾辅助器具费按照普通适用器具的合理费用标准计算。伤情有特殊需要的，可以参照辅助器具配制机构的意见确定相应的合理费用标准。

辅助器具的更换周期和赔偿期限参照配制机构的意见确定。

第二十八条　被扶养人生活费根据扶养人丧失劳动能力程度，按照受诉法院所在地上一年度城镇居民人均消费性支出和农村居民人均年生活消费支出标准计算。被扶养人为未成年人的，计算至18周岁；被扶养人无劳动能力又无其他生活来源的，计算20年。但60周岁以上的，年龄每增加一岁减少一年；75周岁以上的，按5年计算。

被扶养人是指受害人依法应当承担扶养义务的未成年人或者丧失劳动能力又无其他生活来源的成年近亲属。被扶养人还有其他扶养人的，赔偿义务人只赔偿受害人依法应当负担的部分。被扶养人有数人的，年赔偿总额累计不超过上一年度城镇居民人均消费性支出额或者农村居民人均年生活消费支出额。

《最高人民法院关于确定民事侵权精神损害赔偿责任若干问题的解释》

第八条　因侵权致人精神损害，但未造成严重后果，受害人请求赔偿精神损害的，一般不予支持，人民法院可以根据情形判令侵权人停止侵害、恢复名誉、消除影响、赔礼道歉。

因侵权致人精神损害，造成严重后果的，人民法院除判令侵权人承担停止侵害、恢复名誉、消除影响、赔礼道歉等民事责任外，可以根据受害人一方的请求判令其赔偿相应的精神损害抚慰金。

第十条　精神损害的赔偿数额根据以下因素确定：

(一)侵权人的过错程度，法律另有规定的除外；

(二)侵害的手段、场合、行为方式等具体情节；

(三)侵权行为所造成的后果；

(四)侵权人的获利情况；

(五)侵权人承担责任的经济能力；

(六)受诉法院所在地平均生活水平。

法律、行政法规对残疾赔偿金、死亡赔偿金等有明确规定的，适用法律、行政法规的规定。

《中华人民共和国民事诉讼法》

第二百五十三条　被执行人未按判决、裁定和其他法律文书指定的期间履行给付金钱义务的，应当加倍支付迟延履行期间的债务利息。被执行人未按判决、裁定和其他法律文书指定的期间履行其他义务的，应当支付迟延履行金。

六、案例评析和模拟重点

（一）案例评析

患者作为拥有自治权的人类个体，与生俱来具备身体完整权和情感平静权。因此，身体权系作为公民的基本权利，任何个人皆有权拒绝别人碰触其身体。作为手术等介入性治疗，潜藏着侵犯患者身体完整权的临床风险。在未经患者授权的情况下，如果医师实施了未经患者允许的诊断治疗活动，或者实施了超越授权范围的医疗活动，那么医师就侵犯了患者的身体完整权，也直接侵扰了患者的情感平静权。

对于病情的告知，被医疗法学家认为系医疗行为伴随的报告和指导义务。所谓医疗行为伴随的报告和指导义务，是指医疗行为在实施过程中必然要履行的告知相关专业信息和指导患者如何配合、如何处置、如何应对等义务。这就要求医务人员在诊疗过程中，将有关诊疗事项、患者病情等告知患方，以引起重视，并对此后的治疗加以合理的指导。但需要注意的是，只有在侵犯知情同意权并造成患者损害的，医疗机构才应当承担医疗损害责任。未尽告知义务，仅损害患者知情同意权而未损害患者人身、财产权利的，医疗机构不承担赔偿责任。

《中华人民共和国侵权责任法》第七章的规定，已经实质上否定了《最高人民法院关于民事诉讼证据的若干规定》关于医疗侵权举证责任的相关规定。因此，一般情况下，对于医疗过错以及因果关系，不再适用举证责任倒置的规定。但是，对于因履行告知义务发生的诉讼中，举证责任应适用不同的规则。由于患者一方主张的医疗机构未履行告知义务系一种消极事实，根据民事诉讼法的一般原理，主张消极事实在客观上无法积极证明，其举证责任自然应移转至他方当事人。

本案中，原告主张B医院未在手术前告知其手术相关内容及风险，而该院不能提供《手术同意书》等证据证实术前已向原告履行了告知义务，病历中未见该院对坐骨神经损伤及时向患方进行告知的内容，应当视为举证不能，推定其存在未向原告履行告知义务的医疗过错。

（二）模拟重点

1. 侵犯知情同意权的证明。

2. 侵犯知情同意权的责任承担。

示范案例二

一、基本案情

1993年2月19日至1994年3月10日期间，杨雪某因腰椎压缩性骨折、骨盆骨折入A医院住院治疗，先后进行了两次手术，住院期间曾多次输血。至1994年3月10日杨雪某出院，其乙肝表面抗原均为阴性，谷丙转氨酶（ALT）正常。

2009年4月10日，杨雪某在吴州市中心医院的生化检查报告显示其谷丙转氨酶（ALT）为50U/L。4月11日，吴州市中心医院的免疫检查报告显示其丙肝抗体为阳性。4月18日，吴州医学院附属医院感染病科实验室的检查报告显示其丙肝病毒核酸为阳性。后因丙型病毒性肝炎，杨雪某前后四次入吴州市传染病院住院治疗，2010年8月24日，原告出院，病历显示出院情况为治愈。

杨雪某认为自己会患上丙型病毒性肝炎，是在A医院住院治疗期间因输血感染造成的，要求A医院和吴州市红十字血液中心就其感染丙肝的损害后果承担赔偿责任。

二、证据

（一）原告方的证据清单

证据内容	证明目的
证据一：原告在A医院住院治疗的病历	原告在被告医院进行了输血治疗
证据二：原告在被告A医院的生化检查报告和免疫检查报告	原告患上了丙肝
证据三：原告在吴州医学院附属医院感染病科实验室的检查报告	原告患上了丙肝
证据四：原告在吴州市传染病医院的病历及票据	原告花费的医疗费
证据五：原告在吴州民政南湖医院的病历及票据	原告花费的医疗费
证据六：原告在吴州精神病院的病历及票据	原告花费的医疗费
证据七：原告在吴州市东方人民医院的病历及票据	原告花费的医疗费
证据八：吴州市泉山区谊联印刷厂出具的证明	原告的误工费
证据九：车票、油票	原告花费的交通费

（二）被告方的证据清单

证据内容	证明目的
证据一：吴州市医学会作出吴州医鉴〔2011〕019号医疗事故技术鉴定书	医院的医疗行为无过错

续　表

证据内容	证明目的
证据二:医学教科书	丙型肝炎的潜伏期为2周至6个月。原告1993年输血和2009年检出HCV阳性、诊断丙肝,相距16年之久,肯定不是“输血后肝炎”

三、庭审操作示例

丙省D市中级人民法院
民事审判庭笔录

时间:2013年10月21日

地点:第二审判庭

审判长:彭凯

审判员:张行

代理审判员:顾磊

书记员:曹丹

案由:医疗产品责任纠纷

根据《中华人民共和国民事诉讼法》第一百三十七条之规定,核对当事人和其他诉讼参加人情况。

上诉人(原审被告):A医院。

法定代表人:张培某,职务院长。

委托代理人:赵海某,男,1978年10月26日生,汉族。

委托代理人:李孝某,女,1987年5月20日,该单位职工。

被上诉人(原审原告):杨雪某,女,1969年8月2日生,汉族。

被上诉人(原审被告):×中心。

法定代表人:毕星某,职务主任。

委托代理人:王淑某,男,1973年7月21日生,汉族。

委托代理人:史志某,男,1971年1月15日生。

根据《民事诉讼法》第一百三十七条第一款之规定,宣布出庭纪律。

(1)诉讼参与人和旁听人员均应服从审判长指挥。

(2)诉讼参与人在开庭审理期间要求发言、提问、陈述、辩论,需经审判长许可。

(3)开庭期间,不准随便走动、吸烟和随地吐痰,不准鼓掌喧哗和妨碍审判活动的正常进行。

(4)未经许可不准录音、录像,请各方当事人和旁听人员关闭通讯工具。

(5)旁听人员不准进入审判区,不准发言提问,如对审判活动有意见,可在休庭后书面向法庭提出。

(6)对违反法庭纪律不听制止者,审判长有权根据情节予以训诫或责令退出法庭。

(7)庭审期间,因事需暂时离庭的诉讼参与人应报告审判长许可。

审判长:根据《民事诉讼法》第一百六十九条之规定,D市中级人民法院民事审判第二庭现对上诉人A医院与被上诉人杨雪某、×中心医疗产品责任纠纷一案进行公开审理。现在宣布开庭,庭前书记员已核对了各方当事人出庭人员的身份,各方当事人对对方出庭人员资格有无异议?

上诉人:无。

被上诉人:无。

审判长:各方当事人对对方出庭人员均表示无异议。经本庭核对,各方出庭人员均符合法律规定,可以参加本案的诉讼活动。

审判长:本合议庭由审判员彭凯、张行、顾磊组成,由彭凯担任审判长,书记员曹丹担任法庭记录。

根据《民事诉讼法》第四十四条、第四十五条之规定,当事人对上述人员有申请回避的权利,但应当说明理由。各方当事人是否申请回避?

上诉人:不申请。

被上诉人:不申请。

审判长:各方当事人是否于开庭三日前收到开庭通知?

上诉人:收到。

被上诉人:收到。

审判长:当事人的其他诉讼权利义务已在庭前告知双方当事人,在此不再重申。下面由主审法官主持法庭调查。

审判长:现在进行法庭调查。首先由上诉人陈述上诉理由和请求。

上诉人:详见上诉状。

审判长:被上诉人进行答辩。

被上诉人:详见答辩状。

审判长:根据上诉人陈述的上诉和被上诉人的答辩,法庭归纳本案的争议焦点为:A医院是否应当对杨雪某感染丙肝的后果承担赔偿责任。上诉人对法庭归纳的争议焦点有无异议或补充?

上诉人:无。

审判长:被上诉人对法庭归纳的争议焦点有无异议或补充?

被上诉人:无。

审判长:下面的法庭调查就围绕以上争议焦点进行。根据法律规定,当事人可以在二审中提交新的证据。上诉人有无二审新证据需要向法庭提交?

上诉人:无。

审判长:被上诉人是否有二审新证据需要向法庭提交?

被上诉人:无。

审判长:根据法律规定,在庭审过程中当事人可以就案件的事实问题进行互相发问。有无问题发问?

上诉人:被上诉人杨雪某1993年输血,2009年检出HCV阳性、诊断丙肝,相距16年之久,怎么能说是“输血后肝炎”?

被上诉人杨雪某:我感染丙肝就是这次输血造成的,一审我也提供了证据,1993年、1994年输血之后,我没有在任何医院输血或手术过,我只在四院输过血,血液来源也是多人的,如果能查到我在别的医院输血或手术,我愿意承担责任。

上诉人:根据我省市规定,医院不负有对从血站采购的血液进行复检的义务。我市所有的医院均不对从血站采购的血液进行复检。复检的义务由被上诉人×中心进行。

被上诉人×中心:根据规定,献血人员的档案资料保管期限为10年,原告输血至今已十几年,客观上已不具备提供相关资料的条件。

审判长:刚才双方当事人已陈述了详尽的代理意见,合议庭成员也认真地予以听取,法庭辩论终结。根据《民事诉讼法》第一百四十一条的规定,法庭辩论终结后当事人可以陈述最后意见。上诉人陈述最后意见。

上诉人:上诉人的医疗行为无过错,且与后果之间不存在因果关系,一审判决认定事实不清,适用法律不当,请求二审法院改判驳回被上诉人杨雪某对我院的诉讼请求。

审判长:被上诉人陈述最后意见。

被上诉人杨雪某:我感染丙肝就是在A医院输血造成的,一审判决正确,适用法律正确,上诉人上诉没有道理。

被上诉人×中心:我部分同意上诉人的上诉观点。但不同意上诉人称其不负有复检血站血液的义务。

审判长:根据《民事诉讼法》第一百四十二条的规定,法庭辩论结束后,可以进行调解。上诉人是否同意调解?

上诉人:不同意。

审判长:被上诉人是否同意调解?

被上诉人杨雪某：同意。

被上诉人×中心：同意。

审判长：鉴于上诉人明确表示不同意调解，法庭不再为双方当事人主持调解。合议庭将对本案进行评议后择日宣判。当事人签阅庭审笔录，如有错漏可申请予以补正。

休庭。

四、判决文书

丙省D市中级人民法院

民 事 判 决 书

〔2013〕徐民终字第1657号

上诉人（原审被告）A医院。

法定代表人张培某，职务院长。

委托代理人赵海某，男，1978年10月26日生，汉族。

委托代理人李孝某，女，1987年5月20日，该单位职工。

被上诉人（原审原告）杨雪某，女，1969年8月2日生，汉族。

被上诉人（原审被告）×中心。

法定代表人毕星某，职务主任。

委托代理人王淑某，男，1973年7月21日生，汉族。

委托代理人史志某，男，1971年1月15日生。

上诉人A医院因与被上诉人杨雪某、×中心医疗产品责任纠纷一案，不服吴州市泉山区人民法院〔2013〕泉民初字第605号民事判决，向本院提起上诉。本院于2013年10月11日立案受理后，依法组成合议庭审理了本案。上诉人A医院的委托代理人赵海某、李孝某，被上诉人杨雪某及被上诉人×中心的委托代理人史志某到庭参加诉讼。本案现已审理终结。

原审法院查明，1993年2月19日，原告杨雪某因“腰及右髋部跌伤后痛，活动受限6小时”入A医院住院治疗，诊断为腰椎压缩性骨折、骨盆骨折。原告入院当日输血400 ml，检查乙肝表面抗原为阴性，谷丙转氨酶（ALT）小于25单位。1993年2月22日，原告行椎管减压＋鲁氏棒固定＋股骨髁上牵引术，术中、术后共输血600 ml。1993年3月3日输半浆血200 ml。1993年3月27日，原告出院。

1994年2月18日，原告因“腰椎骨折伴不全性瘫减压内固定术后一年”再次入被告医院住院治疗，诊断为腰椎骨折术后。1994年2月19日检查乙肝表面抗原为阴性，谷丙转氨酶（ALT）为10单位。1994年2月26日，原告行腰椎内固定取出术，术中输血400 ml。1994年3月10日，原告出院。

2009年4月10日，原告在被告A医院的生化检查报告显示其谷丙转氨酶(ALT)为50 U/L。2009年4月11日，原告在被告A医院的免疫检查报告显示其丙肝抗体为阳性。2009年4月18日，原告在吴州医学院附属医院感染病科实验室的检查报告显示其丙肝病毒核酸为阳性。

2009年10月28日，原告因"纳差，乏力半月"入吴州市传染病院住院治疗，诊断为病毒性肝炎(丙型)慢性(中度)。2009年11月26日，原告病情好转出院。2009年12月29日，原告因"纳差、乏力1周"再次入吴州市传染病医院住院治疗，诊断为病毒性肝炎(丙型)慢性(中度)。2010年2月28日，原告病情好转出院。2010年5月14日，原告因"纳差、乏力1周"第三次入吴州市传染病医院住院治疗，诊断为病毒性肝炎(丙型)慢性(中度)。2010年6月17日，原告出院，病历显示出院情况为治愈。2010年8月9日，原告因"纳差、乏力1周"第四次入吴州市传染病医院住院治疗，诊断为病毒性肝炎(丙型)慢性(中度)。2010年8月24日，原告出院，病历显示出院情况为治愈。

2012年10月11日，原告在吴州医学院附属医院的检验报告显示其谷丙转氨酶(ALT)为19U/L。2012年10月13日，原告在吴州医学院附属医院感染病科实验室的检验报告显示其丙肝病毒核酸为阴性。

2012年10月18日，经法院委托，吴州市医学会作出吴州医鉴〔2011〕019号医疗事故技术鉴定书，分析意见为：①患者第一次入住A医院诊断腰1.2椎体压缩性骨折伴脱位、右耻骨上下支骨折及右骶髂关节骨折脱位明确，有内固定手术指征。A医院为患者行椎管减压＋鲁氏棒固定＋股骨髁上牵引术，因该手术创伤大、手术时间长、术中出血多，术中、术后输血符合医疗原则。②患者第二次入住A医院行腰椎内固定物取出术，因手术创伤大，有输血指证。③根据2009年4月10日、4月11日及4月18日的检验报告，患者丙型病毒性肝炎诊断成立。丙型病毒性肝炎感染的途径较多，根据法院提供的资料，本例丙型病毒性肝炎不能排除输血所致。④根据1993年3月20日原卫生部颁布的《采供血机构和血液管理办法》规定，×中心应对所提供血液进行丙型病毒性肝炎抗体检测，现X中心未提供患者所输入血液的相关检测报告。⑤患者目前经治疗后，肝功能检查在正常范围，丙肝病毒核酸检测阴性。结论为：本案例不构成医疗事故。

另查，原告于1993年2月19日、1993年2月22日、1993年3月3日、1994年2月26日所输的血液均来源于被告×中心。本案中，被告×中心未能提供相应献血者的资料及血液检验的原始记录。2012年5月3日，原告曾将两被告诉至一审法院，要求两被告就其感染丙肝的损害后果承担赔偿责任，后又因故撤回了对两被告的起诉。

原审法院认为，公民享有生命健康权。本案发生于《侵权责任法》实施之前，故应适用《侵权责任法》实施之前的相关法律；患者就医期间因输血感染丙肝要求医疗机构、血站赔偿的，实行举证责任倒置，故而两被告应就其医疗行为或血液质量与原告感染丙肝的损害后果之间无因果关系承担举证责任。本案中，原告感染的丙肝经鉴定不能排除系输血所致，同时，两被告也未能举证证明原告感染丙肝系由于其他原因造成。1993 年 7 月 1 日起施行的《采供血机构和血液管理办法》第三十六条规定，医疗机构必须严格执行输血前的检验、核对制度，保证临床用血安全；而被告 A 医院并未能举证证明其至少在 1994 年 2 月 26 日的输血前曾对要输的血液进行过相应的检验。对于被告×中心辩称的“根据规定，献血人员的档案资料保管期限为 10 年，原告输血至今已十几年，客观上已不具备提供相关资料的条件”，法院认为，有关“献血、检测和供血的原始记录应当至少保存十年”的规定设定的是采供血机构在行政法意义上的义务，上述义务的履行并不当然免除民事责任的承担。综上，两被告虽辩称其不应承担责任，但并未能就其免责事由向本院举证证明，故而法院不予支持，两被告应对原告感染丙肝的损害后果承担连带赔偿责任。

关于本案是否已超过诉讼时效问题，被告×中心认为 2009 年 4 月 10 日的门诊病历记载原告“肝功能异常一周、一周前外院查肝功能异常，丙肝抗体阳性”，故而可以据此说明原告最早在 2010 年 9 月 7 日起诉时就已超过诉讼时效。法院认为，诉讼时效的起算期间应从知道或应当知道权利被侵害时起计算，在没有相应医学专业知识或对丙肝的致病因素有一定了解的情况下，一般人并不能在确诊丙肝之后就认识到是之前输血造成的，故而本案诉讼时效的起算期间并不能简单地从原告发现其感染丙肝之日起计算。因此，法院对于被告的上述辩称意见不予支持。

对于原告主张的各项具体的诉讼请求，法院参照《医疗事故处理条例》第五十条的规定，分而述之如下：关于原告主张的医疗费 51696 元，原告向本院提交的医疗费票据中有吴州民政南湖医院、吴州精神病院、吴州市东方人民医院出具的票据，原告虽称上述票据系治疗因服用抗丙肝药物所致抑郁症产生的，但其并未对治疗丙肝所用药物与患上抑郁症之间的因果关系举证证实，故而法院对于上述相关医疗费用不予支持。同时，原告提供的医疗费票据中有四张并非其本人产生，法院对于该四张票据显示的医疗费亦不予支持。原告提交的其他有效票据的金额总计为 47954.92 元，该部分票据系原告治疗及检查丙肝时所产生，予以支持。关于原告主张的住院伙食补助费 2430 元问题，综合原告的住院天数，原告主张 2430 元住院伙食补助费符合法律规定，予以支持。原告主张的营养费 1620 元没有法律依据，不予支持；对于原告主张的交通费 2945 元，结合原告就医治疗之必需，予以支持1500元。关于原告主张的误工费52000元问题，法院认为，原告为支持其该项诉请向本院提交的吴州市泉山区谊联印刷厂出具的证明尚不足以证实原告的实际收入情况，综合原告的治疗过程，法院参照江苏省2011年度45987元的职工年平均工资，对于原告6个月的误工费22993.5元予以支持。关于原告主张的陪护费10000元，原告所患疾病为丙肝，其并未能举证证明在吴州市传染病医院住院期间需要专人陪护；原告所举的吴州市传染病医院住院病案中也无需要专人陪护的医嘱或建议；故而，对于原告主张的陪护费10000元，依法不予支持。关于原告主张的精神损害抚慰金50000元问题，综合本案不构成医疗事故及相关事实情况，对于原告主张的50000元精神损害抚慰金，酌定予以支持10000元。

综上，遂依照《中华人民共和国民法通则》第九十八条、最高人民法院《关于民事诉讼证据的若干规定》第四条第一款第（八）项、参照《医疗事故处理条例》第五十条之规定，判决：一、被告A医院、×中心连带赔偿原告杨雪某医疗费47954.92元、住院伙食补助费2430元、交通费1500元、误工费22993.5元、精神损害抚慰金10000元，合计84878.42元；二、驳回原告杨雪某的其他诉讼请求。

上诉人A医院不服上述民事判决，向本院提起上诉称：一、被上诉人杨雪某1993年输血和2009年检出HCV阳性、诊断丙肝，相距16年之久，肯定不是"输血后肝炎"。一审判决推定两者之间存在因果关系，没有事实根据并且违反医学科学原理。根据教科书，丙型肝炎的潜伏期为2周—6个月。正是根据这一医学原理，江苏省高院《2001年全省民事审判工作座谈会纪要》"关于输血感染丙肝案件的处理"部分明确规定，推定输血与查出抗HCV抗体阳性之间有因果关系的条件仅限于6个月。超过6个月，除非满足"能够明确判断出丙肝系输血感染的"条件的，否则不能推定两者之间存在因果关系。本案中，没有任何证据表明"能够明确判断出丙肝系输血感染的"，所以一审判决推定输血与感染丙肝病毒之间有因果关系没有事实根据，不符合医学原理，且违反了省高院的规定。二、上诉人通过医学鉴定证明了自己的医疗行为无过错，一审判决"A医院并未能举证证明至少在1994年2月26日的输血前曾对要输的血液进行过相应的检验"，不符合我市的法律规定。根据我省市规定，医院不负有对从血站采购的血液进行复检的义务。我市所有的医院均不对从血站采购的血液进行复检。复检的义务由被上诉人×中心进行。三、医疗侵权"举证责任倒置"的适用期间为2002年4月至2010年6月30日，并且省高院对输血感染丙肝的因果关系推定限定为输血后6个月内发现感染丙肝，一审判决违反了这一规定。综上，上诉人的医疗行为无过错，且与后果之间不存在因果关系，一审判决认定事实不清，适用法律不当,请求二审法院改判驳回被上诉人杨雪某对我院的诉讼请求。

被上诉人杨雪某答辩称:我感染丙肝就是这次输血造成的,一审我也提供了证据,1993年、1994年输血之后,我没有在任何医院输血或手术过,我只在四院输过血,血液来源也是多人的,如果能查到我在别的医院输血或手术,我愿意承担责任。一审判决正确,适用法律正确,上诉人上诉没有道理。

被上诉人×中心答辩称:我部分同意上诉人的上诉观点。但不同意上诉人称其不负有复检血站血液的义务。请求二审法院依法判决。

本案争议焦点:上诉人是否应当对杨雪某感染丙肝的后果承担赔偿责任。

二审期间,双方当事人均未提供新证据。

二审查明的事实与一审查明的事实一致。

关于上诉人是否应当对杨雪某感染丙肝的后果承担赔偿责任的问题。本院认为,本案系医疗产品责任纠纷,要解决上诉人是否应当对杨雪某感染丙肝的后果承担赔偿责任,关键是看输入杨雪某体内的医疗产品(血液制品)是否是合格的血液制品、是否存在感染丙肝的缺陷。本案中,首先,输入杨雪某体内的血液制品是上诉人从×中心取得。由于×中心和上诉人提供的证据均不能证明提供的血液制品是合格的产品,且吴州医鉴〔2011〕019号医疗事故技术鉴定意见也指出,×中心未提供相关检测报告,违反了《采供血机构和血液管理办法》规定,故本院推定×中心提供给上诉人的血液制品是不合格的血液制品,存在产品缺陷,同时,上诉人输入杨雪某体内的血液制品也为不合格的血液制品,存在产品缺陷。

根据医学知识和社会一般人的见解,输血是感染丙肝的主要途径。吴州医鉴〔2011〕019号医疗事故技术鉴定指出,杨雪某丙型病毒性肝炎不排除输血所致。由于上诉人没有证据证明,杨雪某感染丙肝不是上诉人输血所致,也不能证明杨雪某存在其他输血的情况,故本院认定杨雪某感染丙肝与上诉人输血存在因果关系。

被上诉人杨雪某到上诉人处诊治,双方形成医疗服务合同关系,上诉人有义务提供符合要求的血液制品。由于上诉人输入杨雪某体内的血液制品不合格、存在缺陷,且造成了杨雪某感染丙肝的损害后果,故原审法院判令上诉人承担赔偿责任并无不当。

综上,上诉人A医院的上诉请求不能成立,本院不予支持。依照《中华人民共和国民事诉讼法》第一百七十条第一款第(一)项之规定,判决如下:

驳回上诉,维持原判。

二审案件受理费749元,由上诉人A医院负担。

本判决为终审判决。

审　判　长:彭　某
审　判　员:张　某
代理审判员:顾　某
二〇一三年十二月二十五日
书　记　员:曹　某

五、相关法律规定

《采供血机构和血液管理办法》

第三十六条　医疗机构必须严格执行输血前的检验,核对制度,保证临床用血安全。

临床输血出现不良反应时,应详细记录和及时调查处理,并逐级向卫生行政部门报告。

《医疗事故处理条例》

第五十条　医疗事故赔偿,按照下列项目和标准计算:

(一)医疗费:按照医疗事故对患者造成的人身损害进行治疗所发生的医疗费用计算,凭据支付,但不包括原发病医疗费用。结案后确实需要继续治疗的,按照基本医疗费用支付。

(二)误工费:患者有固定收入的,按照本人因误工减少的固定收入计算,对收入高于医疗事故发生地上一年度职工年平均工资 3 倍以上的,按照 3 倍计算;无固定收入的,按照医疗事故发生地上一年度职工年平均工资计算。

(三)住院伙食补助费:按照医疗事故发生地国家机关一般工作人员的出差伙食补助标准计算。

(四)陪护费:患者住院期间需要专人陪护的,按照医疗事故发生地上一年度职工年平均工资计算。

(五)残疾生活补助费:根据伤残等级,按照医疗事故发生地居民年平均生活费计算,自定残之月起最长赔偿 30 年;但是,60 周岁以上的,不超过 15 年;70 周岁以上的,不超过 5 年。

(六)残疾用具费:因残疾需要配置补偿功能器具的,凭医疗机构证明,按照普及型器具的费用计算。

(七)丧葬费:按照医疗事故发生地规定的丧葬费补助标准计算。

(八)被扶养人生活费:以死者生前或者残疾者丧失劳动能力前实际扶养且没有劳动能力的人为限,按照其户籍所在地或者居所地居民最低生活保障标准计算。对不满 16 周岁的,扶养到 16 周岁。对年满 16 周岁但无劳动能力的,扶养 20 年;但是,60 周岁以上的,不超过 15 年;70 周岁以上的,不超过 5 年。

(九)交通费:按照患者实际必需的交通费用计算,凭据支付。

(十)住宿费:按照医疗事故发生地国家机关一般工作人员的出差住宿补助标准计算,凭据支付。

(十一)精神损害抚慰金:按照医疗事故发生地居民年平均生活费计算。造成患者死亡的,赔偿年限最长不超过6年;造成患者残疾的,赔偿年限最长不超过3年。

《中华人民共和国民法通则》

第九十八条　公民享有生命健康权。

《最高人民法院关于民事诉讼证据的若干规定》

第四条　下列侵权诉讼按照以下规定承担举证责任:

(一)因新产品制造方法发明专利引起的专利侵权诉讼,由制造同样产品的单位或者个人对其产品制造方法不同于专利方法承担举证责任;

(二)高度危险作业致人损害的侵权诉讼,由加害人就受害人故意造成损害的事实承担举证责任;

(三)因环境污染引起的损害赔偿诉讼,由加害人就法律规定的免责事由及其行为与损害结果之间不存在因果关系承担举证责任;

(四)建筑物或者其他设施以及建筑物上的搁置物、悬挂物发生倒塌、脱落、坠落致人损害的侵权诉讼,由所有人或者管理人对其无过错承担举证责任;

(五)饲养动物致人损害的侵权诉讼,由动物饲养人或者管理人就受害人有过错或者第三人有过错承担举证责任;

(六)因缺陷产品致人损害的侵权诉讼,由产品的生产者就法律规定的免责事由承担举证责任;

(七)因共同危险行为致人损害的侵权诉讼,由实施危险行为的人就其行为与损害结果之间不存在因果关系承担举证责任;

(八)因医疗行为引起的侵权诉讼,由医疗机构就医疗行为与损害结果之间不存在因果关系及不存在医疗过错承担举证责任。

有关法律对侵权诉讼的举证责任有特殊规定的,从其规定。

六、案件评析和模拟重点

(一)案件评析

本案是一起因输血感染丙肝引发的医疗产品责任纠纷。医疗产品损害责任,是指医疗机构在医疗过程中使用有缺陷的药品、消毒药剂、医疗器械以及血液及血液制品等医疗产品,因此造成患者人身损害,医疗机构或者医疗产品生产者、销售者应当承担的医疗损害赔偿责任。《侵权责任法》第五十九条规定:“因药品、消毒药剂、医疗器械的缺陷，或者输入不合格的血液造成患者损害的，患者可以向生产者或者血液提供机构请求赔偿，也可以向医疗机构请求赔偿。患者向医疗机构请求赔偿的，医疗机构赔偿后，有权向负有责任的生产者或者血液提供机构追偿。”当然，因本案发生于《侵权责任法》实施之前，故应适用《侵权责任法》实施之前的相关法律。

目前，输血感染纠纷被诉诸法院寻求法律途径解决的民事案件日趋增多。发生输血感染事件后，血站、医疗机构和医务人员是否要承担民事赔偿责任，关键是在该事件的发生过程中，血站、医疗机构、医务人员是否存在过错。我们要从法律的角度，区别患者在医院内发生输血感染的原因和途径，同时，要明确什么样的行为属于血站、医疗机构和医务人员的违法行为。

（二）模拟重点

1. 如何确定因输血感染丙肝中各方的责任。

2. 掌握医疗产品责任纠纷中的举证责任分配。

实验案例

一、基本案情

莫兴某在家属陪同下到A医院就诊并入院治疗。

原告认为，在其入院治疗期间，A医院存在以下过错：①A医院在没有向原告说明理由、内容、目的的情况下，强制对原告进行了重复抽血，重复进行了26项化验，并重复收费。这侵犯了原告的知情同意权、身体权、自主决定权。②原告被父母通过雇佣医托撬门绑架的方式送至A医院。在未经医生检查诊断、未经原告同意的情况下，被A医院强制住院三天。这个过程中，A医院未经原告或亲属的知情同意，即在精神科病房对原告进行了录像，其内容甚至包括强制裸体检查。这侵犯了原告的人格权。③A医院召开媒体会，并发布微博，捏造事实对原告进行诬蔑和中伤，公开了原告的病历资料，编造篡改法律内容，称其行为符合《B市精神卫生条例》，对公众进行了误导。

据此，原告以医疗损害和侵害患者知情同意权为由分别提起诉讼，要求：①A医院向原告书面赔礼道歉；②A医院向原告公开赔礼道歉；③A医院向原告进行精神损害赔偿。

被告认为：①莫兴某在我院接受医学保护性住院治疗期间，我院医务人员已尽到了应有的医疗注意义务，在经三级医师查房判断莫兴某不适宜住院后，立即联系其母亲为其办理了出院手续，并不存在莫兴某在起诉状中所称的事实。②莫兴某母亲作为其法定监护人在医院出具的各类告知书上签字确认，符合法律的要求。③医院对医院各区域内公共安全图像的采集是合理合法的，且没有向任何一家新闻媒体提供过监控录像。

二、证据

（一）原告方的证据清单

证据内容	证明目的
证据一：莫兴某自行制作的《门诊、住院临床检验结果报告单对比总结表》	被告乱收费的事实
证据二：B市医疗机构临床检验结果报告单	被告乱收费的事实
证据三：B市公费医疗、自费住院病人费用明细单	被告乱收费的事实
证据四：微博截图、相关报道摘录资料	A医院在媒体和网络上泄露其病历资料
证据五：病房录像、《关于涉及患者隐私权知情同意书》	A医院未经其本人或家属的同意对其进行了裸体检查录像

（二）被告方的证据清单

证据内容	证明目的
证据一：原告在被告处治疗的病历	原告在被告处治疗的经过
证据二：A医院提交《B市公共安全图像信息系统管理办法》及《B市A医院监控中心安全管理制度》	A医院病房内录像等有相关制度规定

三、判决文书

B市安平区人民法院

民事判决书

〔2014〕安民初字第2107号

原告莫兴某，女，1978年10月7日出生，汉族，住H省哈尔滨市道外区大乐街15号。

被告B市A医院，住所地B市安平区回龙观镇。

法定代表人杨甫某，院长。

委托代理人刘士某，男，1955年1月18日出生，汉族，B市A医院医患协调办公室主任，住单位宿舍。

委托代理人陈妍某，女，1978年10月6日出生，汉族，B市A医院医患协调办公室协调员，住单位宿舍。

原告莫兴某诉被告B市A医院（以下简称A医院）医疗损害责任纠纷一案，

本院受理后，依法组成合议庭，不公开开庭进行了审理。原告莫兴某，被告A医院的委托代理人刘士某、陈妍某到庭参加了诉讼。本案现已审理终结。

原告莫兴某诉称：2012年6月5日晚7时至次日清晨6时之间，A医院在没有向我说明理由、内容、目的的情况下，强制对我进行了重复抽血，重复进行了26项化验，并重复收费。2012年6月18日，我随律师至A医院复印病历后发现，《住院病人费用明细单》中列出的6项治疗项目，我住院期间从未进行过，但A医院却进行了收费，共计222元。A医院12小时内进行重复化验属于不必要的检查。A医院没有向我说明化验的内容、目的，侵犯了我的知情同意权。A医院强制抽取我的血液，侵犯了我的身体权、自我决定权。短时间内大量抽取血液对我的身体造成了损害。A医院对没有进行过的诊疗内容进行收费，侵犯了我的知情同意权、所有权。根据相关法律规定，A医院的行为构成侵权，对我的身体造成了损害，精神造成了痛苦，导致了不应当的费用支出。并且A医院具有显然的侵权故意。根据A医院侵权程度的严重性，存在主观恶意，我身体的损害程度，恢复原状需要的代价，精神痛苦的损害事实确定赔偿数额。其中，人身损害主要指被强制抽取血液，进行不必要化验，侵犯了我的人身权，损害了我的身体完整性。其复原需要的代价主要为营养伙食费。依据B市国家机关和事业单位差旅费管理办法，出差人员的伙食补助费每人每天50元。根据血液中红细胞寿命为120天，计算得出复原所需花费约5000元。精神损害依据恶意侵犯知情同意权造成的痛苦，侵犯身体权、自主决定权造成的恐惧，侵犯所有权造成的愤怒。综上，诉讼请求为：①请求判令A医院向我书面赔礼道歉；②请求判令A医院向我进行人身损害赔偿5000元，精神损害赔偿5000元，退还化验费797元，共计10797元；③请求A医院退还治疗费222元。

被告A医院辩称：①莫兴某因复发性抑郁障碍于2012年6月5日至2012年6月8日由其父母送至我院接受医学保护性住院治疗，我院对莫兴某的接诊流程符合《B市精神卫生条例》的相关规定。②我院虽为精神病专科医院，但患者入院时同样需要做必要的辅助检查，以帮助判断患者的躯体情况，以及为制定诊疗方案提供相关的依据，并有利于日后躯体情况变化时进行前后对比，判断原因。莫兴某住院后，我院给予其必要的辅助检查，完全符合诊疗规范，且保障了患者的生命健康权。③莫兴某曾以人格权纠纷为由于2012年7月将我院起诉至安平区回龙观法庭，在〔2013〕安民初字第01012号民事判决书中，对莫兴某以各种理由所提出的索赔要求，一审法官已做出了公正的裁决。综上所述，我院认为，莫兴某在我院接受医学保护性住院治疗期间，我院医务人员已尽到了应有的医疗注意义务，在经三级医师查房判断莫兴某不适宜住院后，立即联系其母亲孙玉仙为莫兴某办理了出院手续（至此，患者共住院3天），并不存在莫兴某在起诉状中所称的事实。因此，莫兴某的诉讼请求完全没有根据，现我院请求法院依法驳回莫兴某的诉讼请求，以维护我院正常的医疗行为。

经审理查明：2012年6月5日莫兴某在家属陪同下到A医院就诊，当日17时许，A医院对莫兴某进行了各项门诊检查，之后莫兴某办理了入院手续。入院之后，A医院对莫兴某进行了相应检查、治疗等。

现莫兴某以A医院对其进行了重复抽血、重复化验、重复收费等为由起诉至法院，请求同其诉称。为证明其所述，莫兴某提交的证据有：《门诊、住院临床检验结果报告单对比总结表》《B市医疗机构临床检验结果报告单》《B市公费医疗、自费住院病人费用明细单》。《门诊、住院临床检验结果报告单对比总结表》系莫兴某自行制作，内容系莫兴某对门诊病历及住院病历相关检验项目制作的对比表格。《B市医疗机构临床检验结果报告单》显示为莫兴某门诊及住院期间血液部分与免疫部分的相关临床检验结果报告单。其中，门诊的血液部分临床检验报告单显示：检验项目包括白细胞（血）（WBC）、淋巴细胞百分比（W-SCR）、中间细胞百分比（W-MCR）等共计19项；异常结果提示项包括淋巴细胞百分比（W-SCR）1项；标本接收时间：2012-06-05 19：39：12，报告时间：2012-06-05 19：42：22；报告单另显示有检验结果、单位、参考范围等项目。住院期间的血液部分临床检验报告单显示：检验项目包括白细胞（血）（WBC）、红细胞（RBC）、血红蛋白（HGB）等共计26项；异常结果提示项包括血红蛋白（HGB）、平均红细胞血红蛋白浓度（MCHC）、血小板分布宽度（PDW）、血小板比积（PCT）4项；标本接收时间：2012-06-06 09：27：39，报告时间：2012-06-06 09：52：37；报告单另显示有检验结果、单位、参考范围等项目。门诊的免疫部分临床检验报告单显示：检验项目包括表面抗原、表面抗体、e-抗原等共计9项；异常结果提示项包括表面抗体1项；检验方法为乳胶法；试剂品牌为艾康生物；标本接收时间：2012-06-05 19：44：30，报告时间：2012-06-05 19：47：38；报告单另显示有检验结果、参考范围等项目。住院期间的免疫部分临床检验报告单显示：检验项目包括艾滋病抗体、梅毒血清特异性抗体测定、丙肝抗体等共计9项；异常结果提示项包括表面抗体1项；检验方法为酶联免疫法；试剂品牌为万泰生物；标本接收时间：2012-06-07 08：49：58，报告时间：2012-06-07 15：24：44；报告单另显示有检验结果、参考范围等项目。《B市公费医疗、自费住院病人费用明细单》显示为莫兴某2012年6月5日至2012年6月8日期间各项费用明细，包含化验费、治疗费、住院费等项目，其中化验费一项共计797元。莫兴某称治疗费中包含的工娱治疗、森田治疗、社会功能康复训练、特殊工娱治疗、心理治疗、心理矫正治疗等6项并未进行，该6项费用共计222元。

A医院对莫兴某提交的《门诊、住院临床检验结果报告单对比总结表》不予认可,对《B市医疗机构临床检验结果报告单》真实性予以认可,对《B市公费医疗、自费住院病人费用明细单》称化验费认可已收取797元,但莫兴某所述未进行的6项治疗已实际进行完毕,并提交病历为证。病历中显示包含行为矫正治疗记录单、集体心理治疗记录单、工娱治疗单、特殊工娱治疗总结单、森田疗法治疗记录单、社会功能康复治疗单等,以上记录单显示有治疗内容记录、相应治疗师签字等。莫兴某对病历的真实性认可,关联性、证明目的不认可,称病历是A医院自行制作,不能证明诊疗行为真实发生过,不能作为合理性的依据。

本案审理过程中,莫兴某明确表示对医疗费用合理性审查及医疗过错等不申请鉴定。

上述事实,有《B市医疗机构临床检验结果报告单》、《B市公费医疗、自费住院病人费用明细单》、病历等证据及当事人的当庭陈述在案佐证。

本院认为:当事人对自己的主张有提供证据的责任,如未能提供证据,或者提供的证据不足以证明其主张的,应承担举证不能的不利后果。《中华人民共和国侵权责任法》实施后,医疗损害责任纠纷原则上实行过错责任原则,特殊情况下适用过错推定的情形。本案不属于适用过错推定的特殊情形,故应适用过错责任原则,即患者承担医疗机构存在过错的举证责任。对于莫兴某主张A医院存在重复抽血、重复化验、重复收费的情形,莫兴某提交《B市医疗机构临床检验结果报告单》为证,但对比门诊及住院期间血液部分的两份临床检验结果报告单,可看出检验项目并非完全相同,检验结果、异常结果提示等均有差异,标本接收时间也有间隔;另对比门诊及住院期间免疫部分的两份临床检验结果报告单,可看出检验方法、试剂品牌等均有差异,标本接收时间也有间隔。A医院两次检验是否符合诊疗规范、是否有其必要性、是否存在重复等均属医疗专门性问题,本院无法直接认定。对于莫兴某主张A医院未对其进行6项已收费的治疗项目的情形,莫兴某提交《B市公费医疗、自费住院病人费用明细单》为证,但根据A医院提交的病历显示,其中有莫兴某所主张的6项治疗的记录单,并有治疗内容及相应治疗师签字等。A医院治疗记录单内容、形式等是否符合诊疗规范等亦属医疗专门性问题,本院无法直接认定。对于上述医疗专门性问题,需委托相应的鉴定机构进行医疗损害鉴定,由相关领域专家出具专业性意见。但对于鉴定问题,在本院向莫兴某充分释明后,其仍然表示不申请进行相关鉴定。现莫兴某提交的证据不足以证明A医院有违反诊疗规范实施不必要的检查及收取未进行的治疗项目费用等情形,故对莫兴某要求A医院退还化验费、治疗费,赔偿人身损害、精神损害、书面赔礼道歉的诉讼请求证据不足,本院不予支持。

综上所述,本院依据《中华人民共和国侵权责任法》第五十四条,《中华人民共和国民事诉讼法》第六十四条之规定,判决如下:

驳回原告莫兴某的诉讼请求。

案件受理费70元，由原告莫兴某负担，已交纳。

如不服本判决，可在判决书送达之日起15日内，向本院递交上诉状，并按对方当事人的人数提出副本，交纳案件上诉费，上诉于B市第一中级人民法院。在上诉期满后7日内未交纳案件上诉费的，按自动撤回上诉处理。

审　判　长：张祎某

人民陪审员：任宝某

人民陪审员：赵惠某

二〇一四年七月十八日

书　记　员：王巧某

B市安平区人民法院

民事判决书

〔2014〕安民初字第2108号

原告莫兴某，女，1978年10月7日出生，汉族，住H省哈尔滨市道外区大乐街15号。

被告B市A医院，住所地B市安平区回龙观镇。

法定代表人杨甫某，院长。

委托代理人刘士某，男，1955年1月18日出生，汉族，B市A医院医患协调办公室主任，住单位宿舍。

委托代理人陈妍某，女，1978年10月6日出生，汉族，B市A医院医患协调办公室协调员，住单位宿舍。

原告莫兴某诉被告B市A医院（以下简称A医院）侵害患者知情同意权责任纠纷一案，本院受理后，依法组成合议庭，不公开开庭进行了审理。原告莫兴某，被告A医院的委托代理人刘士某、陈妍某到庭参加了诉讼。本案现已审理终结。

原告莫兴某诉称：2012年6月5日，我被父母通过雇佣医托撬门绑架的方式送至A医院。在未经医生检查诊断、未经我同意的情况下，被A医院强制住院三天。这个过程中，A医院未经我或亲属的知情同意，即在精神科病房对我进行了录像，其内容甚至包括强制裸体检查。2012年6月5日晚，我进入A医院精神科病房后，来了三位护士围住我，说这里不能穿自己的衣服，必须换病号服。其中一位护士曾试着拉了一下遮挡的布帘，结果发现轨道卡住了，然后就和我说，那不用挡了，就这么换吧。我脱去外衣后，护士称这里不允许穿内衣，要求我脱光衣服。我裸体后，几位护士围着我上下打量，又要求我转圈让她们进行检查。自始至终，护士都是采取强制和命令的态度，没有征求我的意愿，也没有告知病房内有摄像头正在录像，并且没有尊重我母亲在《患者隐私权知情同意书》上不同意进行录像的决定。我出院后对事件进行了媒体曝光，并向安平区法院提起了人格权诉讼。A医院于2012年7月4日召开媒体会，并发布微博。其媒体会和微博内容的过错有：第一，捏造事实对我进行诬蔑和中伤；第二，公开了我的病历资料，将其中记载的我的既往生活经历、此次诊断具体内容散布到网络和媒体；第三，编造篡改法律内容，称其行为符合《B市精神卫生条例》，对公众进行了误导。直到A医院召开媒体会，我才得知A医院对我进行了精神科病房内的录像，并进行了保存，还将提供给他人。在人格权的诉讼中，我发现住院手续中我的签名皆为伪造，其中包括《患者隐私权知情同意书》。我认为A医院的行为违反了相关法律法规，故提起诉讼，诉讼请求为：(1)A医院向我书面赔礼道歉。(2)A医院向我化名(王珊)公开赔礼道歉，具体形式包括：①A医院在其官方网站首页连续三十天公开道歉；②A医院在新浪微博公开道歉，连续三十天置顶；③A医院在2012年7月3日召开的媒体会所邀请的媒体(名单包括新华社、光明日报、中国青年报、中央电视台、中央人民广播电台、B市日报、健康报、B市青年报、新京报、B市晚报、法制晚报、B市晨报、劳动午报、医师报、B市电视台、B市人民广播电台、新浪网、搜狐网、首都之窗及羊城晚报)公开道歉。(3)A医院向我进行精神损害赔偿90000元。

被告A医院辩称：一、莫兴某由其父母送诊到我院接受精神科住院治疗，莫兴某母亲孙玉某作为其法定监护人，在为莫兴某办理住院手续时，逐一在医院出具的各类告知意见书上签字确认。通常情况下，医疗告知应当在医师采取医疗行为之前告知患者并征得患者的同意，但某些具有民事行为能力的患者基于其个人心理素质或因病情无法行使知情选择权或履行签字手续时，应当由其近亲属签字。因实施保护性医疗措施不宜向患者说明情况的，应当将情况通知患者近亲属，由患者近亲属签署同意书，并及时记录。莫兴某母亲孙玉某作为其法定监护人在医院出具的各类告知书上签字确认，符合上述要求。二、我院依据B市人民政府颁发的第185号政府令及B市卫生局颁发的关于转发《B市公共安全图像信息系统管理办法》通知中的相关要求，同时，也是为了更好地保障医患双方的合法权益，逐步在医院公共区域、门诊大厅、各封闭病区病房及通道处安装图像信息记录设备，并相应制定有《B市A医院监控安全管理制度》。据此，我院对医院各区域内公共安全图像的采集是合理合法的。三、2012年7月，莫兴某以人格权纠纷为由将我院起诉至安平区人民法院，并在第一次庭审过程中提交申请书一份，请求人民法院到医院调取、保留莫兴某在门诊及住院期间的监控录像。我院依法将莫兴某在病区重症病房内的监控录像向安平区人民法院回龙观法庭提交,以用于法庭审理案件的证据材料。除此之外,我院并没有向任何一家新闻媒体提供过该份监控录像。综上所述,莫兴某所诉无事实与法律依据,其各项诉讼请求均应予以驳回,亦不同意支付精神损害赔偿金。

经审理查明:2012年6月5日,莫兴某在家属陪同下到A医院就诊,当日17时许,A医院对莫兴某进行了各项门诊检查,之后莫兴某办理了入院手续。入院之后,A医院对莫兴某进行了相应检查、治疗等。

莫兴某主张A医院在媒体和网络上泄露其病历资料,并提交微博截图、相关报道摘录资料为证。微博截图显示为A医院新浪网官方微博就羊城晚报刊发的"自由恋爱被父母送至精神病院"报道发布相应回应内容,另显示部分微博内容评论栏有名称为"CrazyWorld—飞越疯人院"的回复内容。微博内容均未出现莫兴某姓名。相关报道摘录资料包括:京华时报2013年12月14日报道、标题为《控诉医院侵犯自由 女工程师一审败诉》,中国青年报2012年7月4日报道、标题为《女子被父母强送精神病院续:院方介绍就诊过程》,报道内容中均显示患者姓名为"王珊"。A医院认可微博截图、相关报道摘录资料的真实性,莫兴某、A医院均认可"CrazyWorld—飞越疯人院"为莫兴某使用的网名,"王珊"为报道时莫兴某的化名。

莫兴某主张A医院未经其本人或家属的同意对其进行了裸体检查录像,并提交病房录像、《关于涉及患者隐私权知情同意书》为证。病房录像显示为莫兴某所在病房录像内容,其中莫兴某在更换病服时,工作人员采取了遮挡措施。《关于涉及患者隐私权知情同意书》内容为:"患者莫兴某和您的家人:您好!感谢您对我们的信任,选择B市A医院治疗您的疾病。因为(教学、宣传、学术交流)的需要,我们将需要您的配合进行(教学查房、录音、录像、参加演出、嘉宾、被采访、提供视听资料)活动。为了维护您的隐私权和肖像权,在学术交流、音像资料的使用过程中,我们会隐去您的真实姓名和身份,对音像资料进行技术处理,隐藏您的容貌和声音特征。在教学查房过程中,涉及隐私问题我们会替您保密,我们保证在上述活动中不会对您造成任何伤害。您有权拒绝参加涉及您隐私的教学查房、录音、录像等活动,且不会因为您的拒绝而影响对您的治疗。医生已详细告知上述内容及可能产生的后果,经过慎重考虑后同意进行教学查房。患者签名莫兴某。监护人或近亲属签名孙玉某,与患者的关系母女。2012年6月5日。"上述内容中横线上内容为手写字体,其余为打印字体,另显示在"因为(教学、宣传、学术交流)的需要"处"教学"一项有勾画,在"我们将需要您的配合进行(教学查房、录音、录像、参加演出、嘉宾、被采访、提供视听资料)活动"处"教学查房"一项有勾画。A医院对病房录像与《关于涉及患者隐私权知情同意书》的真实性认可。关于《关于涉及患者隐私权知情同意书》上的签名问题,莫兴某称患者签名处“莫兴某”字迹并非自己所签，监护人或近亲属签名“孙玉某”字迹不清楚是否为母亲孙玉某所签，但不要求笔迹鉴定；A医院称患者签名处“莫兴某”字迹系莫兴某所签，监护人或近亲属签名“孙玉某”字迹系莫兴某母亲孙玉某所签；在〔2013〕安民初字第01012号原告莫兴某诉被告A医院、第三人刘尚君、孙玉某的人格权纠纷案件的开庭笔录中，A医院称患者签名处“莫兴某”字迹系孙玉某代签。

A医院提交《B市公共安全图像信息系统管理办法》及《B市A医院监控中心安全管理制度》，证明A医院病房内录像等有相关制度规定。莫兴某对《B市公共安全图像信息系统管理办法》称未体现病房内录像的规定，对《B市A医院监控中心安全管理制度》称与本案无关。

上述事实，有病房录像、《关于涉及患者隐私权知情同意书》、微博截图、相关报道摘录资料等证据及当事人的当庭陈述在案佐证。

本院认为：当事人对自己的主张有提供证据的责任，如未能提供证据，或者提供的证据不足以证明其主张的，应承担举证不能的不利后果。莫兴某主张A医院在媒体和网络上泄露其病历资料，但根据莫兴某提供的微博截图，并未显示A医院将其病历在网络上予以公开，微博内容中亦未出现莫兴某真实姓名。根据莫兴某提供的相关报道摘录资料，亦未显示报道内容中使用莫兴某真实姓名或公开其病历。故对莫兴某的该项主张本院不予采信。政府部门、医疗机构、与精神卫生工作相关的其他单位其人员应当依法保护精神疾病患者的隐私权。未经精神疾病患者或者其监护人、近亲属书面同意，不得对该精神疾病患者进行录音、录像、摄影或者播放与该精神疾病患者有关的视听资料。医院虽属应当安装公共安全图像信息系统的区域，但医院病房内安装并开启监控视频，应当向患者或家属予以说明，取得患者或家属的同意。本案中，A医院虽要求莫兴某家属签订了《关于涉及患者隐私权知情同意书》，但该《关于涉及患者隐私权知情同意书》显示“我们将需要您的配合进行(教学查房、录音、录像、参加演出、嘉宾、被采访、提供视听资料)活动”中并未对录像一项进行勾画，在“经过慎重考虑后同意进行教学查房”处莫兴某家属亦未明确填写同意进行录像。故本院对莫兴某称A医院未经其本人或家属的同意对其进行了录像的主张予以采信。但考虑到A医院并未将该录像内容予以公开，莫兴某亦未提交相关证据证明A医院的录像行为造成其人身损害、财产损失等，故对莫兴某要求A医院公开赔礼道歉及赔偿精神损害的请求本院不予支持。A医院在对患者病房内进行录像时，其履行说明、告知义务程序上确存有瑕疵，故本院对莫兴某要求A医院进行书面赔礼道歉的诉讼请求予以支持。

综上所述，本院依据《B市精神卫生条例》第四十二条、《中华人民共和国民事诉讼法》第六十四条之规定，判决如下：

一、被告B市A医院于本判决生效后七日内向原告莫兴某书面赔礼道歉（内容须经本院核实）。

二、驳回原告莫兴某的其他诉讼请求。

案件受理费550元，由原告莫兴某负担275元，已交纳；由被告B市A医院负担275元，于本判决生效后七日内交纳。

如不服本判决，可在判决书送达之日起十五日内，向本院递交上诉状，并按对方当事人的人数提出副本，交纳案件上诉费，上诉于B市第一中级人民法院。在上诉期满后七日内未交纳案件上诉费的，按自动撤回上诉处理。

审　判　长：张祎某
人民陪审员：任宝某
人民陪审员：赵惠某
二〇一四年七月十八日
书　记　员：王巧某

四、模拟训练的目的、重点和难点

（一）模拟训练的目的

本案涉及《患者知情同意书》中相关内容是否已尽到告知义务。由于涉及告知的内容广泛，所以一般《患者知情同意书》中会列出大致的内容，特别是列出一些选项，在具体告知时重点告知。但由于仅具备标准格式，这使得实际中的告知看似范围宽泛，但无法证明是否重点告知和患者密切相关的内容。

因此，通过本案例的模拟，一是让学生知晓医院在对《患者知情同意书》的内容进行告知时，应如何告知重点以及如何证明有效履行了告知义务；二是让学生从法官角度判断，如何从形式要件出发认定医院已有效履行了告知义务。

（二）模拟训练的重点和难点

1. 不申请鉴定的处理。

2. 掌握侵犯名誉权的责任承担方式。

3. 医院告知义务是否尽到的证明。

第六章　医疗纠纷行政案件模拟演练

示范案例

一、基本案情

2007年9月24日，A医院一医务人员给原告李小某母亲行胃管插管手术，术中患者突然心跳停止，该医务人员见状即行拔管，当场逃逸。之后，原告与医院多次交涉未果。原告委托东海市海达律师事务所于2014年1月27日向东海市卫生和计划生育委员会卫生监督所致函，要求其履行法定职责，查明2007年9月24日A医院给张某实施胃管插管手术的医务人员姓名，及其是否具备医师执业资格。东海市卫生和计划生育委员会卫生监督所将该项任务交由被告东海市海川新区卫生和计划生育委员会处理。被告经调查后，于2014年3月7日做出回复意见，认定李某于2007年9月24日在上级医师陈某的指导下给张某行胃管插管术。李某于2007年7月从医学院毕业后到A医院工作，于2007年12月取得医师资格证书，2008年5月取得了医师执业证书。原告不服该答复，遂向东海市海川新区人民法院提起行政诉讼。

原告认为，该答复与事实不符。当时在现场行插管术的医生仅有一人，未曾见到有其他医生在场，且当情况发生后，该医生逃离现场。医学会在对该案做鉴定时已指出，院方未能提供实施插管术者的确切资料，造成在鉴定中无法判断操作者是否单独进行插管操作等。原告也曾向院方多次索要插管人员的资料，但均未获取。现被告做出的结论原告无法接受。另外，被告的调查程序违法。被告仅采信院方的片面说词，未对原告方进行取证调查，违反公平原则。因此，要求法院撤销被告于2014年3月7日向东海市海达律师事务所做出的关于李某在“上级医师陈某的指导下给张某行胃管插管术”的回复意见。

被告海川卫计委辩称，被告做出的回复意见认定事实清楚，证据充分，适用法律正确，程序合法，请求法院驳回原告的诉讼请求。

二、证据

（一）原告方的证据清单

证据内容	证明目的
证据一：东海医鉴〔2010〕021号医疗事故技术鉴定书分析意见之三及东海医鉴(2011)025号医疗事故技术鉴定书分析意见之四	李某在无上级医师指导下单独进行胃插管操作
证据二：关于张某与A医院医疗事故技术鉴定质询的复函	李某和陈某的询问笔录内容虚假
证据三：临床技术操作规范——护理分册	插胃管的工作是护士进行的，不是医生进行的；李某和陈某两人的陈述是假的
证据四：护理记录单	插管手术和病人病危发生的时间几乎在同一时间
证据五：东海市第一中级人民法院〔2011〕东一中民一(民)终字第2560号民事判决	为病人实施胃插管手术是15点40分，与被告的认定不符
证据六：户口簿	原告与张某是母女关系

（二）被告方的证据清单

证据内容	证明目的
证据一：A医院提供的张某住院病案首页、外科入院记录(东部)、首次病程录、诊疗吩咐单	张某的治疗过程
证据二：A医院提供的陈某和李某的医师资格证书、医师执业证书、李某的毕业证和学位证	陈某和李某具备行医资格
证据三：A医院提供的与李某签订的《聘用合同》	A医院外科聘用了李剑
证据四：被告做的现场检查笔录	被告对A医院进行检查，调取了相关证据材料
证据五：被告分别对李某和陈某做的各两份询问笔录	李某是在上级医师陈某带教下对患者进行胃插管
证据六：投诉举报移交处理单、东海市海达律师事务所向东海市卫生和计划生育委员会卫生监督所发出的投诉信函及所附的东海市医学会医疗事故技术鉴定书、东海市第一中级人民法院〔2011〕东一中民一(民)终字第2560号民事判决书、卫生监督所投诉举报处理单、投诉举报调查提纲、投诉举报调查报告、被告向东海市卫生和计划生育委员会卫生监督所发出的调查报告、被告于2014年3月7日向东海市海达律师事务所出具的答复函	被告对该案的接受、调查和处理过程

续　表

证据内容	证明目的
证据七:《中华人民共和国执业医师法》第四条、《卫生部办公厅关于正规医学专业学历毕业生试用期间的医疗活动是否属于非法行医的批复》	被告对辖区内的医生有管理的职权,李某在A医院对张某的诊疗活动不属非法行医

三、庭审操作示例

东海市海川区人民法院
行政审判庭笔录

开庭时间:2011年2月22日。

审判长:根据《中华人民共和国行政诉讼法》第四十五条的规定,东海市海川区人民法院行政审判庭,今天依法公开审理原告李小某诉被告东海市海川区卫生和计划生育委员会要求撤销其做出的行政答复一案,由本院审判员孙某担任审判长,与审判员林某、王某组成合议庭,书记员张某担任法庭记录。

现在宣布开庭,首先查明和核对当事人情况。

审判长:原告、被告、第三人(法定代表人、诉讼代理人)姓名、性别、年龄、籍贯、民族、文化程度、工作单位、职业、住所等。

法人或其他组织的名称住所和法定代表人或主要负责人的姓名、职务。

原告:李小某。

委托代理人唐某,东海市海达律师事务所律师。

委托代理人李某,东海市海达律师事务所律师。

被告:东海市海川区卫生和计划生育委员会。

法定代表人孙某。

委托代理人肃某。

审判长:根据《中华人民共和国行政诉讼法》的规定,当事人在诉讼中享有以下诉讼权利:(1)当事人有委托代理人进行诉讼的权利。(2)当事人(被告限于诉前)有提供证据、要求重新鉴定或勘验的权利。(3)当事人在诉讼中有陈述和辩论的权利。(4)当事人有申请保全证据、提起上诉的权利。(5)在诉讼中原告有申请对被告具体行政行为停止执行的权利。(6)原告有放弃、增加或变更诉讼请求、申请撤诉的权利。被告有变更或撤销自己所作出的具体行政行为的权利,但无权提起反诉。(7)经审判长准许,有向证人、鉴定人和勘验人员发问的权利。(8)经审判长准许,当事人及诉讼代理人有查阅庭审材料的权利,但涉及国家机密和个人隐私的除外。以上诉讼权利,你们听清了没有?

原告:听清楚了。

被告:听清楚了。

审:合议庭组成后,本院已将合议庭组成人员告知各方当事人,根据《中华人民共和国行政诉讼法》第四十七条的规定,当事人有申请回避的权利(如果你们认为审理本案的审判员及合议庭成员、书记员等与本案有利害关系或其他关系,可能影响本案的公正审理的,可以申请回避)。你们听清楚了吗?是否申请回避?

原告:听清楚了,不申请回避。

被告:听清楚了,不申请回避。

审判长:现在进行法庭调查。

审判长:先由原告宣读诉状。

原告:详见诉状。略。

被告:详见答辩状。略。

审判长:双方进行质证。

原告:原告方的身份证、户籍证明、用以证明原告的身份是本案的适格主体,原告与张某系母女关系。

被告:无异议。

原告:原告委托东海市海达律师事务所于2014年1月27日向东海市卫生和计划生育委员会卫生监督所致函,及被告的回复。证明原告曾要求查明2007年9月24日,A医院给张某实施胃插管手术的医务人员姓名,以及确认其不具备医师执业资格,被告最终不认可A医院医务人员非法行医。

被告:真实性无异议。将在举证中说明理由。

原告:东海医鉴〔2010〕021号医疗事故技术鉴定书分析意见之三及东海医鉴〔2011〕025号医疗事故技术鉴定书分析意见之四,证明李某是无上级医师指导,单独进行胃插管操作。

被告:两份鉴定意见均未对插管人员是否具有资质进行表态,不能证明原告要证明之内容。

原告:临床技术操作规范——护理分册,证明插胃管的工作是护士干的,不是医生干的,证明李某和陈某两人的陈述是假的。护理记录单,记录有患者是2007年9月24日下午3点16分被收治入院,下午3点40分对患者进行胃肠减压手术,立刻发现病人危急,说明插管手术和病人病危发生的时间几乎在同一时间。

被告:不能证明原告主张的内容。临床技术操作规范护理分册未禁止胃肠减压术可由医师操作。

原告:关于张某与A医院医疗事故技术鉴定质询的复函,证明李某和陈某的询问笔录内容虚假。

被告:东海市医学会的复函不能证明原告的主张。

原告:东海市第一中级人民法院〔2011〕东一中民一(民)终字第 2560 号民事判决,认定为病人实施胃插管手术是 15 点 40 分,与被告认定不相符。

被告:对民事判决的真实性无异议,该判决未认定李某系单独操作,也没有认定其非法行医。

审判长:原告是否还有新的证据要出示?

原告:没有了。

审判长:下面由被告举证。

被告:A 医院提供的张某住院病案首页、外科入院记录(东部)、首次病程录、诊疗吩咐单,证明张某入院时间为 2007 年 9 月 24 日下午 3 点 15 分,病史状况记录有:因胃癌术后肠梗阻可能,诊疗计划中有胃肠减压计划;首次病程录中记载有:患者的年龄及身体状态等,诊断结果是胃癌术后肠梗阻可能,采取诊疗计划有 4 点,其中有胃肠减压计划。在 2007 年 9 月 24 日下午 3 点 41 分的即刻病程录中记有患者神志丧失等内容,并记录了抢救过程,3 点 45 分的即刻病程录中有患者生命体征消失的记录,宣布临床死亡的结论,有陈某、李某的签名。3 点 50 分死亡病程录记录了患者的病症,施行插胃管,胃肠减压治疗。2007 年 9 月 24 日下午 3 点 40 分患者突然神志丧失,呼吸停止,经抢救无效而死亡,有李某等人的签名。诊疗吩咐单的长期医嘱栏记录有:2007 年 3 月 24 日下午 3 点 20 分,胃肠减压计量 qd。长期医嘱栏上有陈某和李某的签名。

原告:病案首页明确治疗医师是主任唐华、主治医师王伟、住院医师李某。陈某没有列入治疗医师。外科入院记录内容虚假,患者刚入院 15 分钟就进行插管,不真实。下午 3 点 12 分患者被送到外科大楼 11 层病区,当时神志清晰,如厕回来后躺在 19 床上的时间约 3 点 30 分,短时间内不可能写下这么多的病历。外科入院记录更正时间一栏处签名为李某和王伟,可以看出李某的上级医师是王伟,不是陈某。首次病程录中签名的是李某和王伟,也没有出现陈某。病案首页记载的治疗医师中也没有出现陈某。唐华主任查房是在 3 点 25 分,说明此时尚未插管,但被告却称 3 点 20 分已经插管了。关于 3 点 40 分、3 点 45 分的病情记录,有李某和陈某的签名,陈某的签名是事后填写的,而且陈某的每个签名笔迹都不一样,也与诊疗吩咐单的长期医嘱中陈某的签名不一致。死亡病程录,从笔迹来看不是一个人所写,签名者与护士的签名一致,因此是集体造假。诊疗吩咐单不予认可,胃肠减压的字样是一个人书写的,签名是陈某和李某,强心针根本没有打过却填写了,这是伪造的病历。

被告:①A 医院提供的与李某签订的聘用合同,证明 2007 年 7 月 25 日 A 医院外科聘用了李某。②A 医院提供的陈某和李某的医师资格证书、医师执业证书、李某的毕业证和学位证,证明陈某在 2007 年 9 月 24 日前已具备两证。李某在 2007 年 12 月 26 日取得医师资格证,2008 年 5 月 12 日取得医师执业证。③《中华人民共和国执业医师法》第四条、《卫生部办公厅关于正规医学专业学历毕业生试用期间的医疗活动是否属于非法行医的批复》,证明被告对辖区内的医生有管理的职权,李某在 A 医院对张某的诊疗活动不属非法行医。

原告:陈某医师资格证和医师执业证,变更执业地点到 A 医院的时间是 2008 年 9 月 5 日,患者在 2007 年 9 月 24 日已经死亡,证明当时陈某并不在 A 医院。且陈某执业时间仅 3 年多,不能作为李某的指导老师。

被告:2014 年 2 月 12 日被告做的现场检查笔录,证明被告对 A 医院进行检查,调取了上述相关的证据材料。

原告:现场检查笔录不予认可,被告未能尽到核查义务,提取的病历不真实。

被告:2014 年 2 月 12 日、2 月 26 日被告分别对李某和陈某做了各两份询问笔录,证明李某是在上级医师陈某指导下对患者进行胃插管。

原告:对陈某和李某的调查笔录不认可,两人相互串通,一起说谎。

被告:投诉举报移交处理单、东海市海达律师事务所向东海市卫生和计划生育委员会卫生监督所发出的投诉信函及所附的东海市医学会医疗事故技术鉴定书、东海市第一中级人民法院〔2011〕东一中民一(民)终字第 2560 号民事判决书、卫生监督所投诉举报处理单、投诉举报调查提纲、投诉举报调查报告、被告向东海市卫生和计划生育委员会卫生监督所发出的调查报告、被告于 2014 年 3 月 7 日向东海市海达律师事务所出具的答复函,证明原告委托东海市海达律师事务所向东海市卫生和计划生育委员会卫生监督所投诉,反映 A 医院工作人员于 2007 年 9 月 24 日在对原告母亲张某诊疗过程中,患者发生呼吸心跳停止继而死亡,该工作人员逃离现场,怀疑该工作人员的执业资质,要求被告书面回复。被告于 2014 年 1 月 30 日接到东海市卫生和计划生育委员会卫生监督所转交的投诉处理后予以登记,然后对 A 医院展开调查,并按调查取得的结果做出答复。

原告:被告在做出答复前未听取原告方意见,调查处理不公。

审判长:双方进入法庭辩论阶段。

原告:被告行政机关在接到原告方的举报后,在证据不足的情况下就做出了 A 医院不存在非法行医的答复,不符合客观事实。原告所举证据能够证实被告医院存在非法行医的行为,且被告的证据存在种种内容上、程序上的瑕疵。因此被告的事实认定证据不足、应予纠正。

被告:我方机关在接到东海市卫生和计划生育委员会转交的投诉文件后立即登记,然后对 A 医院依法展开调查,收集相关的证据,并案调查取得的结果做出了答复。对该结果的做出无论是程序上还是内容上都是合法的。原告出示的证据不能达到其证明目的。

原告:被告调查的结果不客观,不公正。

被告:根据调查结果做出的行为合法。

审判长:双方最后陈述。

原告:判如所请。

被告:判决驳回诉求。

以上笔录看后无错请签字。

审判员:孙某,林某,王某

原告代理人:唐某,李某

被告代理人:肃某

原告:李小某

四、判决文书

东海市海川区人民法院

行政判决书

〔2014〕海行初字第215号

原告:李小某。

委托代理人唐某,东海市海达律师事务所律师。

委托代理人李某,东海市海达律师事务所律师。

被告:东海市海川区卫生和计划生育委员会。

法定代表人孙某。

委托代理人肃某。

原告李小某诉被告东海市海川区卫生和计划生育委员会(以下简称海川卫计委)要求撤销其做出的行政答复一案,于2014年5月22日向本院提起诉讼,同年5月27日,本院立案受理后依法组成合议庭,于同年6月19日公开开庭审理了本案,原告李小某及其委托代理人唐某、李某,被告的委托代理人肃某到庭参加诉讼。本案现已审理终结。

原告委托东海市海达律师事务所于2014年1月27日向东海市卫生和计划生育委员会卫生监督所致函,要求其履行法定职责,查明2007年9月24日A医院给张某实施胃管插管手术的医务人员姓名,及其是否具备医师执业资格。东海市卫生和计划生育委员会卫生监督所将该项任务交由被告处理。被告经调查后于2014年3月7日做出回复意见,认定李某在2007年9月24日在上级医师陈某的指导下给张某行胃管插管术。李某于2007年7月从医学院毕业后到A

医院工作,于2007年12月取得医师资格证书,2008年5月取得医师执业证书。原告不服该答复,遂向本院提起行政诉讼。被告于2014年6月8日向本院提交了作出被诉行政答复所依据的证据材料和规范性文件:一、A医院提供的张某住院病案首页、外科入院记录(东部)、首次病程录、诊疗吩咐单,证明张某入院时间为2007年9月24日下午3点15分,病史状况记录有:因胃癌术后肠梗阻可能,诊疗计划中有胃肠减压计划,首次病程录中记载有:患者的年龄以及身体状态等,诊断结果是胃癌术后肠梗阻可能,采取诊疗计划有4点,其中有胃肠减压计划。在2007年9月24日下午3点41分的即刻病程录中记有患者神志丧失等内容,并记录了抢救过程,3点45分即刻病程录中有患者生命体征消失的记录,宣布临床死亡的结论,有陈某、李某的签名。3点50分死亡病程录记录了患者的病症,施行插胃管,胃肠减压治疗。2007年9月24日下午3点40分患者突然神志丧失,呼吸停止,经抢救无效死亡,有李某等人的签名。诊疗吩咐单的长期医嘱栏记录有:2007年3月24日下午3点20分,胃肠减压计量qd,有陈某和李某的签名。二、A医院提供的陈某和李某的医师资格证书、医师执业证书、李某的毕业证和学位证,证明陈某在2007年9月24日前已具备两证。李某在2007年12月26日取得医师资格证,2008年5月12日取得医师执业证。三、A医院提供的与李某签订的聘用合同,证明2007年7月25日A医院外科聘用了李某。四、2014年2月12日被告做的现场检查笔录,证明被告对A医院进行检查,调取了上述相关的证据材料。五、2014年2月12日、2月26日被告分别对李某和陈某做的各两份询问笔录,证明李某是在上级医师陈某指导下对患者进行胃插管。六、投诉举报移交处理单、东海市海达律师事务所向东海市卫生和计划生育委员会卫生监督所发出的投诉信函及所附的东海市医学会医疗事故技术鉴定书、东海市第一中级人民法院〔2011〕东一中民一(民)终字第2560号民事判决书、卫生监督所投诉举报处理单、投诉举报调查提纲、投诉举报调查报告、被告向东海市卫生和计划生育委员会卫生监督所发出的调查报告、被告于2014年3月7日向东海市海达律师事务所出具的答复函,证明原告委托东海市海达律师事务所向东海市卫生和计划生育委员会卫生监督所投诉,反映A医院工作人员于2007年9月24日在对原告母亲张某诊疗过程中,患者发生呼吸心跳停止继而死亡,该工作人员逃离现场,怀疑该工作人员的执业资质,要求被告书面回复。被告于2014年1月30日接到东海市卫生和计划生育委员会卫生监督所转交的投诉处理后予以登记,然后对A医院展开调查,并按调查取得的结果做出答复。

《中华人民共和国执业医师法》第四条、《卫生部办公厅关于正规医学专业学历毕业生试用期间的医疗活动是否属于非法行医的批复》,证明被告对辖区内的医生有管理的职权,李某在A医院对张某的诊疗活动不属非法行医。

原告李小某诉称，2007年9月24日，A医院的一医务人员给原告母亲张某行胃管插管手术，术中患者突然心跳停止，该医务人员见状即行拔管，当场逃逸。之后，原告与医院多次交涉未果。2014年1月27日，原告委托东海市海达律师事务所向东海市卫生和计划生育委员会卫生监督所询问该医务人员的身份情况及行医的资质情况。被告在2014年3月7日做出回复称，李某是在上级医师陈某指导下给张某行胃管插管术的结论。原告认为，该答复与事实不符。当时在现场行插管术的医生仅有一人，未曾见到有其他医生在场，且当情况发生后，该医生逃离现场。医学会在对该案做鉴定时已指出，院方未能提供实施插管术者的确切资料，造成在鉴定中无法判断操作者有否单独进行插管操作等。原告也曾向院方多次索要插管人员的资料，但均未获取。现被告做出的结论原告无法接受。另外，被告的调查程序违法。被告仅采信院方的片面说词，未对原告方进行取证调查，违反公平原则。因此，要求法院撤销被告于2014年3月7日向东海市海达律师事务所作出的关于李某在“上级医师陈某的指导下给张某行胃管插管术”的回复意见。

原告出示以下证据：①东海医鉴〔2010〕021号医疗事故技术鉴定书分析意见之三及东海医鉴〔2011〕025号医疗事故技术鉴定书分析意见之四，可证明李某是无上级医师指导，单独进行胃插管操作。②关于张某与A医院医疗事故技术鉴定质询的复函，证明李某和陈某的询问笔录内容虚假。③临床技术操作规范——护理分册，证明插胃管的工作是护士干的，不是医生干的，证明李某和陈某两人的陈述是假的。④护理记录单，记录有患者是2007年9月24日下午3点16分被收治入院，3点40分对患者进行胃肠减压手术，立刻发现病人危急，说明插管手术和病人病危发生的时间几乎在同一时间。⑤东海市第一中级人民法院(2011)东一中民一(民)终字第2560号民事判决，认定为病人实施胃插管手术是15点40分，与被告认定不相符。⑥户口簿，证明原告与张某是母女关系。

被告海川卫计委辩称，被告做出的回复意见认定事实清楚，证据充分，适用法律正确，程序合法，请求法院驳回原告的诉讼请求。

经庭审质证，原告对被告的证据提出的异议是：病案首页明确治疗医师是主任唐华、主治医师王伟、住院医师李某。陈某没有列入治疗医师。外科入院记录内容虚假，患者刚入院15分钟就进行插管，不真实。3点12分患者被送到外科大楼11层病区，当时神志清晰，如厕回来后躺在19床上约3点30分，短时间内不可能写下这么多的病历。外科入院记录更正时间一栏处签名为李某和王伟，可以看出李某的上级医师是王伟，不是陈某。首次病程录中签名的是李某和王伟，也没有出现陈某。病案首页记载的治疗医师中也没有出现陈某。唐华主任查房是在3点25分，说明此时尚未插管，但被告却称3点20分已经插管了。关于3点40分和3点45分的病情记录,有李某和陈某的签名,陈某的签名是事后填写的,而且陈某的每个签名笔迹都不一样,也与诊疗吩咐单的长期医嘱中陈某的签名不一致。死亡病程录,从笔迹来看不是一个人所写,签名者与护士的签名一致,因此是集体造假。诊疗吩咐单不予认可,胃肠减压的字样是一个人书写的,签名是陈某和李某,强心针根本没有打过却填写了,这是伪造的病历。陈某医师资格证和医师执业证,变更执业地点到A医院的时间是2008年9月5日,患者在2007年9月24日已经死亡,证明当时陈某并不在A医院。且陈某执业时间仅3年多,不能作为李某的指导老师。现场检查笔录不予认可,被告未能尽到核查义务,提取的病历不真实。对陈某和李某的调查笔录不认可,两人相互串通,一起说谎。被告在做出答复前未听取原告方意见,调查处理不公。

被告对原告的证据提出的质证意见是:两份鉴定意见均未对插管人员是否具有资质进行表态。东海市医学会的复函不能证明原告的主张。临床技术操作规范护理分册未禁止胃肠减压术可由医师操作。对民事判决的真实性无异议,该判决未认定李某系单独操作,也没有认定其非法行医。关于陈某医师执业证记载的变更情况,被告补充说明,A医院原为上海第二医科大学的附属医院,2008年9月5日变更为上海交通大学附属医院。

根据以上庭审调查及原、被告对证据的质证,本院对事实和证据做以下分析认定:被告出示的证据符合证据“三性”的要求,本院予以采信。原告的证据虽是真实的,但不能证明其待证事实成立,本院不予采纳。上述证据证明以下事实:原告李小某与患者张某系母女关系。2014年1月27日,原告委托东海市海达律师事务所向东海市卫生和计划生育委员会卫生监督所致函,要求其履行法定职责,查明2007年9月24日,A医院给张某实施胃管插管手术的医务人员姓名,及其是否具备医师执业资格。被告于2014年1月30日接到其上级机关转交的该项任务后展开了调查,调取了相关的病史资料及其他相关的证据,并对直接责任人员进行了调查,于2014年3月7日做出回复意见。该回复意见认定李某于2007年9月24日在上级医师陈某的指导下给张某行胃管插管术。李某于2007年7月从医学院毕业后到A医院工作,于2007年12月取得医师资格证书,2008年5月取得了医师执业证书。该回复意见送达了申请人。

本院认为,《中华人民共和国执业医师法》第四条第二款规定,县级以上地方人民政府卫生行政部门负责管理本行政区域内的医师工作。本案被告是本市海川新区卫生行政监督管理机关,对本辖区内的医师工作有监督管理职权。原告投诉A医院医师有违反《中华人民共和国执业医师法》相关规定的行为,要求被告履行法定职权,进行调查。被告接到申请后予以立案调查,在调取证据的情况下对申请人做出回复意见,同时将查明的情况答复了原告。被告的该具体行政行为认定事实清楚，证据充分，适用法律正确。被告已履行了法定职责，其执法程序符合法律规定。原告要求撤销该行政答复的理由不能成立，原告的诉讼请求本院不予支持。根据《最高人民法院关于执行〈中华人民共和国行政诉讼法〉若干问题的解释》第五十六条第(四)项之规定，判决如下：

驳回原告李小某的诉讼请求。案件受理费人民币50元，由原告李小某负担。如不服本判决，可在判决书送达之日起十五日内向本院递交上诉状，并按对方当事人的人数提出副本，上诉于东海市第一中级人民法院。

审判长：孙　某
审判员：林　某
审判员：王　某
二○一四年八月一日
书记员：张　某

五、相关法律规定

《行政诉讼法》

第十二条　人民法院受理公民、法人或者其他组织提起的下列诉讼：

(一)对行政拘留、暂扣或者吊销许可证和执照、责令停产停业、没收违法所得、没收非法财物、罚款、警告等行政处罚不服的；

(二)对限制人身自由或者对财产的查封、扣押、冻结等行政强制措施和行政强制执行不服的；

(三)申请行政许可，行政机关拒绝或者在法定期限内不予答复，或者对行政机关作出的有关行政许可的其他决定不服的；

(四)对行政机关做出的关于确认土地、矿藏、水流、森林、山岭、草原、荒地、滩涂、海域等自然资源的所有权或者使用权的决定不服的；

(五)对征收、征用决定及其补偿决定不服的；

(六)申请行政机关履行保护人身权、财产权等合法权益的法定职责，行政机关拒绝履行或者不予答复的；

(七)认为行政机关侵犯其经营自主权或者农村土地承包经营权、农村土地经营权的；

(八)认为行政机关滥用行政权力排除或者限制竞争的；

(九)认为行政机关违法集资、摊派费用或者违法要求履行其他义务的；

(十)认为行政机关没有依法支付抚恤金、最低生活保障待遇或者社会保险待遇的；

（十一）认为行政机关不依法履行、未按照约定履行或者违法变更、解除政府特许经营协议、土地房屋征收补偿协议等协议的；

（十二）认为行政机关侵犯其他人身权、财产权等合法权益的。

除前款规定外，人民法院受理法律、法规规定可以提起诉讼的其他行政案件。

《执业医师法》

第四条　国务院卫生行政部门主管全国的医师工作。

县级以上地方人民政府卫生行政部门负责管理本行政区域内的医师工作。

第十二条　医师资格考试成绩合格，取得执业医师资格或者执业助理医师资格。

第十三条　国家实行医师执业注册制度。

取得医师资格的，可以向所在地县级以上人民政府卫生行政部门申请注册。

除有本法第十五条规定的情形外，受理申请的卫生行政部门应当自收到申请之日起三十日内准予注册，并发给由国务院卫生行政部门统一印制的医师执业证书。

医疗、预防、保健机构可以为本机构中的医师集体办理注册手续。

第十四条　医师经注册后，可以在医疗、预防、保健机构中按照注册的执业地点、执业类别、执业范围执业，从事相应的医疗、预防、保健业务。

未经医师注册取得执业证书，不得从事医师执业活动。

《卫生部办公厅关于正规医学专业学历毕业生试用期间的医疗活动是否属于非法行医的批复》

卫办医发〔2002〕58号

河北省卫生厅：

你厅《关于国家正规毕业生见习期间发生医疗纠纷是否为非法行医的请示》（冀卫医字〔2002〕43号）收悉。经研究，现批复如下：

取得省级以上教育行政部门认可的医学院校医学专业学历的毕业生在医疗机构内试用，可以在上级医师的指导下从事相应的医疗活动，不属于非法行医。

此复。

卫生部

五月二十九日

《最高人民法院关于执行〈中华人民共和国行政诉讼法〉若干问题的解释》

第五十六条　有下列情形之一的，人民法院应当判决驳回原告的诉讼请求：

（一）起诉被告不作为理由不能成立的；

（二）被诉具体行政行为合法但存在合理性问题的；

（三）被诉具体行政行为合法，但因法律、政策变化需要变更或者废止的；

（四）其他应当判决驳回诉讼请求的情形。

六、案例评析和模拟重点

（一）案例评析

本案件是在医事行政法律关系中，相对人认为行政机关的具体行政行为侵犯其合法权益，因此提起的行政诉讼，符合行政诉讼法的受案范围，目的是要撤销行政机关已经做出的事实认定。

首先，按照《行政诉讼法》的规定，在行政诉讼中，行政机关对行政行为负有举证的责任。如果行政机关不能提供证据证明其行政行为合法、合理，那么就会面临败诉的风险。相反，原告在大多数情况下都不负举证的责任，原告享有的是举证的权利，原告提供的证据不成立的，不免除被告的举证责任。所以，在本案中，被告行政机关积极举证证明自己的行为合法，是符合法律规定的。另外，原告积极举证证明被告的具体行政行为错误，是行使权利的表现，也是避免败诉的结果发生。

其次，在本案中，涉及对非法行医的认定。应当明确的是，按照《执业医师法》规定，医生执业需具备两证，即医师资格证和执业证。但是不是只有资格证而没有执业证进行执业，从性质上来讲就一定是非法行医的呢？并非如此。在2002年《卫生部办公厅关于正规医学专业学历毕业生试用期间的医疗活动是否属于非法行医的批复》中，就明确了有资格证而获得执业证，如果在上级医师的指导下开展工作，那就不是非法行医。所以，在本案中，结合相关证据的情况，可以看出，只有资格证的医生李某在执业过程中是在上级医师的指导下开展工作，所以其行为不是非法行医，行政机关的认定合法。

最后，在本案中，行政机关做出行政行为时符合相关程序的规定，并且证据保存完整，能够证明其程序合法，法院亦予以确认。

（二）模拟重点

1. 行政诉讼中行政机关的举证责任如何完成。

2. 在有资格证而没有获得执业证的情况下是否认定为非法行医。

实验案例一

一、基本案情

2012年7月26日、7月27日，被告东海市工商行政管理局大北分局下属的大宁工商所在对第三人东海京华快客便利有限公司下属便利店进行专项检查时发现,第三人销售的原告东海顺利食品有限公司(以下简称顺利公司)生产的烩面、烩饭等预包装食品标签上未标注生产许可证编号。同年7月30日,被告对第三人涉嫌违反《食品安全法》的行为立案调查。因第三人住所地在东海市虹口区,不属被告管辖范围,被告于同年8月10日请示市工商局交办,市工商局于同年8月14日批复同意。之后,被告就相关事实进行了调查,向第三人送达行政处罚听证告知书,第三人未提出听证申请。因案情复杂,被告在办案期间两次延长办案期限。2013年8月2日,被告做出行政处罚决定书,认定了第三人在知晓原告的全国工业产品生产许可证已失效的情况下,仍从原告处购进快客川味鸡丝凉面等16种预包装的面类食品共计135799客,并对外销售,销售额为478370.6元。因第三人为直接买断上述食品,而上述食品保质期为24小时,第三人将未售出的上述食品均在各个门店做销毁处理,故货值总额为1195946.0元,净利润为－371306.0元,无违法所得。第三人所售食品的标签上均未标注生产许可证编号,是销售未标注生产许可证编号的食品的行为。鉴于第三人的行为并非主观故意,未造成危害后果,积极配合调查,主动停止销售,被告依据《食品安全法》第八十六条第(二)项及《行政处罚法》第二十七条第一款的规定,决定对第三人处以罚款37911.4元。同日,被告将行政处罚决定书及缴款罚款通知书送达第三人。同年8月7日,第三人缴纳了罚款。

原告不服,向市工商局申请行政复议,市工商局于2013年11月27日做出维持被诉行政处罚决定的复议决定,并于同年11月30日将该复议决定书送达原告。遂原告向法院提起行政诉讼,要求法院撤销被告对其作出的行政处罚决定书。

二、证据

(一)原告方的证据清单

证据内容	证明目的
证据一:编号为QS 311507010049,QS 311528010061的全国工业产品生产许可证2份(有效期自2008年7月8日至2011年7月7日)	原告自2008年起就持有色拉、方便菜肴及其他方便食品的生产许可证
证据二:原告制作的“关于烩面、烩饭、色拉和方便菜肴生产许可的说明”,加盖了“东海市质量技术监督局食品生产许可证审查中心”的公章	原告生产的产品无需领取许可证

续　表

证据内容	证明目的
证据三:关于针对盒饭生产与销售提问内容的录音资料及文字记录、东海市人民政府关于建立东海市食品安全委员会的决定(东海府发〔2011〕21 号文)	原告的生产行为得到了市政府文件和市食安委的同意,具有合法性

(二)被告方的证据清单

证据内容	证明目的
证据一:立案审批表、关于对京华快客公司涉嫌销售未标注生产许可证编号食品的行为申请交办的请示、关于将京华快客公司涉嫌销售未标注生产许可证编号食品的行为交大北分局查办的批复、案件延期报告审批表	1.被告对第三人涉嫌违反《食品安全法》的行为立案调查。2.因管辖问题请示东海市工商行政管理局,并获得同意。3.因案情复杂,被告两次延长办案期限
证据二:行政处罚听证告知书及送达回证	第三人收到行政处罚听证告知书后未提出听证申请
证据三:行政处罚决定书、缴纳罚款通知书及送达行政处罚决定书的送达回证、行政处罚案件结案报告	行政处罚的过程
证据四:现场笔录 5 份	被告对第三人的检查过程
证据五:对原告代理人李晓宏所做的询问笔录	被告曾向原告调查相关情况
证据六:对第三人代理人曹晔、财务蒋蓓芳所做的询问笔录 4 份	被告向第三人调查相关情况
证据七:被告对第三人下属的延荣便利店所售商品拍摄的照片	第三人销售的原告生产的预包装食品标签上未标注生产许可证编号
证据八:关于走访东海市质量技术监督局食品生产监督管理处的情况、关于印发《2012 年市食安办第九次主任办公会议纪要》的函	被告对原告的违法行为进行过调查
证据九:关于走访东海市食品药品监督管理局高新区分局了解顺利公司是否申领餐饮服务许可证的记录及该分局网站截屏	原告未取得餐饮服务许可证
证据十:销售商品标签、销售情况汇总表、关于快客促销期间鲜食商品的说明、关于快客便利鲜食类报废的情况说明、销售情况分段汇总表、电脑数据系统截屏、进货发票	第三人销售原告商品的情况

续 表

证据内容	证明目的
证据十一:关于烩面、烩饭、色拉和方便菜肴生产许可的说明、原告委托东海市高新区计量质量检测所对其生产的烩面、烩饭所做的检验报告、关于顺利公司鲜食产品生产许可的说明	被告从原告处取得了上述材料
证据十二:第三人的营业执照复印件、食品流通许可证、原告的营业执照、有效期至2011年7月7日的全国工业产品生产许可证、委托书、委托人及受委托人的身份证复印件	被告在调查期间,从原告或第三人处获得上述材料
证据十三:关于顺利公司生产经营危机紧急求救、关于商请协调顺利食品在超商销售被处罚事的函	原告向东海市人民政府台湾事务办公室(以下简称市台办)反映情况
证据十四:《中华人民共和国食品安全法》第四条第三款、第五条第二款、第六条、第四十二条第一款第(八)项、第八十六条第二项,《中华人民共和国行政处罚法》第二十七条第一款第(一)项、第(四)项	被告具体行政行为的合法性

三、判决文书

东海大北区人民法院
行政判决书

〔2013〕北行初字第203号

原告东海顺利食品有限公司,住所地东海市高新区……。

法定代表人南某,职务董事长。

委托代理人汤某,该公司工作人员。

委托代理人瞿某,东海市××律师事务所律师。

被告东海市工商行政管理局大北分局,住所地东海市大北区……。

法定代表人张某,职务局长。

委托代理人刘某,该局工作人员。

委托代理人顾某,该局工作人员。

第三人东海京华快客便利有限公司,住所地东海市虹口区……。

法定代表人华某,职务董事长。

委托代理人黄某,该公司工作人员。

原告东海顺利食品有限公司(以下简称顺利公司)不服被告东海市工商行政管理局大北分局(以下简称大北工商局)做出的东工商北案处字〔2013〕第

080201213082 号行政处罚决定书，于 2013 年 12 月 16 日向本院提起行政诉讼。本院于同年 12 月 23 日受理后，于 12 月 26 日向被告送达了起诉状副本、应诉通知书及举证通知书等材料。因东海京华快客便利有限公司（以下简称京华快客公司）与本案审理结果具有法律上的利害关系，本院依法通知该公司作为第三人参加诉讼。本院依法组成合议庭，于 2014 年 1 月 16 日组织证据交换，并于同年 2 月 14 日公开开庭审理了本案，原告顺利公司的委托代理人汤某、瞿某，被告大北工商局的委托代理人刘某、顾某参加证据交换并到庭参加诉讼。第三人京华快客公司的委托代理人黄某参加证据交换，未到庭参加诉讼。本案现已审理终结。

被告大北工商局于 2013 年 8 月 2 日做出东工商北案处字〔2013〕第 080201213082 号行政处罚决定书认定：第三人在知晓原告的全国工业产品生产许可证（编号为 QS 311507010049）已于 2011 年 7 月 8 日失效的情况下，仍于 2011 年 7 月 8 日至 2013 年 1 月 9 日，从原告处购进快客川味鸡丝凉面等 16 种预包装的面类食品共计 135799 客，购进后第三人将上述食品在包括大北区延长中路 490 号 101 室在内的全市 90 家便利店对外销售，销售额为人民币 478370.6 元（以下币种均为人民币）。因第三人为直接买断上述食品，而上述食品保质期为 24 小时，第三人将未售出的上述食品均在各个门店作销毁处理，故货值总额为 1195946.0 元，净利润为－371306 元，无违法所得。第三人所售食品的标签上均未标注生产许可证编号，违反了《中华人民共和国食品安全法》（以下简称《食品安全法》）第四十二条第一款第（八）项的规定，构成了销售未标注生产许可证编号食品的行为。鉴于第三人销售未标注生产许可证编号的食品并非主观故意，未造成危害后果，积极配合调查，主动停止销售，被告依据《食品安全法》第八十六条第（二）项及《中华人民共和国行政处罚法》（以下简称《行政处罚法》）第二十七条第一款的规定，决定对第三人处以罚款 37911.4 元。被告于 2014 年 1 月 3 日向本院提供了做出被诉具体行政行为的证据、依据。

（一）证据

1. 立案审批表、关于对京华快客公司涉嫌销售未标注生产许可证编号食品的行为申请交办的请示、关于将京华快客公司涉嫌销售未标注生产许可证编号食品的行为交大北分局查办的批复、案件延期报告审批表，证明被告于 2012 年 7 月 30 日对第三人涉嫌违反《食品安全法》的行为立案调查。因第三人住所地不属被告管辖范围，被告于同年 8 月 10 日请示东海市工商行政管理局（以下简称市工商局）交办，市工商局于同年 8 月 14 日批复同意。因案情复杂，被告于同年 10 月 22 日、11 月 26 日两次延长办案期限。

2. 行政处罚听证告知书及送达回证，证明被告于 2013 年 7 月 29 日向第三人送达行政处罚听证告知书，第三人未提出听证申请。

3.行政处罚决定书、缴纳罚款通知书及送达行政处罚决定书的送达回证、行政处罚案件结案报告，证明被告于2013年8月2日做出行政处罚决定书，并于同日将行政处罚决定书及缴款罚款通知书送达第三人。同年8月7日，第三人缴纳了罚款。8月16日，被告结案。

4.现场笔录5份，证明被告对第三人总部办公场所及下属的和宁便利店、延荣便利店进行了检查。

5.对原告代理人李某所做的询问笔录，证明被告于2012年7月20日向原告调查、了解相关情况。

6.对第三人代理人曹某、财务蒋某所做的询问笔录4份，证明被告向第三人调查、了解相关情况。

7.被告对第三人下属的延荣便利店所售商品拍摄的照片，证明第三人销售的原告生产的预包装食品标签上未标注生产许可证编号。

8.关于走访东海市质量技术监督局（以下简称市质监局）食品生产监督管理处的情况、关于印发《2012年市食安办第九次主任办公会议纪要》的函，证明被告于2012年11月30日走访了市质监局食品生产监督管理处，就原告编号为QS 311507010049的全国工业产品生产许可证核发情况及《关于烩面、烩饭、色拉和方便菜肴生产许可的说明》上“东海市质量技术监督局食品生产许可证审查中心”图章的盖章经过进行了了解，并取得了市食安办的有关会议纪要。

9.关于走访东海市食品药品监督管理局高新区分局（以下简称市食药监局高新分局）了解顺利公司是否申领餐饮服务许可证的记录及该分局网站截屏，证明原告未取得餐饮服务许可证。

10.销售商品标签、销售情况汇总表、关于快客促销期间鲜食商品的说明、关于快客便利鲜食类报废的情况说明、销售情况分段汇总表、电脑数据系统截屏、进货发票，证明第三人销售原告商品的情况。

11.关于烩面、烩饭、色拉和方便菜肴生产许可的说明、原告委托东海市高新区计量质量检测所对其生产的烩面、烩饭所做的检验报告、关于顺利公司鲜食产品生产许可的说明，证明被告从原告处取得了上述材料。

12.第三人的营业执照复印件、食品流通许可证、原告的营业执照、有效期至2011年7月7日的全国工业产品生产许可证、委托书、委托人及受委托人的身份证复印件，证明被告在调查期间，从原告或第三人处获得上述材料。

13.关于顺利公司生产经营危机（的）紧急求救、关于商请协调顺利食品在超商销售被处罚事的函，证明原告向东海市人民政府台湾事务办公室（以下简称市台办）反映情况，市台办发函至市工商局。

（二）依据

《中华人民共和国食品安全法》（以下简称《食品安全法》）第四条第三款、第五条第二款第六条、第四十二条第一款第（八）项、第八十六条第二项，《行政处罚法》第二十七条第一款第（一）项、第（四）项。

原告顺利公司诉称，原告系专业化生产盒饭、面条等方便食品的台资企业，自2008年7月8日至2011年7月7日一直拥有全国工业产品生产许可证。在许可证即将到期前，原告向市质监局申请换领新证，市质监局告知原告，因国家食品目录调整，现有的28项食品分类中，无法找到与原告生产食品所对应的类别，故无法向其发放新证。经原告多次申请，市质监局以在原告制作的《关于烩面、烩饭、色拉和方便菜肴生产许可的说明》上加盖"东海市质量技术监督局食品生产许可证审查中心"图章的形式变通，同意原告继续生产。东海市相关部门也认可原告在政策过渡期内可以生产，故原告并非无证生产，被诉处罚决定书认定事实错误。即便原告被认定为无证生产，因原告的行为未造成危害后果，被告也应当适用《行政处罚法》第二十七条的规定，以原告的违法行为轻微、未造成危害后果为由，对第三人不予处罚，故被诉处罚决定书适用法律不当。综上，原告认为，被告的处罚决定影响原告的正常生产经营和对客户的正常供给，造成原告866万元的直接损失，在市工商局复议维持被诉行政处罚决定的情况下，诉请法院判决撤销被告于2013年8月2日做出的东工商北案处字〔2013〕第080201213082号行政处罚决定书。

被告大北工商局辩称，其做出的行政处罚决定主体适格，认定事实清楚，执法程序合法，适用法律正确，请求法院驳回原告的诉讼请求。

第三人京华快客公司述称，接受被告对其作出的行政处罚决定，请求法院依法裁判。

经质证，原告对被告提供的证据1—3，5，7，9—13均无异议。认为其不是当事人，故对证据4和证据6中有关第三人的现场笔录、询问笔录的真实性无法确认。对证据8中情况的真实性不予认可，认为该证据系被告自行制作，缺少被调查人的签字或盖章；认为市食安办的会议纪要能够证明对进入流通领域的盒饭监管尚无明确规定，存在过渡期。

原告对被告的职权依据无异议，对被告作出行政处罚决定所适用的法律规范有异议，认为根据立法宗旨，《食品安全法》以打击粗制滥造食品为目的，而原告为合法生产企业，并非打击对象。该法第六条规定，质量监督、工商行政管理、食品药品监督管理部门应当加强沟通、密切配合，被告的处罚行为违反上述规定。东海所有便利店销售的快餐食品都没有生产许可证，被告仅对第三人销售原告生产的食品作出处罚，属于选择性执法。

第三人对被告提供的证据均无异议，对被告的职权依据及被告作出行政处罚决定所适用的法律规范亦无异议。

原告在审理中提供了如下证据：

1. 编号为 QS 311507010049，QS311528010061 的全国工业产品生产许可证 2 份（有效期自 2008 年 7 月 8 日至 2011 年 7 月 7 日），证明原告自 2008 年起就持有色拉、方便菜肴及其他方便食品的生产许可证。

2. 关于烩面、烩饭、色拉和方便菜肴生产许可的说明，该说明由原告制作，并加盖“东海市质量技术监督局食品生产许可证审查中心”的公章，证明原告原持有的生产许可证在到期前，原告申请换发新的许可证。因国家食品目录调整，原告生产的食品无法归入任何一个大类，市质监局无法向原告核发许可证，故以审查中心盖章的方式，认可原告继续生产。此外，根据 2005 年制定的《工业产品许可证管理条例》第五条的规定，法律仅对列入工业产品许可证目录的产品进行监管，而该目录并不包括原告生产的产品，故原告认为，其生产的产品无需领取许可证。

3. 关于针对盒饭生产与销售提问内容的录音资料及文字记录、东海市人民政府关于建立东海市食品安全委员会的决定[东海府发〔2011〕21 号文]，证明 2012 年 8 月，在市台办组织的台协通气会上，市食安委副主任在回答原告公司总经理的提问时讲到“顺利的问题不用担心，很快就要得到解决……过渡期期间，没有人不让你企业生产，也没有人不让你销售，工商局是提出异议，没有说要求停止销售，没有把你从便利店踢出去”。原告认为，根据市政府的文件，市食安委是市政府食品安全工作的议事协调机构，其领导在正式场合的回答应具有权威性。

经质证，被告对原告提供的证据 1 的真实性、合法性无异议，对其证明对象有异议，认为该证据恰恰证明原告无证生产且非法销售。对证据 2 的真实性及证明内容有异议，无法确认其上公章的真实性，认为东海市质量技术监督局食品生产许可证审查中心不能对外代表市质监局的意见，该证据也无法证明市质监局认可原告继续生产。对证据 3 中录音资料及文字记录的真实性有异议，认为即使该谈话内容真实，对照被告证据 13 中的函的内容，可以看出原告认识到自己无证生产违法，向市台办写信是为了希望市台办能协调工商行政管理部门从轻处罚。

第三人对原告提供的证据均无异议。

经庭审质证，本院对以上证据作如下确认：

1. 被告提供的证据 1—7，9—13，原告提供的证据 1，具有真实性、合法性，与本案有关联，本院予以采纳。

2.被告提供的证据8,其中的“关于印发《2012年市食安办第九次主任办公会议纪要》的函”系政府公文,故本院对其真实性予以认可。“关于走访东海市质量技术监督局食品生产监督管理处的情况”系被告工作人员走访市质监局后所做的工作情况记录,接受咨询的对象未在上面签名或盖章,并不影响其效力,故本院对该证据予以采纳。

3.原告提供的证据2,系原告制作并盖章,其内容为“我公司现生产的鲜食产品、烩面、烩饭、色拉和方便菜肴分别依照经备案的东海市食品安全企业标准Q/BAEG0002S—2011《烩面(饭)》和Q/BAEG0001S—2011《方便菜肴》实施生产和检验,以上4种产品目前未纳入食品生产许可发证范围。特此说明”,原告公章左侧有手写的“情况属实”“2011.7.4”,并加盖了东海市质量技术监督局食品生产许可证审查中心的公章。对照被告提供的证据8中工作情况的内容,能够证明东海市质量技术监督局食品生产许可证审查中心公章的真实性,故本院对其真实性予以确认。但该证据不能代替生产许可证,无法证明原告属于有证生产,故本院对该证据的证明内容不予采信。

4.原告提供的证据3中的录音资料及文字记录,无法证明系根据市食安委副主任的讲话内容整理而成;且即便属实,也不具有以言代法的效力,故本院对该证据的证明内容不予采信。东海市人民政府关于建立东海市食品安全委员会的决定系政府公文,本院对其真实性予以采信。

经审理查明:2012年7月26日、7月27日,被告下属的大宁工商所在对第三人下属便利店进行专项检查时发现,第三人销售的原告生产的烩面、烩饭等预包装食品标签上未标注生产许可证编号。同年7月30日,被告对第三人涉嫌违反《食品安全法》的行为立案调查。因第三人住所地在东海市虹口区,不属被告管辖范围,被告于同年8月10日请示市工商局交办,市工商局于同年8月14日批复同意。之后,被告就相关事实询问了原告及第三人,从原告及第三人处取得了销售情况汇总表、关于快客促销期间鲜食商品的说明、关于快客便利鲜食类报废的情况说明、销售情况分段汇总表、电脑数据系统截屏、进货发票等材料,走访了市质监局食品生产监督管理处、市食药监局高分局了解相关情况。2013年7月29日,被告向第三人送达行政处罚听证告知书,告知第三人有权陈述、申辩和要求举行听证,第三人未提出听证申请。因案情复杂,被告在办案期间两次延长办案期限。2013年8月2日,被告做出东海工商闸案处字〔2013〕第080201213082号行政处罚决定书认定:第三人在知晓原告的全国工业产品生产许可证(编号为QS 311507010049)已于2011年7月8日失效的情况下,仍于2011年7月8日至2013年1月9日,从原告处购进快客川味鸡丝凉面等16种预包装的面类食品共计135799客,购进后第三人将上述食品在包括大北区延长中路490号101室在内的全市90家便利店对外销售,销售额为478370.6元。因第三人为直接买断上述食品,而上述食品保质期为24小时,第三人将未售出的上述食品均在各个门店做销毁处理,故货值总额为11959460元,净利润为－3713060元,无违法所得。第三人所售食品的标签上均未标注生产许可证编号,违反了《食品安全法》第四十二条第一款第(八)项的规定,构成了销售未标注生产许可证编号食品的行为。鉴于第三人的行为并非主观故意,未造成危害后果,积极配合调查,主动停止销售,被告依据《食品安全法》第八十六条第(二)项及《行政处罚法》第二十七条第一款的规定,决定对第三人处以罚款37911.4元。同日,被告将行政处罚决定书及缴款罚款通知书送达第三人。同年8月7日,第三人缴纳了罚款。原告不服,向市工商局申请行政复议,市工商局于2013年11月27日作出维持被诉行政处罚决定的复议决定,并于同年11月30日将该复议决定书送达原告。

本院认为,根据《食品安全法》第四条第三款、第五条第二款的规定,工商行政管理部门对食品流通活动实施监督管理。因本案第三人的住所地不在被告管辖范围,被告请示市工商局,市工商局根据《工商行政管理机关行政处罚程序规定》的相关规定,将本案交办被告管辖,故被告具有对本案的管辖权。被告在本案调查过程中,对第三人总部办公场所及下属便利店进行了现场检查,询问了原告及第三人有关情况,获取了相关材料,依法向第三人告知了陈述、申辩和要求听证的权利。因案情复杂,被告依法延长了办案期限,并在法定办案期限内,做出了被诉行政处罚决定。被告的上述执法程序,符合法律规定。被告认定第三人销售未标注生产许可证编号的预包装食品,并认定货值金额为11959460元,提供了销售商品标签、销售情况汇总表、关于快客促销期间鲜食商品的说明、关于快客便利鲜食类报废的情况说明、销售情况分段汇总表、电脑数据系统截屏、进货发票等证据予以证明,原告及第三人对此均无异议,故被诉行政处罚决定认定事实清楚。被告依据《食品安全法》和《行政处罚法》的规定,对第三人的销售行为予以定性,并最终做出减轻处罚的决定,适用法律正确,行使自由裁量权并无不当。原告提出的意见,集中于其是否属于无证生产,但依据《食品安全法》第四十二条第一款第(八)项及第八十六条第(二)项的规定,只要在流通领域销售未标注生产许可证编号的食品,被告就应当依据《食品安全法》的规定,对该行为人予以处理,至于食品生产者是否拥有生产许可证,则在所不问。故原告的异议成立与否,并不影响被告针对第三人销售未标注生产许可证编号食品的行为依法作出处罚。原告争议的事实,并非本院审查被诉行政处罚决定是否合法所需查明的法律构成要件事实,故本院对原告的意见难以支持。综上,被告做出的东工商北案处字〔2013〕第080201213082号行政处罚决定书,执法主体适格,认定事实清楚，适用法律正确，程序合法，裁量适当。依照《中华人民共和国行政诉讼法》第五十四条第(一)项之规定，判决如下：

维持被告东海市工商行政管理局大北分局于2013年8月2日做出的东海工商闸案处字〔2013〕第080201213082号行政处罚决定书。

案件受理费人民币50元，由原告东海顺利食品有限公司负担。

如不服本判决，可在判决书送达之日起十五日内，向本院递交上诉状，并按对方当事人的人数递交上诉状副本，上诉于东海市第二中级人民法院。

审　判　长：刘　某
审　判　员：李　某
审　判　员：吴　某
二〇一四年二月二十四日
书　记　员：张　某

四、模拟训练的目的、难点和重点

(一)模拟训练的目的

本案是涉及食品安全的行政案件。食品安全是涉及人类生存的基本物质基础，对食品安全的行政管理行为应当严格依法进行。在本案中，原告提出多个证据，在对证据的“三性”进行质证中要注意：领导的讲话录音能否作为替代法律的依据？没有生产许可证能否进行生产？通过认真思考分析，培养学生通过证据认定事实的能力。

(二)模拟训练的难点和重点

1.涉及食品安全行政案件的处理程序。

2.对证据的分析和综合判断。

3.行政自由裁量权的运用。

实验案例二

一、基本案情

2013年8月12日，东川市药品监督管理局新北分局(以下简称新北药监局)在对康顺医院检查过程中发现，康顺医院从无药品生产、经营资格的个人李平处购进药品，货值金额为人民币65278.54元。由此，新北药监局对康顺医院给予行政处罚：①没收购进的药品；②没收违法所得；③处购进药品货值金额3倍罚款。

原告认为，被告认定原告违法没有事实依据，行政处罚程序违法，且行政处罚显失公正。依法向东川市新北区人民政府提起行政复议。该复议机关于2014年1月6日下达了行政复议决定，维持了被告的行政处罚决定。原告遂向人民法院提起诉讼，请求人民法院依法撤销被告做出的行政处罚决定。

二、证据

（一）原告方的证据清单

证据内容	证明目的
证据一：德信堂营业执照、德信堂药品GMP证书、德信堂税务登记证和德信堂组织机构代码证	原告购药时要求供货人提供了企业资质证明文件
证据二：德信堂药品检验报告书	原告购药时对供货人提供的药品进行了质量审核
证据三：德信堂的法人委托书、李某的从业资格证书和身份证	原告购药时要求李某提供委托手续，及李某具备药品购销资格的事实
证据四：企业信用查询	原告对供货人的情况进行过审核
证据五：德信堂的发货随货单	原告向德信堂购药
证据六：德信堂的饮片袋	供货人提供的药品包装情况
证据七：原告的门诊收费证明	原告所购药品质量的可靠性
证据八：济民堂的营业执照、组织机构代码证、生产许可证、食品流通许可证、税务登记证、药品GMP证书和药品生产许可证	原告购药时要求供货人提供了企业资质证明文件
证据九：济民堂的委托书、李某的从业资格证书和身份证	原告购药时要求李某提供委托手续，及其具备药品购销资格

（二）被告方的证据清单

证据内容	证明目的
证据一：新京报新闻报道关于《冒牌济民堂中药渗入医保定点医院》一文	原告涉嫌从非法渠道购进药品
证据二：现场检查笔录	在原告处发现李某以济民堂、德信堂业务员的身份向原告销售中药饮片
证据三：调查笔录	原告认可从李某处购进药品
证据四：立案申请表	被告对原告的行为经批准立案调查

续　表

证据内容	证明目的
证据五:查封(扣押)审批表和查封(扣押)决定书及清单	被告扣押原告涉案药品情况
证据六:责令改正通知书	被告责令原告停止从李平处购进药品
证据七:原告提供的其采购药品时索取的资质证明材料证明	原告在李平处购药时索取了相关资质,但资质审核不到位,部分资质有瑕疵
证据八:原告采购票据 34 页	原告从李平处购进药品的数量和金额
证据九:立案通知书	被告依法告知原告该案已立案调查
证据十:《关于协查东川德信堂中药饮片有限公司销售中药饮片有关情况的函》《关于协查东川康顺糖尿病医院涉嫌从东川济民堂(肃州)饮片有限责任公司购进中药饮片等相关情况的函》	被告对济民堂发票附件、德信堂配送票复印件、库存药品包装以及李平业务员身份进行了核实
证据十一:《东川市药品监督管理局新南分局回复关于协查东川德信堂中药饮片有限公司有关情况的函》、肃州食药局《复函》	德信堂、济民堂与原告无业务往来,李平不是其单位的业务员,票据不是其开具的
证据十二:查封(扣押)物品/场所(延期)审批表,查封(扣押)物品/场所延期通知书	被告经批准对查封扣押的物品延期查扣,并告知原告
证据十三:调查笔录	被告再次进行调查,并告知原告回函的相关情况
证据十四:案件调查终结报告	案件调查终结的相关情况
证据十五:案件合议记录	被告开展案件科内合议
证据十六:行政处罚事先告知书	被告已将处罚情况告知原告
证据十七:听证告知书	被告告知原告享有听证的权利
证据十八:陈述申辩笔录	被告听取了原告的陈述申辩,原告要求从轻处罚,并表示放弃听证
证据十九:重大案件集体讨论记录	被告对重大案件进行集体讨论
证据二十:行政处罚审批表	被告经审批作出行政处罚
证据二十一:行政处罚决定书	被告依法下达行政处罚决定

续　表

证据内容	证明目的
证据二十二:(没收)物品凭证及清单	被告对查封扣押物品予以没收
证据二十三:《新京报》报道:涉嫌购冒牌“济民堂”两医院被查	原告从非法渠道购药案引起社会关注
证据二十四:送达回执	被告向原告送达行政处罚决定书、没收物品凭证和缴款书
证据二十五:《药品管理法》第五条、第三十四条、第八十条,国家食品药品监督管理局令第1号《药品监督行政处罚程序规定》,中华人民共和国原卫生部令第88号《卫生部关于修改〈药品监督行政处罚程序规定〉的决定》,国食药监法注〔2005〕59号《关于适用〈药品管理法〉第八十条的意见》,国食药监安〔2011〕442号《医疗机构药品监督管理办法(试行)》第八条	法律依据

三、判决文书

东川市新北区人民法院
行政判决书

〔2014〕海行初字第106号

原告东川康顺糖尿病医院,住所地东川市新北区复兴路56号。

法定代表人杭某,职务院长。

委托代理人张某,明达律师事务所东川分所律师。

委托代理人刘某,明达海律师事务所东川分所律师。

被告东川市新北区食品药品监督管理局,住所地东川市新北区蓝靛厂西路2号。

法定代表人李某,职务局长。

委托代理人尹某,东川市川源律师事务所律师。

委托代理人谭某,男,东川市新北区食品药品监督管理局干部。

原告东川康顺糖尿病医院(以下简称康顺医院)不服被告东川市新北区食品药品监督管理局(以下简称新北食药局)做出的行政处罚决定一案,向本院提起行政诉讼,本院于2014年1月17日受理后依法组成合议庭。同年3月18日,本院依法公开开庭审理了本案。原告法定代表人杭某,委托代理人张某、刘某,被告委托代理人尹某、谭某到庭参加诉讼。同年4月15日,因出现需要中止诉讼的情形,本院做出行政裁定书,裁定本案中止诉讼。现中止诉讼情形已消除,本案恢复审理。本案现已审理终结。

2013 年 8 月 12 日，原东川市药品监督管理局新北分局（以下简称原新北药监局）对康顺医院做出（东新）药行罚〔2013〕18 号行政处罚决定书，认定在检查中发现，康顺医院中药房中标示为“东川德信堂中药饮片有限公司”（以下简称德信堂）生产的中药饮片 93 批次。康顺医院表示上述中药饮片的供货人为马平安，李某自称以前是“东川济民堂（肃州）饮片有限责任公司”（以下简称济民堂）业务员，现为德信堂业务员。康顺医院现场提供了标示为上述两个厂家的随货票及厂家资质。经东川市药品监督管理局新南分局（以下简称新南药监局）和肃州市食品药品监督管理局（以下简称肃州食药局）发函核实，上述两家单位未向康顺医院销售过药品，李某不是其业务员，相关票据不是其开具，李某无药品生产、经营资格，因此康顺医院从无药品生产、经营资格的个人购进药品。经查，2012 年 7 月 31 日至 2013 年 6 月 8 日，康顺医院从李某处购进中药饮片，共计人民币 32473.82 元。2012 年 7 月 31 日至 2013 年 6 月 14 日，使用上述中药饮片，使用所得人民币 61062.91 元。库存 93 批次，价值人民币 4215.63 元。康顺医院购进上述中药饮片的货值金额为人民币 65278.54 元。上述事实违反了《中华人民共和国药品管理法》（以下简称《药品管理法》）第三十四条的规定，鉴于康顺医院购进上述饮片时索取了相关资质，对李某不是厂家业务员及相关材料虚假并不知情，依据《药品管理法》第八十条的规定，责令其改正，给予康顺医院如下行政处罚：①没收购进的药品 93 批次，价值人民币 4215.63 元；②没收使用所得人民币 61062.91 元；③并处购进药品货值金额 3 倍罚款人民币 195835.62 元。以上二、三项合计人民币 256898.53 元。

在法定举证期限内，被告新北食药局提交如下证据并当庭出示：①《新京报》新闻报道的关于《冒牌济民堂中药渗入医保定点医院》一文，证明原告涉嫌从非法渠道购进药品；②现场检查笔录，证明现场检查情况，在原告处发现李某以济民堂、德信堂业务员的身份向原告销售中药饮片；③调查笔录，证明被告对原告法定代表人进行调查，原告认可从李某处购进药品；④立案申请表，证明被告对原告涉嫌从非法渠道购进药品的行为经批准立案调查；⑤查封（扣押）审批表；⑥查封（扣押）决定书及清单，上述证据证明被告对发现的违法药品经批准查封扣押，并告知原告；⑦责令改正通知书，证明被告责令原告停止从李某处购进药品；⑧原告提供的其采购药品时索取的资质证明材料共计 23 页，证明原告在从李某处购药时索取了相关资质，但资质审核不到位，部分资质有瑕疵；⑨原告采购票据共计 34 页，证明原告从李某处购进药品的数量和金额；⑩立案通知书，证明被告依法告知原告该案已立案调查；⑪《关于协查东川德信堂中药饮片有限公司销售中药饮片有关情况的函》《关于协查东川健恒糖尿病医院涉嫌从东川济民堂（肃州）饮片有限责任公司购进中药饮片等相关情况的函》，上述证据证明被告进一步发函核实济民堂发票附件、德信堂配送票复印件、库存药品包装以及李某业务员身份的真伪；⑫《东川市药品监督管理局新南分局回复关于协查东川德信堂中药饮片有限公司有关情况的函》、肃州食药局《复函》，证明德信堂、济民堂与原告无业务往来，李某不是其单位的业务员，票据不是其开具的；⑬查封（扣押）物品/场所（延期）审批表；⑭查封（扣押）物品/场所延期通知书，上述证据证明被告经批准对查封扣押的物品延期查扣，并告知原告；⑮调查笔录，证明被告再次进行调查，并告知原告回函的相关情况；⑯案件调查终结报告，证明案件调查终结的相关情况；⑰案件合议记录，证明被告开展案件科内合议；⑱行政处罚事先告知书，证明被告将处罚情况告知原告；⑲听证告知书，证明被告告知原告享有听证的权利；⑳陈述申辩笔录，证明被告执法人员听取了原告法定代表人的陈述申辩，其要求从轻处罚，并表示放弃听证；㉑重大案件集体讨论记录，证明被告对重大案件进行集体讨论；㉒行政处罚审批表，证明被告经审批作出行政处罚；㉓行政处罚决定书，证明我局依法下达行政处罚决定；㉔（没收）物品凭证及清单，证明被告对查封扣押物品予以没收；㉕《新京报》报道：涉嫌购冒牌“济民堂”两医院被查，证明原告从非法渠道购药案引起社会关注；㉖送达回执，证明被告向原告送达行政处罚决定书、没收物品凭证和缴款书。同时，被告当庭出示《药品管理法》第五条、第三十四条、第八十条，国家食品药品监督管理局令第 1 号《药品监督行政处罚程序规定》，中华人民共和国原卫生部令第 88 号《卫生部关于修改〈药品监督行政处罚程序规定〉的决定》，国食药监法注〔2005〕59 号《关于适用〈药品管理法〉第八十条的意见》，国食药监安〔2011〕442 号《医疗机构药品监督管理办法（试行）》第八条作为其法律规范依据。

原告康顺医院诉称，原告于 2012 年 7 月至 2013 年 6 月，通过德信堂的业务员李某的人购买了一批中药饮片。购买时，原告按照《药品管理法》的有关规定，履行了审查义务，分别向该业务员索取了身份证、供货单位资质、供货单位委托书、随货发票等材料，并签订了质量保证协议书，检验了药品质量。2013 年 6 月 14 日，被告在对原告的执法检查中发现了该批中药饮片，并进行了专项调查。同年 8 月 12 日，被告对原告做出（东新）药行罚〔2013〕18 号行政处罚决定书。原告不服，依法向东川市新北区人民政府提起行政复议，该复议机关于 2014 年 1 月 6 日下达了行政复议决定，维持了被告的行政处罚决定。原告认为，第一，被告认定原告违法没有事实依据。从医疗机构的能力和购药惯例来看，凭借李某提供的材料，足以使原告相信李某就是合法中药厂家的代表，也足以相信药品就是从合法的药品生产厂家进的货。原告不存在违法的故意或者过失，并未违法。第二，行政处罚程序违法。在行政处罚中，被告没有告知原告听证的权利，也没有组织听证，显属程序违法。第三，行政处罚显失公正。原告没有违法的故意,原告即使在审查材料时有一定的疏漏,也属于情节轻微,依法应当免于处罚。综上,被告做出的行政处罚决定认定事实不清、证据不足、程序违法,且对原告显失公正,请求人民法院依法撤销被告做出的(东新)药行罚〔2013〕18号行政处罚决定。

在本院指定的证据交换期限内,原告康顺医院提交如下证据并当庭出示:①德信堂营业执照;②德信堂药品GMP证书;③德信堂税务登记证;④德信堂组织机构代码证,上述证据证明原告购药时要求供货人提供了企业资质证明文件;⑤德信堂药品检验报告书,证明原告购药时对供货人提供药品的质量审核的事实;⑥德信堂的法人委托书、李某的从业资格证书和身份证,证明原告购药时要求李某提供委托手续,及李某具备药品购销资格的事实;⑦企业信用查询,证明原告对供货人的情况审核的事实;⑧德信堂的发货随货单,证明原告向德信堂购药的事实;⑨德信堂的饮片袋,证明供货人提供的药品包装情况;⑩原告的门诊收费证明,证明原告所购药品质量的可靠性;⑪济民堂营业执照和组织机构代码证;⑫济民堂生产许可证和食品流通许可证;⑬济民堂税务登记证;⑭济民堂药品GMP证书和药品生产许可证,上述证据证明原告购药时要求供货人提供了企业资质证明文件;⑮济民堂的委托书、李某的从业资格证书和身份证,证明原告购药时要求马平安提供委托手续,及其具备药品购销资格的事实。同时,原告当庭出示京药监安〔2006〕20号《东川市医疗机构药品使用质量管理规范(试行)》作为支持其诉讼请求的法律规范依据。

被告新北食药局辩称,第一,被告办理行政处罚程序符合规定。被告在对原告进行监督检查中,发现原告涉嫌从无《药品生产许可证》《药品经营许可证》的个人购进药品。根据相关程序规定,被告履行了立案、查封(扣押)、调查、行政处罚事先告知和听证告知等程序,并听取了陈述申辩,原告提出了从轻处罚的意见,并表示放弃听证。在调查过程中,被告分别向济民堂、圣惠堂所在地药品监督管理部门发函协查,回函均称上述两家单位与原告之间无业务往来,李某不是其单位业务员,协查的票据不是其单位出具。被告于2013年8月12日下达了行政处罚决定书,并制作没收物品凭证和行政处罚缴款书送达给原告。第二,被告做出的行政处罚认定事实清楚、依据充分。被告通过现场检查发现,原告存有李某提供的药品和药品的配送票据,但不能提供购货发票。经被告发函核实,李某提供的资质及票据均为虚假。因此,被告认定原告违反《药品管理法》第三十四条的规定,认定事实清楚。第三,被告行使行政处罚自由裁量权适中。在调查过程中,原告一直声称“不知情”,但被告经调查发现,原告从李某处购进中药饮片时,虽向其索取了供货单位的资质证明和配送票据,但仍有疏忽,在李某变更单位后未同厂家进行联系确认马平安身份,未索取发票。鉴于其过失,被告依据

《药品管理法》第八十条的规定对原告处以药品货值金额3倍罚款，处罚幅度适中。综上，被告做出的行政处罚决定认定事实清楚，适用法律正确，符合程序规定。请求人民法院依法驳回原告的诉讼请求。

上述证据经过庭审质证，各方当事人发表质辩意见如下：针对被告的证据，原告认为，对证据1、2、3、8、9、11、12、25的真实性无异议，但对上述证据的证明目的和证明对象不予认可，上述证据不能证明原告是向李某个人购药，原告尽到了核验资质的义务，被告通过协查函认定原告违法证据不充分，认定事实不清。原告对于被告出示的其他证据均不持异议。

针对原告的证据，被告认为证据10与本案无关，证据6和证据15中李某的身份证不持异议；对原告提交的其他证据，被告认为无法证明相关资质证书是从合法渠道获得，济民堂、德信堂均表示与原告无业务往来，且不认可李某是他们的业务员。因此，无法证明原告所要证明的事项。

本院在听取了当事人的质辩意见并经评议后，认证如下：被告提交的证据23系本案被诉的具体行政行为，不能作为证据使用，本院不予接纳；证据1、证据25系新闻报道，与本案不具有直接关联性，本院不予采纳；被告提交的其他证据符合《最高人民法院关于行政诉讼证据若干问题的规定》中关于证据形式的要求，本院予以接纳；其证据内容真实、合法，证据之间能够相互印证，可以证明被告所要证明的事项，本院均予以采信。

原告提交的全部证据符合《最高人民法院关于行政诉讼证据若干问题的规定》中关于证据形式的要求，本院予以接纳；其中，证据10与本案不具有直接关联性，本院不予采纳；其他证据虽与本案具有关联性，但结合被告提交的证据11、证据12的内容，不能证明原告欲证明的事项，亦不能证明原告完全尽到了对购药渠道合法性的查验义务。因此，对上述证明事项，本院不予采信。

根据以上认证意见及庭审查明的情况，本院可以确认如下事实：

2013年6月14日，新北食药局在对康顺医院进行监督检查中发现，康顺医院于2012年7月至2013年6月间，从李某处购进中药饮片，该人自称是济民堂、德信堂的业务员，并向康顺医院提供了相关资质证明及药品配送票据等材料。同日，新北食药局决定对上述行为予以立案调查，并对现场发现的93批次中药饮片采取查封扣押的强制措施。同年6月18日，新北食药局分别向济民堂、圣惠堂所在地的药品监督管理部门发协查函，后上述两家药监部门均回函称，同仁堂、德信堂与康顺医院无业务往来，李某不是其单位的业务员，协查的相关票据不是其开具。新北食药局通过上述回函确认李某提供的资质及票据均为假冒，且康顺医院在审核李某资质时未完全履行查验义务，未及时向相关厂家核对李某身份，购进药品时未索取发票。同年8月12日，新北食药局作出(东新)

药行罚〔2013〕18号行政处罚决定，认定康顺医院的行为已构成从无药品生产、经营资格的个人购进药品的违法行为，并依据《药品管理法》的相关规定做出了相应处罚。同日，新北食药局向康顺医院送达了上述行政处罚决定，没收物品凭证及缴款书。康顺医院已履行了上述行政处罚决定所确定的义务。

2013年9月27日，康顺医院就该行政处罚决定向东川市新北区人民政府提起行政复议申请，该复议机关于2014年1月6日做出海政复决字〔2013〕215号行政复议决定，维持了该行政处罚决定。康顺医院亦不服，遂向本院提起诉讼。

本院认为，依据《药品管理法》第五条，《药品监督行政处罚程序规定》第二条、第六条的规定，被告作为区县一级药品监督管理部门，依法享有对本辖区范围内违反药品、医疗器械管理法律、法规、规章的单位或者个人实施行政处罚的权力。《药品管理法》第三十四条规定，药品生产企业、药品经营企业、医疗机构必须从具有药品生产、经营资格的企业购进药品。《医疗机构药品监督管理办法(试行)》第六条、第七条、第八条分别规定了医疗机构必须从具有药品生产、经营资格的企业购进药品。购进药品应当查验供货单位的《药品生产许可证》或者《药品经营许可证》和《营业执照》、所销售药品的批准证明文件等相关证明文件，并核实销售人员持有的授权书原件和身份证原件。购进药品时应当索取、留存供货单位的合法票据，并建立购进记录，做到票、账、货相符。上述规定是针对医疗机构在购进药品时应当履行的查验义务。该义务的履行，是对药品质量监管和人民群众用药安全的必要保障。同时，依据《药品管理法》第八十条的规定，医疗机构违反本法第三十四条的规定，从无《药品生产许可证》《药品经营许可证》的企业购进药品的，责令改正，没收违法购进的药品，并处违法购进药品货值金额二倍以上五倍以下的罚款；有违法所得的，没收违法所得。该条规定是针对从非法渠道购讲药品的处罚，根据国食药监法注〔2005〕59号《关于适用〈药品管理法〉第八十条的意见》，医疗机构从没有药品生产、经营资格的单位和个人购进药品是违法的，应当按照第八十条的规定予以处罚。

本案中，经被告调查确认，原告在购进药品过程中，虽然查验了药品生产企业、药品质量和药品销售人员的资质证明，但根据药监部门协查结果的内容可以认定，上述资质证明材料系从非合法途径取得且存在虚假内容。因此，原告的行为已在客观上构成了从没有药品生产、经营资格的个人购进药品的违法行为。同时，原告在购进药品时亦未依法索取供货单位的发票，未就销售人员所在单位的变化尽到核实义务，不符合上述规定的内容。据此，被告认定原告违反《药品管理法》第三十四条的规定，构成从无药品生产、经营资格的个人购进药品的违法行为，该认定事实清楚、证据确凿、适用法律正确；被告依据《药品监督行政处罚程序规定》的规定履行了立案、调查、采取行政强制措施、权利告知、协查、审批、送达等程序，履行程序合法；被告依据《药品管理法》第八十条进行行政处罚的过程中，做出依法没收药品、违法所得及按照购进药品货值金额3倍罚款的处罚内容，处罚额度适当。原告认为被告做出的行政处罚决定没有事实依据、程序违法、显失公正的主张，缺乏事实和法律依据，本院不予支持。

综上，依照《最高人民法院关于执行〈中华人民共和国行政诉讼法〉若干问题的解释》第五十六条第(四)项之规定，判决如下：

驳回原告东川康顺糖尿病医院的诉讼请求。

案件受理费50元，由原告东川康顺糖尿病医院负担(已交纳)。

如不服本判决，可于判决书送达之日起十五日内，向本院递交上诉状，并按对方当事人的人数提出副本，交纳上诉案件受理费人民币50元，上诉于东川市第一中级人民法院。如在上诉期满后七日内未交纳上诉案件受理费的，按自动撤回上诉处理。

审 判 长:肖 某
审 判 员:叶 某
人民陪审员:朱 某
二〇一四年七月二十四日
书 记 员:吴 某

四、模拟训练的目的、难点和重点

(一)模拟训练的目的

本案涉及药品管理方面行政处罚的完整程序，从立案，到调查，采取强制措施，告知相对人权利，听证，重大处罚案件的合议制度，处罚决定的做出，涉及的证据材料很多，且既需要证明行政程序合法，也要证明行政处罚内容合法且合理，所以在证据的审查上是从多方面进行的，具有相当程度的典型性。通过案件的审理程序，可以对行政行为做出比较完整的了解。

(二)模拟训练的难点和重点

1.涉及药品安全行政案件的处理程序，被告应提交的证据。

2.对证据的分析和综合判断。

实验案例三

一、基本案情

2013 年 4 月 15 日，北通市卫生局卫生监督员在对位于北通市凯旋花园 14 商业 308、309 室原告爱美丽公司检查时发现：①爱美丽公司吴玲等 10 名工作人员未取得健康合格证就从事直接为顾客服务工作；②爱美丽公司开展射频美容服务。据此，决定给予爱美丽公司如下处罚：①没收违法所得人民币 16.6 万元；②没收证据先行登记保存的“slimager”射频治疗仪两台；③罚款人民币 1 万元，同时责令爱美丽公司立即停止医疗美容活动和改正其他违法行为。

原告爱美丽公司认为其行为的性质属于生活美容，而非医疗美容的范畴，且行政行为的做出既缺乏事实证据，行政处罚的结果也不合理，依法向人民法院提起行政诉讼，请求依法撤销被告市卫生局做出的行政处罚决定书。

二、证据

（一）原告方的证据清单

证据内容	证明目的
证据一：爱美丽公司组织机构代码证、企业法人营业执照和法定代表人身份证明书	原告的身份
证据二：行政处罚决定书	被诉具体行政行为存在

（二）被告方的证据清单（2013 年 12 月 4 日提供）

证据内容	证明目的
证据一：现场检查笔录 1 份、健康检查合格证明复印件 8 张、现场检查照片 6 张	被告对原告的现场检查情况
证据二：原告企业法人营业执照复印件 1 份	原告的经营范围
证据三：对原告店长和总经理的询问笔录各 2 份、法定代表人的询问笔录 1 份、6 名射频顾客资料登记表复印件 11 页、会所营业报表复印件 9 页、射频收费记录	原告为 6 名顾客进行射频美容，该 6 名顾客共消费 16.6 万元
证据四：原告提供的射频仪器发票、报关单、射频仪证书及翻译说明、射频仪器使用手册	原告购买了“Ameristar”射频治疗仪

续 表

证据内容	证明目的
证据五:被告《关于提请确定使用“美国雅光射频皮肤治疗仪”行为是否涉嫌医学美容问题的请示》(通卫监督〔2013〕14号)和依立省卫生厅《关于北通市卫生局提请确定使用“美国雅光射频皮肤治疗仪”行为是否涉嫌医学美容问题请示的答复》(通卫监督〔2013〕16号)	射频美容属于医疗美容性质
证据六:①北通市卫生局通卫医罚字〔2013〕0017号行政处罚决定书;②证据先行登记保存决定书3份和证据先行登记保存处理决定书;③卫生监督意见书;④合议记录;⑤市卫生局通卫医告字〔2013〕0017号行政处罚事先告知书;⑥原告爱美丽公司听证申请、市卫生局通卫罚听〔2013〕0017号行政处罚听证通知书、“爱美丽”案件听证会签到表、听证笔录、听证意见书;⑦送达回证;⑧案件受理记录和立案报告;⑨案件调查终结报告	处罚程序合法
证据七:《医疗机构管理条例》《医疗美容服务管理办法》《医疗美容项目分级管理目录》《公共场所卫生管理条例》《公共场所卫生管理条例实施细则》	法律依据

被告方证据清单(2013年12月11日和17日补充)

证据内容	证明目的
证据一:原告爱美丽公司和北通市诚美美容中心的工商注册信息	违法行为人是原告爱美丽公司
证据二:北通市东南翻译有限公司《企业法人营业执照》副本复印件,英文版“美洲之星”射频美容仪器证书及其中文版译文	本案中查封的两台仪器为射频美容仪器
证据三:从北通丽人医疗美容医院收集的东海雅光三杰科技有限公司的《企业法人营业执照》,东海市药品监督管理局颁发的《医疗器械生产企业许可证》,京药械(准)字〔2009〕第2250237号《医疗器械注册证》和医疗器械注册登记表,“slimager”射频治疗机能量检测记录单,“slimager”射频仪照片和产品介绍等	原告使用的射频治疗仪与正规医疗美容医院使用的同类产品超短波治疗仪的工作频率、工作原理完全相同,仪器的外观也高度相似
证据四:全国高等学校教材《职业卫生与职业医学》和相关文献	根据医学专业知识,工作频率为40.68MHz的射频热疗属于高频,在临床上还用于恶性消化道肿瘤的联合治疗、食道黏膜等病变的深部热疗

三、判决文书

依立省北通市大龙区人民法院
行政判决书

〔2013〕大行初字第0073号

原告北通爱美丽美容服务有限公司，住所地北通市崇川区凯旋花园14商业308、309室。

法定代表人李浩，职务董事长。

委托代理人王凌，依立农商律师事务所律师。

被告北通市卫生局，住所地北通市崇川区青年中路109号。

法定代表人刘利，职务局长。

委托代理人李云。

委托代理人刘涛。

原告北通爱美丽美容服务有限公司(以下简称爱美丽公司)不服被告北通市卫生局(以下简称市卫生局)卫生行政处罚，于2013年11月14日向本院提起行政诉讼。本院于同年11月21日立案受理，并于11月22日向被告市卫生局邮寄送达了起诉状副本及应诉通知书。本院依法组成合议庭，于同年12月17日公开开庭进行了审理。原告爱美丽公司的委托代理人王凌，被告市卫生局的委托代理人李云、刘涛到庭参加诉讼。本案现已审理终结。

2013年8月15日，被告市卫生局对原告爱美丽公司做出通卫医罚字〔2013〕0017号《行政处罚决定书》，该处罚决定书认定，2013年4月15日，市卫生局卫生监督员在对位于北通市凯旋花园14商业308、309室原告爱美丽公司检查时发现：①爱美丽公司吴玲等10名工作人员未取得健康合格证就从事直接为顾客服务工作；②在爱美丽公司营业场所发现有两台射频治疗仪和爱美丽公司“会所日营业报表”的营业情况记录单9张，收费记录涉及射频美容项目，记录内容显示邹某等7名顾客在该公司接受射频美容服务。经立案调查确认爱美丽公司收取王某等10名顾客充值费用24万元，其中射频美容项目收费16.6万元。市卫生局认为爱美丽公司的行为违反了《医疗机构管理条例》第二十四条、《医疗美容服务管理办法》第二十四条、《公共场所卫生管理条例》第七条的规定，依据《医疗机构管理条例》第四十四条、《医疗美容服务管理办法》第三十条、《公共场所卫生管理条例》第十四条第一款第二项、《公共场所卫生管理条例实施细则》第三十八条的规定，市卫生局决定给予爱美丽公司如下处罚：①没收违法所得人民币16.6万元；②没收证据先行登记保存的“slimager”射频治疗仪两台；③罚款人民币1万元，同时责令爱美丽公司立即停止医疗美容活动和改正其他违法行为。

2013 年 12 月 4 日，被告市卫生局向本院提供了其做出具体行政行为的证据：

一、证明处罚事实的证据材料

1. 现场检查笔录 1 份、健康检查合格证明复印件 8 张，证明被告市卫生局于 2013 年 4 月 15 日对原告爱美丽公司的现场检查情况。

2. 原告爱美丽公司企业法人营业执照复印件 1 份，证明原告爱美丽公司的经营范围。

3. 对原告爱美丽公司店长赵双丽和总经理钱玉芹的询问笔录各 2 份、法定代表人李浩的询问笔录 1 份、6 名射频顾客资料登记表复印件 11 页、会所营业报表复印件 9 页、射频收费记录，证明原告爱美丽公司为 6 名顾客进行射频美容，该 6 名顾客共消费 16.60 万元。

4. 现场检查照片 6 张，证明原告爱美丽公司现场检查内容。

5. 射频仪器发票、报关单、射频仪证书及翻译说明、射频仪器使用手册，证明原告爱美丽公司向被告市卫生局提供了购买“Ameristar”射频治疗仪的相关材料。

6. 被告市卫生局《关于提请确定使用“美国雅光射频皮肤治疗仪”行为是否涉嫌医学美容问题的请示》(通卫监督〔2013〕14 号)和依立省卫生厅《关于北通市卫生局提请确定使用“美国雅光射频皮肤治疗仪”行为是否涉嫌医学美容问题请示的答复》(依卫监督〔2013〕16 号)，证明射频美容属于医疗美容性质。

二、证明处罚程序的证据材料

1. 市卫生局通卫医罚字〔2013〕0017 号行政处罚决定书。

2. 证据先行登记保存决定书 3 份和证据先行登记保存处理决定书。

3. 卫生监督意见书。

4. 合议记录。

5. 市卫生局通卫医告字〔2013〕0017 号行政处罚事先告知书。

6. 原告爱美丽公司听证申请、市卫生局通卫罚听〔2013〕0017 号行政处罚听证通知书、“爱美丽”案件听证会签到表、听证笔录、听证意见书。

7. 送达回证。

8. 案件受理记录和立案报告。

9. 案件调查终结报告。以上材料证明行政处罚程序合法。

三、处罚的法律法规依据

《医疗机构管理条例》《医疗美容服务管理办法》《医疗美容项目分级管理目录》《公共场所卫生管理条例》《公共场所卫生管理条例实施细则》。

2013 年 12 月 11 日和 17 日，被告市卫生局补充提供以下证据：

1. 原告爱美丽公司和北通市诚美美容中心的工商注册信息，证明虽然两个单位的法定代表人同为李浩，但被告市卫生局执法检查的地点为原告爱美丽公司住所地北通市凯旋花园 14 商业 308、309 室，违法行为人是原告爱美丽公司。

2. 北通市东南翻译有限公司《企业法人营业执照》副本复印件，英文版"美洲之星"射频美容仪器证书及其中文版译文，证明本案中查封的两台仪器为射频美容仪器。

3. 从北通丽人医疗美容医院收集的东海雅光三杰科技有限公司的《企业法人营业执照》、东海市药品监督管理局颁发的《医疗器械生产企业许可证》、京药械(准)字〔2009〕第 2250237 号《医疗器械注册证》和医疗器械注册登记表、"slimager"射频治疗机能量检测记录单、"slimager"射频仪照片和产品介绍等，证明原告爱美丽公司使用的射频治疗仪与正规医疗美容医院使用的同类产品超短波治疗仪的工作频率、工作原理完全相同，仪器的外观也高度相似。

4. 全国高等学校教材《职业卫生与职业医学》和相关文献，证明根据医学专业知识，工作频率为 40.68MHz 射频热疗属于甚高频，在临床上还用于恶性消化道肿瘤的联合治疗、食道黏膜等病变的深部热疗。

原告爱美丽公司诉称：①被告市卫生局封存的设备是一般皮肤美容仪，而非医疗美容器械，运用该仪器对顾客进行的是无创伤非侵入性的美容服务，属于生活美容的范畴，原告爱美丽公司没有违法的故意。因此，被告市卫生局认定原告爱美丽公司开展医疗美容活动的事实错误。②被告市卫生局没有证据证明查封的两台设备属于原告爱美丽公司所有，对原告爱美丽公司违法金额的认定错误，故没收仪器及违法所得的处罚错误。③被诉行政处罚过重，原告爱美丽公司违法行为轻微，没有造成危害后果。请求依法撤销被告市卫生局做出的通卫医罚字〔2013〕0017 号行政处罚决定书。

原告爱美丽公司向本院提交以下证据：

1. 原告爱美丽公司组织机构代码证、企业法人营业执照、法定代表人身份证明书，证明原告的身份；

2. 通卫医罚字〔2013〕0017 号行政处罚决定书，证明被诉具体行政行为存在。

被告市卫生局辩称：①被诉行政处罚事实清楚、证据确凿。②被诉行政处罚适用法律正确，量罚适当。按照《医疗机构管理条例》《医疗美容服务管理办法》等规定，射频治疗为美容皮肤科有创治疗项目，属于医疗美容的诊疗科目，需要取得医疗机构执业许可后方可开展执业活动。原告爱美丽公司未取得医疗机构执业许可证即开展射频美容服务，违反了医疗卫生相关法律规定。③被诉行政处罚执法程序合法。④原告爱美丽公司诉称“原告没有违法的事实与故意”不能成立。案涉射频仪使用40.68MHz的频率进行皮肤治疗，该射频治疗属于有创治疗。原告爱美丽公司提供的射频治疗仪的说明书及其经营场所的广告宣传和对顾客的告知等材料表明，原告爱美丽公司知悉其从事的是医疗美容，其主张的没有违法故意不属于免责事由，请求依法维持被诉行政处罚决定。

经庭审质证，被告市卫生局对原告爱美丽公司所举证据没有异议。原告爱美丽公司对被告北通市卫生局所举事实方面证据的真实性没有异议，但认为因李浩为原告爱美丽公司和北通市诚美美容中心两单位的法定代表人，所以检查现场为北通市诚美美容中心，仪器存放在北通市诚美美容中心。对赵双丽询问笔录内容非赵双丽本人陈述，对李浩的询问笔录不能代表系原告爱美丽公司的行为。因原告爱美丽公司对顾客实行“充一送一”的优惠，故证据三中客户消费的数额并非客户实际支付的数额。证据4只能证明被告市卫生局查封行为，不能证明两台射频仪系原告爱美丽公司所有的事实。证据5不能证明被没收的仪器为射频治疗仪。对被告北通市卫生局提供的程序方面的证据没有异议。对被告北通市卫生局补充提供的证据材料认为并非被告北通市卫生局在行政执法程序中收集，故不予认可。

结合双方当事人的质证意见，根据证据采信规则，本院对当事人双方提供的证据做如下认定：对当事人均不持异议的证据依法确认其效力。认为被告北通市卫生局提供的证明事实方面的证据3、证据4，系被告北通市卫生局在执法过程中制作和收集，原告爱美丽公司未提供证据否定其真实性、合法性，且与本案具有关联性，本院确认上述证据能够达到被告市卫生局的证明目的，予以认定。证据5载明的仪器名称为“Ameristar”，与现场发现的仪器所标注的“slimager”不一致，但系原告爱美丽公司向被告北通市卫生局提供，能证明原告爱美丽公司购买Ameristar射频治疗仪的事实。被告北通市卫生局补充提供的证据1，系针对原告爱美丽公司在诉讼过程中提出的违法对象认定错误所举证据，因原告爱美丽公司在被告北通市卫生局实施行政行为过程中以及起诉时均没有提出处罚对象错误这一反驳理由，被告北通市卫生局进一步查证原告爱美丽公司法定代表人李浩同时兼任北通市诚美美容中心法定代表人的事实并无不当，本院对被告市卫生局补充证据1予以采纳。补充证据2虽然是被告北通市卫生局在诉讼过程中提供，但该证据是对行政执法中原告爱美丽公司提供的英文版的射频仪证书进行的翻译，是为了案件审理过程中更好地了解证书的具体内容，该证据具有证明力；证据3、4虽然不是被告市卫生局做出具体行政行为过程中收集的证据，不能作为认定被诉具体行政行为合法性的证据，但能进一步佐证原告爱美丽公司从事射频医疗美容服务的行为性质，可以作为参考。

根据双方当事人的陈述及对上述证据效力的确认,本院确认如下事实:原告爱美丽公司成立于 2012 年 5 月 23 日,住所地在北通市凯旋花苑 14 商业 308、309 室,法定代表人李浩,许可经营项目为美容服务,一般经营项目为一般按摩服务等。

2013 年 4 月 15 日,被告北通市卫生局卫生监督员在对原告爱美丽公司进行现场检查时发现,原告爱美丽公司营业厅内张贴"美国雅光射频皮肤治疗仪"宣传广告,载明治疗原理:"slimager"射频皮肤治疗仪是利用特定的 40.68MHz 频率的射频波来进行皮肤皱纹治疗、紧肤塑形的国际尖端医疗美容科技。射频波作用于真皮层胶原,使双极水分子高速震动旋转,摩擦生热,达到给真皮胶原加热的效果。真皮胶原纤维的加热会使胶原纤维收缩,使松弛的皮肤被拉紧,随后真皮层中产生的热催化效应促使胶原增生,新生的胶原重新排列,数量增加,修复老化受损的胶原层,达到祛皱紧肤的效果。射频波还能作用于身体,深入皮下脂肪层,溶脂瘦身塑形,改善橘皮组织。

被告北通市卫生局在原告爱美丽公司营业场所发现两台"slimager"射频治疗仪,在营业记录单中发现原告爱美丽公司为邹某等顾客提供射频服务。被告北通市卫生局在现场检查中同时还发现,原告爱美丽公司 10 名从业人员中,其中 8 人的健康合格证已过期,另外 2 人未办理过健康合格证,但从事直接服务顾客的工作。

同日,被告北通市卫生局在原告爱美丽公司的现场检查情况制作现场检查笔录,由原告爱美丽公司法定代表人李浩签字。被告北通市卫生局做出 0001392 号《卫生监督意见书》,责令原告爱美丽公司立即停止违法开展的射频、药浴、艾薰等医疗美容服务等。被告北通市卫生局同时还做出《证据先行登记保存决定书》,就地封存在原告爱美丽公司现场发现的"slimager"射频治疗仪两台。4 月 16 日,被告北通市卫生局立案查处原告爱美丽公司的违法行为。4 月 21 日,被告北通市卫生局做出《证据先行登记保存处理决定书》,决定对先行登记保存的"slimager"射频治疗仪随案移送,在做出行政处罚决定时予以没收。

在被告北通市卫生局调查过程中,原告爱美丽公司工作人员从电脑中调取顾客资料,反映该公司自 2012 年 1 月 1 日开始射频治疗,顾客充值实行"充一送一",共有 6 名顾客充值共计 24 万元,已消费 16.60 万元。以上资料由原告爱美丽公司向被告市卫生局提供。

5 月 8 日,被告北通市卫生局以通卫监督〔2013〕14 号《关于提请确定使用"美国雅光射频皮肤治疗仪"行为是否涉嫌医学美容问题的请示》向依立省卫生厅书面请示。6 月 6 日,依立省卫生厅以依卫监督〔2013〕16 号《关于北通市卫生局提请确定使用"美国雅光射频皮肤治疗仪"行为是否涉嫌医学美容问题请示的答复》,明确射频治疗属于医学美容性质,有关单位应按《医疗机构管理条例》《医疗美容服务管理办法》等规定取得医疗机构执业许可证后方可开展执业活动。

6月18日,被告北通市卫生局作出通卫医告字〔2013〕0017号《行政处罚事先告知书》,拟对原告爱美丽公司做出没收slimager射频治疗仪两台、没收违法所得16.6万元、罚款1万元的行政处罚,并于同日送达原告爱美丽公司。6月20日,原告爱美丽公司向被告北通市卫生局提出听证申请。7月11日,被告北通市卫生局组织举行了听证会。在听证会上原告爱美丽公司陈述:①健康证过期确实存在,对此违法事实予以认可;②认为证据先行登记保存的两台机器是经过考察后慎重选择的,从产品的商标、外包装、海关外包装等证明看是普通的美容皮肤仪器,不是射频仪,购置时厂家并未告知机器是射频仪器,夸大宣传为射频皮肤治疗仪,这是美容界内普遍存在的现象。目前对射频项目的定义、射频仪器设备的定义都模糊,把射频仪器列为医疗器械将对整个美容界产生很大影响。③对于违法所得的认定不予认可,案件调查过程中所取得的违法所得都是美容师的合法劳动收入,并不是项目收入。被告北通市卫生局认为原告爱美丽公司陈述的理由不能成立,遂于8月15日做出通卫医罚字〔2013〕0017号行政处罚决定书,并于8月19日邮寄送达给原告爱美丽公司。

本院认为,《医疗机构管理条例》第五条第二款规定:“县级以上地方人民政府卫生行政部门负责本行政区域内医疗机构的监督管理工作。”《医疗美容服务管理办法》第四条规定:“原卫生部(含国家中医药管理局)主管全国医疗美容服务管理工作。县级以上地方人民政府卫生行政部门(含国家中医药管理局)负责本行政区域内医疗美容服务监督管理工作。”被告市卫生局作为市级人民政府卫生行政部门,依照上述规定,具有对医疗美容服务监督管理以及对未取得医疗机构执业许可证擅自执业的单位予以行政处罚的法定职权。

根据双方当事人的诉辩意见,本案的争议焦点集中在以下三个方面:①被诉行政处罚认定原告爱美丽公司从事医疗美容活动能否成立。②被诉行政处罚中对仪器所有权和非法所得的认定是否正确。③被诉行政处罚是否显失公正。

关于原告爱美丽公司从事医疗美容活动能否成立的问题。《医疗美容服务管理办法》第二条规定,医疗美容是指运用手术、药物、医疗器械以及其他具有创伤性或者侵入性的医学技术方法对人的容貌和人体各部位形态进行的修复与再塑。美容是人们追求高品质生活、愉悦身心的一种日常生活方式,但部分美容活动采用具有专业医学技术的方式进行,在达到美容效果的同时对人体产生一定的创伤性或者侵入性,这是医疗美容与一般生活美容的根本区别所在。正是由于医疗美容的上述特点,我国对医疗美容实行许可制度。《医疗美容服务管理办法》第十六条规定,实施医疗美容项目必须在相应的美容医疗机构或开设医疗美容科室的医疗机构中进行。同时,对执业人员也设定了相应的资格条件。为了进一步保证医疗安全,规范医疗美容服务,也防止不具备医疗条件的美容机构从事对人体产生创伤或者侵入性美容行为,在保护人们对美的追求权利的同时也保障人们的身心健康,原卫生部制定了《医疗美容项目分级管理目录》,将医疗美容项目一一列举。该目录将射频治疗归为光(电磁波)治疗的一种,而光(电磁波)治疗是《医疗美容项目分级管理目录》中列明的美容皮肤科有创治疗项目下微创治疗项目的一类。也就是说,射频治疗已被明确纳入医疗美容范围。从事射频美容服务即属于从事医疗美容项目,执业机构依法应当取得相应的医疗美容资质。

本案中,从以下几个方面分析,足以认定原告爱美丽公司客观上从事了射频美容行为。第一,原告爱美丽公司在其营业场所内张贴宣传广告,清楚地表明原告爱美丽公司向顾客提供射频美容服务项目。广告中所描述的治疗原理符合射频美容利用特定频率的射频波进行美容的特征。第二,原告爱美丽公司工作人员的陈述及相关营业记录等书证也清楚地反映了原告爱美丽公司具有向顾客提供射频美容服务的行为。第三,原告爱美丽公司所使用的 slimager 仪器的工作原理、利用特定频率的射频波均符合射频治疗的特征。而以上行为都是原告爱美丽的自主经营行为,充分表明了原告爱美丽公司从事射频美容的主观故意。

原告爱美丽公司主张其使用的是普通的美容皮肤仪器,而非医疗美容器械,只是夸大宣传为射频皮肤治疗仪,原告爱美丽公司运用该仪器对顾客进行的是无创伤非侵入性的生活美容服务。本院认为,被告北通市卫生局处罚的是原告爱美丽公司未取得医疗美容许可证而从事射频医疗美容行为。该违法行为的认定是根据原告爱美丽公司客观行为表现和主观违法故意等违法要件综合判断。从前述原告爱美丽公司的宣传行为、营业记录、所使用仪器的特征都不难看出,无论在主观上还是客观上,原告爱美丽公司都存在向顾客提供射频美容的故意和行为。在原告爱美丽公司现场发现的仪器是原告爱美丽公司从事射频美容的工具,并非认定违法行为的唯一证据。本案是对被告北通市卫生局做出的被诉行政处罚进行合法性审查,内容包括认定的违法事实是否正确、证据是否充分。被告北通市卫生局在依法收集相关证据的基础上,运用医学专业知识,结合医疗美容行业中射频美容的执法实践,认定原告爱美丽公司提供属于医疗美容项目的射频美容服务,事实清楚,证据充分。原告爱美丽公司提出的被告市卫生局只有通过鉴定手段确定所用仪器为射频治疗仪才可以认定原告爱美丽公司从事射频美容的主张本院不予采纳。原告爱美丽公司所述夸大宣传也许在美容行业的确常见,但虚假宣传本身即为非法经营行为,不为我国法律所认可,更不能成为违法行为免责的正当理由。如果允许其对外宣传为射频美容,一旦被查处,则以实质上不具有射频美容功能而免受处罚，无异于要求行政执法机关放纵美容行业虚假宣传、牟求暴利的非法经营行为，且如果允许这种名不副实的行为存在，会导致消费者丧失对社会上形形色色美容服务是否得到行业许可的判断标准，不利于规范美容行业，保护人们身体健康与安全。

原告爱美丽公司以其法定代表人李浩兼任北通市诚美美容中心法定代表人，否认以上行为系原告爱美丽公司所为。本院认为，被告市卫生局现场检查的地点是原告爱美丽公司，当场做出的现场检查笔录中对此予以记载，原告爱美丽公司法定代表人李浩签字认可。被告北通市卫生局认定所查处的行为是原告爱美丽公司所为事实清楚、证据充分。原告爱美丽公司以法定代表人李浩兼任其他单位法定代表人为由，否认李浩以原告爱美丽公司法定代表人名义做出的行为，纯属无端混同，企图逃避原告爱美丽公司所应承担的法律责任。关于被诉行政处罚中所没收仪器的所有权和非法所得认定是否正确的问题。原告爱美丽公司还以法定代表人李浩兼任北通市诚美美容中心法定代表人，否定原告爱美丽公司对被没收仪器享有的所有权。本院认为，第一，所没收仪器是被告市卫生局在挂有“爱美丽”字号的经营场所发现；第二，原告爱美丽公 司的法定代表人李浩在行政处罚听证过程中认可仪器系原告爱美丽公司购进，对两台仪器的权属没有提出异议；第三，原告爱美丽公司未提供任何证据证明仪器为其他人所有，查处至今也从未有任何单位或者个人向被告市卫生局主张过权利。故被告北通市卫生局在没有相反证据证明的情况下，将仪器这种动产的占有者，也即原告爱美丽公司认定为所有权人并无不当。被告北通市卫生局将现场发现的两台仪器作为原告爱美丽公司违法行为所使用的器械予以查封并没收应予支持。

原告爱美丽公司认为公司实行“充一送一”消费方式，即顾客向公司充多少金额，公司就送多少金额的优惠政策，所以被告北通市卫生局认定的违法所得的金额也应当减半。本案原告爱美丽公司射频收费记录中对王某等顾客的充值情况写明“充 6 万送 6 万”或“充 3 万送 3 万”，与店长赵双丽的询问笔录和清单所表述的情况吻合，充分证明了 24 万元是王某等 6 名顾客实际充值的数额。该 6 名顾客已消费 16.6 万元，总缴费数额小于被告北通市卫生局认定的非法所得的数额，而且每位客户实际消费的数额均小于该顾客充值数额，没有超过原告爱美丽公司收取客户的金额。关于非法所得的认定，原卫生部在《关于对〈医疗机构管理条例〉中“非法所得”含义解释的答复》中称，《医疗机构管理条例》第四十四条中“非法所得”指未取得《医疗机构执业许可证》擅自执业的人员或机构在违法活动中所获取的包括成本在内的全部收入。被告北通市卫生局确认原告爱美丽公司的非法所得 16.6 万元并无不当。

关于被诉行政处罚是否显失公正的问题。《医疗机构管理条例》第二十四条规定，任何单位或者个人，未取得医疗机构执业许可证，不得开展诊疗活动。第四十四条规定，违反本条例第二十四条规定，未取得医疗机构执业许可证擅自执业的，由县级以上人民政府卫生行政部门责令其停止执业活动，没收非法所得和药品、器械，并可以根据情节处以1万元以下的罚款。《公共场所卫生管理条例实施细则》第三十八条规定，公共场所经营者安排未获得有效健康合格证明的从业人员从事直接为顾客服务工作的，由县级以上地方人民政府卫生行政部门责令限期改正，给予警告，并处以500元以上5000元以下罚款；逾期不改正的，处以5000元以上15000元以下罚款。被告市卫生局对原告爱美丽公司违法从事医疗美容以及从业人员未办理健康合格证就从事直接为顾客服务的两项违法行为合并做出没收违法所得16.6万元、没收射频治疗仪两台、罚款人民币1万元，同时责令原告爱美丽公司立即停止医疗美容活动和改正其他违法行为的行政处罚。以上处罚决定符合法律、行政法规规定的种类和处罚幅度。原告爱美丽公司认为其违法行为轻微，没有造成危害后果，因此被告北通市卫生局没收违法所得及两台射频治疗仪的处罚过重。本院认为，我国对医疗美容实施许可制度，医疗美容必须在具有医疗机构执业许可证的美容医疗机构或开设医疗美容科室的医疗机构中由具有相应医疗、护理执业资格的人员进行。从医疗美容的定义可以看出，医疗美容具有创伤性或者侵入性的特征，属于直接关系到人身健康的特定活动。对医疗美容实行许可制度，其意义在于保护人民群众的身体健康，避免人们在不符合医疗条件的美容机构接受有创或者侵入性美容服务造成各种有形或无形的身体伤害。原告爱美丽公司在没有取得医疗美容执业资格的情况下，实施射频治疗这一医疗美容服务项目，违反了法律的禁止性规定，扰乱了美容行业管理秩序，社会危害性明显，理应受到行政处罚。原告爱美丽公司对美容行业的许可制度熟视无睹，既是对自身违法行为社会危害性的认知错误，同时也是对法律的认知错误。《医疗机构管理条例》对原告爱美丽公司所实施的违法行为明确规定了没收非法所得和药品、器械，并可以根据情节处以1万元以下罚款的规定，被告北通市卫生局对没收非法所得和器械并无自由裁量权，故被告北通市卫生局严格依照法律规定做出没收非法所得16.6万元以及两台涉案仪器的行政处罚，符合法律规定。被告北通市卫生局对原告爱美丽公司的两个违法行为合并做出罚款1万元的处罚决定，在法律规定的处罚幅度内，并无不当。原告爱美丽公司关于违法行为轻微，没有造成危害后果，处罚过重的主张，本院不予支持。

综上，本院认为被诉行政处罚决定主要事实清楚，证据确凿充分，符合法定程序，量罚适当，适用法律正确。依据《最高人民法院关于执行〈中华人民共和国

行政诉讼法〉若干问题的解释》第五十六条第(四)项的规定,判决如下:

驳回北通爱美丽美容服务有限公司要求撤销北通市卫生局做出的通卫医罚字〔2013〕0017号行政处罚决定书的诉讼请求。

案件受理费50元,由北通爱美丽美容服务有限公司负担。

如不服本判决,可在判决书送达之日起十五日内,向本院递交上诉状,并按对方当事人的人数提出副本,上诉于依立省北通市中级人民法院,同时向该院预交上诉案件受理费50元(该院户名:北通市财政局,开户行:中国银行北通市西被闸支行,账号:47×××82)。

审 判 长:钱 某
审 判 员:周 某
人民陪审员:王 某
二〇一四年一月二十四日
书 记 员:吴 某

四、模拟训练的目的、重点和难点

(一)模拟训练的目的

本案涉及当下非常流行的美容,如何认定是医疗美容还是生活美容,需要有明确的法律依据。在本案的处理中,既存在一般的行政纠纷中常见的行政程序的合法性审查,和行政处罚的合理性审查。同时,在本案中还涉及对行政机关在行政诉讼过程中自行搜集的证据法院是否采信的问题,值得同学们认真思考。

(二)模拟训练的难点和重点

1.依据相关法律法规,对医疗美容的行为认定。

2.对行政行为程序合法及结果合理性分析。

3.对行政诉讼中行政机关自行搜集证据的合法性分析。

第七章 医疗纠纷刑事案件模拟演练

示范案例

一、基本案情

张无忌，个体诊所“乾坤诊所”负责人，执业助理医师。2012 年 6 月 25 日、2014 年 6 月 5 日因未取得医疗机构执业许可证擅自开展诊疗活动被 E 市 F 区卫生局分别处以罚款 8000 元和罚款 9000 元的行政处罚，并被责令停止诊疗活动。2014 年 9 月 15 日因涉嫌犯“非法行医罪”被 E 市公安局长安分局刑事拘留，同年 9 月 17 日被取保候审。

丁省 E 市 F 区人民检察院认为，被告人张无忌在未取得医疗机构执业许可证的情况下，擅自开办个人诊所并开展医师执业活动。在被 E 市 F 区卫生局以“非法行医”为由给予两次行政处罚后，仍继续非法行医，已构成“非法行医罪”，应予追究刑事责任。

被告人张无忌对犯罪事实及罪名不持异议。其辩护律师认为：①被告人张无忌对群众的疾病进行诊疗，这种行为在国家目前医疗条件欠缺的情况下，避免了群众去大医院看病难的问题，被告人的行为只是违反了法律，而事实上并没有造成任何后果；②被告人张无忌系初犯，没有犯罪前科；③被告人张无忌认罪、悔罪态度较好。

二、证据

（一）控方的证据清单

证据内容	证明目的
证据一：被告人张无忌身份证	张无忌基本情况
证据二：户籍证明信	张无忌基本情况
证据三：执业助理医师资格证	张无忌基本情况
证据四：违法嫌疑人询问笔录（2012 年）	张无忌非法行医情况

续　表

证据内容	证明目的
证据五:行政处罚决定书(2012 年)	张无忌因非法行医第一次受行政处罚情况
证据六:违法嫌疑人询问笔录(2014 年 6 月)	张无忌非法行医情况
证据七:行政处罚决定书(2014 年 6 月)	张无忌因非法行医第二次受行政处罚情况
证据八:违法嫌疑人询问笔录(2014 年 8 月)	张无忌非法行医情况
证据九:查封物品决定书	张无忌因非法行医第三次受行政处罚情况
证据十:调查报告	张无忌非法行医情况
证据十一:执法意见书	张无忌非法行医受过两次行政处罚应被追究刑责
证据十二:涉嫌犯罪案件移送书	张无忌非法行医受过两次行政处罚应被追究刑责
证据十三:被告人张无忌讯问笔录(公安机关)	张无忌犯罪基本情况
证据十四:被告人张无忌讯问笔录(检察院)	张无忌犯罪基本情况

(二)被告方的证据清单

证据内容	证明目的
证据一:违法嫌疑人询问笔录(2012 年)	张无忌的犯罪情节
证据二:行政处罚决定书(2012 年)	张无忌的犯罪情节
证据三:违法嫌疑人询问笔录(2014 年 6 月)	张无忌的犯罪情节
证据四:行政处罚决定书(2014 年 6 月)	张无忌的犯罪情节
证据五:违法嫌疑人询问笔录(2014 年 8 月)	张无忌的犯罪情节
证据六:调查报告	张无忌的犯罪情节
证据七:执法意见书	张无忌的犯罪情节
证据八:涉嫌犯罪案件移送书	张无忌的犯罪情节
证据九:被告人张无忌讯问笔录(公安机关)	张无忌的犯罪情节和悔罪情况
证据十:被告人张无忌讯问笔录(检察院)	张无忌犯罪情节和悔罪情况

三、庭审操作示例

丁省E市F区人民法院
刑事审判庭审笔录

案由:非法行医罪

时间:2014年10月22日09时00分至同年10月22日10时30分

开庭地点:F区人民法院科技庭

合议庭:审判长江玺某　代理审判员钱祝某　人民陪审员文某

书记员:孙某

书记员:(直立,正对旁听区)请安静!请旁听人员按席就座!请证人、鉴定人、翻译人员在休息室等候传唤。证人、鉴定人在作证前不得进入法庭旁听。

书记员:现在宣布法庭纪律:

1.到庭的所有人员一律听从审判长统一指挥、遵守法庭秩序。

2.不准喧哗、不准鼓掌、不准吸烟、不准随意走动、不准呼口号、不准开启移动电话和无线寻呼机,不准实施其他妨碍审判活动的行动,旁听人员不准进入审判区。

3.未经许可不准录音、录像和摄影。

4.诉讼参加人在辩论、提问和回答问题时,应经法庭允许。

5.未成年人未经批准,精神病人、醉酒的人及其他不宜旁听的人员不得旁听。

6.旁听人员不得记录、发言或者提问,有意见可在闭庭后提出。

7.违反上述规定,法庭将视情节予以警告、训诫,没收录音、录像和摄影器材,责令退出法庭;情节严重的,经院长批准予以罚款、拘留。对于严重扰乱法庭秩序构成犯罪的,依法追究刑事责任。

书记员:请检察人员、辩护人入庭!

请审判长、审判员和人民陪审员入庭!

书记员:(直立,正对审判长)报告审判长,本案诉讼参与人已经全部到庭,被告人张无忌已在候审室候审,开庭准备工作已经就绪,请示开庭。

审判长:(敲击法槌)丁省E市F区人民法院刑事审判庭公开审理被告人张无忌涉嫌“非法行医罪”一案,现在开庭。

法警,提被告人张无忌到庭!

审判长:被告人张无忌。

被告人:到!

审判长:你是否还有其他的名字?

被告人:没有。

审判长:讲下你自己的基本情况。

被告人:我叫张无忌,42 岁,1972 年 4 月 14 日出生,汉族,中专文化,住 E 市 F 区日月镇鸣叫村 2 组 25 号。

审判长:你是什么职业?

被告人:医生,在村里开了个诊所。

审判长:你以前是否受过刑事处分?

被告人:没有。

审判长:这次是什么时候被羁押的?

被告人:2014 年 9 月 15 日被公安局刑事拘留。

审判长:知道你被羁押的原因吗?

被告人:说我非法行医。

审判长:什么时候被取保候审?

被告人:2014 年 9 月 17 日。

审判长:F 区检察院公诉书的副本你收到了吗?何时收到的?

被告人:收到了。好像是 10 月 10 日。

审判长:丁省 E 市 F 区法院今天依法公开审理丁省 E 市 F 区检察院提起公诉的被告人张无忌涉嫌"非法行医罪"一案。根据《中华人民共和国刑事诉讼法》(以下简称《刑诉法》)的相关规定,本案由审判员江玺某担任审判长,与代理审判员钱祝某和人民陪审员文某组成合议庭,由书记员孙某担任法庭记录。丁省 E 市 F 区检察院指派检察员玄某出庭履行职务。受被告人张无忌的委托,河北元朝律师事务所律师赵敏出庭为被告人张无忌进行辩护。

根据《刑诉法》的相关规定,当事人及其法定代理人、辩护人、诉讼代理人有申请回避的权利。对刚才宣布的合议庭组成人员、书记员和出庭的检察人员的名单,被告人听清楚了没有?是否申请回避?(依次询问被告人、辩护人)

被告人:听清楚了。不申请回避。

辩护人:听清楚了。不申请回避。

审判长:根据《刑诉法》的相关规定,当事人及其法定代理人、辩护人、诉讼代理人在法庭审理中享有下列权利:

1. 有权提出证据,申请新的证人到庭,调取新的证据,申请重新鉴定或勘验。

2. 经审判长许可,有权对证据和案件情况发表意见、互相辩论。

3. 被告人享有辩护的权利,可以向证人、鉴定人发问,在法庭辩论终结后,享有最后陈述的权利。各诉讼参与人听清楚没有?

被告人:听清楚了。

辩护人:听清楚了。

审判长:现在进行法庭调查。首先由检察员玄某宣读公诉书。

公诉人:宣读公诉书(略)。

起诉书宣读完毕。

审判长:公诉人宣读的公诉书,被告人张无忌听清楚没有?

被告人:听清楚了。

审判长:和你拿到的公诉书副本的内容是否一致?

被告人:一样的。

审判长:你对公诉书指控的事实有什么意见吗?

被告人:没有。

审判长:下面就公诉书指控的事实你向法院做简要的陈述。

被告人:我是1990年前后开始从事诊疗活动的,我开办的诊所没有标牌,别人习惯都称"乾坤诊所"。"乾坤诊所"是我自己投资经营的,负责人就是我本人,我的诊所目前没有取得医疗机构执业许可证,我有执业助理医师资格证,执业助理医师不能单独从事医师执业活动,所以卫生部门不予为我办理医疗机构执业许可证书。我独自开办诊所从事医师执业活动就是为了挣钱谋生。办诊所开展诊疗活动期间,没有发生过医疗事故。卫生监督管理部门到我的诊所检查过三次,第一次是2012年3月F区卫生监督所来我的诊所检查,于2012年6月25日给我送达行政处罚决定书,罚款8000元;第二次是2014年3月F区卫生监督所来我的诊所检查,于2014年6月5日给我送达行政处罚决定书,罚款9000元;第三次是2014年8月份F区卫生监督所来我的诊所检查,检查之后卫生监督部门让我停止诊疗活动,我就停止了。

审判长:被告人可以坐下了。下面公诉人可以就公诉书指控的事实对被告人进行询问。

公诉人:被告人张无忌,公诉人现在就本案对你进行讯问,你要如实回答问题。"乾坤诊所"是不是你开的?

被告人:是我开的。我的诊所其实是没有牌子的,不过时间久了大家都叫它"乾坤诊所"。

公诉人:你是什么时候开的?

被告人:1992年,大约在冬季。一开始的时候,就是1990年,我先在乡镇卫生院干过,有医生指导着。后来我看到我们村没有卫生所,我就出来自己干了。

公诉人:一直都是你在独立行医?

被告人:是的。

公诉人:你开诊所有没有执业医师证和医疗机构执业许可证?

被告人:没有。但我有执业助理医师证。

公诉人:在被公安机关拘留前,你因为非法行医被卫生行政部门处理过几次?

被告人:三次。前两次都是罚款,最后一次就是两个月前,让我停止诊疗活动,我就停止了。

公诉人:审判长,暂时没有别的问题。

审判长:辩护人可以对被告人发问。

辩护人:张无忌,我问你几个问题。你们日月镇鸣叫村有几家医疗机构?

被告人:以前就我一家,现在还有村卫生所。

辩护人:你说的"以前"大概是多久?现在的村卫生所是什么时候开的?

被告人:我刚开诊所的时候全村就我一家,就是 1992 年的时候。后来大概在 2011 年底才开始有了村卫生所,然后 2012 年政府就开始检查非法行医。

辩护人:到你诊所看病的都是些什么人?看病的多不?

被告人:人还是多的,都是我们村里的人。到镇卫生院说远不远说近不近,村民一般小病都忍着,忍不住了就到我这里来看下。吃点药好了就不再看了。实在不行,还得上镇里和县城里。

辩护人:有没有因为你的诊疗和患者发生过纠纷?

被告人:从来没有。病人看好了,就不来了;看不好,就到乡镇卫生院和县里的医院去了。

辩护人:你以前有没有被刑事处罚过?

被告人:从来没有。

辩护人:被拘留之后你承认过你非法行医没有?有没有说过假话?

被告人:被拘留以后,我一直都是说实话,没有任何隐瞒。我知道我错了。

辩护人:审判长,我的问题问完了。

审判长:被告人,你对公诉机关指控你犯有"非法行医罪"这个罪名有意见吗?

被告人:没有意见,我认罪。

审判长:下面进行法庭举证质证。首先由公诉人就公诉书指控的犯罪事实向法庭举证。

公诉人:审判长,为证明被告人张无忌的犯罪事实以及应该被处以的刑罚,公诉方将向法院出示三组证据。

第一组证据,包括张无忌自己提供的身份证复印件、执业助理医师资格证原件和在日月镇派出所调取的户籍证明信,以此证明张无忌的身份。

审判长:请法警把证据交给被告人张无忌看。被告人张无忌对此有什么意见?

被告人:没有。

审判长:请法警把证据交给辩护人看。辩护人对此有什么意见?

辩护人:没有。

审判长:请法警把证据交给法庭审查。

请法警把证据交还公诉方。请公诉方继续举证。

公诉人:我们向法庭出示的第二组证据包括E市F区卫生局提供的对乾坤诊所进行检查的现场检查笔录、执法意见书、查封物品决定书、询问笔录、现场照片、行政处罚决定书和涉嫌犯罪案件移送书。以此证明张无忌因非法行医已经被卫生行政部门处理过两次,其行为已构成犯罪。

审判长:请法警把证据交给被告人张无忌看。被告人张无忌对此有什么意见?

被告人:没有。

审判长:请法警把证据交给辩护人看。辩护人对此有什么意见?

辩护人:没有。但我想提请合议庭注意,这组证据里面的执法意见书、涉嫌犯罪案件移送书、两次行政处罚决定书和调查报告,都证明了被告人张无忌的非法行医行为未造成任何不良后果。

审判长:请法警把证据交给法庭审查。

陪审员:被告人张无忌,你第三次被卫生局查处的时候有没有收到行政处罚决定书?

被告人:没有。他们就叫我停止营业,在家等候下一步的处理。后来公安局就来把我抓走了。

审判长:请法警把证据交还公诉方。请公诉方继续举证。

公诉人:我们向法庭出示的第三组证据包括F区公安局提供的被告人张无忌的到案说明和被告人的口供,以及F区检察院对被告人张无忌的询问笔录,以此证明张无忌已构成“非法行医罪”。

审判长:请法警把证据交给被告人张无忌看。被告人张无忌对此有什么意见?

被告人:没有。

审判长:请法警把证据交给辩护人看。辩护人对此有什么意见?

辩护人:没有。但我想提请合议庭注意,这组证据充分说明了被告人张无忌到案后积极认罪、悔罪态度良好。

审判长:公诉方还有没有证据要向法院继续出示?

公诉人:我方举证完毕。

审判长：被告人张无忌，你有没有证据要向法庭提交的？

被告人：没有。

审判长：辩护人，你有没有证据要向法庭提交的？

辩护人：有。辩护人向法庭出示的一组证据，这组证据包括E市F区卫生局作出的询问笔录、行政处罚决定书、调查笔录、执法意见书和涉嫌犯罪案件移送书，以及被告人张无忌的到案说明和被告人在公安机关和检察院做出的口供。以此证明被告人张无忌的犯罪行为事实上并没有造成任何不良后果，而且认罪、悔罪态度较好。

审判长：请法警把证据交给公诉方审查。公诉方可以发表意见。

公诉人：这些证据能充分证明被告人张无忌犯有“非法行医罪”。

审判长：请法警把证据交给被告人张无忌看。被告人张无忌对此证据有没有什么补充的？

被告人：没有。

审判长：辩护人，你还有没有证据要向法庭出示？

辩护人：没有了。

审判长：被告人张无忌是否申请新的证人出庭、调取新的物证、重新勘验或重新鉴定？

被告人：不申请。

审判长：辩护人呢？

辩护人：不申请。

审判长：法庭调查结束。根据法庭调查的情况，合议庭归纳本案的争议焦点为被告人张无忌应如何量刑。公诉方是否同意本案争议焦点的归纳？

公诉方：同意。

审判长：被告人张无忌是否同意本案争议焦点的归纳？

被告人：同意。

审判长：辩护人呢？

辩护人：同意。

审判长：下面进行法庭辩论。请控辩双方围绕法庭归纳的争议焦点进行辩论。请公诉方发表公诉意见。

公诉方：被告人张无忌在未取得医疗机构执业许可证的情况下，擅自开展诊疗活动，并因非法行医两次被卫生行政部门处罚，其行为已构成“非法行医罪”，证据确凿、事实清楚，被告人亦已认罪。被告人的犯罪行为虽然没有造成患者的不良后果，但其从1992年就开始非法行医，时间跨度很长，主观恶性较大，不宜从轻判决。

审判长：下面由被告人张无忌做自行辩护。

被告人：我独自开办诊所从事医师执业活动就是为了挣钱谋生。我没有害过任何人。我愿意接受法律的制裁。

审判长：辩护人发表辩护意见。

辩护人：尊敬的审判长、审判员、人民陪审员，受被告人张无忌委托，河北元朝律师事务所指派我作为被告人的辩护人出庭参加诉讼。现就本案发表如下辩论意见：被告人构成“非法行医罪”，但应从轻处罚。理由如下：①被告人张无忌对群众的疾病进行诊疗，这种行为在国家目前医疗条件欠缺的情况下，避免了群众去大医院看病难的问题，被告人的行为只是违反了法律，而事实上并没有造成任何不良后果；②被告人张无忌系初犯，没有犯罪前科；③被告人张无忌认罪、悔罪态度较好。

审判长：公诉人还有没有新的辩护意见？

公诉方：没有。

审判长：被告人和辩护人呢？

被告人：没有。

辩护人：没有。

审判长：法庭辩论终结。下面由被告人做最后陈述。被告人站起来。

被告人：尊敬的审判长、审判员、人民陪审员，检察官。我已经深刻认识到我的错误，我愿意接受法律的制裁。请法院给我一次悔过自新的机会，我一定好好改造，用我的实际行动回报社会。

审判长：当庭出示的证据在休庭后交给法庭。

下面宣布休庭，由合议庭对本案进行评议后，择日宣判。

把被告人张无忌带下去。

（敲击法槌）

书记员：请审判长、审判员、人民陪审员退庭。

（合议庭人员全部离开法庭后）请旁听人员退庭。

四、判决文书

丁省E市F区人民法院
刑事判决书

〔2014〕长刑初字第43号

公诉机关：丁省E市F区人民检察院。

被告人：张无忌，个体诊所负责人。2012年6月25日、2014年6月5日因未取得医疗机构执业许可证擅自开展诊疗活动两次被E市F区卫生局分别处以罚款8000元和罚款9000元的行政处罚，并被责令停止诊疗活动。2014年9月15日因涉嫌犯非法行医罪被E市公安局长安分局刑事拘留，同年9月17日被取保候审。

辩护人赵敏，河北元朝律师事务所律师。

E市F区人民检察院以石长检刑诉〔2014〕281号起诉书指控被告人张无忌犯非法行医罪，于2014年10月25日向本院提起公诉。本院依法组成合议庭，公开开庭审理了本案。E市F区人民检察院指派代理检察员吕志某出庭支持公诉，被告人张无忌及其辩护人赵某到庭参加诉讼。本案经合议庭评议，现已审理终结。

E市F区人民检察院指控：自1992年开始，被告人张无忌在未取得医疗机构执业许可证的情况下，在E市F区日月镇鸣叫村擅自开办“乾坤诊所”，并开展医师执业活动。2012年6月25日、2014年6月5日E市F区卫生局对张无忌非法行医行为给予行政处罚，并责令其停止诊疗活动。2014年8月19日E市F区卫生局发现张无忌仍在开展诊疗活动，非法行医。

公诉机关出示了相关证据，指控被告人张无忌犯非法行医罪，提请本院依法判处。

被告人张无忌对起诉书指控的犯罪事实及罪名不持异议。

辩护人赵敏主要提出：①被告人张无忌对群众的疾病进行诊疗，这种行为在国家目前医疗条件欠缺的情况下，避免了群众去大医院看病难的问题，被告人的行为只是违反了法律，而事实上并没有造成任何不良后果；②被告人张无忌系初犯，没有犯罪前科；③被告人张无忌认罪、悔罪态度较好。

经审理查明：自1992年开始，被告人张无忌在未取得医疗机构执业许可证的情况下，在E市F区日月镇鸣叫村擅自开办“乾坤诊所”，并开展医师执业活动。2012年6月25日、2014年6月5日E市F区卫生局对张无忌非法行医行为两次给予行政处罚，并责令其停止诊疗活动。2014年8月19日E市F区卫生局发现张无忌仍在开展诊疗活动，非法行医。

上述事实，有公诉机关提交，并经法庭质证、认证的下列证据，予以证实：

被告人张无忌的供述：我是1990年前后开始从事诊疗活动的，我开办的诊所没有标牌，别人习惯都称“乾坤诊所”。“乾坤诊所”是我自己投资经营的，负责人就是我本人，我的诊所目前没有取得医疗机构执业许可证，我有执业助理医师资格证，执业助理医师不能单独从事医师执业活动，所以卫生部门不予为我办理医疗机构执业许可证书。我独自开办诊所从事医师执业活动就是为了挣钱谋生。办诊所开展诊疗活动期间，没有发生过医疗事故。卫生监督管理部门到我的诊所检查过三次，第一次是2012年3月F区卫生监督所来我的诊所检查，于

2012 年 6 月 25 日给我送达行政处罚决定书，罚款 8000 元；第二次是 2014 年 3 月 F 区卫生监督所来我的诊所检查，于 2014 年 6 月 5 日给我送达行政处罚决定书，罚款 9000 元；第三次是 2014 年 8 月份 F 区卫生监督所来我的诊所检查，检查之后卫生监督部门让我停止诊疗活动，我就停止了。

另有涉嫌犯罪案件移送书、调查报告、E 市 F 区卫生局对乾坤诊所进行检查的现场检查笔录、执法意见书、查封物品决定书、询问笔录、现场照片、行政处罚决定书、被告人张无忌的相关证书、到案说明、户籍证明信等证据。

以上证据来源合法、内容客观，本院予以确认。

本院认为，被告人张无忌未取得医生职业资格，非法行医，情节严重，E 市人民检察院指控被告人张无忌犯非法行医罪，事实清楚，证据确实、充分，罪名成立。考虑到被告人张无忌非法行医未造成不良后果且自愿认罪，可酌情予以从轻处罚。依照《中华人民共和国刑法》第三百三十六条第一款、第七十二条之规定，判决如下：

被告人张无忌犯非法行医罪，判处拘役四个月，缓刑六个月，并处罚金人民币 3000 元（已缴纳）。

（缓刑考验期限，从判决确定之日起计算。）

如不服本判决，可在接到判决书的第二日起十日内，通过本院或者直接向丁省 E 市中级人民法院提出上诉。书面上诉的，应当提交上诉状正本一份，副本两份。

审　判　长：江玺某
代理审判员：钱祝某
人民陪审员：文　某
二〇一四年九月二十八日
书　记　员：孙　某

五、相关法律规定

《刑事诉讼法》

第二十八条　审判人员、检察人员、侦查人员有下列情形之一的，应当自行回避，当事人及其法定代理人也有权要求他们回避：

（一）是本案的当事人或者是当事人的近亲属的；

（二）本人或者他的近亲属和本案有利害关系的；

（三）担任过本案的证人、鉴定人、辩护人、诉讼代理人的；

（四）与本案当事人有其他关系，可能影响公正处理案件的。

第二十九条　审判人员、检察人员、侦查人员不得接受当事人及其委托人的请客送礼，不得违反规定会见当事人及其委托人。

审判人员、检察人员、侦查人员违反前款规定的，应当依法追究法律责任。

当事人及其法定代理人有权要求他们回避。

第三十一条　本章关于回避的规定适用于书记员、翻译人员和鉴定人。

辩护人、诉讼代理人可以依照本章的规定要求回避、申请复议。

第五十二条　……

行政机关在行政执法和查办案件过程中收集的物证、书证、视听资料、电子数据等证据材料，在刑事诉讼中可以作为证据使用。

第一百七十八条　基层人民法院、中级人民法院审判第一审案件，应当由审判员三人或者由审判员和人民陪审员共3人组成合议庭进行，但是基层人民法院适用简易程序的案件可以由审判员一人独任审判。

第一百八十三条　人民法院审判第一审案件应当公开进行。但是有关国家秘密或者个人隐私的案件，不公开审理；涉及商业秘密的案件，当事人申请不公开审理的，可以不公开审理。

第二百零八条　基层人民法院管辖的案件，符合下列条件的，可以适用简易程序审判：

(一)案件事实清楚、证据充分的；

(二)被告人承认自己所犯罪行，对指控的犯罪事实没有异议的；

(三)被告人对适用简易程序没有异议的。

人民检察院在提起公诉的时候，可以建议人民法院适用简易程序。

第二百零九条　有下列情形之一的，不适用简易程序：

(一)被告人是盲、聋、哑人，或者是尚未完全丧失辨认或者控制自己行为能力的精神病人的；

(二)有重大社会影响的；

(三)共同犯罪案件中部分被告人不认罪或者对适用简易程序有异议的；

(四)其他不宜适用简易程序审理的。

第二百一十条　适用简易程序审理案件，对可能判处3年有期徒刑以下刑罚的，可以组成合议庭进行审判，也可以由审判员一人独任审判；对可能判处的有期徒刑超过3年的，应当组成合议庭进行审判。

适用简易程序审理公诉案件，人民检察院应当派员出席法庭。

第二百一十一条　适用简易程序审理案件，审判人员应当询问被告人对指控的犯罪事实的意见，告知被告人适用简易程序审理的法律规定，确认被告人是否同意适用简易程序审理。

第二百一十二条 适用简易程序审理案件,经审判人员许可,被告人及其辩护人可以同公诉人、自诉人及其诉讼代理人互相辩论。

第二百一十三条 适用简易程序审理案件,不受本章第一节关于送达期限、讯问被告人、询问证人、鉴定人、出示证据、法庭辩论程序规定的限制。但在判决宣告前应当听取被告人意见。

第二百一十六条 被告人、自诉人和他们的法定代理人,不服地方各级人民法院第一审的判决、裁定,有权用书状或者口头向上一级人民法院上诉。被告人的辩护人和近亲属,经被告人同意,可以提出上诉。……

第二百一十七条 地方各级人民检察院认为本级人民法院第一审的判决、裁定确有错误的时候,应当向上一级人民法院提出抗诉。

第二百一十九条 不服判决的上诉和抗诉的期限为10日,不服裁定的上诉和抗诉的期限为5日,从接到判决书、裁定书的第二日起计算。

《刑法》

第四十二条 拘役的期限为1个月以上6个月以下。

第五十二条 判处罚金,应当根据犯罪情节决定罚金数额。

第六十一条 对于犯罪分子决定刑罚的时候,应当根据犯罪的事实、犯罪的性质、情节和对于社会的危害程度,依照本法的有关规定判处。

第七十二条 对于被判处拘役、3年以下有期徒刑的犯罪分子,同时符合下列条件的,可以宣告缓刑,对其中不满18周岁的人、怀孕的妇女和已满75周岁的人,应当宣告缓刑:

(一)犯罪情节较轻;

(二)有悔罪表现;

(三)没有再犯罪的危险;

(四)宣告缓刑对所居住社区没有重大不良影响。

被宣告缓刑的犯罪分子,如果被判处附加刑,附加刑仍须执行。

第七十三条 拘役的缓刑考验期限为原判刑期以上1年以下,但是不能少于2个月。

缓刑考验期限,从判决确定之日起计算。

第三百三十六条 未取得医生执业资格的人非法行医,情节严重的,处3年以下有期徒刑、拘役或者管制,并处或者单处罚金;严重损害就诊人身体健康的,处三年以上十年以下有期徒刑,并处罚金;造成就诊人死亡的,处十年以上有期徒刑,并处罚金。

《最高人民法院关于审理非法行医刑事案件具体应用法律若干问题的解释》

第一条 具有下列情形之一的,应认定为刑法第三百三十六条第一款规定的“未取得医生执业资格的人非法行医”：

（一）未取得或者以非法手段取得医师资格从事医疗活动的；

（二）个人未取得《医疗机构执业许可证》开办医疗机构的；

……

第二条　具有下列情形之一的，应认定为刑法第三百三十六条第一款规定的“情节严重”：

（一）造成就诊人轻度残疾、器官组织损伤导致一般功能障碍的；

（二）造成甲类传染病传播、流行或者有传播、流行危险的；

（三）使用假药、劣药或不符合国家规定标准的卫生材料、医疗器械，足以严重危害人体健康的；

（四）非法行医被卫生行政部门行政处罚两次以后，再次非法行医的；

（五）其他情节严重的情形。

第三条　具有下列情形之一的，应认定为刑法第三百三十六条第一款规定的“严重损害就诊人身体健康”：

（一）造成就诊人中度以上残疾、器官组织损伤导致严重功能障碍的；

（二）造成三名以上就诊人轻度残疾、器官组织损伤导致一般功能障碍的。

《执业医师法》

第三十条　执业助理医师应当在执业医师的指导下，在医疗、预防、保健机构中按照其执业类别执业。

在乡、民族乡、镇的医疗、预防、保健机构中工作的执业助理医师，可以根据医疗诊治的情况和需要，独立从事一般的执业活动。

六、案件评析和模拟重点

（一）案件评析

1. 程序。

从普通程序角度而言，本案的审理程序规范，注重了对被告人权益的保护。而且，本案有效使用了行政机关在行政执法和查办案件过程中收集的证据材料，节约了司法资源，也实现了对犯罪行为的追究。

但需要指出的是，本案是典型的被告人承认有罪、争议不大的案件，完全可以适用简易程序，由此可以大大节约司法资源。从庭审的具体情况来看，本案对于案件事实确实也没有争议，控辩双方也只围绕量刑进行了一次辩论，出示证据的环节完全可以简化。因此，本案应该适用简易程序而没有适用，是一个遗憾。建议在模拟法庭训练时，可以对本案进行一次简易程序的模拟。

2. 实体。

由于被告人对非法行医的犯罪事实供认不讳,因此本案的争议焦点在于对被告人的量刑。我们也可以看到就“非法行医罪”的构成而言,该罪属于情节犯,其构成要件包括非法行医的事实行为和情节严重的情形。首先,张无忌既没有《执业医师证》,也没有《医疗机构执业许可证》。从构成“非法行医罪”的角度来看,执业助理医师虽然不能单独行医,但其单独行医的非法行医行为应承担行政责任;而没有《医疗机构执业许可证》开办医疗机构的非法行医行为,才属于承担刑事责任的范畴。其次,张无忌因非法行医已经被卫生行政部门处罚过两次,这已满足“情节严重”的要件。因此,本案判决中认为被告人张无忌“未取得医生职业资格”而构成“非法行医罪”,其事实依据不够准确;判决对非法行医情节的认定是准确的。

就量刑而言,《最高人民法院关于常见犯罪的量刑指导意见》中“量刑的指导原则2”规定:“量刑既要考虑被告人所犯罪行的轻重,又要考虑被告人应负刑事责任的大小,做到罪责刑相适应,实现惩罚和预防犯罪的目的。”本案中,被告人张无忌非法行医未造成危害后果且自愿认罪。因此本案的量刑是适当的。

(二)模拟重点

1. 刑事诉讼普通程序。

2. 刑事诉讼简易程序。特别是被告人认罪的情况下,如何简化程序、促进审判效率。

3. 在刑事诉讼普通程序下如何出示、质证和认定行政机关制作的证据。

4. 非法行医的犯罪构成。

实验案例一

一、基本案情

被告人祖河某(女)和被告人潘长某(男)在2011年1月至2011年7月期间将假药心舒丸销售到H省M县多个乡镇;在2010年5月至2011年7月期间,被告人祖河某、潘长某在没有获得药品经营许可证的情况下,将腰痛宁胶囊、毓婷、肠炎宁胶囊等物品销售到H省M县多个乡镇。

案发后,木兰县人民检察院以被告人祖河某、潘长某涉嫌非法经营罪、销售假药罪向木兰县人民法院提起公诉。

二、证据

(一)控方的证据清单

证据内容	证明目的
证据一:被告人祖河某身份证	祖河某的身份信息
证据二:被告人潘长某身份证	潘长某的身份信息
证据三:被告人祖河某讯问笔录(公安机关)	祖河某和潘长某共同犯罪的情况
证据四:被告人潘长某讯问笔录(公安机关)	潘长某和祖河某共同犯罪的情况
证据五:李伟西证人证言	祖河某和潘长某共同犯罪的情况
证据六:任天豪证人证言	祖河某和潘长某共同犯罪的情况
证据七:搜查证	侦查程序合法
证据八:搜查笔录	侦查程序合法;涉案物品
证据九:扣押物品清单(祖河某物品)	涉案物品
证据十:药品进货、制作、销售清单(祖河某住宅搜查物品)	祖河某和潘长某共同犯罪的情况
证据十一:扣押物品清单(潘长某物品)	涉案物品
证据十二:药品销售记录(潘长某提交)	祖河某和潘长某共同犯罪的情况
证据十三:M县食品药品监督局药品鉴定报告	祖河某和潘长某共同犯罪涉及假药罪
证据十四:被告人祖河某讯问笔录(检察院)	祖河某和潘长某共同犯罪的情况
证据十五:被告人潘长某讯问笔录(检察院)	潘长某和祖河某共同犯罪的情况

证据一:被告人祖河某身份证信息

姓　名　祖河某

性　别　女　民族　汉族

出　生　1976年1月10日

住　址　H省M县花家街1号

公民身份证号　232127197601100000

证据二:被告人潘长某身份证信息

姓　名　潘长某

性　别　男　民族　汉族

出　生　1974年1月20日

住　址　H省M县潘家街1号

公民身份证号　232127197401200000

证据三:被告人祖河某讯问笔录

讯问笔录(第一次)

讯问时间:开始时间2011年8月2日10时10分,结束时间2011年8月2日13时0分

讯问地点:H省M县公安局

讯问人:赵甲

记录人:钱乙

被讯问人:祖河某

问:我们是M县公安机关的工作人员,你今天被传唤到这里,是因为你涉嫌"非法经营罪"和"销售假药罪"。我们要对案件事实做一个调查,希望你能如实回答我们的问题。如实回答的,可以按照法律从宽处理,你听清了没?

答:听清楚了。

问:说一下你的基本情况。

答:我叫祖河某,汉族,1976年1月10日生,现住在H省M县花家街1号。高中毕业,无固定工作,靠出租门面过日子。

问:你是否要请律师?

答:不请。

问:你以前是否有过前科?

答:没有。

问:你是不是人大代表或政协委员?

答:不是。

问:说一下你卖药的经过。

答:我们从2011年初开始卖药。

问:你说的"我们"是哪些人?

答:我和潘长某。我们小时候是邻居,家里大人关系好,我们关系也好。

问:你们一开始是如何商量卖药的?

答:潘长某是包装工,2010年下半年(具体时间我忘了)来找到我,说他们厂正在包装一种药,叫"心舒丸",听说卖得不错。他手上还有很多外包装,可以装些药进去当成"心舒丸"来卖,但是他没有钱,我们可以合作。我说,那要是吃死人了咋整?他说,就是装点便宜的药进去,做成和心舒丸一个样子,又吃不死人,又不会被发现,赚点小钱,没事的。我也觉得又吃不死人,没有问题,就答应了。完了潘长某就去找他的朋友李伟西,他在木兰花医药有限公司上班,问他心舒丸主要有些什么成分。然后我们就自己开始买原材料回来在我家二楼的空房子里做丸子,然后潘长某再拿到他工厂去包装,完了又拿到我这里来。

问:你继续说下你们卖药的经过。

答:我们从今年初开始卖药,具体时间忘了,最后一笔是前天。先是卖心舒丸,后来又从木兰花医药有限公司进了些腰痛宁胶囊、毓婷、肠炎宁胶囊那些卖得好的药,主要是卖给一些城乡结合部、乡镇的药店、诊所那些,具体有哪些药店诊所记不得了。

问:卖药时间、卖给哪些人你都记不得,你们没有账本啊?

答:没有。我们就是凑1万元钱买药,卖完一次货收到钱就马上把钱分了。药卖完了,就又凑钱买药。分钱的比例就是凑钱的比例。

问:你们一共卖了多少药?分了多少钱?

答:不知道卖了多少药。反正卖完一次货就马上把钱分了。应该每个人赚了近1万元钱吧。

问:你们有没有药品经营许可证?

答:一直没有办下来。

问:我再次明确地问你,以上说的是否属实?

答:属实。

问:我们讯问你时是否有刑讯逼供或者不文明的现象?

答:没有。

问:你看一下以上笔录,和你所说的是否一致?

答:一致。

被讯问人签字:(手印)

2011年8月2日

讯问笔录

讯问时间:开始时间2011年8月10日15时0分,结束时间2011年8月10日16时0分

讯问地点:H省东阴市看守所

讯问人:赵甲

记录人:钱乙

被讯问人:祖河某

问:我们就你涉及的"非法经营罪"和"销售假药罪"还要再做一个调查,希望你能如实回答我们的问题。你听清了没?

答:听清楚了。

问:你和潘长某是从哪个时候开始卖药的?

答:大概在2010年初,潘长某问我想不想做点药品生意,如果愿意我们两个可以合伙做,他认识医药公司的人。我说可以,他就把在木兰花医药有限公司上班的李伟西介绍给我。然后大概是2010年5月初开始,我们就从李伟西那里进些好卖的药来卖,有腰痛宁胶囊、毓婷、肠炎宁胶囊那些。

问:这些药卖给哪些人了?

答:我真的记不清了,就是城乡结合部、乡镇的一些药店、诊所。

问:你再说一下卖"心舒丸"的事?

答:潘长某是包装工,2010 年下半年,具体时间我忘了,来找到我,说他们厂正在包装一种药,叫"心舒丸",听说卖得不错。他手上还有很多外包装,可以装些药进去当成"心舒丸"来卖,但是他没有钱,我们可以合作。我说,那要是吃死人了咋整?他说,就是装点便宜的药进去,做成和心舒丸一个样子,又吃不死人,又不会被发现,赚点小钱,没事的。我也觉得又吃不死人,没有问题,就答应了。完了潘长某就去找他的朋友李伟西,他在木兰花医药有限公司上班,问他心舒丸主要有些什么成分。然后我们就自己开始买原材料回来在我家二楼的空房子里做丸子。

问:根据我国刑事诉讼法的规定,如实陈述案情的,可以按照法律从宽处理。现在再给你一次坦白的机会,你们究竟卖了多少药?赚了多少钱?是怎么分的?

答:我真的记不清楚卖了多少药。每个人大概赚了近 1 万元钱。

问:这是从你家里搜出来的卖药清单,潘长某也有卖药清单,你有什么要解释没有?

答:喔,对,是有清单的,但是清单有啥具体内容我都忘了。

问:从清单来看,你们做了 3000 盒的心舒丸?

答:好像是,做了三次,但是没卖完。

问:除了清单上记的,还有没有其他卖药的行为?

答:没有了。但清单具体怎么记的我真的记不清了,我就是进一次货或者做好一次药,就把大概的收入记好,但不是所有的货都卖出去了。

问:每次进药、卖药、买制丸子的材料都是你和潘长某一起的?

答:都是。但送货都是潘长某去。

问:有没有人单独上门找你拿药?

答:没有。

问:你们进的所有药和做的药都是放在你家二楼上?还有没有放在其他地方的?

答:没有。那里做药和拿药方便些。

问:李伟西有没有参与卖药、制药和提成?

答:没有,就是通过他的关系进些药来卖。

问:你还有没有什么补充的?

答:我卖的药也没有害,我也不懂法,请求政府能宽大处理。

问:以上说的是否属实?

答:属实。

问:我们讯问你时是否有刑讯逼供或者不文明的现象?

答:没有。

问:你看一下以上笔录,和你所说的是否一致?

答:一致。

被讯问人签字:(手印)

2013 年 8 月 10 日

证据四:被告人潘长某讯问笔录

讯问笔录

讯问时间:开始时间 2011 年 8 月 2 日 14 时 0 分,结束时间 2011 年 8 月 2 日 15 时 0 分

讯问地点:H 省 M 县公安局

讯问人:赵甲

记录人:钱乙

被讯问人:潘长某

问:我们是 M 县公安机关的工作人员,你今天被传唤到这里,是因为你涉嫌"非法经营罪"和"销售假药罪"。我们要对案件事实做一个调查,希望你能如实回答我们的问题。如实回答的,可以按照法律从宽处理。你听清了没?

答:听清楚了。

问:说一下你的基本情况。

答:我叫潘长某,汉族,1974 年 1 月 20 日生,现住在 H 省 M 县潘家街 1 号。初中毕业,M 县医药包装厂包装车间工人、材料保管员。

问:你是否要请律师?

答:不请。

问:你以前是否有过前科?

答:没有。

问:你是不是人大代表或政协委员?

答:不是。

问:你和祖河某是怎么开始商量卖药的?

答:我和祖河某是从小玩到大的。她家里一直做生意,她自己头脑也很灵活。大概在 2010 年初,她问我认不认识医药公司的人,她想做点药品生意;如果我介绍成功,能做药品生意的话,我就算入股了,以后一起卖药跑市场,按她 8 我 2 分利润。我就把在木兰花医药有限公司上班的李伟西介绍给她。然后大概是 2010 年 5 月初开始,我们就把进来的药开始往外卖。

问:你们具体是怎么卖药的? 卖的是些什么药?

答:祖河某主要负责找买家,她时间多,我要上班。有人要货的时候,我一般就在周末去送货。后来也有些人直接到祖河某家里去拉货。卖的有腰痛宁胶囊、毓婷和肠炎宁胶囊。

问:你们一共卖了多少药?分了多少钱?钱是怎么分的?

答:不知道具体卖了多少药。祖河某在管账,一般一批货卖完,除去成本后,她就按照她8我2的比例分钱给我。我又没出钱,所以拿钱就是了,没多问。目前我一共得了大概1万元钱。

问:你说下"心舒丸"是怎么回事?

答:2010年下半年,有个药厂订了一批心舒丸的包装,但是生产了大概1/3的包装后,不知道什么原因不要了。那些包装就放在我们包装车间的仓库里。后来我给祖河某说了这个事情,她就说,可以装些药进去当成心舒丸来卖。我说,那要是吃死人了咋整?她说,就是装点便宜的药进去,做成和心舒丸一个样子,又吃不死人,又不会被发现,赚点小钱,没事的。她就让我去问李伟西心舒丸主要有些什么成分。李伟西给我说了,回头我就给祖河某一说,她就说她负责找原材料和卖药,我就负责把原材料制成丸子包装好。

问:你们是在哪里制药的?

答:就在祖河某家小院二楼上,我把模具带到她那里去做的。做好又拿到厂里趁下班给包装好。

问:你们什么时候开始卖心舒丸的?

答:2011年年初吧,做丸子都做了好久。

问:你们一共做了几次心舒丸?

答:大概3次。

问:你们进的药和做的药是放在哪里的?

答:据我所知,都放在祖河某家小院二楼上,反正每次我去送药都是在那里拿的,也是在那里做的药,药包装好了也拿到那里。最后还有一些包装,我也是从厂里拿出来放在那里。

问:每次进药、卖药、买制丸子的材料都是你和祖河某一起的?

答:不是,第一次是我们一起去找的李伟西。后来进药都是祖河某去的。卖药是我送的货。买制丸子的材料是祖河某做的。

问:李伟西有没有参与卖药、制药和提成?

答:没有参与卖药、制药。应该没有提成,我们的关系他应该不会收钱。

问:你们有没有药品经营许可证?

答:不知道,反正我没见过。

问:你还有没有什么补充?

答:我是个保管员,我有个习惯就是记账,凡是我经手的财物我都要记下来。我家里有账簿,专门记了我经手的药品买卖,你们需要的话我可以给你们拿过来。

问:好,我们一会就去拿。祖河某有卖药的账簿没有?

答:我没见过,但我想肯定有。

问:我再明确一下,你以上说的是否属实?

答:属实。

问:我们讯问你时是否有刑讯逼供或者不文明的现象?

答:没有。

问:你看一下以上笔录,和你所说的是否一致?

答:一致。

被讯问人签字:(手印)

2013年8月2日

证据五:证人询问笔录(李伟西)

证人询问笔录

询问时间:开始时间2011年8月6日9时0分,结束时间2011年8月6日10时0分

询问地点:H省M县木兰大厦A座7—11室

侦查员:赵甲

记录人:钱乙

证人基本情况:李伟西,1973年2月3日生,汉族,H省木兰人,现住在H省M县李家街9号,现任M县木兰花医药有限公司副总经理。

证人与犯罪嫌疑人关系:朋友。

问:我们是M县公安机关的工作人员,今天想向你了解一些有关祖河某和潘长某的情况,请你如实回答。如果故意做伪证或隐匿证据的,将承担法律后果。你听清楚了吗?

答:听清楚了,我会如实回答。

问:说一下你的基本情况。

答:我叫李伟西,1973年2月3日生,汉族,H省木兰人,现住在H省M县李家街9号。大学毕业,2010年1月起担任M县木兰花医药有限公司副总经理。

问:你和祖河某以及潘长某是什么关系?

答:潘长某是我小学同学,小时候游泳救过我,我们关系很好。祖河某是他邻居,小时候见过。

问:他们卖药的事你知道不?

答:知道。潘长某说,他想和祖河某一块卖药,要从我们公司进点货。我问他们有药品经营许可证没,祖河某说马上办好了。我很郑重地告诫他们,没证卖药很危险,祖河某说她知道,证照马上就办好了。潘长某也说正在办。我想,我和潘长某关系那么好,他应该不会骗我,我就叮嘱他们,一定要把证办好。随后,我就从一些小制药厂给他们进些药,因为小厂手续不是那么严格,好操作。

问:他们进的是些什么药?你们有没有进货凭证?

答:大概是毓婷和一些胶囊,具体是些什么药忘了,但都是从正规厂商进的,都有质量保障的。没有进货凭证,公司和药厂、公司和他们都是现金交易。我们公司以批发价给他们,差价等于就是收管理费了。这个确实违规了,但药的质量肯定没问题。

问:他们卖心舒丸你知道不?

答:心舒丸?我不知道他们具体进些什么货,好像也就三四种,有没有心舒丸确实不知道。

问:他们有没有问过你心舒丸的事?

答:记不得了。

问:当时找你谈进货是个什么情况?谁来找你的?

答:潘长某和祖河某一起到我家里来的。听那口气,应该是祖河某在主导。

问:每次进货的情况是怎么样的?

答:不是很清楚,我交给一个业务员任天豪去做。

问:你还有什么补充的?

答:潘长某以前都没有给我说过他想卖药,要不然我早就帮他了。后来我问潘长某卖药赚到没有,他说大头都是祖河某拿走了,他就是个帮衬。我就说那还有什么好干的?他就笑笑没说话。

问:证人以上说的是否属实?请核对并签字。

答:属实。

证人:李伟西(手印)

侦查员:赵甲

记录员:钱乙

2014 年 8 月 6 日

证据六:证人询问笔录(任天豪)

证人询问笔录

询问时间:开始时间 2011 年 8 月 6 日 10 时 30 分,结束时间 2011 年 8 月 6 日 11 时 10 分

询问地点:H 省 M 县木兰大厦 A 座 7—11 室

侦查员:赵甲

记录人:钱乙

证人基本情况:任天豪,1983 年 9 月 13 日生,汉族,H 省木兰人,现住在 H 省 M 县任家街 129 号,现在 M 县木兰花医药有限公司业务部任职。

证人与犯罪嫌疑人关系:商业往来。

问:我们是 M 县公安机关的工作人员,今天想向你了解一些有关祖河某和潘长某的情况,请你如实回答。如果故意做伪证或隐匿证据的,将承担法律后果。你听清楚了吗?

答:听清楚了,我会如实回答。

问:说一下你的基本情况。

答:我叫任天豪,1983 年 9 月 13 日生,汉族,H 省木兰人,现住在 H 省 M 县任家街 129 号,现在 M 县木兰花医药有限公司业务部负责购药。

问:你和祖河某以及潘长某是什么关系?

答:祖河某是李总(李伟西)介绍的挂靠在我们公司进货的私人老板,潘长某我不认识。

问:你们是怎么进货的?

答:李总有天说,有两个私人老板要挂靠在我们公司进些货,这个事就交给我来办。李总说从一些小制药厂给他们进些药,按批发价给他们,差价就算公司的管理费。先现金交易,等办了挂靠手续再记账。然后祖河某就通过我进了些药,毓婷和一些胶囊那些。我们以批发价给他们,差价等于就是收管理费了。

问:祖河某一共进了几次货?你们有没有进货凭证?

答:不清楚进了几次货。祖河某没有提供药品经营许可证,不能办挂靠,我也不好问。反正就是祖河某说她要哪些货,我们从厂家买了后就以批发价给她,都是现金交易,没有进货凭证。

问:他们卖心舒丸你知道不?

答:不知道。进的货里面好像没有。

问:你还有什么补充的?

答:没有。这种挂靠批发药的很常见,我也是受领导所托。

问:证人以上说的是否属实?请核对并签字。

答:属实。

证人:任天豪(手印)

侦查员:赵甲

记录员:钱乙

2011 年 8 月 6 日

证据七:搜查证

H省M县公安局

搜　查　证

公搜字第12号

〔2011〕

根据《中华人民共和国刑事诉讼法》第一百零九条之规定,兹派侦查人员孙丙、李丁对祖河某位于H省M县花家街1号的住宅进行搜查。

局长(印)

(公安局印)

本证已于2011年8月3日8时向我宣布。

被搜查人或其家属:祖大海。

证据八:搜查笔录

搜查笔录

时间:2011年8月3日8时0分至2011年8月3日10时0分

H省M县公安局侦查人员 孙丙、李丁

根据2011年8月2日M县公安局签发的公搜字〔2011〕12号,在花溢香的见证下,对H省M县花家街1号 进行搜查。

搜查的简要情况:在二楼最东边房间内发现包装完整药品若干盒,有未包装药品的药品盒若干,有制作药丸的模具3副。另在一楼东边第二间屋(祖河某卧室)的床头柜抽屉内发现一张清单,记录有药品名称、数量、进货价格、销售价格、销售数量和获益等内容。

除搜查物品外,其他物品未动,未损坏任何物品。

被搜查人家属一直在现场,未对搜查有任何意见。

以上搜查物品已全部扣押,并已列入《扣押物品清单》中。《扣押物品清单》副本已交给被搜查人家属收执。

侦查人员:孙丙、李丁

被搜查人或其家属:祖大海

见证人:花溢香

记录人:李丁

证据九：扣押物品清单

H省M县公安局

扣押物品清单

物品持有人：祖河某(性别：女 年龄：35

单位法定代表人：______ 现住址及联系方式：H省M县花家街1号)持有的下列物品与“销售假药罪”“非法经营罪”案件有关，需要作为证据，依法予以扣押。

编号	名称	规格	数量	特征	发还情况 (接收人签收)
1	腰痛宁胶囊		200盒	包装完整	
2	毓婷		200盒	包装完整	
3	肠炎宁胶囊		200盒	包装完整	
4	做丸子模具		3副	包装完整	
5	心舒丸包装盒		400盒		
6	心舒丸		700盒	包装完整	
7	清单		1份	药品进货、制作、销售清单	
物品持有人、见证人签名 祖大海 2011年8月3日		承办人签名 孙丙、李丁 2011年8月3日			备注：

一式两份，一份交物品持有人，一份附卷。

证据十：药品进货、制作、销售清单（祖河某住宅搜查物品）

清　单

2010-5-8　腰痛宁胶囊 15;17.5　毓婷 5.8;7.3　肠炎宁胶囊 8.6;15
各 100 盒　2940　收 3980　1040×0.8=832
2010-5-21　腰痛宁胶囊 15;17.5　毓婷 5.8;7.3　肠炎宁胶囊 8.6;15
各 500 盒　14700　收 19900　5200×0.8=4160
2010-7-2　腰痛宁胶囊 15;17.5　毓婷 5.8;7.3　肠炎宁胶囊 8.6;15
各 1000 盒　29400　收 39800　10400×0.8=8320
2010-10-21　木香 4.5×1　面粉 1.5×4　丹参 10×0.5　成本 15.5
2010-11-23　面粉 1.5×4　丹参 10×0.5　成本 11
2011-1-26　心舒丸 8　1000 盒　收 8000　7973.5×0.5=3986
2011-2-19　腰痛宁胶囊 15;17.5 毓婷 5.8;7.3 肠炎宁胶囊 8.6;15
各 500 盒　14700　收 19900　5200×0.8=4160
2011-2-26　木香 4.5×1　面粉 1.5×5　丹参 10×1　成本 22
2011-4-13　心舒丸 8　1000 盒　收 8000　7978×0.5=3989
2011-4-19　腰痛宁胶囊 15;17.5　毓婷 5.8;7.3　肠炎宁胶囊 8.6 ;15
各 500 盒　14700　收 19900　5200×0.8=4160
2011-4-22　木香 4.5×1　面粉 1.5×5　丹参 10×1　成本 22
2011-6-7　心舒丸 8　1000 盒　收 8000　7978×0.5=3989

证据十一：扣押物品清单

H省M县公安局

扣押物品清单

物品持有人：潘长某（性别：男　年龄：37

单位法定代表人：＿＿＿＿现住址及联系方式：H省M县潘家街1号）持有的下列物品与“销售假药罪”“非法经营罪”案件有关，需要作为证据，依法予以扣押。

编号	名称	规格	数量	特征	发还情况（接收人签收）
1	清单		1份	药品销售、制作记账单	
物品持有人、见证人签名 潘长某 2011年8月3日	承办人签名 孙丙、李丁 2011年8月3日			备注：	

一式两份，一份交物品持有人，一份附卷。

证据十二:药品销售记录(祖河某提交)

记　账

2010-5-15　腰痛宁胶囊(100盒)　毓婷(100盒)　肠炎宁胶囊(100盒)
应收款3980
2010-5-16　得200
2010-5-28　腰痛宁胶囊(500盒)　毓婷(500盒)　肠炎宁胶囊(500盒)
应收款19900
2010-5-29　得1000
2010-9-23　腰痛宁胶囊(500盒)　毓婷(500盒)　肠炎宁胶囊(500盒)
应收款19900
2010-9-24　得1000
2011-1-20　包装心舒丸1000盒
2011-2-27　得3900(心舒丸)
2011-3-9　腰痛宁胶囊(100盒)　毓婷(100盒)　肠炎宁胶囊(100盒)
应收款3980
2011-3-10　得200
2011-3-31　包装心舒丸1000盒
2011-4-21　腰痛宁胶囊(200盒)　毓婷(200盒)　肠炎宁胶囊(200盒)
应收款7960
2011-4-22　得400
2011-4-23　得3900(心舒丸)
2011-6-7　包装心舒丸1000盒

证据十三：M县食品药品监督局药品鉴定报告：木食药鉴〔2011〕19号药品鉴定书

木食药鉴〔2011〕59号药品鉴定书

<table>
<tr><td>M县食品药品监督局

药
品
鉴
定
书

公章</td></tr>
<tr><td>报告编号：ML201100059
鉴定人：贾约　聂晶晶
鉴定时间：2011年8月10日</td></tr>
</table>

M县食品药品监督局药品鉴定报告

报告编号：ML201100059　　共1页　第1页

检品名称	心舒丸	检品编号	ML201100103
生产单位	时光药业有限公司	批号	200900215
供样单位	M县公安局	规格	1.8克/丸
检验目的	委托检验	剂型	小蜜丸剂
检验项目	抽样检验	包装规格	1.8克/丸*4丸/板*1板/盒
收样日期	2011-8-2	有效期至	2015年8月
检品数量	6盒	签封数量	\
检验依据	《中国药典》2010年版		
检验项目	标准规定	检验结果	结论
丹参	丹酚酸B含量≥1.6mg/丸	0.1mg/丸	不符合规定
冰片	冰片≥15.2mg/丸	0mg/丸	不符合规定
总结论	送检药品为假药		

鉴定人签名：贾约

鉴定人签名：聂晶晶

公章

证据十四:被告人祖河某讯问笔录

讯问笔录

讯问时间:开始时间2011年11月8日9时10分,结束时间2011年11月8日10时0分

讯问地点:H省东阴市看守所

讯问人:周戊

记录人:吴己

被讯问人:祖河某

问:我们是M县检察院的工作人员,你的案件已到我们起诉部门,我们想就案件的事实做进一步核实,希望你能如实回答我们的问题。听清楚了没?

答:听清楚了。

问:说一下你的基本情况。

答:我叫祖河某,汉族,1976年1月10日生,现住在H省M县花家街1号。高中毕业,无固定工作,靠出租门面过日子。

问:你是否要请律师?

答:要请。我家里人已经帮我请好了。

问:你以前是否有过前科?

答:没有。

问:你是否是人大代表或政协委员?

答:不是。

问:说一下你们卖药的经过?

答:2010年初,潘长某找到我说一起合伙做点药品生意,我说可以。他就把在木兰花医药有限公司上班的李伟西介绍给我。然后大概是2010年5月初开始,我们就从李伟西那里进些好卖的药来卖,有腰痛宁胶囊、毓婷、肠炎宁胶囊那些。后来2010年10月份左右,潘长某又找到我,说他手上还有很多“心舒丸”外包装,可以装些药进去当成“心舒丸”来卖。我说,那要是吃死人了咋整?他说,就是装点便宜的药进去,做成和心舒丸一个样子,又吃不死人,又不会被发现,赚点小钱,没事的。我也觉得又吃不死人,没有问题,就答应了。完了我们就自己开始买原材料回来在我家二楼的空房子里做丸子,然后潘长某再拿到他工厂去包装。

问:你们是在哪里做心舒丸的?

答:就在我家小院二楼上,潘长某把模具带到那做丸子,然后又拿到厂里包装,包装完了又拿回来。

问:你们一共做了几次心舒丸?

答:大概3次。

问:你们的药主要卖到了哪些地方?

答:主要是卖给一些城乡结合部、乡镇的药店、诊所那些,具体有哪些药店诊所记不得了。

问:你们一共卖了多少药?获益多少?怎么分利润的?

答:不知道卖了多少药,获益多少也记不清了,应该每个人都赚了近1万元钱吧。我的那个账本里有记,但那是个大概的收益,因为有些药根本就没卖出去。利润就是五五分。

问:每次进药、卖药、买制丸子的材料都是你和潘长某一起的?

答:都是。

问:你们有没有药品经营许可证?

答:一直没有办下来。

问:我再次明确地问你,以上说的是否属实?

答:属实。

问:我们讯问你时是否有刑讯逼供或者不文明的现象?

答:没有。

问:你看一下以上笔录,和你所说的是否一致?

答:一致。

被讯问人签字:(手印)

2011年11月8日

证据十五:被告人潘长某讯问笔录

讯问笔录

讯问时间:开始时间2011年11月8日10时30分,结束时间2011年11月8日11时10分

讯问地点:H省东阴市看守所

讯问人:周戊

记录人:吴己

被讯问人:潘长某

问:我们是M县检察院的工作人员,你的案件已到我们起诉部门,我们想就案件的事实做进一步核实,希望你能如实回答我们的问题。听清楚了没?

答:听清楚了。

问:说一下你的基本情况。

答：我叫潘长某，汉族，1974年1月20日生，现住在H省M县潘家街1号。初中毕业，M县医药包装厂包装车间工人、材料保管员。

问：你是否要请律师？

答：家里人已经请了。

问：你以前是否有过前科？

答：没有。

问：你是否是人大代表或政协委员？

答：不是。

问：说一下你们卖药的经过？

答：大概在2010年初，祖河某找到我说一起做点药品生意，如果我给她介绍医药公司的人成功了，我就算入股了，以后一起卖药跑市场。我就把在木兰花医药有限公司上班的李伟西介绍给她。然后大概是2010年5月初开始，祖河某就负责进货和找销路，完了我们就把进来的药开始往外卖，卖的有腰痛宁胶囊、毓婷和肠炎宁胶囊。后来，2010年下半年，有个药厂订的一批心舒丸的包装剩在我那里。有次我给祖河某说了这个事情，她就说装点便宜的药进去，做成和心舒丸一个样子，当成"心舒丸"来卖，反正又吃不死人。我就去问了心舒丸的成分，然后祖河某说她负责找原材料和卖药，我就负责把原材料制成丸子包装好。2011年年初，我们就在祖河某家小院二楼上做丸子，然后我又拿到厂里趁下班给包装好。然后就开始往外卖。

问：你们一共做了几次心舒丸？

答：大概3次。

问：你们进的药和做的药是放在哪里的？

答：据我所知，都放在祖河某家小院二楼上，反正每次我去送药都是在那里拿的，也是在那里做的药。还有，没用完的包装都放在那里。

问：你们一共卖了多少药？分了多少钱？钱是怎么分的？

答：不知道具体卖了多少药。祖河某在管账，一般一批货卖完，除去成本后，她就按照她八我二的比例分钱给我。目前我一共得了大概1万元钱，我的记账本上有。

问：每次进药、卖药、买制丸子的材料都是你和祖河某一起的？

答：不是，第一次是我们一起去找的李伟西。后来进药都是祖河某去的。卖药是我送的货。买制丸子的材料是祖河某。做的找销路也是祖河某。

问：每次卖药你都经手了？

答：反正我送过几次货。祖河某有没有单独往外卖药，我不知道。

问：你们有没有药品经营许可证？

答:应该没有。

问:我再次明确地问你,以上说的是否属实?

答:属实。

问:我们讯问你时是否有刑讯逼供或者不文明的现象?

答:没有。

问:你看一下以上笔录,和你所说的是否一致?

答:一致。

被讯问人签字:(手印)

2011 年 11 月 8 日

(二)被告人祖河某提供证据清单(证据的具体内容同控方提供的同名称的证据,此处略)

证据内容	证明目的
证据一:被告人祖河某讯问笔录(公安机关)	祖河某和潘长某共同犯罪的情况
证据二:被告人潘长某讯问笔录(公安机关)	潘长某和祖河某共同犯罪的情况
证据三:搜查证	涉案物品
证据四:搜查笔录	涉案物品
证据五:扣押物品清单(祖河某物品)	涉案物品
证据六:药品进货、制作、销售清单(祖河某住宅搜查物品)	祖河某和潘长某共同犯罪的情况
证据七:被告人祖河某讯问笔录(检察院)	祖河某和潘长某共同犯罪的情况
证据八:被告人潘长某讯问笔录(检察院)	潘长某和祖河某共同犯罪的情况

(三)被告人潘长某提供证据清单(证据的具体内容同控方提供的同名称的证据,此处略)

证据内容	证明目的
证据一:被告人潘长某讯问笔录(公安机关)	潘长某和祖河某共同犯罪的情况
证据二:李伟西证人证言	潘长某和祖河某共同犯罪的情况
证据三:任天豪证人证言	潘长某和祖河某共同犯罪的情况
证据四:搜查证	涉案物品
证据五:搜查笔录	涉案物品
证据六:扣押物品清单(祖河某物品)	涉案物品

续　表

证据内容	证明目的
证据七：药品进货、制作、销售清单（祖河某住宅搜查物品）	祖河某和潘长某共同犯罪的情况
证据八：扣押物品清单（潘长某物品）	涉案物品
证据九：药品销售记录（潘长某提交）	祖河某和潘长某共同犯罪的情况
证据七：被告人祖河某讯问笔录（检察院）	祖河某和潘长某共同犯罪的情况
证据十：被告人潘长某讯问笔录（检察院）	潘长某和祖河某共同犯罪的情况

三、判决书

H省东阴市M县人民法院

刑 事 判 决 书

〔2011〕东阴木刑初字第185号

公诉机关东阴市M县人民检察院。

被告人祖河某，女，1976年1月10日出生，汉族，高中文化，H省M县人。2011年8月2日因本案被刑事拘留，同年8月31日被依法执行逮捕。现羁押于东阴市看守所。

被告人潘长某，男，1974年1月20日出生，汉族，初中文化，H省M县人。2011年8月2日因本案被刑事拘留，同年8月31日被依法执行逮捕。现羁押于东阴市看守所。

辩护人张某，系黑龙江酬勤律师事务所律师。东阴市M县人民检察院以东木检公刑诉〔2011〕124号起诉书指控被告人祖河某、潘长某犯销售假药罪、非法经营罪，于2011年12月8日向本院提起公诉。本院审查受理后，依法组成合议庭，于2011年12月17日公开开庭适用简易程序审理了本案。东阴市M县人民检察院检察员黄福宏、赵蕾出庭支持公诉，被告人祖河某、潘长某及其辩护人张某到庭参加诉讼。本案延期审理一次，现已审理终结。

公诉机关指控，2011年1月至2011年7月期间，被告人祖河某伙同被告人潘长某将心舒丸销售到H省M县多个乡镇，共计2300盒，获利人民币18329.50元。经东阴市食品药品监督管理局鉴定：被告人祖河某、潘长某所销售的心舒丸应认定假药。2010年5月至2011年7月期间，被告人祖河某、潘长某在没有获得药品经营许可证的情况下，将腰痛宁胶囊、毓婷、肠炎宁胶囊等物品销售到H省M县多个乡镇，销售金额合计人民币103480元，获利人民币27040元。案发后，被告人祖河某、潘长某均被公安机关抓获归案。公诉机关就上述指控向法庭提供证据，即被告人祖河某、潘长某的供述，证人李伟西、任天豪的证言，身份证明，扣押物品文件清单，销售清单，搜查笔录，鉴定意见等证据。据此，被告人祖河某、潘长某的行为已触犯了《中华人民共和国刑法》第二百二十五条、第一百四十一条之规定，应以非法经营罪、销售假药罪追究其刑事责任。

被告人祖河某、潘长某对起诉书指控的犯罪事实及罪名均无异议。被告人潘长某的辩护意见是：被告人潘长某的行为同时构成销售假药罪、非法经营罪，依照处罚较重的定罪处罚，故对被告人应以非法经营罪追究其刑事责任。

经审理查明，2011 年 1 月至 2011 年 7 月期间，被告人祖河某伙同被告人潘长某将心舒丸销售到 H 省 M 县多个乡镇，共计 2300 盒，获利人民币 18329.5 元。经东阴市食品药品监督管理局鉴定：被告人祖河某、潘长某所销售的心舒丸应认定假药。2010 年 5 月至 2011 年 7 月期间，被告人祖河某、潘长某在没有获得药品经营许可证的情况下，将腰痛宁胶囊、毓婷、肠炎宁胶囊等物品销售到 H 省 M 县多个乡镇，销售金额合计人民币 103480 元，获利人民币 27040 元。案发后，被告人祖河某、潘长某均被公安机关抓获归案。

上述事实，被告人祖河某、潘长某及其辩护人在开庭审理过程中均无异议，并有被告人祖河某、潘长某的供述，证人李伟西、任天豪的证言，身份证，扣押物品文件清单，销售清单，搜查笔录，鉴定意见等证据证实，足以认定。

本院认为，被告人祖河某、潘长某共同违反国家法律规定，未经许可经营药品，且销售假药，其行为均已构成非法经营罪、销售假药罪，但二被告人销售假药的行为同时构成非法经营罪，依法依照处罚较重的规定定罪处罚，因此二被告人的行为应按照非法经营罪定罪处罚。公诉机关指控二被告人的犯罪事实清楚，证据充分，应予支持，但指控罪名不妥，应从一罪处罚。对于被告人潘长某的辩护人提出被告人潘长某在共同犯罪中属从犯且有立功表现的辩护意见，因无证据证明，故本院不予采纳。被告人祖河某、潘长某当庭自愿认罪，依法从轻处罚；其积极缴纳罚金，酌情从轻处罚；其无前科劣迹，认罪悔罪，不致再危害社会，可适用缓刑。对被告人潘长某的辩护人相应的辩护意见，本院予以采纳。

根据本案具体事实、情节、社会危害性，依据《中华人民共和国刑法》第二百二十五条、第一百四十一条、第二十五条、第六十七条三款、第七十二条、第七十三条，最高人民法院、最高人民检察院《关于办理生产、销售假药、劣药刑事案件具体应用法律若干问题的解释》第六条之规定，判决如下：

被告人祖河某犯非法经营罪，判处有期徒刑三年缓刑四年，并处罚金人民币 57000 元。

被告人潘长某犯非法经营罪，判处有期徒刑三年缓刑四年，并处罚金人民币 570000 元。

（缓刑考验期从判决确定之日起计算。罚金均已缴纳。）

如不服本判决，可在接到判决书第二日起十日内，通过本院或者直接向东阴市中级人民法院提出上诉，书面上诉的应交上诉状正本一份。副本六份。

审　判　长：黄金某
人民陪审员：李　某
人民陪审员：黄桂某
二〇一四年六月十八日
书　记　员：罗　某

四、模拟训练的目的、难点和重点

（一）模拟训练的目的

本案涉及多人的多次供述，且内容不一致。对此，应培养学生通过证据认定事实的能力。

本案涉及共同犯罪，应培养学生通过证据认定是否分主从犯以及认定主从犯的能力。

本案涉案金额复杂，应培养学生根据证据计算涉案金额的能力。

（二）模拟训练的难点和重点

1. 通过多人的不同陈述应如何认定案件事实。

2. 当庭讯问被告人以查询口供真实性、认定案件事实的技巧。

3. 利用证据计算涉案金额的技巧。

4. 区分销售假药罪和非法经营罪的区别，以及同一行为构成两罪的处理。

实验案例二

一、基本案情

被告人王潜某系望奎县望奎镇正兰五村卫生所负责人。2013 年 7 月 3 日晚 7 时 30 分，被告人王潜某为前来就诊的被害人陶某某肌肉注射安痛定和地塞米松，静点盐水、庆大霉素和地塞米松，葡萄糖和维生素 86。陶某某回家后，陆续出现身体瘙痒，面部、颈部、胸前出现红包等症状。次日早晨 4 点，陶某某被送往望奎县人民医院抢救，随后于 7 月 10 日转至哈尔滨医科大学附属第一医院抢救。7 月 15 日晚陶某某死亡。

哈尔滨医科大学法医教研室对本案做出尸检病理学诊断意见：陶某某符合药物引起大疱性表皮松解症导致循环衰竭死亡。

绥化市医学会做出医疗事故技术鉴定，认为：本病例属于二级甲等医疗事故，望奎县望奎镇正兰五村卫生所承担完全责任。

H省医学会做出医疗事故技术鉴定，认为：本病例属于一级甲等医疗事故，医方承担次要责任。

最终，王潜某因涉嫌犯“医疗事故罪”被起诉。

同时，在诉讼过程中附带民事诉讼原告人杜尔康、杜文慧（杜尔康与陶某某之女）、陶红彬（陶某某之父）向望奎县人民法院提起附带民事诉讼。后望奎县人民法院追加望奎县望奎镇正兰五村卫生所为附带民事诉讼被告人。

随后，在法院的主持下，双方就民事赔偿部分达成和解协议：由王潜某一次性赔偿杜尔某、杜文慧、陶红彬赔偿金170000元，杜尔某、杜文慧、陶红彬对被告人王潜龙的行为表示谅解，请求法院对被告人王潜龙从宽处理。杜尔某、杜文慧、陶红彬于是向法院撤回附带民事诉讼申请。

二、证据

(一)控方的证据清单

证据内容	证明目的
证据一：被告人王潜某在公安机关的2份口供和检察院的1份口供	案件事实
证据二：证人杜尔康、陶红彬证言	陶某某在被告人王潜某诊所治疗过程及在望奎县人民医院住院治疗的事实
证据三：哈尔滨医科大学法医学教研室尸检病理学诊断报告书	陶某某的死因
证据四：H省医学会医疗事故技术鉴定意见	此起事故为一级甲等医疗事故
证据五：王潜某的医师资格证、执业医生许可证、乡村医生证明、乡村医生注册表、乡村医生执业证书、乡村医生执业注册申请审批表、乡村医生基本情况登记表、乡村医生技术档案、H省乡村医生重新执业注册登记汇总表	王潜某具有执业资质
证据六：望奎县医疗机构管理档案、3份医疗机构执业许可证、望奎县卫生局关于望奎镇正兰五村卫生所《医疗机构执业许可证》情况的说明	望奎县望奎镇正兰五村卫生所系合法医疗机构
证据七：复方氨林巴比妥注射液的说明书	复方氨林巴比妥不得与庆大霉素等其他药物混合注射
证据八：用药处方为肌肉注射安痛定和地塞米松，静点盐水、庆大霉素和地塞米松，葡萄糖和维生素86	陶某某在诊所用药情况

续　表

证据内容	证明目的
证据九:望奎县卫生局对王潜某的询问笔录	陶某某治疗的经过
证据十:望奎县人民医院和哈尔滨医大附属第一医院的病志	陶某某住院治疗情况
证据十一:和解协议书、谅解书	双方就民事部分已达成和解协议

（二）辩护方的证据清单

证据内容	证明目的
证据一:被告人王潜某在公安机关的2份口供和检察院的1份口供	案件事实,且王潜某从未承认过有罪
证据二:证人杜尔某、陶红彬证言	患者陶某某在自家口服去痛片,并且在望奎县人民医院重复用药几天,可能由此造成水中毒死亡
证据三:H省医学会医疗事故技术鉴定意见	患者的死亡与其特异体质有一定的关系;且医方只承担次要责任
证据四:望奎县卫生局对王潜某的询问笔录	陶某某治疗的经过
证据五:望奎县人民医院和哈尔滨医大附属第一医院的病志	陶某某住院治疗情况
证据六:拘留证、逮捕证	侦查机关程序违法,存在超期羁押的情况
证据七:和解协议书、谅解书	双方就民事部分已达成和解协议

三、判决文书

H省望奎县人民法院
刑事判决书

〔2014〕望刑初字第41号

公诉机关望奎县人民检察院。

被告人王潜某,男,1952年2月13日出生于H省望奎县,汉族,初中文化,望奎县望奎镇正兰五村卫生所负责人,住H省望奎县。2014年1月20日因涉嫌犯医疗事故罪被望奎县公安局刑事拘留;同年1月28日被望奎县人民检察院批准逮捕,同日由望奎县公安局执行,现羁押于望奎县看守所。

辩护人刘剑某,黑龙江银龙律师事务所律师。

望奎县人民检察院以望检公诉刑诉〔2014〕3号起诉书指控被告人王某甲犯医疗事故罪，于2014年4月1日向本院提起公诉。在诉讼过程中附带民事诉讼原告人杜尔某、杜文慧、陶红彬向本院提起附带民事诉讼。本院依法组成合议庭，分别于2014年4月28日、6月23日两次适用普通程序公开开庭审理了本案。因本案案情复杂，在审限内无法结案，同年6月18日报请绥化市中级人民法院，批准延长审限3个月。同年8月15日本院依法追加望奎县望奎镇正兰五村卫生所为附带民事诉讼被告人。同年8月21日本院适用普通程序第三次公开开庭审理了本案。望奎县人民检察院指派检察员胡海燕出庭支持公诉，被告人王潜某及其辩护人刘剑某到庭参加诉讼。现已审理终结。

望奎县人民检察院指控，2013年7月3日晚7时30分，陶某某（女，24岁）和丈夫杜尔某去望奎镇兰正五村卫生所就医，被告人王潜某为陶某某肌肉注射安痛定和地塞米松，静点盐水、庆大霉素和地塞米松，葡萄糖和维生素86。次日早4点陶某某面部、脖子、胸前出现红包，当日送望奎县人民医院抢救，后转至哈医大抢救，7月15日晚死亡。哈尔滨医科大学法医教研室确定死亡原因：陶某某符合药物引起大疱性表皮松解症导致循环衰竭死亡。绥化市医学会鉴定：本病例属二级甲等医疗事故，望奎镇正兰五村卫生所负完全责任。H省医学会鉴定：本病例属于一级甲等医疗事故，医方承担次要责任。公诉机关认为，被告人王潜某在诊疗过程中严重不负责任，违反药物说明书使用规定，致一人死亡，其行为触犯了《中华人民共和国刑法》第三百三十五条之规定，犯罪事实清楚，证据确实、充分，应当以医疗事故罪追究其刑事责任。公诉机关提供了相应的证据，提请本院依法审判。

王潜某对望奎县人民检察院指控其犯医疗事故罪当庭不予认罪，辩称他的行为不构成医疗事故罪。H省医学会鉴定其负次要责任，主要责任应是患方在自家口服去痛片，是特殊体质造成的，并且在望奎县人民医院重复用药几天，可能造成患者水中毒死亡，陶某某在望奎县人民医院住院治疗耽误了治疗机会，患者于哈医大死亡，死因与其无关联，尸检的死因与其没有因果关系，鉴定并没有检查出患者在家服药或者在望奎县人民医院、哈医大用药情况。被告人王潜某的辩护人辩称：一是对公诉机关指控事实有异议，主要事实没有查清，对指控事实证据不充分。首先公诉机关指控被告人将安痛定和庆大霉素同时使用证据不足；其次被告人出具的所谓处方实际是告知家属用了什么药，不是正式的制式处方，那么公诉机关指控其安痛定和庆大霉素同时使用没有证据支持；再次，H省医学会做出结论：一级甲等，医方负次要责任。结论是在被告人没书写病历的情况下依据《医疗事故处理条例》及民诉法规定的举证责任倒置，否则承担不利后果的原则，做出不利医方的结论。而事实上，根据哈尔滨医科大学法医教研室做出《尸检病理学诊断报告书》结论为陶某某符合药物引起大疱性表皮松解症导致循环衰竭死亡，公诉机关在此关键事实没有查清和确认是哪种药物导致大疱性表皮松解症出现，既然有多种可能，公诉机关有义务查明，故起诉书指控事实不成立。再次，公诉机关指控本案犯罪相关联的事实没有查清，明显可能遗漏其他犯罪主体，应予查明事实追究刑事责任或排除犯罪。二是王潜某依法不构成医疗事故罪。首先法律没有明确规定，医方负次要责任的一级甲等医疗事故属于严重不负责任的情形；其次，公诉机关指控被告人医疗事故罪的犯罪构成要件不成立，王潜某的行为不属于严重不负责任情形，医学会的医疗事故鉴定属于医疗技术鉴定，不是医疗事故责任鉴定。被告人属于技术过失而不是严重不负责任。再次，被告人的医疗行为不是陶某某死亡的直接原因。三是侦查机关程序违法。四是对被告人这样的一级甲等、医方负次要责任的医疗事故追究刑事责任明显错误。

经审理查明，望奎县望奎镇正兰五村卫生所于 2007 年 9 月 1 日经望奎县卫生局核准，执业期限至 2010 年 9 月 1 日，后经延续审批至今。被告人王潜某为该所负责人，王国荣系该所工作人员，具有执业助理医师资格。该所虽登记为集体性质，但实际多年来一直由王潜某个人经营、管理，资金运转、进药都由王潜某个人决定，办公用房也是其个人的。望奎镇卫生院只对该所进行业务指导。望奎镇正兰五村村委会也与该所无隶属关系。王潜某于 1977 年 12 月经审查考核合格，被望奎县卫生科批准为赤脚医生，1985 年 8 月 7 日 H 省卫生厅为其颁发乡村医生执业证书，1989 年 10 月 4 日被望奎县卫生局授予中医师职称，2009 年 1 月 1 日望奎县卫生局为其颁发乡村医生执业证书，H 省卫生厅乡村医生执业注册编号为 Y1220909。2013 年 7 月 3 日晚 7 时 30 分，被害人陶某某（女，24 岁）和丈夫杜尔某去望奎镇正兰五村卫生所就医，被告人王潜某为陶某某肌肉注射安痛定和地塞米松，静点盐水、庆大霉素和地塞米松，葡萄糖和维生素 B6。静点于当日晚 10 时 30 分许结束，陶某某回家，夜里出现身体瘙痒。次日早 4 点陶某某面部、颈部、胸前出现红包，陶某某即被送往望奎县人民医院抢救，临床诊断为“药疹、咽炎”。后因呼吸困难、喉头水肿转入 101 治疗。因持续发热给予物理降温、重症监护及对症治疗。经望奎县人民医院医生会诊，诊断为“大面积皮肤松解症、坠积性肺炎、肺感染”，建议转上级医院治疗。陶某某于 7 月 10 日转至哈尔滨医科大学附属第一医院抢救，诊断为“表皮松解型药疹”。7 月 15 日晚陶某某死亡。望奎县卫生局于 7 月 18 日委托哈尔滨医科大学法医教研室对其做尸检病理学诊断，该教研室于 8 月 19 日做出尸检病理学诊断报告书，检验意见为：陶某某符合药物引起大疱性表皮松解症导致循环衰竭死亡。10 月 28 日经绥化市医学会医疗事故技术鉴定，专家分析意见：①庆大霉素与地塞米松不能配伍应用;②安痛定与地塞米松不能混合注射;③使用安痛定时禁止同时使用庆大霉素;④诊所用药与大疱性表皮松解症有因果关系,但不能确定与病人在诊断过程中死亡有明确因果关系。鉴定意见为:本病例属于二级甲等医疗事故,望奎县望奎镇正兰五村卫生所承担完全责任。王潜某对此鉴定意见有异议,申请重新鉴定。12月18日经H省医学会医疗事故技术鉴定,专家分析意见:①患者就诊,医方无原始记录,违反门诊病历书写规范;②医方将安痛定与庆大霉素注射液同时使用,违反安痛定说明书使用规定;③医方使用的药物临床均无需做过敏试验,患者用药后出现大疱性表皮松解坏死性药疹属特异体质所致;④患者经后续两家医疗机构治疗,最终临床死亡,据哈尔滨医科大学尸检报告符合药物引起的大疱性表皮松解症导致循环衰竭死亡;⑤患者死亡与医方医疗行为有一定的因果关系,亦与患者有特异体质有一定的关系。鉴定意见:本病例属于一级甲等医疗事故,医方承担次要责任。

另查明,2014年9月26日被害人陶某某的丈夫杜尔某、女儿杜文慧、父亲陶红彬与被告人王潜某就民事赔偿部分在本院的主持下双方达成和解协议,由王潜某一次性赔偿杜尔某、杜文慧、陶红彬赔偿金170000元,杜某甲、杜文慧、陶红彬对被告人王某甲的行为表示谅解,请求法院对被告人王某甲从宽处理。杜某甲、杜文慧、陶红彬于同日撤回附带民事诉讼申请,本院予以准许。

上述事实,有检察机关提交,经法庭质证、认证的下列证据予以证实:

1.证人杜尔某、杜某乙、赵某某、刘某某、王某乙、于某某、李某某证言,证实陶某某在被告人王潜某诊所治疗过程及在望奎县人民医院住院治疗的事实。

2.哈尔滨医科大学法医学教研室尸检病理学诊断报告书,证实陶某某的死因。

3.H省医学会医疗事故技术鉴定意见,证实此起事故为一级甲等医疗事故。

4.望奎县望奎镇正兰五村卫生所王潜某、王国荣职业资质的证明,王国荣医师资格证,执业医生许可证证实王国荣有职业资质。

5.王潜某医师资格证、执业医生许可证、乡村医生证明、乡村医生注册表、乡村医生执业证书、乡村医生执业注册申请审批表、乡村医生基本情况登记表、乡村医生技术档案、H省乡村医生重新执业注册登记汇总表证实王潜某具有职业资质。

6.望奎县医疗机构管理档案、三份医疗机构执业许可证、望奎县卫生局关于望奎镇正兰五村卫生所《医疗机构执业许可证》情况的说明证实望奎县望奎镇正兰五村卫生所系合法医疗机构。

7.复方氨林巴比妥注射液的说明书,证明复方氨林巴比妥不得与庆大霉素等其他药物混合注射。

8.用药处方：肌肉注射安痛定和地塞米松，静点盐水、庆大霉素和地塞米松，葡萄糖和维生素86，证实陶某某在诊所用药情况。

9.望奎县卫生局提供的陶某某治疗过程的说明、杜尔某出具的说明、望奎县卫生局对王潜某的询问笔录、望奎县卫生局调解医疗纠纷的说明，证实陶某某治疗的经过。

10.望奎县人民医院和哈尔滨医大附属第一医院的病志，证实陶某某住院治疗情况。

11.望奎镇卫生院院长卢波的询问笔录证实望奎镇卫生院对望奎镇正兰五村卫生所是进行业务指导，而对人员管理及进药情况只有建议权。

12.望奎镇五七诊室负责人阚生旭的询问笔录证实该诊室虽登记为集体性质，但实际是个人经营，个人进药，兰五村没有提供资金和办公房屋，资金周转和房屋都是自己的。

13.望奎镇正兰五村支部书记葛秀刚的询问笔录证实兰五村卫生所与村上无隶属关系，资金、人员、账目都是王尔某自己投入和管理，与村里无任何关系。

14.被告人王潜某的询问笔录证实兰五村卫生所使用的房屋是他自己的，兰五村并未注入资金，望奎镇卫生院对其只有督导职责。

15.和解协议书、谅解书证实双方就民事部分达成和解协议。

以上证据及破案经过等证据来源合法，内容客观真实，证据间相互印证，本院予以采信。

本院认为，医疗事故罪是指医务人员由于严重不负责任，造成就诊人死亡或者严重损害就诊人身体健康的行为。从主体上看，本罪主体是特殊主体，是指达到刑事责任年龄，并具有刑事责任能力的医务人员。本案中，被告人王潜某已取得乡村医生执业证书，符合这一要件要求。从主观要件上看，本罪主观方面表现为过失，即行为人主观上对病人伤亡存在重大业务过失。本案中被告人王潜某将安痛定和庆大霉素同时使用违反药物使用规定，对陶某某的死亡存在重大业务过失。从客体上看，本罪侵犯的客体是医疗单位的工作秩序，以及公民的生命健康权利。本案中，被告人王潜某的行为既侵犯该卫生所的工作秩序，又侵犯了陶某某的生命权。从客观要件上看，本罪在客观方面表现为严重不负责任，造成就诊人死亡或严重损害就诊人身体健康的行为。严重不负责任是指在诊疗护理工作中违反规章制度和诊疗护理常规。《最高人民检察院、公安部关于公安机关管辖的刑事案件立案追诉标准的规定(一)》第五十六条第二款规定："具有下列情形之一的，属于刑法第三百三十五条规定的严重不负责任……(六)严重违反国家法律法规及有明确规定的诊疗技术规范、常规的；(七)其他严重不负责任的情形。"本案中,被告人王潜某违反安痛定使用说明书中关于不得与庆大霉素同时使用的规定,就属于上述"严重不负责任"的情形之一。由于被告人王潜某上述严重不负责任的行为,最终导致被害人死亡的结果。综上,公诉机关指控被告人王潜某犯医疗事故罪的罪名成立,本院予以支持。被告人王潜某辩称其不构成医疗事故罪没有法律依据,本院不予支持;被告人王潜某的辩护人辩称法律没有明确规定医方负次要责任的,属严重不负责任的情形,认为王潜某不构成医疗事故罪的意见,不符合法律规定,本院不予采纳。因望奎镇正兰五村卫生所是依法成立的医疗机构,并且具有医疗机构执业许可证,王潜某具有医生执业资格,故对被害人陶某某的丈夫杜尔某关于被告人王潜某构成非法行医罪的意见,本院不予采纳。对省、市医学会的两次鉴定意见,鉴于市医学会的"本病例属于二级甲等医疗事故"的结论不符合《医疗事故处理条例》第四条"造成患者死亡、重度残疾的为一级医疗事故"的规定,故对市医学会的鉴定意见不予采纳;而省医学会的鉴定程序和实体结论均符合《医疗事故处理条例》的规定,故对省医学会的鉴定意见予以采纳。鉴于被告人已与被害人家属就民事赔偿部分达成和解协议,并取得被害人家属的谅解,以及医方在此事故中承担次要责任等情节,故可对被告人王潜某从宽处罚。依照《中华人民共和国刑法》第三百三十五条、第三十七条、第六十一条、第六十七条第三款,《中华人民共和国刑事诉讼法》第二百七十九条、《最高人民法院关于适用〈中华人民共和国刑事诉讼法〉的解释》第五百零五条的规定,经过本院审判委员会讨论,判决如下:

被告人王潜某犯医疗事故罪,免予刑事处罚。

如不服本判决,可在接到判决书第二日起十日内,通过本院或者直接向H省绥化市中级人民法院提出上诉。书面上诉的,应当提交上诉状正本一份、副本两份。

审判长:何玉某

审判员:赵庆某

审判员:武　某

二〇一四年九月二十八日

书记员:孙　某

四、模拟训练的目的、重点和难点

(一)模拟训练的目的

1. 本案存在多份鉴定意见且结论不一致。对此,应重点培养学生以控方和辩方的身份对多份鉴定意见进行质证的能力,培养学生以法官身份采信鉴定意见的能力。还应让学生熟悉专家证人出庭质证的程序。

2.本案例的证据包含多份资格证、病历等具有标准格式的书证，应重点培养学生制作相关证据的能力。

(二)模拟训练的重点和难点

1.对“医疗事故罪”的认定，及其和“非法行医罪”的区别。

2.对结论不同的鉴定意见的采信。

3.对被告人和被害人家属达成谅解的处理。

附　　录

一、医事民事案件的庭审笔录模本

开庭时间：

开庭地点：

合议庭组成人员：

审判长：

审判员：

人民陪审员：

一、查看当事人及其他诉讼参加人是否到庭并请入席。

二、为维护法庭秩序，保证审判活动顺利进行，现在宣布法庭纪律：

(1)未经法庭允许，不准记录、录音、录像、摄影；

(2)不准进入审判区，不得随意走动；

(3)不准鼓掌、喧哗、哄闹和实施其他妨害审判活动的行为；

(4)未经审判长许可，不得发言、提问；

(5)不准吸烟和随地吐痰；

(6)携带无限通讯工具的，请关机；

(7)新闻记者、外国人或外国记者旁听应遵守本规则；

(8)对于违反本法庭规则的人，审判人员可以口头警告、训诫，也可以没收录音、录像和摄影器材，责令退出法庭可处以罚款、拘留；

(9)对于哄闹、冲击法庭，侮辱、诽谤、威胁、殴打审判人员等严重扰乱法庭秩序的人依法追究刑事责任，情节较轻的，予以罚款、拘留；

书记员：全体起立，请审判长、审判员(陪审员)入庭。

书记员：报告审判长，(报告当事人及其诉讼代理人出庭情况)，法庭准备就绪，可以开庭。

审判长：请坐下。

审判长：现在核对到庭当事人的基本情况。

审判长：原告名称、地址、法定代表人姓名、职务。(公民包括出生年月、性别、民族、住址、工作单位)

审判长：原告委托代理人姓名、工作单位、职务、代理权限（公民代理的，包括出生年月、性别、民族、住址）。

审判长：被告名称、地址、法定代表人姓名、职务。（公民包括出生年月、性别、民族、住址、工作单位）

审判长：被告委托代理人姓名、工作单位、职务、代理权限（公民代理的，包括出生年月、性别、民族、住址）。

审判长：第三人名称、住址、法定代表人、职务（第三人或共同被告用）。

审判长：第三人委托代理人姓名、工作单位、职务、代理权限（第三人或共同被告用）。

审判长：各方当事人对对方的出庭人员有无异议？

原告（代理人）：

被告（代理人）：

第三人（代理人）：

审判长：经审查各方当事人及其诉讼代理人，符合法律规定，本庭准许参加本案诉讼。

审判长：（敲法槌）××××××人民法院今天依法（公开）开庭审理原告××与被告××纠纷一案，现在开庭。

审判长：本案由审判员××任审判长和××审判员××组成合议庭进行审理，书记员××担任法庭记录。

审判长：当事人在诉讼中享有的诉讼权利和应承担的诉讼义务本院已经以书面形式送达各方当事人，本庭不再重复，对于诉讼权利义务各方当事人是否清楚？

原告（代理人）：

被告（代理人）：

第三人（代理人）：

审：根据《中华人民共和国民事诉讼法》第四十四条、第四十五条、第四十六条、第四十七条的规定，当事人对本案合议庭组成人员，包括书记员、翻译人员、鉴定人、勘验人有权提出回避申请，但应说明理由。

审判长：原告法定代表人以及委托代理人对合议庭成员，包括书记员是否申请回避？

原告（代理人）：

审判长：被告法定代表人以及委托代理人对合议庭成员，包括书记员是否申请回避？

审判长：法定代表人以及委托代理人对合议庭成员，包括书记员是否申请回

避？（共同被告及第三人用）

审判长：法庭将按照送达地址确认书上的地址送达相关文书，地址如有变更未及时通知法庭导致未能送达的，视为已送达。各方有无异议？

原告（代理人）：

被告（代理人）：

第三人（代理人）：

审判长：现在进行法庭调查。法庭调查要是审查、核对各种证据，查清案情，认定事实。当事人围绕争议事实，对自己提出的主张提供证据加以证明，反驳对方也要举证加以证明或说明理由。举证不能或举证不足以证明自己主张的，就可能要承担不利的法律后果。当事人举证应服从法庭指挥并说明证据来源，要说明的事实，书证应当庭宣读。

审判长：原告法定代表人或委托代理人宣读起诉书或口头陈述起诉的请求、理由。

原告（或代理人）：宣读起诉状（内容略）。

审判长：原告，对于诉状上请求的事项外，还有无补充？

原告（代理人）：

审判长：被告法定代表人或委托代理人宣读答辩状或口头陈述事实（及反诉，讲明具体的请求和理由）。

被告（代理人）：

审判长：被告方还有无补充？

被告（代理人）：

审判长：第三人陈述（有独立请求权的第三人陈述诉讼请求和理由，无独立请求权的第三人对原、被告的陈述提出承认或者否认的陈述意见）。

第三人（代理人）：

审判长：第三人还有无补充？

第三人（代理人）：

审判长：原告或被告对第三人的陈述进行答辩。

审判长：现归纳本案争议焦点或者法庭调查重点（并征求当事人的意见）。

审判长：原被告（第三人）对本庭归纳的争议焦点有无异议？

审判长：先由原告根据审判长列出的争议焦点按顺序针对自己的诉讼请求所涉及的相关事实进行举证，并交被告质证。

（如当事人申请鉴定人出庭与具有专门知识的人等证人出庭，则增加该部分。）内容如下：

审判长：传证人到庭。

审判长:办理证人具结书。

审判长:证人姓名等项、与原被告是何关系?

证人:……

审判长:证人陈述证言。

证人:(内容略记)。

审判长:双方对证人有无发问?

原告:……

被告:……

审判长:证人退庭。

审判长:原被告对证人证言发表质证意见。

审判长:法庭调查结束。

审判长:现在进行法庭辩论。法庭辩论时,当事人及其诉讼代理人应在法庭调查的基础上,围绕本案争议的主要事实、是非责任,法律适用等进行辩论。辩论应当实事求是,以理服人,不得使用与本案无关或未经法庭调查核实的事实、证据,不得使用侮辱性语言进行人身攻击。

审判长:原告及其诉讼代理人发言。

审判长:现由原告发表最后意见。

原告(代理人):……

审判长:现由被告发表最后意见。

被告(代理人):……

审判长:及其诉讼代理人发表最后意见。(共同被告或第三人用)

审判长:现在闭庭。请各方当事人核对笔录并签字。

二、医事行政案件庭审笔录模本

开庭时间:

开庭地点:

合议庭组成人员:

审判长:

审判员:

人民陪审员:

书:原告××诉被告××一案即将开庭,请本案当事人和其他诉讼参加人按指定位置入庭就座。(查明当事人及其诉讼代理人是到庭就座;询问有无证人、鉴定人、勘验人出庭作证,并将其带离法庭等候传唤。)

请诉讼参加人和旁听公民注意,下面宣布法庭纪律:

一、公开审理的案件,允许公民旁听,但下列人员不得参加旁听:1.未成年人、精神病人和醉酒的人;2.需要出庭的证人、鉴定人、勘验人。

二、旁听人员必须遵守下列纪律:①未经法庭允许,不得录音、录像和摄影;②不得随意走动和进入审判区域;③不得鼓掌、喧哗、哄闹和进行其他妨碍审判活动的行为;④不得发言提问,在整个庭审过程中保持安静,如对法庭审判活动有意见,可在休庭后向本院书面提出。

三、当事人及其诉讼代理人应当遵守法庭秩序,经审判人员安排或准许后方可陈述意见;在发言时,不得进行人身攻击或使用侮辱性语言。

四、在法庭内不得使用通讯工具。请大家确认是否已将通讯工具关闭。

五、对违反法庭秩序的,根据情节轻重,予以训诫、责令退出法庭、罚款、拘留,构成犯罪的依法追究刑事责任。

全体起立,请审判长和合议庭成员入庭。

请坐下。

报告审判长,本案当事人和其他诉讼参加人已经到庭。法庭准备就绪,可以宣布开庭。

审:(击法槌)××市××区人民法院现在开庭。

根据《中华人民共和国行政诉讼法》第五十四条之规定,今天××市××区人民法院在本院依法公开开庭审理原告××诉被告××一案。

现核对当事人、诉讼代理人的身份及代理人的委托权限(公民姓名、性别、出生日期、民族、住所、公民身份证号码,法人或其他组织的名称、住所地、法定代表人或主要负责人的姓名、职务,委托代理人的身份)。

原告……

委托代理人……,委托权限为……

审:原告及其委托代理人,上述身份信息和委托权限是否准确?

原:……

原代:……

审:被告……

法定代表人……

出庭负责人……

委托代理人……,委托权限为……

审:被告及其委托代理人,上述身份信息和委托权限是否准确?

被:……

被代:……

审:第三人……

委托代理人……,委托权限为……

审:第三人及其委托代理人,上述身份信息和委托权限是否准确?

三:……

三代:……

审:各方当事人、委托代理人对对方当事人、委托代理人的身份以及代理人的委托权限有无异议?

原:……

原代:……

被:……

被代:……

三:……

三代:……

审:关于行政诉讼当事人的权利和义务,本院已在立案通知书、应诉通知书上进行了详细告知,法庭不再重复。

根据《中华人民共和国行政诉讼法》第六十八条之规定,由审判员××担任审判长,与审判员××、人民陪审员××组成合议庭审理本案。书记员××担任法庭记录。

根据《中华人民共和国行政诉讼法》第五十五条之规定,当事人认为审判人员、书记员与本案有利害关系或其他关系可能影响案件公正审理的,有权申请回避。当事人申请回避,应当说明理由。是否申请回避?

原:……

被:……

三:……

审:现在开始法庭调查。

请原告方宣读行政起诉状,陈述诉讼请求及事实与理由。

原:宣读起诉状(内容略)。

审:对诉状内容有无补充?

原:……

审:请被告针对原告的诉讼请求及事实和理由进行答辩。

被:宣读答辩状(内容略)。

审:对答辩内容有无补充?

被:……

审:请第三人针对原、被告的诉讼主张进行答辩。

三:……

审：对答辩内容有无补充？

三：……

审：法庭对原、被告各方诉辩主张形成的争议焦点进行归纳。本案的争议焦点为：……

法庭确定案件审查重点。根据《中华人民共和国行政诉讼法》第六条之规定，人民法院审理行政案件，对被诉行政行为的合法性进行全面审查。（作为类案件主要审查以下内容：被诉行政行为证据是否充分确凿，适用法律、法规是否正确，是否符合法定程序，是否超越职权、滥用职权。不作为类案件主要审查以下内容：被告的行政主体资格，原告是否提出过申请，被告是否存在拒绝履行法定职责或给付义务的事实。行政赔偿类案件主要审查以下内容：行政机关的行政行为是否违法，该违法行政行为是否给原告造成了损害后果，行政机关的行政行为与原告的损害后果之间是否存在因果关系。）

关于法庭对本案归纳的争议焦点及对本案确定的审查重点，有无异议？

原：……

被：……

三：……

审：法庭对举证责任做以下分配：被告对被诉行政行为的合法性承担举证责任；原告不承担举证责任，但原告可以向法庭提交被诉行政行为违法的证据；第三人不承担举证责任，但第三人可以向法庭提交被诉行政行为合法或违法的证据（不作为案件中，原告对其在行政程序中提出过申请的事实承担举证责任，被告对已经履行法定职责或给付义务的事实承担举证责任；行政赔偿案件中，原告对被诉行政行为造成损害的事实承担举证责任）。对法庭的举证责任分配，有无异议？

原：……

被：……

三：……

审：各方按法庭的举证责任分配或其诉讼主张举证，并进行质证（向法庭举证时应逐一说明证据的来源、名称、内容及证明的对象和目的，质证的一方应就对方所举证据的合法性、真实性、关联性、证据有无证明力、证明力的大小发表质证意见）。

审：上列证据，经庭审质证，双方当事人均没有异议的证据，本庭予以确认。有异议的证据，待合议庭评议后再予认定。

审：请被告向法庭提交规范性文件依据。

被：……

审:对被告向法庭提交规范性文件依据,有无异议?

原:……

三:……

审:法庭调查结束,下面进行法庭辩论。

在法庭辩论中,当事人及其诉讼代理人应根据本案的审查重点、争议焦点以及对证据存在的争议,就被告的职权范围,被诉行政行为证据是否充分,适用法律、法规是否正确,是否符合法定程序等问题进行辩论,与本案无关的意见不要阐述。辩论时,请注意不要重复。

法庭给各方两轮辩论机会,请按原、被告和第三人的顺序依次进行(也可分配时间)。

原:……

被:……

三:……

审:如有新的辩论意见,可在第二轮辩论中发表。

原:……

被:……

三:……

审:法庭辩论结束。请各方当事人进行最后陈述,表明对本案的处理意见。

原:……

被:……

三:……

审:本案待合议庭评议后择期宣判。休庭之后,请各方当事人及其委托代理人到书记员处核对庭审笔录,并签名盖章或捺印。现在休庭(击法槌)。

书:全体起立,请审判长和合议庭成员退庭。

三、医事刑事案件庭审笔录模本

开庭时间:

开庭地点:

合议庭组成人员:

审判长:

审判员:

人民陪审员:

书记员:(直立,正对旁听区)请安静!请旁听人员按席就座!请证人、鉴定人、翻译人员在休息室等候传唤。证人、鉴定人在作证前不得进入法庭旁听。

书记员：现在宣布法庭纪律：

一、到庭的所有人员一律听从审判长统一指挥，遵守法庭秩序。

二、不准喧哗、不准鼓掌、不准吸烟、不准随意走动、不准呼口号、不准开启移动电话和无线寻呼机，不准实施其他妨碍审判活动的行动，旁听人员不准进入审判区。

三、未经许可不准录音、录像和摄影。

四、诉讼参加人在辩论、提问和回答问题时，应经法庭允许。

五、未成年人未经批准，精神病人、醉酒的人及其他不宜旁听的人员不得旁听。

六、旁听人员不得记录、发言或者提问，有意见可在闭庭后提出。

七、违反上述规定，法庭将视情节予以警告、训诫，没收录音、录像和摄影器材，责令退出法庭；情节严重的，经院长批准予以罚款、拘留。对于严重扰乱法庭秩序构成犯罪的，依法追究刑事责任。

书记员：请检察人员、辩护人入庭！

请审判长、审判员和人民陪审员入庭！

书记员：（直立，正对审判长）报告审判长，本案诉讼参与人已经全部到庭，被告人×××已在候审室候审，开庭准备工作已经就绪，请示开庭。

审判长：（敲击法槌）××省××市××县人民法院刑事审判庭公开审理被告人×××涉嫌“×罪”一案，现在开庭。

法警，提被告人×××到庭！

被告人到庭后，站立在被告人席，面对合议庭。

审判长：被告人×××，你是否还有其他的名字？

被告人：……

审判长：讲下你自己的基本情况。

被告人：……

审判长：你是什么职业？

被告人：……

审判长：你以前是否受过刑事处分？

被告人：……

审判长：这次是什么时候被采取强制措施的？

被告人：……

审判长：知道你被采取强制措施的原因吗？

被告人：……

审判长：强制措施于何时做了变更？

被告人:……

审判长:××检察院公诉书的副本你收到了吗?何时收到的?

被告人:……

审判长:××省××市××县法院今天依法公开审理××省××市××县检察院提起公诉的被告人×××涉嫌“×罪”一案。根据《中华人民共和国刑事诉讼法》的相关规定,本案由审判员××担任审判长,与审判员××、××(可以是一名人民陪审员)组成合议庭,由书记员××担任法庭记录。××省××市××县检察院指派检察员××出庭履行职务。受被告人×××的委托,××律师事务所律师××出庭为被告人×××进行辩护。

根据《中华人民共和国刑事诉讼法》的相关规定,当事人及其法定代理人、辩护人、诉讼代理人有申请回避的权利。对刚才宣布的合议庭组成人员、书记员和出庭的检察人员的名单。被告人听清楚了没有?是否申请回避?(依次询问被告人、辩护人)

被告人:……

辩护人:……

审判长:根据《中华人民共和国刑事诉讼法》及其司法解释的相关规定,当事人及其法定代理人、辩护人、诉讼代理人在法庭审理中享有下列权利:

1.有权提出证据,申请新的证人到庭,调取新的证据,申请重新鉴定或勘验;

2.经审判长许可,有权对证据和案件情况发表意见、互相辩论;

3.被告人享有辩护的权利,可以向证人、鉴定人发问,在法庭辩论终结后,享有最后陈述的权利。各诉讼参与人听清楚没有?

被告人:……

辩护人:……

审判长:现在进行法庭调查。首先由检察员××宣读公诉书。

公诉人:宣读公诉书……

审判长:公诉人宣读的公诉书,被告人×××听清楚没有?

被告人:……

审判长:和你拿到的公诉书副本的内容是否一致?

被告人:……

审判长:你对公诉书指控的事实有什么意见吗?

被告人:……

审判长:下面就公诉书指控的事实你向法院做个简要的陈述。

被告人:……

审判长:被告人可以坐下了。下面公诉人可以就公诉书指控的事实对被告人进行讯问。

公诉人：被告人×××，公诉人现在就本案对你进行讯问，你要如实回答问题。

（由被告人对公诉人的提问进行一问一答。）

公诉人：审判长，暂时没有别的问题。

审判长：辩护人可以对被告人发问。

辩护人：×××，我问你几个问题。

（由被告人对辩护人的提问进行一问一答。）

辩护人：审判长，我的问题问完了。

审判长：被告人，你对公诉机关指控你犯有“×罪”这个罪名有意见吗？

被告人：……

审判长：下面进行法庭举证质证。首先由公诉人就公诉书指控的犯罪事实向法庭举证。

公诉人：审判长，为证明被告人×××的犯罪事实以及应该被处以的刑罚，公诉方将向法院出示×组证据。

第一组证据，包括……，以此证明……

审判长：请法警把证据交给被告人×××看。被告人×××对此有什么意见？

被告人：……

审判长：请法警把证据交给辩护人看。辩护人对此有什么意见？

辩护人：……

审判长：请法警把证据交给法庭审查。

请法警把证据交还公诉方。请公诉方继续举证。

（同第一组证据的出示、质证程序一样，直到公诉方证据出示完毕。）

审判长：公诉方还没有证据要向法院继续出示？

公诉人：为进一步证实本案事实，需要证人××出庭作证。请传证人××到庭。

审判长：传证人××到庭。

证人由法警带至证人席，站立。

审判长：请坐。证人××，讲一下你的姓名，年龄和工作单位。

证人：……

审判长：证人××，你是否认识被告人×××？认识的话，你们是何关系？

证人：……

审判长：证人××，根据我国法律规定，证人有如实向法庭作证的义务。如果法庭查明证人有意作伪证或者隐匿罪证，证人应当依法承担法律责任。你听清楚了吗？

证人：……

审判长：请你在如实作证的保证书上签字。

证人签字。拒绝签字的视为拒绝作证，法庭可给予惩罚。证人如实作证的保证书签完后交给书记员保存。

审判长：下面首先由公诉人对证人进行发问。

公诉人：……

证人：……

（由证人对公诉人的提问进行一问一答。）

公诉人：我的问题问完了。

审判长：被告人×××你对证人是否要发问？

（被告人需要发问的，由证人对被告人的提问进行一问一答。）

审判长：辩护人，你对证人是否要发问？

（辩护人需要发问的，由证人对辩护人的提问进行一问一答。）

审判长：请证人退庭。

请公诉人继续举证。

公诉人：我方举证完毕

审判长：被告人×××，你有没有证据要向法庭提交？

被告人：有。我向法庭出示×组证据，这组证据包括……，以此证明……

审判长：请法警把证据交给公诉方审查。公诉方可以发表意见。

公诉人：……

审判长：请法警把证据交给辩护人看。辩护人对此证据有没有什么补充？

辩护人：……

审判长：被告人×××，你还有没有证据要向法庭出示？

被告人：……

（被告人继续出示证据，公诉方进行质证，辩护人进行补充，直到被告人所有证据出示完毕。）

审判长：辩护人，你没有证据要向法庭提交的？

辩护人：有。我向法庭出示×组证据，这组证据包括……，以此证明……。

审判长：请法警把证据交给公诉方审查。公诉方可以发表意见。

公诉人：……

审判长：请法警把证据交给被告人×××看。被告人×××对此证据有没有什么补充？

被告人：……

审判长：辩护人，你还有没有证据要向法庭出示？

辩护人：……

（辩护人继续出示证据，公诉方进行质证，被告人进行补充，直到辩护人所有证据出示完毕。）

审判长：被告人×××是否申请新的证人出庭、调取新的物证、重新勘验或重新鉴定？

被告人：……

审判长：辩护人呢？

辩护人：……

审判长：法庭调查结束。对于庭审中出示的证据，除了已当庭做出认证结论的证据，其他证据的证据能力和证明力由合议庭合议后做出认定。根据法庭调查的情况，合议庭归纳本案的争议焦点为：……公诉方是否同意本案争议焦点的归纳？

公诉方：……

审判长：被告人×××是否同意本案争议焦点的归纳？

被告人：……

审判长：辩护人呢？

辩护人：……

审判长：下面进行法庭辩论。请控辩双方围绕法庭归纳的争议焦点进行辩论。请公诉方发表公诉意见。

公诉方：……

审判长：公诉方是否有量刑建议？

公诉方：……

审判长：下面由被告人×××做自行辩护。

被告人：……

审判长：辩护人发表辩护意见。

辩护人：尊敬的审判长、审判员（人民陪审员）。受被告人×××委托，××律师事务所指派我作为被告人的辩护人出庭参加诉讼。现就本案发表如下辩论意见：……

审判长：公诉人还有没有新的辩论意见？

公诉方：……

审判长：被告人和辩护人呢？

被告人：……

辩护人:……

(法庭辩论一般进行 2—3 轮,当双方都没有新辩论意见时,法庭辩论结束。)

审判长:法庭辩论终结。下面由被告人做最后陈述。被告人站起来。

被告人:尊敬的审判长、审判员(人民陪审员),检察官。我已经深刻认识到我的错误,我愿意接受法律的制裁。请法院给我一次悔过自新的机会,我一定好好改造,用我的实际行动回报社会。

审判长:被告人×××最后陈述讲完了吗?

被告人:……

审判长:当庭出示的证据在休庭后交给法庭。

下面宣布休庭,由合议庭对本案进行评议。×分钟后继续开庭。

把被告人×××带下去。(敲击法槌)

(休庭结束后,合议庭成员再次回到法庭。)

书记员(正对旁听区,站立):请审判长、审判员(人民陪审员)入庭。

审判长(坐下,敲击法槌):下面继续开庭,提被告人×××到庭。

被告人到庭后,站立在被告人席,面对合议庭。

审判长:在刚才的法庭审理中,本合议庭听取了被告人×××的供述和辩解以及最后陈述;公诉人提请出庭的证人出庭作了证;控辩双方都向法庭宣读出示了有关的证据材料。控辩双方对证据进行了质证,并在法庭辩论阶段充分发表了自己的意见。

合议庭对本案进行了认真的评议后认为:本案的证据来源合法,内容真实,能证明案件事实,且证据之间能相互印证,能作为定案的依据,合议庭予以采信。(即本案证据的确认情况,包括:对所有证据的证据能力和证明力作判断,不予采信的证据要说明原因;证据之间能否相互印证;能否作为定案依据;合议庭是否予以采信)。

下面对本案进行宣判,全体人员起立(合议庭人员起立正对旁听席)。

本院认为,被告人×××以……为目的,实施了……,已构成×罪(即被告人构成犯罪的,陈述其罪状;未构成犯罪的,宣布无罪或指控的罪名不成立,并当庭释放)。××省××市××县检察院起诉被告人×××构成×罪,事实清楚,证据确实充分,指控罪名成立。被告人×××具有……(量刑情节)。辩护人的辩护意见符合事实,有法律依据,本院予以采纳(即评价辩护意见并宣布是否采纳;未采纳的要说明原因)。

根据《中华人民共和国刑法》第×条之规定,判决如下:被告人×××犯×罪,判处……(具体刑罚)。

宣读完毕,审判长敲击法槌。

本案为口头宣判，除判决结果外，本判决的其他内容以书面文本为准。判决书将于5日内送达。如不服本判决，可在判决书送达之日起10日内，向本院递交抗诉书或者上诉状，也可以直接上诉于××省××市××人民法院。

被告人，你听清楚没有？

被告人：……

审判长：公诉人对判决结果有何意见？

公诉人：……

审判长：被告人对判决结果有何意见？

被告人：……

若有意见，审判长应指示书记员将公诉人和被告人的意见记录在案。

审判长：现在宣布闭庭。把被告人×××带出法庭。（敲击法槌）

书记员：请审判长、审判员（人民陪审员）退庭。

（合议庭人员全部离开法庭后）请旁听人员退庭。